淨土의 本質과 敎學發展

淨土의 本質과 敎學發展

西舟 太元 著

운주사

賀詞

　우리가 살고 있는 이 세계는 석가모니부처님을 교주로 모시고 있는 사바세계라 부른다. 그리고 三毒과 十不善의 고통스런 세계여서 穢土라 부른다. 여기에서 서쪽으로 十萬億國土를 지나 또 다른 세계가 있다. 오직 청정과 기꺼움만 가득하므로 極樂淨土라 부르며, 그곳 중생들은 한번 태어나면 죽음이 없는 不滅의 삶을 얻는다. 그래서 영원한 壽命, 즉 아미타(Āmita)라 이름하고 無量壽覺이라 번역하였다.

　사바세계에 고통 받는 有限의 중생들을 위하여 열린 새로운 세계를 극락정토라 부르고, 그 세계로 열린 수행의 길을 따라 往生하도록 인도하기 위해 설해진 『아미타경』·『십육관경』·『무량수경』 등의 淨土三部經과 아울러 수많은 경전과 논서가 전승되고 있다.

　불교의 修行門은 많은 길로 열려 있으니 참선수행·염불수행·진언수행·참회수행·依經修行 등 중생의 근기에 따라 그 길이 多端하다.

　현재 한국불교 조계종은 臨濟宗風의 선종으로써 看話禪修行을 母土로 하고 있지만, 중국의 초전불교는 물론 道義國師에 의한 선법 전래 이전의 한국불교 또한 정토신앙이 큰 영향을 끼쳤고, 고려와 조선조를 거쳐 오늘에 이르기까지 불교인들의 일상적 四威儀와 모든 예식·법요행사 등에 그 뿌리를 이루고 있으며, 한국불교 나아가 동아시아 불교권 大衆信行의 커다란 主流로서 오랜 역사를 이어오고 있다.

이와 같이 정토사상은 동아시아 불교사상 이해의 근간이 되는 중요한 위치를 차지하고 있다. 여기 해인총림 강원을 졸업한 후 동국대 불교대학을 거쳐 일본 京都의 佛教大學 大學院에서 문학박사 학위를 취득한 太元和尙이 중국과 한국에 있어 정토종의 사상체계와 수행방법을 연구하여 淨土教의 位置, 淨土思想에 나타난 莊嚴, 經論과 淨土教史에 있어서의 念佛, 念佛 修行法과 恣勢, 淨土 往生者의 마음가짐, 中國 初期의 淨土信仰, 中觀的인 入場에 선 曇鸞의 淨土에 대한 小考, 天台宗 知禮의 淨土修行觀에 대한 硏究, 元曉의 一心觀과 淨土觀에 대한 연구 등을 엮어『淨土의 本質과 教學發展』이란 제목으로 간행하여 대중에게 회향하게 되었다.

이는 한국불교학계 정토교학 연구의 의미 있는 성과일 뿐 아니라 정토수행자와 그 연구자들을 위한 훌륭하고 유일한 교과서가 될 것이다. 정토교학은 십만억국토를 지나야 도달할 수 있는 극락정토가 사바세계 중생들의 一念으로 성취할 수 있는 자비로운 易行門으로 열려져 있음을 거듭 강조하고 있다.

이 인연으로 三毒의 우리 마음이 三學으로 淨潔해지고 十不善의 우리 사회가 十善의 淨土로 정화되기를 간절히 바라마지 않는다. 아울러 근대 한국불교의 律風을 진작시키시고 戒定一致의 純一한

修行으로 모범을 보이셨던 慈雲大律師의 종풍을 흠모하고 계승하는 太元화상의 일관된 精進을 이 자리를 빌어 치하하는 바이다.

불기 2550년(2006) 4월
대한불교조계종 총무원장 伽山智冠

賀詞

　李正模(太元) 선생이 한국에서는 많지 않은, '정토학'이라는 주제를 가지고 『淨土의 本質과 敎學發展』이라는 책을 출판하게 된 것은 참으로 축하할 만한 것으로, 저자와 함께 기뻐하는 바이다. 그리고 한편으로 저자에게 이 책이 만 60세를 기념하는 還曆이라는 점에 진심으로 축하드린다.

　아시는 바와 같이 선생은 동국대학교 불교대학 승가학과를 졸업한 후 1986년 4월 일본 교토의 불교대학 대학원 석사과정에 입학하였으며, 88년 4월에는 대학원 박사과정에 진학하였고, 91년 3월에는 박사과정을 수료하였다. 그간 한결같이 정토사상 연구에 매진한 것은 자타가 다 평가하고 있는 사실이다.

　그 연구 성과로「淨土往生行道 가운데 염불사상에 대한 연구」를 가지고 불교대학에 학위청구 논문을 제출하였는데, 이에 대해 엄격하게 심사한 결과 97년 3월에 문학박사 학위를 취득하게 되었다. 이는 인도·중국·한국의 정토사상을 빠짐없이 고찰하고 연구한 성과라는 것이 심사에 관계한 교수님들의 평가다.

　스님은 동국대학교를 졸업하고 79년에 서울에 있는 보국사 주지가 되었고, 82년에는 대한불교 조계종 총무원에서 교무국장이라는 직책을 맡는 등 한국불교의 지도자적 입장에 있었다. 그러다가 86년 학문을 하지 않으면 안 되겠다는 것을 자각하고 일본 불교대학 대학원에 진학하였다. 이것은 불교의 실천을 더 중요시하였기 때문으로, 올바른 실천을 위해 연구가 필요했던 것이라고 생각된다. 스님에게는 다만 학문을 위한 학문이 아니었던 것이다.

예전에 태원 스님이 주지로 있는 보국사를 참배하였는데, 한국풍의 정진하는 모습의 특성을 볼 수가 있었다. 그때 보국사에 계시던 자운 큰스님이 소리를 높이 하여 염불하시는 소리를 들으면서 저녁 식사를 하던 추억이 떠오른다. 자운 큰스님께서는 常時念佛, 別時念佛을 닦는다고 하였다. 태원 스님은 이러한 염불소리를 들으면서 자랐기에 불교 실천에 충실할 수가 있었고, 또 한국불교의 지도자가 될 수 있었으리라고 생각된다. 그는 현재 중앙승가대학교 정교수이자 본 대학의 도서관장, 복지법인 승가원 이사와 재단법인 대한불교 대각회 이사의 직책을 충실히 수행하고 있다는 소리를 들었다. 이것은 진실로 한국불교의 一大指導者다.

이태원 스님이 17년간 집필했던 정토사상에 관한 논문만을 모아 여기에 출판하게 되었다. 이 고명한 저서가 한국 불교도에게 큰 이익을 가져다 줄 것에 의심하지 않으며 같이 기뻐하는 바이다. 다행히 태원 스님의 건강도 축복 받아 좋아지고 있고, 학문에 대한 탐구심과 지도자로서의 의욕도 불타고 있다. 그러기에 불교 수행자로서, 한국불교의 지도자로서 더 더욱 힘을 발휘하리라 본다. 이후에도 더 건승함과 아울러 한국불교에의 공헌을 기대하며, 출판을 축하한다.

2006년 4월

高橋弘次 合掌

賀詞

淨土敎는 한국 민족에게 있어 불교의 어떤 교학사상보다 친근감을 주는 불교였다. 그것은 무엇보다 일반 대중과 쉽게 영합하는 신앙형태를 지니고 있어 종교로서뿐 아니라 음악, 미술, 문학 등의 문화적 영역에도 지대한 영향을 미치면서 우리의 생활을 풍요롭게 해 주었기 때문이다. 정토교가 갖는 이와 같은 특질은 비단 한국만이 아니라 중국·일본불교에서도 같은 양상을 지니고 있었음은 이 분야의 많은 연구 성과를 통해 쉽게 접근할 수 있다.

한편 정토교는 다른 교학사상들과도 쉽게 융합하면서 서민들에게 다가가고 있다. 念佛禪, 華嚴淨土 등은 그와 같은 예가 된다.

정토교가 지닌 사정이 이러하기에 다른 한편에서 보면 그 본질을 규명하기가 여간 어렵지 않다는 결론에 도달하게 된다. 다양한 교학사상과 융합되어 있고, 여러 형태의 생활분야에 연관되어 있기 때문이다.

그런데 중앙승가대학교의 李正模 교수가 일찍이 이 같은 점에 천착하여 오랫동안 연구를 계속해 오다가, 이번에 그 성과물로서 『淨土의 本質과 敎學發展』이란 著作을 출간하게 되었다니 여간 반가운 일이 아니다. 왜냐하면 다양하게 융합되어 있는 정토교의 문화 양상에서 그 본질을 밝히고, 그것이 어떻게 교학사상으로 발전되어 갔는가를 선명하게 밝혀 줄 것으로 기대되기 때문이다.

이정모 교수는 이 같은 연구 성과를 내놓기까지『염불의 원류와 전개사』,『초기불교교단생활』,『往生論註講說』,『염불, 정토에 왕생하는 길』등의 왕성한 연구 성과물을 일찍이 세상에 내어 놓았다. 또한 그뿐만 아니라『淨土三部經槪說』,『中國淨土敎理史』등의 정토관계 저작물에 대한 번역서를 출간하는 등, 정토교의 본질을 밝히고 그것이 교학사상으로 발전하는 과정을 밝히는 데 평생을 바쳐왔다. 따라서 그와 같은 노작이 관계·학계에 많은 도움을 주고, 후학들을 위하여 좋은 지침서가 될 것으로 믿어 그 노고에 경의를 표하는 바이다.

아울러 이정모 교수는 스님으로서 정토사상을 실천하는 데도 모범을 보여 왔다. 그리하여 본서는 관념체계로서의 정토뿐 아니라, 그를 실천하여 중생들을 지혜의 세계로 이끄는 방향 제시도 하고 있기에 더욱 돋보이는 저작물이라 할 수 있다.

나무아미타불

2006년 5월
동국대학교 명예교수·전한국정토학회 회장
홍윤식

自序

 이제 회갑을 맞이하여 그동안 발표했던 논문들을 정리하여 이렇게 한 권의 책으로 출판하게 됨에 많은 감회가 교차한다.

 내가 부처님 문중에 출가하게 된 것은 42년 전에 유명을 달리한 어머니의 영향 때문이라고 말할 수 있다. 어머니께서는 외아들인 나 하나만을 위하여 온갖 정성을 다하여 키우시다가 나이 40세에 유명을 달리하였다. 일찍 돌아가신 어머니의 죽음은 나에게 많은 상처를 주었고, 당시 기독교 신자였던 나는 기독교적인 입장에서 죽음에 대한 의문을 풀려고 하였지만 풀 수 없어 결국 佛門에 출가하게 되었다. 이런 이유 때문에 부처님 문중에 입문한 지 40여 년이 된 오늘까지도 주된 논문과 저서가 내세와 관계가 있는 정토사상으로 연관되었는지 모른다.

 佛門에 출가한 후 정토사상으로 이끌어주신 분은 14년 전에 열반하신 慈雲律師님이다. 율사께서 매일 아미타불 염불과 정토의 여러 진언을 외우시는 것을 뵈면서 이에 자연히 이끌려 정토에 대해 관심을 갖게 되었고, 결국 정토사상을 연구하기 위하여 일본에 유학하게 되었다. 유학하는 도중 나에게 많은 지도를 해 주신 분은 坪井俊映

선생님과 高橋弘次 선생님이다. 이 두 분 선생님은 나를 자식과 같이 대하면서 한 가지라도 많은 것을 가르치기 위하여 일반 강의실이 아닌 본인들의 연구실에서 지도해 주셨으니, 그 은혜를 잊을 수 없다. 결국 내가 정토학에 대해 이만큼 공부하게 된 것은 어머님, 慈雲律師님, 坪井俊映 선생님, 高橋弘次 선생님 등 네 분 덕택이고, 또 내가 이렇게 연구할 수 있었던 것은 뒤에서 묵묵히 지켜봐 주신 은사 伽山智冠 큰스님과 적극적이고 아낌없는 후원을 해주신 보국사 신도님들의 은혜 덕분이니 이 또한 잊을 수 없다. 이렇게 회갑에 즈음하여 이 책이 출판되게 된 것은 모두 이분들의 공덕이니 두 손 합장하고 머리 숙여 감사드립니다.

  이 책의 구성과 특징은 다음과 같다. 첫 번째는, 불교학의 발달을 시대적으로 보면 근본불교, 부파불교, 대승불교로 볼 수 있고, 사상적으로는 業思想, 緣起思想, 如來藏思想, 唯識思想, 華嚴思想, 淨土思想, 密敎思想, 禪思想 등과 이외 많은 학문으로 나눌 수 있는데, 정토학은 이 가운데 어떤 학문이며 어떤 위치를 차지하고 있는지를 규명하였다. 두 번째는, 정토의 본질을 한 마디로 말하면 莊嚴인데 이 장엄을 하게 된 동기는 무엇이고 장엄의 종류는 어떤 것이 있는지와 장엄의 목적 등을 여러 방면에서 살펴보았다. 세 번째는, 정토에 왕생하는 궁극적인 목적은 無生法忍을 證得하고 성불하여 중생을 구하는 것인데, 그렇다면 정토에 왕생하기 위한 行 중에 제일인 염불은 경과 논에서 어떻게 이야기되고 있으며, 염불수행법에는 어떤 종류가 있고, 염불수행자의 마음 자세는 어떠해야 되는지 등에 대해 논하였다. 네 번째는, 정토학이 중국과 한국에 수용된 형태와 발전과정을 역사와 인물에 의해 살펴보았다.

  끝으로 還曆을 기념하여 그림을 주신 故 이세득 화백과 황규백 화백, 그리고 이 책의 출판에 애쓴 도서출판 운주사 관계자 여러분에게 감사한 마음을 표합니다.

불기 2550년 4월
伽倻山 念佛庵 白蓮室에서
念佛行者 西舟太元 識

賀詞 (伽山智冠) ― 5
賀詞 (高橋弘次) ― 8
賀詞 (홍윤식) ― 11
自序 ― 13

제1장 정토교의 위치

제1절 문제의 소재 ― 23
제2절 정토교 이외의 교판설 ― 25
    제1항 천태교의 교판 ― 26
    제2항 화엄종의 교판 ― 30
제3절 난행도·이행도의 교판설 ― 33
제4절 돈점이교의 교판설 ― 44
제5절 성도문·정토문의 교판설 ― 56
제6절 결론 ― 63

제2장 본원과 장엄

제1절 머리말 ― 68
제2절 정토경전 외 장엄사상 ― 70
    제1항 장엄하는 동기와 목적 ― 70
    제2항 장엄의 종류 ― 78
제3절 정토사상 가운데 장엄사상 ― 102
    제1항 정토경론에서의 장엄사상 ― 102

제2항 29종 장엄과 18원정의 관계 ― 118
　　　제3항 본원에서 본 장엄 ― 137
　　　제4항 극락세계 십종장엄 ― 149
　제4절 결론 ― 155

제3장 경론과 정토교사에 나타난 염불

　제1절 머리말 ― 159
　제2절 원시경전상에 나타난 염불 ― 161
　제3절 정토경전에서의 염불 ― 172
　　　제1항 『무량수경』에 나타난 염불 ― 172
　　　제2항 『관무량수경』에 나타난 염불 ― 176
　　　제3항 『아미타경』에 나타난 염불 ― 179
　　　제4항 정토경전 외 다른 경전에 나타난 염불 ― 180
　제4절 염불의 종류 ― 187
　　　제1항 석가모니 염불 ― 188
　　　제2항 약사여래 염불 ― 190
　　　제3항 관세음보살 염 ― 192
　　　제4항 지장보살 염 ― 193
　제5절 부처님 위치에 의한 염불 ― 195
　　　제1항 색신염불 ― 195
　　　제2항 법신염불 ― 197
　　　제3항 실상염불 ― 198

제4항 십호염불 — 201
   제6절 부처님 덕과 대상에 의한 염불 — 203
   제7절 결론 — 210

제4장 염불 수행법과 자세

제1절 머리말 — 214
제2절 염불 수행법 — 216
   제1항 날짜를 정해 놓고 하는 기일염불 — 216
   제2항 시간을 정해 놓고 하는 시간염불 — 219
   제3항 수를 헤아리면서 하는 수량염불 — 221
제3절 염불 수행자의 마음 자세 — 223
   제1항 신심을 가지고 해야 하는 염불 — 224
   제2항 서원을 세우고 해야 하는 염불 — 226
   제3항 계를 지키면서 해야 하는 지계염불 — 229
   제4항 정심으로 하는 염불 — 239
제4절 염불 수행자의 예참 — 243
   제1항 용수의 예참 — 244
   제2항 담란의 예참 — 248
   제3항 선도의 예참 — 263
   제4항 근대사 가운데 자운율사의 정토예참 — 275
제5절 염불할 때 주의해야 할 점 — 286
   제1항 장소에 따라 염불 소리를 달리할 것 — 286

　　　　제2항 부처님이 계시는 곳을 향해 하는 염불 ― 287
　　　　제3항 목탁 등의 기구를 사용할 때 박자를 잘 맞추는 염
　　　　　　불 ― 288
　　　　제4항 염불할 때의 마음가짐 ― 289
　　　　제5항 염불할 때의 몸가짐 ― 290
　　　　제6항 장소에 구애받지 않는 염불수행 ― 291
　　　　제7항 망상이 일어나도 해야 하는 염불 ― 292
　　제6절 임종하는 사람과 시타림, 장례시에 해야 할 행위 ― 293
　　　　제1항 임종하는 사람의 자세와 주위 사람들이 해야 할 일
　　　　　　― 294
　　　　제2항 시다림은 어떻게 하는 것이 좋은가 ― 304
　　　　제3항 장례시와 49재까지 해야 할 일 ― 310
　　제7절 맺는 말 ― 318

제5장 정토 왕생자의 마음가짐

　　제1절 서론 ― 323
　　제2절 범부라는 자각 ― 325
　　　　제1항 범부의 의의 ― 325
　　　　제2항 죄악의 범부 ― 329
　　제3절 번뇌가 가득한 범부 ― 333
　　제4절 죄악 자각과 지계, 참회하는 범부 ― 340
　　　　제1항 지계의 의의 ― 341

　　　　제2항 참회하는 법 ― 349
　　　　제3항 자각에 의한 참회 ― 354
　제5절 일으켜야 할 보리심 ― 358
　제6절 갖추어야 할 신심 ― 369
　제7절 갖추어야 할 삼심 ― 382
　제8절 결론 ― 393

제6장 중국 초기 정토신앙

　제1절 중국의 불교전래 ― 397
　제2절 정토경전 번역 ― 400
　제3절 최초로 정토를 신앙한 사람 ― 411
　제4절 여산혜원과 그의 백연결사염불 ― 421
　제5절 결론 ― 436

제7장 담란의 정토관

　제1절 서문 ― 441
　제2절 담란 이전 여산혜원의 정토관 ― 445
　제3절 담란의 정토관 ― 446
　　　　제1항 담란의 자아관 ― 446
　　　　제2항 담란의 왕생관 ― 455
　제4절 결론 ― 463

제8장 천태종 지례의 정토수행관

제1절 서론 — 466

제2절 지례의 생애 — 469

제3절 정토수행관 — 473

제4절 결론 — 496

제9장 元曉の一心觀と淨土觀について

一. 門題の所在 — 499

二. 一心二門の會通 — 502

三. 天親の影響を受けた淨土觀 — 510

四. むすび — 520

원효의 일심관과 정토관(번역)

1. 문제의 소재 — 526

2. 일심이문의 회통 — 530

3. 천친의 영향을 받은 정토관 — 539

4. 결 론 — 551

찾아보기 — 553

제1장 정토교의 위치

제1절 문제의 소재

부처님의 가르침을 신봉하는 사람들의 목적이 처음에는 여러 가지가 있겠지만 궁극적으로 그것은 하나로 귀결된다고 할 수 있다. 즉 탐하는 마음, 성내는 마음, 어리석은 마음 등 삼독과 모든 번뇌와 무명이 없어지고 청정한 본연의 마음을 찾고 無生法忍을 깨달아 성불하여 중생을 구제하는 일일 것이다. 부처님께서는 이 목적을 달성시키기 위하여 여러 가지 수행의 길을 말씀하시었다. 이것을 흔히들 팔만사천 가지 敎法이라고 말한다. 불교 경전이 60년경부터 중국에 전해진 것만 해도 107부 5,048권(開元入藏錄)이라고 하는데 오늘날은 더 많은 經論이 있을 뿐만 아니라 남전 파리어 장경, 티베트 장경 등을 합하면 아주 많은 경론이 있다고 보아야 할 것이다.

이러한 경전들은 제각기 다른 조건과 배경에 의해서 설해졌다.

다시 말하면 석존의 법을 듣는 대상이 어떤 대상이며, 주위 조건이 어떠한 배경을 지니고 있느냐에 따라 법문의 내용의 달랐던 것이다. 또 법문을 듣는 사람들의 능력, 구하는 목적, 개성이 제각기 다르기 때문에 자연히 이를 치료하는 법의 약도 다를 것은 자명한 일이다. 이렇게 석존이 우매한 중생들을 치료하기 위하여 각기 다르게 설하신 법을 여러 각도에서 분류하고 분석하여 정리한 것을 敎相判釋이라 하며, 이를 줄여서 敎判이라고 한다. 이 敎判을 다시 말하면 어느 기준을 설정하여 그 기준에 의해 비평과 평가를 하여 자기가 의지하는 敎說이 최고로 우월하고 殊勝한 경전이며, 수행법이라고 주장하는 論證法이다. 이 論證法을 살펴보면 그 경전이나 종파가 어느 위치에서 무엇을 추구하고 있는지를 알 수 있다.

이 敎判說은 중국불교에서 생긴 것으로 체계적으로 나오게 된 것은 南北朝時代의 초기이다. 즉 구마라즙(343~413)이 중국에 와서 經·律·論 74부 380여 권 등 많은 경전을 번역한 이후 그의 문하인 道生(?~434)의 4種 法輪說[1]과 慧觀(340년경)의 二敎五時說[2]이 나온 것이 본격적인 교판설이라 할 수 있다. 그러나 이 교판설이 그 이전에 전혀 없었던 것은 아니다. 도생과 혜관처럼 구체화해서 분류하지는

---

[1] 凡說四種法輪 一者善淨法輪 (中略) 二者方便法輪 (中略) 三者眞實法輪 (中略) 四者無餘法輪云云『묘법연화경』券上(卍續藏經 一乙 23·4·396)
[2] 吉藏의『三論玄義』(대정장, 45, p.5上) "宋道場寺沙門慧觀仍製經序 略判佛敎凡有二科 一者頓敎卽華嚴之流 但爲菩薩具足顯理 二者始從鹿苑終竟鵠林自淺至深 謂之漸敎 於漸敎內 開爲五時"라 하여 慧觀의 二敎五時說이 있는 것을 알 수 있다. 이 五時는 三乘別敎, 三乘通敎, 抑揚敎, 同歸敎, 常住敎 등이다.

않았지만 부처님 말씀을 나누어서 이야기한 흔적은 찾아볼 수 있다. 즉 Nāgārjuna의 難易의 문제, 구마라즙의 一音教, 담무참의 半滿 등이 있었다.

본 장에서는 중국의 淨土家들이 정토사상에 입각해서 석존의 일대 불교를 어떠한 각도에서 어떻게 분류하였는가를 알아보고 난 후, 이 교판설이 신라시대의 스님들에게 어떠한 영향을 주었는지 살펴보기로 한다. 그리고 정토교판설이 五濁惡世에 사는 末法時代의 우리들에게 어떠한 의미를 갖게 하는지를 小結에서 논하기로 한다. 정토사상에 의한 교판을 알아보기 전에 다른 교판에 대해서 간단히 살펴보면 다음과 같다.

제2절 정토교 이외의 교판설

교판의 의의에 대해서 앞에서 조금 언급하였듯이, 중국에서 본격적으로 교판에 대해서 논하게 된 이유는 중국에 전래되어 번역된 경전들이 사상의 정리가 없이 또는 질서가 없이 전래되어 왔기 때문일 것이다. 즉 이런 경전들은 多種多樣한 教相이기 때문에 이를 會通시키려고 하는 교리연구에서 비롯된 것이 교판설인 것이다. 바꾸어 말하면 중국에 전래된 모든 경전이 석가모니 부처님의 金口에서 나왔다는 것을 의심하지 않고, 중국 불교가들이 教相을 분류 정리하고 이것을 통일성 있게 체계화시키려고 하는 필연성을 통감함으로 인해서 비롯되었다고 본다. 이러한 움직임은 이미 구마라즙 이전, 즉 4세기 이전 중국 불교가들의 의식 가운데 존재하고 있었지만, 5세기 이후 앞에서 언급한 도생, 혜관에 의해 본격적으로 시작되었고, 6세기에 접어들어 智者, 杜順에 의해 보다 더 진보되고 구체화된 교판설로 성립되었다고 본다. 우리나라에서도 이러한 교판설이 유입되어 불교 계통의 대학교, 강원 등 제방의 불교교육기관에서 인용하여 쓰여지고 있다. 특히 한국에서 가장 많이 인용되고 있는 것은 天台智者(538~597)가 설한 천태종의 교판설이다.

제1항 천태교의 교판

天台가 『법화현의』에서 설한 五時八敎說[3]을 고려시대 諦觀(960년경 인물)이 『天台四敎儀』[4]에서 자세히 설하고 있는데 이것을 요약하면 다음과 같다.

  석가모니 부처님이 30세에 成道하신 뒤 80세에 열반에 드시기까지 50년간에 걸쳐서 여러 가지 진리를 말씀하셨지만 목적은 한 가지에 歸合시키기 위한 것이었다고 한다. 즉 성도하신 후부터 갖가지 법문을 설하신 것은 『법화경』을 말씀하시기 위한 것이라고 주장하여 이러한 관점에서 석존의 一代佛敎를 5時8敎로 분류하였다.

  5時란 華嚴時・鹿苑時・方等時・般若時・法華涅槃時를 말하고, 8敎란 化儀四敎와 化法四敎이다. 화의사교란 사람들을 가르쳐 지도하는 방법으로 頓敎・漸敎・秘密敎・不定敎 등 네 가지이고, 화법사교란

---

[3] 대정장 33, p.800上~814上.
[4] 대정장 46, p.775下.

사람들의 능력에 응해 말씀하신 교리로 藏教·通教·別教·圓教 등 네 가지를 말한다.

먼저 화엄시란 석존이 성도하신 최초의 21일간 『화엄경』을 말씀하신 것을 말한다. 설법의 대상은 圓教와 別教를 잘 이해하는 大菩薩들로써 근기와 능력이 열등한 성문이나 연각을 대상으로 설법한 것이 아니다. 천태는 이것을 비유하기를 젖소에서 막 짠 우유의 맛과 같다고 하였다. 둘째, 녹원시란 석존이 녹야원에서 阿若憍陳如 등 다섯 비구를 제도하신 것을 비롯하여 성도 후 12년 동안에 걸쳐서 16大國을 유행하시면서 소승의 네 가지 아함경을 말씀하신 때이다. 설법의 대상은 화엄시와는 달리 성문이나 연각과 같은 옅은 능력[根機]밖에 갖고 있지 않는 사람들을 대상으로 말씀하시었다. 이것은 우유를 정제하여 만든 酪과 같다. 셋째, 방등시란 앞에서 언급한 녹원시 뒤 8년 동안에 걸쳐서 『維摩經』·『思益經』·『勝鬘經』 등 대승불교의 가르침을 말씀하신 시기를 말한다. 여기서 方等이란 말은 대승경전의 通名으로서 이 시기에 비로소 대승의 가르침을 배웠기 때문에 방등이라 한다. 이것은 五味 가운데 酪을 정제해서 만든 生蘇와 같다고 했다. 넷째, 般若時란 방등시 뒤 22년 동안에 걸쳐서 諸部의 반야경을 말씀한 시기다. 즉 녹원시와 방등시에서는 대승과 소승을 구별해서 말씀하셨지만, 반야시에서는 대소 二乘을 구별하는 편견된 집착을 도태시키기 위하여 諸法은 다 空이라 하여 大小二乘을 융합시킨 시기라 할 수 있다. 이 시기는 五味 가운데 生蘇로부터 熟蘇를 만든 시기다. 다섯째, 法華涅槃時란 앞 4시에서 설법을 듣고 수행하여 근기가 성숙된 이들에게 바르고 참된 진실한 법을 開示하여 깨닫게 하는 시기다. 석존이 만 8년 동안 『법화경』을 설하시고 나서 열반에 드시기 직전 하루 낮 하루 밤에 『열반경』을 설하신 시기다. 이 설법은 완전할 뿐 아니라 원만한 圓敎로서 부처님의 가르침 가운데 최고의 敎說이다. 이 시기를 이름하여 五味 가운데 醍醐의 맛이라고 한다.

이상의 5時說은 근기가 열등한 중생을 차츰 차츰 방편으로 유인하여 『법화경』의 진리에 들어가게 하는 것이 석존의 본뜻이라고 본 천태종의 교판설이다. 다음으로 천태의 8敎 가운데 먼저 化儀四敎[5]를 알아보면, 頓敎란 『화엄경』 설법과 같이 처음부터 바로 깨달은 내용을 보인 것이고, 漸敎란 根機가 열등한 사람을 점차적으로 殊勝하게 만드는 방법으로 성문에서 연각으로, 연각에서 보살로 나아가게 하는 것을 말한다. 秘密敎란 가르침을 듣는 사람의 근기가 제각기 다른 경우 석존은 이들에게 은밀하게 제각기 다르게 이익을 주는 방법이고, 不定敎란 같은 장소에서 같은 법문을 들어도 자기의 능력에 따라서 제각기 다른 가르침을 체득하게 하는 가르침이다. 앞 秘密敎와 비교하면 同聽異聞이란 점은 같지만 비밀교에서는 얻은 이익이 서로 다르다는 점을 서로 모르는 것이 특색이다.

다음 化法四敎[6]를 알아보면 다음과 같다. 三藏敎란 간략히 말하면

---

[5] 부처님이 중생들을 교화하여 이익을 주는데 사용하는 설법의 형식이다.
[6] 부처님이 중생들을 교화하여 인도하시기 위하여 설법하는 교법의 내용을 말한다.

藏敎라고도 하는데, 小乘敎를 가리키는 말이다. 석존이 열반하신 후 대가섭 등이 제1결집을 주도하여 경·율·론 등 삼장을 결집해서 소승의 모든 교리를 모은 것이 小乘의 삼장교이고, 이 내용은 但空의 진리다. 다음 通敎란 성문·연각·보살이 공통으로 받아들이는 대승불교의 初門이다. 즉 인연에 의해 생긴 것은 幻과 같은 것이기 때문에 空이며, 이 세상에 존재하는 것은 모두 '如幻如空'이라는 敎說이다. 이와 같은 도리는 體空觀을 가르친 말씀이다. 別敎란 특별한 것으로 보살들만을 위한 가르침이다. 이것은 空假中의 三諦를 순서대로 관찰하여 中道의 이치를 깨닫는 것이다. 다음 圓敎란 완전하고 원만한 가르침이다. 즉 迷와 悟가 차별이 없고 본질적으로는 같다는 가르침이다. 즉 空諦[7]·仮諦[8]·中諦[9] 등 三諦가 圓融한 것을 관한 一心三觀을 원교라 한다.

이상과 같이 천태종에서는 석존의 一代敎說을 5時8敎로 나누어 『법화경』이야말로 진실한 가르침이고, 석존이 이 세상에 출현하신 목적은 이 『법화경』을 설하기 위한 것이라고 주장하고 있다. 이상을 알기 쉽게 도표하면 다음과 같다.

---

[7] 일체 세간의 법은 有情, 無情 할 것 없이 모두 인연에 의해 생긴 것이고, 어느 하나도 그 實體와 自性이 있는 것이 아니므로 공이라는 설로 이것을 眞諦니 無諦니 한다.

[8] 모든 존재는 실체가 없기 때문에 인연에 의해 얼마 동안 거짓으로 존재한다는 설로 이를 俗諦니 有諦니 한다.

[9] 모든 존재는 일면적으로 생각하는 것과 같은 空과 仮를 넘어선 절대의 것으로서 그 본체는 언어와 생각으로 미치는 대상이 아니라는 설로 이것을 中道第一義諦라고도 한다.

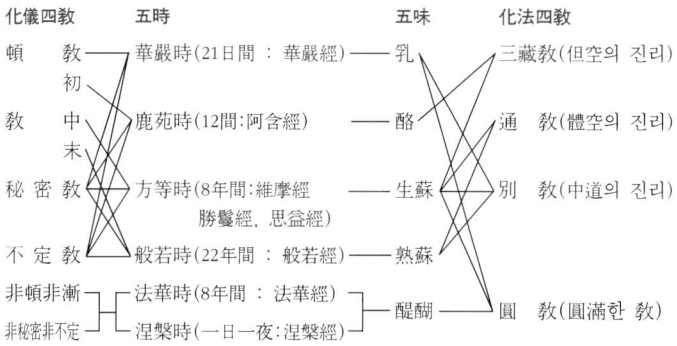

제2항 화엄종의 교판

화엄종에서는 五敎十宗으로 敎判하는데, 석존 일대의 교법 가운데 『화엄경』이 가장 수승한 교리이며, 『화엄경』만이 圓敎 가운데 別敎一乘의 교라고 한다. 다른 경전 가운데 설해져 있지 않는 無盡의 敎法을 『화엄경』에서 언급하고 있다고 하는 것이다. 이것은 중국 화엄종의 初祖杜順(557~640)이 쓴 『華嚴五敎止觀』[10]과 第2祖인 法藏(643~712)이 쓴 『華嚴一乘敎義分齋章』[11]과 『華嚴經探玄記』[12]에서 언급한 설이다. 5敎 가운데 첫째 小乘敎는 소승을 위한 4聖諦와 12緣起를 설한 아함경의 가르침을 말하며, 둘째 大乘始敎란 모든 존재는 實我가 없고 空하다는 반야경의 가르침을 말하고, 셋째 大乘終敎는 모든 존재는 본래 변하지 않는 眞如이지만 이것이 어떤 조건(緣)에 의해 대립되기도 하고 깨끗하기도 하다는 眞如緣起를 설하여 모든 중생이

---

10 대정장 45, p.509上.
11 대정장 45, p.481中.
12 대정장 35, p.115中.

다 성불할 수 있다는 『楞伽經』과 『起信論』의 가르침이다. 넷째 頓敎는 바로 깨달음에 들어간다는 『유마경』의 설이고, 마지막 다섯째 圓敎는 원만하고 완전한 일승의 진리를 설한 『화엄경』과 『법화경』을 말하는데, 특히 『화엄경』에서 事事物物의 圓融相卽을 말한 법문은 3乘敎에서 밝히지 못하고, 여래의 깨달은 경계를 그대로 설한 것이기 때문에 그 敎義는 3乘과 비교하면 하늘과 땅의 차이와 같으므로 『화엄경』 법문을 別敎一乘이라 한다. 그리고 이 별교일승은 모든 경전의 가르침을 넘어선 無盡의 佛法이기 때문에 특히 이 『화엄경』의 가르침만을 圓敎라 한다.

다음 十宗이란 이치로 분류하는 것으로, 첫째 我法俱有宗은 주관인 我와 객관의 대상이 실체로 있다고 주장하는 설로 부처님이 일반 세간을 위하여 설한 人天乘 및 소승 가운데 犢子部이고, 둘째 法有我無宗은 객관인 사물은 과거와 현재, 그리고 미래에 걸쳐서 있는 實體이지만 주관인 我는 없다고 주장하는 설로 소승의 說一切有部 등이며, 셋째 法無去來宗은 사물은 현재에서만 실체가 있고, 과거와 미래에는 실체가 없다는 설로 大衆部 등이다. 넷째 現通假實宗은 사물은 과거와 미래에는 실체가 없을 뿐만 아니라 현재에도 五蘊 이외는 실체가 없고 거짓으로 존재한다는 설로 說假部나 成實論 등이고, 다섯째 俗妄眞實宗은 세속의 사물은 거짓이고 불법만이 진실이라고 주장하는 설로 說出世部 등이며, 여섯째 諸法但名宗은 모든 사상과 존재는 다만 거짓된 이름만이 있을 뿐 실체로는 없다고 주장하는 설로 一說部 등이고, 일곱째 一切皆空宗은 모든 사상과 존재는 모두 다 참된 空[3]이라고 주장하는 설로 반야경 등의 大乘始敎를 말한다. 여덟째 眞德不空宗은 모든 사물의 그 본성은 空이 아니라 眞如인데, 번뇌에 덮여 있는 진여를 如來藏이라 하고 그것이 진실을 가지고 청정하여 수 없는 성질을 갖추고 있다고 주장하는 설로 5교 가운데 終敎에 해당되고, 아홉째 相想俱絶宗은 진리는 주관과 객관을 초월하여 가히 설할 수 없고 생각할 수 없는 곳에 있다고 주장하는 설로 5교 가운데 頓敎이다. 마지막 열째 圓明具德宗은 모든 사상과 존재는 서로 장애 되지 않고 重重無盡의 관계를 가지고 일체 모든 공덕이 다 갖추어져 있다고 주장하는 설로 5교 가운데 화엄의 별교일승이다.

5敎의 교판은 부처님의 가르침이 어느 분류의 중생을 위한 가르침인가를 따져 구분한 것이고, 十宗의 교판은 부처님의 교법 내용이 깊은 의미가 있느냐 옅은 의미가 있느냐에 따라서 열 가지로 구분한 것으로 5교와 함께 『화엄경』을 최고의 위치에 올리기 위한 교판설이다. 이 밖에 劉虯(436~495)의 漸頓論, 曇無讖(385~433)의 半滿論,[14] 慧光(468~537)의 漸頓圓三敎論,[15] 玄奘(600~664)의 聲聞乘·菩薩乘·一切乘 등 三時論,[16] 菩提流支(508년경의 인물)의 一音敎 등 여러 가지 설이 있지만, 자세한 것은 생략하고 본 장의 목적인 정토교의

---

13 여기서 말한 참된 空은 眞空을 말하는 것으로 迷한 마음으로 空이라고 생각하는 空이 아니라 분별하지 않는 분별 이전의 그대로가 곧 空이라는 의미다.
14 속장경 1집 5장 1책 pp.8丁上~10丁右下.
15 앞 주와 같음.
16 『해심밀경』 卷1(卍續藏經 1집 34장 4책, p.291丁右上)

위치가 어떤 것인가를 정토교판설을 통해 규명해 보기로 한다.

제3절 難行道·易行道의 敎判說

부처님의 말씀을 실천하여 구경의 목적에 도달하는 데에는 어렵고 힘든 길이 있는가 하면 쉽고 실천하기 쉬운 길이 있을 것이다. 그래서 수행하는 법이 어려운가 쉬운가 하는 면에서 교판하는 것이 難易二道의 교상판석이다. 이것을 맨 먼저 주장한 사람은 Nāgārjuna(150~250)로서 그는 『십주비바사론』의 易行品 가운데서

> 부처님 법에는 한량없는 문이 있다. 마치 세간의 길에 어려운 길이 있고 쉬운 길이 있듯이 육로를 걸어가면 곧 고통이 있고, 물위에서 배를 타면 즐거움이 있는 것과 같다. 보살의 길도 이와 같이 혹은 어려운 길로 정진하기도 하고, 혹은 信方便을 가지고 쉽게 수행하여 속히 阿惟越致의 지위에 오른 사람이 있다.[17]

라 하였다. 즉 아비발치에 이르기 위한 수행 방법으로써 육로를 걸어가면서 고행하는 길이 있고 물위에서 배를 타고 편안히 목적지에 도달하는 길이 있는데, 신방편에 의한 이행문으로 수행하는 사람은 속히 아비발치에 도달한다는 것이다. Nāgārjuna는 이어서 노파심절한 마음으로 난행도를 선택하여 아비발치에 이르는 사람에 대해

---

17 대정장 26, p.41中

다음과 같이 말하고 있다.

> 모든 난행도를 오랫동안 수행하여 가히 얻을 수 있다. …中略…
> 그러나 혹은 성문의 지위나 벽지불의 지위에 떨어지기 때문에
> 이것을 보살이 죽었다고 이름하고, 곧 일체 국토를 잃었다고 한다.
> 云云[18]

이것은 난행도를 실천한 사람이 불퇴전의 지위를 얻을 수 있지만 수행하는 가운데 잘못하면 성문이나 벽지불에 떨어질 위험성이 많고, 만약 이러한 지위에 떨어지면 보살의 지위에 오를 수 없고, 청정한 국토에 태어날 수 없다는 것을 간절히 지적하였다고 보아야 할 것이다. Nāgārjuna는 이행도에 대해서

> 동방의 선덕불, 남방의 전단덕불, 서방의 무량수불 …中略… 이와 같은 모든 부처님은 현재 시방에 계신다. 만약 어떤 사람이 불퇴전의 지위에 빨리 오르고자 한다면 마땅히 공경하는 마음으로 執持하여 명호를 불러야 한다.[19]

고 하였다. 즉 동서남북, 그리고 상하의 모든 부처님에 대하여 공경하는 마음을 가지고 그 부처님의 명호를 마음속에 간직하고 부르면

---

18 앞의 책 p.41上
19 앞의 책 p.41中

제1장 정토교의 위치 35

속히 불퇴전의 지위에 오른다는 것이다. 다시 말하면 쉽게 불퇴전의 지위에 오른다는 것은 본인의 힘에 의한 것이 아니고 부처님의 본원의 힘에 의한 것으로, 마치 물위에서 배를 타고 가는 것과 같다는 것이다. Nāgārjuna는 純粹淨土 사상적인 면에 아미타불의 본원에 대해서

이 모든 부처님 세존이 현재 시방의 청정한 세계에 계시는데 모두 명호를 부르고 생각한다. 아미타 부처님의 본원도 이와 같이 만약 어떤 사람이 나를 염하고 명호를 부르면서 스스로 귀의하면 곧 반드시 삼매에 들어가 아뇩다라삼먁삼보리를 얻을 것이다.[20]

고 하였다. 여기서 아미타불의 본원이란 『무량수경』에서 말한 48원을 이야기한 것으로, 이 48원 가운데 제18원에서는 "만약 제가 부처가 되어서도 시방의 중생들이 지극한 마음으로 믿고 원해 저의 나라에 태어나려고 십념을 해도 태어날 수 없다면 저는 부처가 되지 않겠습니다. 오역죄인과 정법을 비방하는 사람은 제외합니다."[21]라고 하여 念佛往生願을 말하고 있다. Nāgārjuna의 정토사상은 제18원 같은 稱名憶念往生을 말하고 있기 때문에 정토에 대한 믿음이 기초가 되어 교판했다고 볼 수 있다.

그리고 釋願品 가운데서 부처님의 공덕의 힘을 말한 가운데

---

20 앞의 책 p.43上
21 쯔보이 순애이 저, 이태원 역, 『정토삼부경개설』 p.174

단 모든 부처님의 본원 인연을 따라서 혹은 수명이 무량하기도 하고, 혹 친견하는 사람은 반드시 삼매를 얻고, 명호를 듣는 사람 또한 삼매를 얻는다. 여인이 친견하면 곧 남자의 몸을 이루고, 혹 명호를 듣는 사람 또한 여자의 몸을 바꾼다. 혹 명호를 듣는 사람은 곧 왕생하고, 혹 한량없는 광명이 있는데 이를 중생이 만나면 모든 장애를 여의고, 혹은 광명으로서 곧 삼매에 들어가고, 혹은 광명으로서 일체고뇌를 멸한다.[22]

라 한 것처럼 현실에서 얻은 이익과 다음 생에 정토왕생에 대한 이익이 설해져 있다. 이상의 것을 종합해 보면 Nāgārjuna는 불퇴전의 지위를 얻는 것과 정토에 왕생하는 것을 구분하여 설명하고 있다. 즉 불퇴전은 현세에 존재하면서 얻을 수 있는 것으로 아미타불의 명호를 부르는 것은 시방세계에 계시는 모든 부처님의 명호를 불러서 얻은 이익과 똑같이 취급되어져 있지만, 저 국토에 왕생하기 위해서는 아미타불의 본원력에 의해서 왕생할 수 있기 때문에 稱名往生思想을 往生淨土信仰의 근본으로 하여 설하였다고 볼 수 있다. 다시 말하면 Nāgārjuna의 사상에서 몇 가지 독특한 면을 발견할 수가 있다. 첫째는 難行과 易行의 실천방법인 수행에 있어서 자력으로 하는 難行精進과 타력으로 하는 信方便易行이 있으며, 둘째는 부처님의 명호를 부름에 의한 이익으로 불퇴전의 지위를 얻은 것과 정토에 왕생할 수 있는 이익이 있고, 셋째는 근기가 연약하고 나약한 중생이

---

[22] 대정장 26, p.32下

어떻게 하면 빠르게 불퇴전의 지위에 오를 수 있느냐 하는 이행에 의한 '疾得至阿惟越致地'와 난행에 의한 '久乃可得'의 시간적인 표현이 보인다. 즉 Nāgārjuna는 아무리 연약하고 하열한 중생이라도 이행인 信方便에 의해 부처님 도를 실천한다면 시간적으로 빠르게 목적하는 바를 성취할 수 있다는 것이다. 특히 稱名이란 信方便에 의하여 정토에 왕생할 수 있다고 이행문을 말한 것은 말법시대에 사는 우리에게 주는 의미가 깊은 것이다. 이러한 Nāgārjuna의 사상은 후대 사람들에게 영향을 주었는데 이 영향을 받은 몇 가지를 소개하고자 한다.

보리유지(508년경 사람)가 번역한 『입능가경』에서

여래가 열반에 드신 후 미래에 마땅히 어떤 사람이 있다. 대혜여! 너는 자세히 들어라. 이 사람은 나의 법을 가지고 南大國 가운데 있는데 대덕비구로써 이름은 용수보살이다. 능히 有와 無에 대한 견해를 파하고, 사람들을 위하여 나의 법인 大乘無上法을 설하고 환희지를 증득하여 안락국에 왕생한다.[23]

라고 하였다. Nāgārjuna가 미래세에 출현하여 중생들을 위하여 대승무상법을 연설한 후 入滅하여 안락국에 왕생한다고 하는 사실이

---

[23] 如來滅度後 未來當有人 大慧汝諦聽 有人持我法 於南大國中 有大德比丘 名龍樹菩薩 能破有無見 爲人說我法 大乘無上法 證得歡喜地 往生安樂國(대정장 16, p.569上)

단순한 예언에 불과한 것이 아니고, 아미타불의 명호를 부르고 염한 본원사상이 미래세의 중생들에게 적합하고 실천하기 쉬운 것이 이행문이란 사실을 표현하기 위한 것이라고 생각하지 않을 수 없다.

Nāgārjuna의 이행문 사상을 이어받아 구체적으로 논술한 사람은 중국의 담란(476~542?)이다. 그의 저서는 『대집경소』·『왕생논주』·『찬아미타불게』·『약론안락정토의』 등이 있는데, 이 저술들은 대부분 정토사상에 대한 것들이다. 담란은 『찬아미타불게』[24]에서는 Nāgārjuna를 대사 용수마하살이라고 하는가 하면 "南無慈悲龍樹尊 至心歸命頭面禮"라 하여 귀의하는 말을 사용하고 있다. 이러한 것을 보면 담란이 Nāgārjuna의 사상적 영향을 얼마나 깊이 받았는지 알 수 있다. 그러기 때문에 담란은 그의 저술에서 Nāgārjuna를 흠모하고 존경하여 보살처럼 받들었다고 볼 수 있다.

특히 담란이 Nāgārjuna를 정토왕생과 밀접하게 연관시키려고 노력한 흔적이 아래 구절에서 보인다. 또 담란은 천친보살이 지은 『왕생론』을 주석한 『왕생논주』 가운데서,

> 보살이 아비발치[25]를 구하는 데 두 가지 길이 있다는데 첫째는 실천하기 어려운 길이고, 둘째는 실천하기 쉬운 길이다. 실천하기

---

24 誕形像始理頹綱 關閉邪扉開正轍 是閻浮提一切眼 伏承尊悟歡喜地 歸阿彌陀生安樂 …… 南無慈悲龍樹尊 至心歸命頭面禮(『淨土宗全書』 1권 p.217上~下)
25 avinivartanīya 또는 avaivartika의 音寫로 한문으로는 不退轉이라 한다. 즉 불도수행의 과정으로 깨달음의 지위에서 뒤로 물러나지 않는 지위이다.

어려운 길이란 五濁의 악한 세상과 부처님이 계시지 않는 시기에 아비발치 지위를 구하는 것을 말한다. 이 어려운 길에는 많은 것이 있는데 대략 말하면 다섯 가지, 혹은 세 가지를 들어 그 뜻을 나타낼 수 있다. 첫째는 외도가 상대적인 선을 주장하므로 보살법을 어지럽히는 것이고, 둘째는 성문은 자기만의 이익만을 가지려고 하기 때문에 대자비심에 장애를 주는 것이다. 셋째는 돌아보지 않는 악한 사람은 다른 사람의 수승한 덕을 파괴하는 것이고, 넷째는 전도된 善果로 능히 깨끗한 행을 파괴시키는 것이다. 다섯째는 오직 자력만을 의지하고 타력을 의지하지 않는 것이다. 이와 같은 등의 일은 눈에 보이는 대로이다. 비유하면 육로를 걸어가면 고통이 따르는 것과 같다. 수행하기 쉬운 길이란 부처님을 믿는 인연으로써 청정한 정토에 태어나기를 원하면 부처님의 원력을 입어 곧 저 청정한 국토에 왕생할 수 있음을 말한다. 부처님 힘에 주지하여 대승의 正定聚[26]에 들어간다. 正定이란 곧 이 아비발치를 말한다. 비유하면 물위에서 배를 타면 즐거움이 있는 것과 같다.[27]

라고 하였다. 이것은 Nāgārjuna가 『십주비바사론』에서 말한 難易二

---

[26] 중생을 세 가지로 분류하는데 첫 번째 正定聚란 반드시 깨달음을 얻는 것이 결정된 사람으로 이 사람은 뒤로 물러나지 않는다. 두 번째 不定聚란 수행을 잘못하면 뒤로 물러날 수도 있고, 잘 하면 앞으로 전진할 수도 있는 사람이며, 세 번째 邪定聚란 수행하지 않아 반드시 악도에 떨어질 사람이다.
[27] 이태원 저, 『왕생론주 강설』 pp.22~24.

道에 대해서 담란이 구체적으로 분석하여 시기와 교법이 상응한가 상응치 않는가 하는 면에서 분석한 것이라고 할 수 있다. 즉 담란이 생존하였던 시대는 석존이 열반한 지 천 년의 세월이 지난 像法의 시대로써, 부처님이 계시지 않는 五濁의 세상이기에 불퇴전의 지위를 구하는 것이 불가능한 이유를 다섯 가지 敎法을 들어 말했다. 다시 말하면 담란이 생존하고 있던 중국이란 땅과 그 시기는 五濁과 현재 부처님이 계시지 않는 시대이기 때문에 다섯 가지 난행이 있다는 것을 지적하고 있다. 이것에 의해 이행이란 것을 아미타불의 왕생정토적인 입장에서 밝혔다. 즉 부처님을 믿는 인연과 정토에 왕생하려고 하는 원을 근본 바탕으로 하여 아미타불의 명호를 부르면, 부처님의 본원의 힘을 입어 저 국토에 왕생한 후 불퇴전의 지위에 오른 것이 이행이라 하였다.

담란의 難易二道는 Nāgārjuna가 부처님의 교법을 難易二道로 구분하여 설한 입장보다 더 상세하게 시대적인 면과 담란이 생존시에 나타난 불교인들의 생각을 논리적으로 표현하여 불퇴전의 지위를 얻기 위한 방법이 무엇인가를 지시한 것에 주목해야 할 것이다. 즉 저 국토에 왕생해야 한다는 절대적인 필요성과 아미타불의 본원력을 강조하였고, 아미타불 한 부처님을 신앙하는 것에 의해 정토에 왕생한다는 입장에서 난행문, 이행문을 명확하게 밝혔다고 말할 수 있다.

신라시대의 경우를 살펴보면, 난행과 이행을 구분하여 분명하게 밝힌 사람이 보이지는 않지만 이행문에 대해서 조금 언급한 것이

있어 소개한다. 신라시대 원효(617~686)가 저술한 『무량수경종요』를 보면 往生因 가운데서

단 여래의 본원의 힘을 입기 때문에 그 감득을 따라 수용하는 것이지 자기의 업의 힘에 의해서 이루진 것이 아니다.[28]

고 하였다. 원효는 불교를 수행하는데 부처님의 본원력을 입는 타력과 입지 않는 자력을 구분하여 왕생할 수 있는 근본적인 원인은 이행문에서 信方便이 필요하듯이, 부처님 본원력을 입지 않으면 안 된다고 은연중에 표현한 것은 難易二道의 영향을 받은 것이라 볼 수 있다. 원효보다 후대의 인물인 경흥(680년경 스님)의 『무량수경술문찬』을 보면 일곱 가지 뜻을 가지고 서방극락세계에 왕생하기 쉽다는 이행문 사상을 말하고 있다.

이제 일곱 가지 뜻을 가지고 서방에 왕생하기 쉬운 것을 증명하겠다. 첫째, 단 짧은 시간의 수행이기 때문인데, 즉 『관경』에 말씀하시기를 하품하생에서는 '임종시에 일념이나 십념을 하면 모두 할 수 있다.'고 하였기 때문이다. 둘째, 모든 부처님이 보호하려는 생각이 있기 때문인데, 즉 『칭찬정토경』에서 '육방의 모든 부처님이 보호하려는 생각을 가지고 있다.'고 하였기 때문이다. 셋째, 광명으로 섭수하기 때문인데, 즉 『관경』에서 '염불하는 중생은

---

[28] 대정장 37, p.128中.

섭취하여 버리지 않는다.'고 말씀한 것이다. 넷째, 부처님의 본원을 입기 때문인데, 즉 이 경에서 말한 아미타불의 마흔 여덟 가지 큰 서원이 이것이다. 다섯째, 저 부처님이 와 맞이하기 때문인데, 즉 이 경의 상권에서 '나의 국토에 태어나기 원하는데 만약 와 맞이하지 않는다면 성불하지 않겠습니다.'고 말씀한 것이다. 여섯째, 무릇 염을 도와주기 때문인데, 말하자면 임종시에 모두 같이 수행하는 사람들이 서로 염을 도와 보내기 때문이다. 일곱째, 성인들이 왕생하기 쉽다고 했기 때문인데, 곧 이 경에서 '왕생하기 쉬운데 사람이 없는 것은 저 국토가 거역한 것이 아니다.'고 말씀하였다.29

위 글에서 본 바와 같이 경흥은 서방정토에 왕생하기 쉽다는 것을 『관무량수경』·『칭찬정토불섭수경』·『무량수경』 등의 내용을 인용하여 말하였다. 즉 첫째는 시간적으로 조금만 닦으면 왕생할 수 있다고 하는 것으로 48원 가운데 제18원인 念佛往生願에 해당하며, 둘째는 동서남북, 상하 등 여섯 군데에 계신 부처님이 항상 호념하신다는 것으로 『아미타경』이나 『칭찬정토불섭수경』 증명단에 해당하고, 셋째는 염불하는 중생을 광명으로 섭취하여 한 사람도 버리지 않는다는 것은 『관무량수경』의 내용에 해당하며, 넷째는 부처님의 본원을 입는다는 것으로 48원 전체를 이야기한 것이다. 다섯째는 염불하는 중생이 목숨을 마칠 때 아미타 부처님이 모든 성현들을

---

29 대정장 37, p.163下.

데리고 영접한다는 것은 제19 來迎引接願이며, 여섯째는 임종하는 사람에게 선지식이 아미타불에 대한 이야기를 해주고 염불하여 부처님을 생각하게 하는 것이고, 일곱째는 모든 성인들이 정토문은 難行易行 가운데 易行이라고 한 것 등이다. 경흥은 이상과 같이 부처님의 수행법 가운데 정토에 왕생하는 길이 이행문이라고 하는 것을 경전의 내용을 하나하나 증거로 들어 보이고 있다. 경흥보다 앞 시대의 인물로서 『무량수경소』를 지은 법위의 설을 보면,

> 염에는 많은 종류가 있는데 혹은 부처님의 명호를 염하고, 혹은 부처님의 상호를 염하며, 혹 부처님의 공덕을 염하고, 혹 부처님의 지혜를 염하며, 혹 부처님의 본원을 염하고, (中略) 만약 능히 염할 수 없으면 마땅히 무량수불을 불러라 말한 이것이 오직 稱名號를 밝힌 것으로 이 稱名觀은 성취하기 쉽다.[30]

라 하였다. 여기에서 法位가 염하는 종류를 여러 가지 말하고 난 후 나무아미타불을 부르는 것이 성취하기 쉽다고 한 것은 삼국시대에도 석존의 一代敎說을 두 가지로 분류하여 말하는 難易二行의 교판설이 있지 않았나 생각되어진다. 이것은 Nāgārjuna나 담란의 영향을 입었다고 볼 수 있다.

---

30 惠谷隆戒 著, 『淨土敎の新硏究』 pp.398~399.

제4절 頓漸二敎의 敎判說

淨土敎家가 말하는 頓漸說을 알아보기 전에 '頓'이라 하는 의미가 어떠한 뜻을 내포하고 있는지 알아보기로 한다.『漢韓大字典』[31]에서 頓에 대한 해석을 보면 열한 가지 정도로 그 뜻을 풀이하여 놓았다. 이 가운데 특히 주목할 만한 곳은 일곱 번째 해석으로 '갑자기', '급작스럽게'라 하여 시간적으로 빠른 것을 말하고 있다. 즉 어떠한 상황이 펼쳐지는데 보통의 속도보다 훨씬 빠른 것을 말하고 있다. Nāgārjuna가 지은『십주비바사론』의 易行品에서 말하기를,

> 만약 사람이 빨리 불퇴전에 이르고자 한다면 마땅히 공경하는 마음으로 명호를 執持하고 불러라.[32]

고 하여 빨리〔疾〕불퇴전의 지위에 오르고자 하는 사람은 부처님의 명호를 부르라고 하였다. 여기서 이야기하는 '疾'은 앞에서 이야기한 頓과 같은 의미로써 시간적으로 빠른 것을 말한다.『정토삼부경』 가운데 시간적으로 빠른 '頓'字를 사용한 회수는 2回, '速'字를 사용한 회수도 2回, '疾'字를 사용한 회수는 4回이다. 이 가운데 주목할 만한 곳은 법장비구가 세자재왕부처님께 여쭙고 원하는 대목 가운데,

---

31 『漢韓大字典』(民衆書林) p.1352.
32 대정장 26, p.41中.

저는 마땅히 수행해서 청정한 불국토, 장엄이 한량없는 묘한 국토를 이룩하겠사오니 저로 하여금 금생에 빨리 정각을 이루어 모든 생사 고통의 근원을 없애게 하여 주옵소서.[33]

이라 하였다. 즉 법장비구가 빨리〔速〕정각을 이루기를 원하여 마흔 여덟 가지 원을 세웠다고 하는 것은 다음에 어떤 중생이든지 자기의 본원에 의해 수행하는 사람은 누구든지 속히 무상정각을 이루게 하겠다는 것을 내포한 것이다. 그러기 때문에 Nāgārjuna는 『십주비바사론』에서 아미타불의 명호를 부르면 속히 아비발치의 지위에 오른다고 주장하였다.

돈점교판설을 제일 처음 말한 사람은 앞 주석에서 한번 언급하였지만 유송의 道場寺에서 주석한 혜관(352~423)으로써 二敎五時說이다. 이러한 설을 엿볼 수 있는 것은 길장(549~623)의 『삼론현의』인데, 여기에서

도장사 사문 혜관이 경을 제본하면서 서문에서 간략히 불교를 가리기를, 무릇 두 가지가 있는데 첫째는 돈교로, 곧 화엄 등으로 단 보살들을 위하여 구족한 진리를 나타낸 것이고, 둘째는 녹야원으로부터 구시라성의 사라쌍수[34]에 이르기까지 옅은 진리에서

---

33 쯔보이 순에이 저, 이태원 역, 『정토삼부경개설』 pp.161~162.
34 원문에는 '鵠林'이라고 하였는데 이는 鶴林을 말하는 것으로 석존이 열반하신 구시라성 북쪽 跋提河의 西岸에 있는 沙羅雙樹林을 말한다. 석존이 열반하자 그 사방의 나무가 희게 말랐다고 해서 불리어진 이름.

깊은 진리에 이르는 것을 말하는데 점교 가운데 5時다.35

라 하여 길장은 혜관의 설을 인용하고 있다. 즉 석존의 일대 교설을 頓漸二敎로 나누었다. 즉 옅은 진리에서 깊은 진리로 들어가게 하는 가르침을 점교, 한 법문 가운데 구족하게 깊은 진리가 있는 것을 돈교라 하고, 『華嚴經』을 頓敎, 다른 경들을 점교라 하였다. 이 점교는 능력과 시기에 응해 설법한 것으로 5시의 교판설이다. 혜관의 교판설은 중국 남쪽지방에서 중심이 되어 싹튼 사상으로 劉虯(436~496), 僧柔, 慧次, 智藏, 法雲 등은 이 설을 답습하게 되었다. 더욱이 이 설은 慧誕에 의해 보충 설명되었다.36 그러나 천태지자는 『법화현의』 가운데 南三37北七38의 10종으로 나누어 설명하고 있는데, 이 가운데 "말하면 남쪽의 3, 북쪽의 7로 남쪽과 북쪽 지방에서 공통으로 세 가지 敎相을 사용하고 있었다. 첫째 돈교, 둘째 점교, 셋째 不定敎다."39고 지적하고 있는 것처럼 혜관의 頓漸二敎에다 不定敎를 더해

---

35 대정장 45, p.5中.
36 坂本幸男 著, 『華嚴教學の研究』 p.178.
37 중국 南北朝時代(5세기~5세기)에 경을 분류하는 방법으로 남쪽 3이란 ①笁法師의 三時敎(有相·無相·常住), ②宗愛·僧旻의 四時敎(앞 三時敎에다 同歸敎를 더함), ③僧柔·慧次·慧觀의 五時敎(앞 四時敎에다 抑揚敎를 더함).
38 ①어느 師는 5時敎(人天·有相·無相·同歸·常住)를 주장, ②보리유지는 2敎(半字·滿字)를 주장, ③光通은 四宗(因緣·仮名·誑相·常住)을 주장, ④어느 師는 앞 四宗에다 法界宗을 더한 五宗敎를 주장, ⑤어느 師는 六宗(因緣·仮名·誑相·眞·常·圓)을 주장, ⑥어느 禪師는 二大種集(有相·無相)을 주장, ⑦어느 선사는 一音敎를 주장하는 것 등이다.
39 대정장 33, p.801上.

三種敎判으로 사용하였다. 이 모든 경우가 『화엄경』을 돈교로 하는 것에는 변함이 없다. 또 법장은 『화엄오교장』[40]에서 漸, 頓, 圓으로 구별하여 圓敎를 하나 더 보충한 것이 특색이다.

다음으로 중국 淨土敎家의 한 사람으로 지목되는 정영사혜원(523~592)의 설을 살펴보면, 위에서 말한 설과는 다르다. 혜원은 『대승의장』에서

> 성인의 가리킴이 비록 여러 가지이지만 중요한 것은 두 가지다. 첫째는 世間이요, 둘째는 出世間이다. 三有의 선법을 이름하여 世間이라 하고, 三乘에서 벗어난 도를 이름하여 出世間이라 한다. 出世間 가운데 나아가면 다시 두 가지가 있는데 첫째는 聲聞藏이요, 둘째는 菩薩藏이다. 聲聞을 위하여 설한 것을 聲聞藏이라 이름하고, 菩薩을 위하여 설한 것을 菩薩藏이라 이름한다.[41]

고 하여 성문장과 보살장 등 두 가지로 분류하고 이어 三藏義分別의 開合廣略條에서

> 大와 小를 따라 漸과 頓으로 분별한다. 이른바 局敎·漸敎·頓敎인데 일체 小法을 이름하여 국교라 하고, 大는 소로부터 들어가는 것을 이름하여 점교라 하며, 大는 小를 거치지 않는 것을 이름하여

---

40 대정장 45, p.480中.
41 대정장 44, p.466下.

돈교라 한다.42

라 하여 국교·점교·돈교 등 3교로 구분하고 있다. 이것이 慧遠의 二藏三敎說이다. 二藏과 頓漸 二敎와의 관계에 대해서 『무량수경소』에서도 『대승의장』과 똑같이 일대 성인의 교를 논한 다음,

> 이제 이 경은 2藏 가운데 보살장에 포함되고, 근기가 성숙된 사람을 위하기에 돈교 법륜이다. 어찌하여 돈교인 줄 아는가? 이 경은 바르게 범부들 가운데 생사를 싫어하고 두려워하여 正定聚를 구하는 사람을 위하여 가리켜 발심하게 하고 정토에 왕생하게 하여 옅은 단계를 거치지 않고 높은 단계에 있게 하기 때문에 돈교인 줄 알라.43

고 하여 『무량수경』이 보살장에 속하며 돈교라 주장하였다. 위에서 『화엄경』만이 돈교라고 한 설과는 다른 주장으로 괄목할 만한 것이다. 이 정의에 의해서 혜원은 구체적으로 『유마경』·『무량수경』·『관무량수경』·『십지경』 등이 돈교법륜이라 지적하고 『열반경』이 점교라고 교판하였다.44 이어서 정토경전이 돈교라고 하는 설을

---

42 앞의 책, p.467
43 대정장 37, p.91中.
44 『維摩經義記』에서 "菩薩藏收 爲根熟人頓敎法輪"(대정장 38, p.421中)
『大般涅槃義記』에서는 "今此經者 二藏之中菩薩收 漸敎衆生長義法門"(대정장 33, p.613中)

찾아보면 혜원의 『관무량수경소』 가운데서도 두 군데나 표현하고 있다.

혜원은 『관무량수경소』 첫머리에서

이 경의 해석을 시작함에 먼저 다섯 가지 중요함을 안 연후에 이름을 해석한다. 어떤 것이 다섯 가지 중요함인가? 제일 모름지기 교의 깊고 옅음을 알아 교를 2藏으로 나눈다. 성문장과 보살장을 말하는데 성문법을 가리키는 것을 성문장이라 하고, 보살법을 가리키는 것을 보살장이라 한다. 차별하는 뜻은 항상 해석하는 것과 같다. 이 경은 곧 보살장에 포함된다. 제이 모름지기 교가 局敎·漸敎·頓敎를 알아야 한다. 소승의 교를 국교라 하고, 큰 것은 적은 것으로부터 들어가는 것을 점교라 하며, 그렇지 않는 것을 일러 돈교라 한다. 이 경은 돈교법륜이다. 무엇 때문에 알 수 있는가? 이 경전은 바로 위제희를 위해 설한 것이다. 아래에서 설하기를 위제희는 이 범부라, 범부를 위하여 설한 것으로 적은 것을 거치지 않고 들어가기 때문에 돈교인 줄 알라.[45]

고 하여 『관무량수경』이 어떠한 이유에 의해 돈교에 속하는가를 자세히 설명하고 있다. 정토경전이 자리이타의 사상을 갖고 있기 때문에 보살장에 속하는 것은 분명하나, 돈교에 속하는 이유에 대해서는 모르고 무심코 지나칠 수 있는 면에 대해서 혜원이 『무량수경소』

---

45 대정장 37, p.173上.

와 『관경소』에서 분명히 밝히고 있는 점은 주목할 만하다.

이러한 혜원의 설의 영향을 받아 신라시대의 원효(617~686)는 『무량수경종요』에서

> 이제 이 경은 모두 菩薩藏敎의 격언으로 정토의 인과의 참된 경전이다.46

라 하였다. 이처럼 원효는 중국의 모든 사람들이 분류한 것처럼 二藏 중에서 『무량수경』이 보살장에 속한다고 말하였다. 그리고 이 경이 돈교라고 직접적으로 말한 면은 보이지 않으나 「淨不淨門」에서

> 이제 경에서 설한 무량수국은 제4문설로 정토가 된다. 왜냐하면 널리 대승과 소승을 수용하고 아울러 범부와 성인을 같이 수승한 곳에 태어나게 하여 똑같이 大道를 이루게 한다.47

고 하여 간접적으로 돈교의 성격을 표현하고 있는 것 같다. 왜냐하면 대승과 소승, 범부와 성인을 가리지 않고 모두 똑같이 정토에 태어나게 하고 大道에 들어가게 하기 때문이다. 즉 점차적으로 적은 것에서 큰 것으로, 범부에서 성인으로 향하지 않고 범부와 성인이 똑같이

---

46 앞의 책, p.125下.
47 앞의 책 p.126中.

대도에 들어간다고 한 것은 頓的인 의미가 포함되어 있다고 보지 않을 수 없다. 이러한 원효의 설은 혜원의 영향을 받아 자기 나름대로 표현한 것 같다.

淨土敎家 가운데 二藏二敎敎判을 정토사상의 입장에서 주장한 사람은 선도(613~681)이다. 선도의 저서인 五部九卷 가운데 '돈교'란 용어를 사용한 예를 검토하면 『관경소』에 2군데, 『반주찬』과 『관념법문』에서 제각기 한 군데씩 발견된다. 선도가 어느 정도로 이 교판을 주장하고 있는지 살펴보면 다음과 같다.

『관경소』 처음에 있는 '歸敬三寶偈'를 보면,

나는 보살장이며 돈교인 一乘海에 의지하여 偈를 짓고 삼보에 귀의하며, 부처님 마음과 더불어 상응하고자 하는 것을 시방의 항하사 부처님이 여섯 가지 신통으로 비추시어 나를 아십시오. 이제 두 분[48]의 가르침을 입어 널리 정토의 문을 열겠습니다.[49]

이라고 하였다. 선도가 歸敬偈에서 보살장이며 頓敎一乘海에 의지한다고 하는 것은 『관무량수경』의 설이 보살장이며, 돈교임을 밝힌 것이다. 이러한 의미를 분명히 밝힌 부분을 검토해 보면,

세 번째 宗旨를 해석하는데 한결같지 않아 敎에 크고 적음이 있다.

---

48 석가모니 부처님과 아미타불을 말함.
49 대정장 37, p.246上.

『유마경』과 같은 것은 不思議解脫로서 宗을 삼고, 『대품반야경』과 같은 것은 空慧로 종을 삼는다. 이러한 예는 한 가지가 아니다. 이제 『관경』은 곧 觀佛三昧로 종을 삼고, 또한 念佛三昧로 종을 삼으며, 일심으로 회향하여 정토에 왕생하기 원하는 것으로 體를 삼는다. 교가 크고 적음을 말하면 묻기를, 이 경은 2藏 가운데 어느 藏에 포함되고, 2敎 가운데 어느 교에 포함되는가? 답하기를, 이제 이 『관경』은 보살장에 포함되고 돈교에 포함된다.[50]

고 하였다. 여기서는 『유마경』과 『대품반야경』 등의 宗致에 대해 논한 다음, 『관경』은 관불삼매와 염불삼매로 근본을 삼는데 보살장에 포함되고 돈교에 포함된다고 분명히 밝히고 있다. 이것은 선도가 정토문에 대한 긍지를 실로 높은 지위까지 올려 부각시켰다고 볼 수 있다. 선도의 二藏二敎門은 정영사 혜원이 주장한 二藏二敎門의 判釋에서 벗어나 아미타불을 향하여 염불하는 정토수행의 길이 보살장이며 돈교라고 하는 것으로, 이러한 것은 『반주찬』에서도 명백하게 밝히고 있다. 즉 선도는

『영락경』의 설은 점교로 만겁 동안 공을 닦아 불퇴전을 증득하고, 『관경』과 『아미타경』 등의 설은 곧 돈교며 보살장으로 하루나 칠일 동안 오로지 부처님을 부르면 목숨이 끊어진 후 잠시 사이에 안락국에 태어난다. 한번 아미타불의 열반국에 들어가면 즉시에

---

50 앞의 책 p.247上.

불퇴전을 얻고 무생법인을 증득한다. 만겁 동안 실로 공을 닦아 쌓기는 어려우며, 한때의 번뇌가 백 년간인데 만약 사바세계에서 正法忍을 기다린다면 6도의 항하사겁을 기약하지 못한다.[51]

고 하여『관경』과『아미타경』등을 돈교로 규정한 것에 비해『영락경』을 점교라고 하고 있다.『영락경』에서는 10주·10행·10회향·10지·무구지·묘각지 등 42賢聖位와 초발심에 들어가기 이전 10信, 즉 信·念·進·慧·定·不退·廻向·護·戒·願 등을 말하는데, 수행하는 사람은 이 순서를 밟아서 만겁 동안 수행하여 불퇴전의 지위에 올라간다고 하기 때문에 점교라 한다. 이런 52位說은『화엄경』에서 설해진 것을 근본으로 하여 형성된 것이라고 생각된다. 이에 반해 돈교란 아미타부처님을 하루 또는 칠일 동안 부르면 목숨을 마친 후 잠깐 사이에 안락국에 왕생하여 불퇴전의 지위에 올라 무생법인을 증득하는 것으로,『관경』과『아미타경』이 이에 속한다고 분명히 밝혀 정토문의 입장을 명백히 했다고 볼 수 있다.

또 선도는『관념법문』에서 다섯 가지 增上緣의 뜻을 말한 후 최초의 문답에서,

석가가 출현하여 5濁의 범부를 제도하시고, 곧 자비로 열 가지 악의 인과와 3道의 고통을 열어 보이신다. 또 평등한 지혜로 인간과 하늘 사람들을 깨닫게 하며, 회향하여 아미타불 국토에 태어나게

---

51 대정장 47, p.448下.

하는 모든 경의 글뜻은 돈교임이 역연하다.52

고 하여 아미타불의 국토에 속히 왕생하는 것이 돈교라 하였다. 선도가 '모든 경의 돈교의 글 뜻'이라고 한 것은 『반주삼매경』·『십왕생경』·『정토삼부경』 등으로, 이 중 선도는 뒤 문장에서 인용하고 있는 『십왕생경』을 특히 지목한 것 같다.

이상의 說에서 보면, 돈교라는 의미가 두 가지로 갈라진 것 같다. 첫째는 불퇴전의 지위에 빨리 올라 무생법인을 깨닫는 것이고, 둘째는 목숨이 끊어지자마자 속히 극락세계에 왕생하는 것이다. Nāgārjuna는 첫째에 해당되고 정영사 혜원이나 선도는 후자에 속하며, 그 외 다른 이는 분명히 밝히고 있지 않다. 극락세계에 왕생하자마자 불퇴전의 지위에 올라 무생법인을 얻는다면 위 두 가지 문제점이 해결되지만, 그렇지 않고 따로따로라고 한다면 문제가 제기되지 않을 수 없다. 『무량수경』의 48원 가운데 제22 必至補處願은 "나의 국토에 태어나면 반드시 一生補處에 이르게 될 것입니다."53라고 되어 있다. 여기서는 태어나자마자 일생보처가 되는 것으로 이해된다. 일생보처란 보살의 최고 지위로서 한번 생사의 세계에 있다가 다음 생에는 부처님이 된다는 지위이다. 여기서는 왕생과 증득, 즉 전자나 후자의 문제가 해결되는 것 같이 보인다. 그러나 제47 得不退轉願과 48원 得三法忍願을 보면 아미타불의 이름을 듣고 곧

---

52 앞의 책 p.38中.
53 쯔보이 순애이 저, 이태원 역, 『정토삼부경개설』 p.177

불퇴전과 三法忍을 이룰 수 있다고 하여 증득의 문제만을 제기하였기 때문에 왕생하는 것 자체가 돈교라고는 할 수 없다. 기원 후부터 정토사상을 돈교로 보는 입장을 제각기 달리 표현했던 것 같다. 기원 후 2~3세기 경의 Nāgārjuna는 증득을 가지고 판단했고, 5세기 이후의 혜원, 선도는 왕생을 가지고 판단한 것으로 생각된다. 우리나라에서도 혜원과 선도의 영향을 받아 신라시대 의적(7~8세기경)이 『무량수경술의기』54에서 "한번 왕생하면 5道를 갑자기 버린다."고 한 것은 왕생을 한 걸음 한 걸음 걸어서 극락세계에 간 것이 아니라 한번에 5도를 버리고 속히 왕생한다는 의미가 포함되어 있기 때문에, 뒤 문장에 "往生하기가 쉽다."고 표현한 것이라고 본다. 이러한 사상은 Nāgārjuna와 담란의 이행문사상과 혜원, 선도의 돈교사상을 받아들인 것이라 할 수 있다. 또 경흥의 『무량수경의술문찬』에서도 "이제 널리 5악의 아픔 고통을 열거하여 수행자들로 하여금 이 고통의 세계를 싫어하고 저 즐거운 세계를 바라게 하고, 복을 닦고 觀을 수행하여 속히 사바세계에 벗어나 정토에 태어나도록 한다."55고 하였다. 여기서 속히 사바세계에서 벗어나 정토에 왕생하게 한다고 함은 돈교적인 사상이 다분히 포함되어 있다고 할 수 있다. 또 경흥은 의적과 같이 '五惡段'을 해석하는 가운데

---

54 安身養神之國橫截五趣 自然閉者 若就穢土下三爲惡人 爲善今對淨土 五皆名惡 一得往五道頓去故 橫截往生不斯去 去惡生者惡自然杜故 言惡趣自然閉昇道無窮極 十念專志必得往生故易往也(惠谷隆戒 著,『淨土敎の新硏究』p.444)
55 대정장 37, p.131下.

먼저 見惑을 끊고 3도의 인과를 여의고, 후에 修惑을 끊고 人天의 인과를 끊어 만약 정토에 태어나면 5道를 단번에 버린다.[56]

고 하였다. 즉 정토에 왕생하면 5도를 단번에 버린다고 하는 것은 의적과 똑같은 五惡段의 견해다. 경흥이 속히 사바세계에서 벗어나 정토에 왕생하면 단번에 5도를 버린다고 함은 돈교적인 입장에서 정토를 이해하였고 불퇴전의 지위를 증득한 것보다 정토왕생에 중점을 두었음을 알 수 있다. 신라시대의 원효가 혜원의 영향을 받아 정토사상을 보살장이라 하였고, 의적과 경흥은 혜원, 선도의 敎判釋에 의하여 정토에 왕생하는 것을 돈교라고 判釋한 것은 신라정토의 교판설이라 할 수 있다.

제5절 聖道門·淨土門의 敎判說

위에서 이야기한 교판설은 淨土家가 아닌 다른 종파나 다른 학설에서도 나올 수 있으나 이 성도문·정토문의 교판설은 정토를 주장한 사람만이 말할 수 있다고 본다. 왜냐하면 정토문이라는 술어가 한 종파를 규정짓는 것이기 때문이다. 이 교판설이 세상에 널리 알려져 유명하게 된 것은 일본에서 정토종을 창시한 法然(1133~1212)이 그의 저서인 『選擇本願念佛集』에서 도작(562~645)의 설을 인용하

---

[56] 대정장 37, p.163下.

여 체계화시킨 것을 일본 정토교에서는 깊이 취급했기 때문이라고 생각된다. 그러면 먼저 도작의 설을 알아보기로 한다. 도작은 그의 저서인 『안락집』에서,

> 불교가 일어날 수 있는 것은 시기를 잘 맞추고 根機에 잘 맞추며 정토에 귀의하는 것이다. 만약 교[57]와 시기, 그리고 根機가 부합하면 수행하기 쉽고 깨닫기 쉽지만, 만약 근기, 시기, 교가 어긋나면 수행하기 어렵고 깨달음에 들어가기 어렵기 때문이다.[58]

라고 하여 현재 자기의 근기가 어느 정도이고, 시기가 어떤 시기인가를 알아 여기에 부합하는 수행법을 선택하는 것이 중요하다고 하였다. 즉 자기의 능력과 시기가 수행하는 법에 합당하지 못하면 수행하기 어렵고 깨닫기 어렵다고 한 것으로, 도작이 생존하고 있는 시기는 말법시대이기 때문에 정토문에 귀의하여 염불의 수행법을 선택해야 한다는 것이다. 그래야만 능력과 시기, 그리고 수행법이 부합되어 닦기 쉽고 깨닫기 쉽다. 그렇기 때문에 도작은 뒤 문장에서,

> 수행자가 일심으로 도를 구할 때 항상 마땅히 시기와 방편을 관찰해야 한다. 만약 시기를 모르고 방편이 없으면 이를 이름하여 실패라 하고 이롭다고 말하지 않는다. 왜냐하면 마치 젖은 나무를 가려

---

57 불교의 여러 가지 수행법 가운데 어느 한 가지를 말함.
58 대정장 47, p.4.

가지고 불을 구하려 하면 구할 수 없는 것은 시기가 아니기 때문이다. 만약 마른 섶을 쪼개어 불을 구하려 해도 불을 구하지 못한 것은 지혜가 없기 때문이다.[59]

고 하였다. 자기가 지금 수행하는 시기가 어떤 시기인가를 관찰하여야 한다는 것을 비유를 들어 강조하였다. 즉 시기를 잘 모르고 수행문을 잘못 선택한다면 지혜가 있는 행위가 아닐 뿐만 아니라, 아무런 이익이 없다는 것이다. 당시의 시기가 말법의 시기라고 강조한 도작이 그렇게 판단한 시대적 배경은 여러 가지가 있겠지만 그 중 한 가지만 든다면, 중국에서는 北周武帝의 廢佛(574~577)[60]을 계기로 佛法이 멸망할 시기라고 생각되었기 때문이다. 그렇기에 그는 다음 문장에서,

묻기를, 일체 중생이 다 불성이 있어 머나 먼 세월부터 지금까지 마땅히 많은 부처님을 만났을 것인데 어찌하여 오늘날까지 생사를 윤회하면서 火宅을 벗어나지 못하는가?
답하기를, 大乘聖敎에 의지하면 진실로 두 가지 수승한 법을 얻지 못하면 생사를 배척하고 화택을 벗어나지 못한다. 어떤 것이 두 가지인가? 첫째 聖道요, 둘째 往生淨土다. 그 聖道의 일종은 오늘날 증득하기 어렵다. 첫째는 부처님이 열반한지 오래고, 둘째는

---

59 위의 책 p.4上~中.
60 惠谷隆戒 著, 『北周の廢佛』(『塚本善隆著作集』2)

이치가 깊어 알기 어렵다. 이렇기 때문에 『대집월장경』에 말하기를 "말법시대에 수많은 중생들이 도를 수행하지만 아직 한 사람도 얻지 못하는 것은 지금이 말법이고, 현재가 五濁惡世이기 때문이다. 오직 정토의 한 문이 있어 가히 통할 수 있고 들어가는 길이다.[61]

고 하여 현재가 오탁악세의 말법시대라고 하였다. 그렇기 때문에 도작은 말법사상에 의해 석존의 一代佛敎를 성도문과 정토문 등 두 가지로 교판하여 말법시대에는 정토문에 의해 수행하는 사람이 도에 들어갈 수 있다고 강조하였다. 위의 문장에서 도작은 『대집월장경』의 설을 인용하여 "마땅히 지금은 말법시대로서 현 시대는 오탁악세"다고 하였다. 여기서 도작이 생존하고 있는 시대가 과연 말법에 속하는지가 의문이다. 中國南北時代의 法上(492~580)은 부처님이 입멸한 시기를 周夷王 14년 庚辰인 기원전 890년이라고 한다.[62] 왜냐하면 北齊의 武平 7년은 576년으로써 지금으로부터 부처님 입멸 시대가 1,465년이 지났고 했으니까 B.C. 890년이라고 할 수 있다. 정법·상법을 1500년으로 계산하면 도작의 나이 50세된 해 말법시대에 들어가기에 '當今末法'이라고 했는지 모른다. 또 장원규 씨가 지은 『인도불교사』에서 周書의 글을 인용하여 부처님이 穆王 52년 壬申(B.C. 950) 2월 15일 입멸하셨다[63]고 한 설을 가지고 보면, 도작이

---

61 대정장 47, p.13下.
62 『續高僧傳』卷8 法上傳에서는 "佛以姬周王 二十四年 甲寅歲生 (中略) 滅度以來 至今 靑代 武平七年丙申 凡經一千四百六十五年"(대정장 50, p.485中)
63 장원규 著, 『印度佛敎史』 p.31

태어날 때는 이미 말법시대에 들어간 후이기 때문에 말법사상에 입각하여 정토문을 역설했다고 볼 수 있다. 말법시대의 중생은 근기가 나약하고 능력이 열등하여 자력으로는 목적을 달성할 수 없기 때문에 타력인 아미타불의 본원력을 입어야만 불퇴전의 지위에 오를 수 있다. 이러한 설을 주장한 사람은 앞에서 이야기한 Nāgārjuna로써 信方便에 의해 부처님 도를 실천해야 속히 불퇴전 지위에 오를 수 있다고 했다. 즉 도작은 『안락집』 제5대문 가운데서

> 또 난행과 이행의 두 가지 도를 밝힌다. 난행이란 논에서 말한 바와 같이 3대아승지겁 동안 하나하나 겁에서 복과 지혜, 6바라밀, 일체 모든 수행, 이 하나하나의 수행의 업을 갖추어야 한다. 여기에는 모두 백 가지 천 가지 난행의 길이 있는데 이것을 갖추어야 한 지위에 오를 수 있기에 이것이 난행도다. 이행이란 곧 저 논에서 말한 바와 같이 만약 따로 있는 방편[別有方便]을 의지하여 해탈하면 이행도라 이름한다.[64]

고 하여 Nāgārjuna와 담란의 난행, 이행의 二行門 사상을 인용하였다. 여기서 "別有方便"이란 아미타불의 명호를 부르는 염불로 도작이 주장한 완전 타력인 정토문을 말한다.

    이 타력에 대해서는 『무량수경』의 제18원을

---

[64] 대정장 47, p.16下.

만약 어떤 중생 가령 일생 동안 악을 지었더라도 목숨이 마칠
때 십념을 상속하여 나의 이름을 불러서 태어나지 못하면 성불하지
않겠습니다.[65]

고 자기 나름대로 稱名念佛的인 해석을 붙인 다음

이 모든 부처님은 크신 자비로써 정토에 귀의하기를 권하였다.
가령 일생 동안 악을 지었더라도 단 능히 생각을 모으고 정성을
다하여 항상 부처님을 생각할 수 있으면 일체 모든 장애가 자연히
소멸되고 꼭 왕생하는데, 이를 어찌 헤아릴 수 있겠는가! 모두
의심하지 말라.[66]

고 하였다. 이상 도작의 사상을 종합해 보면, 지금은 말법시대로써
부처님이 열반한 지 오래되어 중생의 근기가 나약하고 열등하기
때문에 이행문인 정토문을 의지해야 한다는 것이다. 이 문에 의지한
사람은 평생 동안 악한 일을 하였더라도 목숨을 마칠 때에 부처님을
생각하고 부를 것 같으면 모든 장애가 자연히 소멸되어 꼭 왕생한다는
것이 도작의 정토문사상이다.
 이러한 도작의 정토문사상은 신라시대에 편찬된 정토에 대한 저서
에서는 발견할 수 없고 일본 법연이 쓴 『선택본원염불집』에서 발견할

---

65 앞의 책 p.13下.
66 앞 주와 같음.

수 있다. 법연은 그 저서 가운데서,

> 이 가운데 난행도란 곧 성도문이요, 이행도란 곧 정토문이다. 난행과 이행, 성도와 정토는 말은 비록 다르지만 뜻은 같다.67

고 하여 난행도는 성도문이고 이행도는 정토문이라고 규정하였다. 이렇게 규정을 내리기까지는 용수와 도작의 설을 비롯하여 원효·자은·가재의 설과 진언종·불심종·천태종·화엄종·삼론종·법상종·지론종·섭론종 등 8종을 인용하였고, 또 이를 비교해서 정토문이 좋다는 것을 내세우고 있다. 이 설들을 한눈으로 보기 쉽게 표로 만들어보면 다음과 같다.68

```
          ┌ 大乘: 顯敎, 密敎, 權敎, 實敎 → 眞言宗, 三論宗, 佛心宗, 法相宗, ┐
聖道門 ─┤                            天台宗, 地論宗, 華嚴宗, 攝論宗    ├ 難行道
          └ 小乘: 聲聞緣覺, 斷惑證理, 入聖得果道 → 俱舍宗, 成實宗, 諸部律宗 ┘

          ┌ 正明往生淨土敎 → 無量壽經, 觀無量壽經, 阿彌陀經, 往生論   ┐
淨土門 ─┤ 傍明往生淨土敎 → 華嚴經, 法華經, 隨求陀羅尼經, 尊勝陀羅尼經 ├ 易行道
          └                大乘起信論, 究竟一乘寶性論, 十住毘婆娑論   ┘
```

이 표를 보면, 법연의 교판은 Nāgārjuna의 難易二行道에 의거하여 도작의 성도문, 정토문을 구체화시켰다고 볼 수 있다. 그런데 여기에서 의아스런 점은 법연이 선도의 사상을 존경하면서도 돈교와 점교를

---

67 대정장 83, p.2中.
68 坪井俊映 著, 『淨土教凡論』 p.105

제1장 정토교의 위치 63

인용하지 않은 점이라 할 수 있다. 법연이 선도가 이야기한 頓漸二敎를 모를 리는 없다고 생각된다. 법연이 필시 알고 있었지만 법연에게는 말법시대라는 생각이 있어 여기에 적절한 교판설이 필요하였을 것이다. 그러기에 Nāgārjuna와 담란이 생각하고 있는 이행문에다 도작이 말법사상에 입각하여 세운 정토문을 선택하여 정토사상을 펼치기 위한 시도로써 『선택염불본원집』 첫머리에서 이 교판설을 정리하였다고 본다.

제6절 結論

이상으로 정토사상에 의한 교판설을 보면, 몇 가지로 요약할 수 있다.

첫째는 時期觀이다. 부처님 도를 수행하고 있는 사람들이 처해 있는 시기가 正法을 닦기에 충분한 요건이 갖추어져 있는 것인가 하는 문제다. 석존이 입멸하신 지 오래되어 이 세상은 五濁에 의해 물들어 인간 마음의 눈은 어두워 앞을 보지 못하고 정도를 행하는 길보다 사도를 행하는 것을 즐거워할 뿐 아니라, 아만이 높은 말법시대란 것이다. 末法時期觀에 의해 도작과 법연은 수행하여 도를 얻기 어려운 성도문보다 수행하여 왕생하기 쉬운 정토문을 강조한 것이다.

둘째는 根機觀이다. 부처님 法을 수행하고 있는 중생들의 수행 능력이 어느 정도인가 하는 점이다. 부처님이나 10지 보살들처럼 탁월한 능력을 소유하고 있다면 남의 힘을 빌리지 않고 원하는 목적을 달성할 수 있다. 그렇지 않고 나약한 능력의 소유자라면 남의 힘을 빌리지 않을 수 없다. Nāgārjuna와 담란과 신라의 원효, 법위, 경흥은 중생들의 수행 능력이 열등하기 때문에 부처님의 배를 타야만 목적지에 도달할 수 있다고 하였다. 즉 다시 말하면 자력으로 가기 어려운 難行門보다 타력인 아미타 부처님의 본원력에 의한 배를 타야만 목적지에 도달할 수 있다고 易行門을 역설한 것이다.

셋째는 時間觀이다. 목적지에 도달하는데 시간적으로 한 걸음 한 걸음 정진하여 도달할 것인가, 그렇지 않으면 단번에 속히 도달할 것인가 하는 것이다. 중국의 가상사 길장, 정영사 혜원, 선도와 신라의 원효, 의적, 경흥 등은 정토사상을 頓敎的이라고 하였다. 왜냐하면 칭명염불에 의해서 五濁惡世인 사바세계에 존재하는 五惡段을 단번에 버리고〔頓捨〕 속히 극락정토에 왕생하여 '速往' 빨리 불퇴전의 지위에 오르기〔速至不退轉〕 때문이다. 한 걸음 한 걸음 전진하는 가운데 퇴보할 우려성이 있는 점교보다 뒤로 물러설 염려가 없고 속히 왕생하여 불퇴전의 지위에 오를 수 있는 것이 정토교로서 돈교인 것이다.

넷째는 利他觀이다. 정토경전들은 대자대비심에 근본을 둔 이타의 보살장이라고 정토사상을 주장한 사람들은 한결같이 말하고 있다. 정토경전은 성문과 연각처럼 자기만을 위하는 소승적인 가르침이 아니고, 중생 누구나 다 같이 고통을 여의고 즐거움을 얻는 대승의 가르침인 것이다. 그러기에 정토경전들은 자리이타를 겸비한 보살장에 속한다는 것이다.

다섯째는 신라시대 정토에 관심을 두고 저술한 淨土經疏들을 보면, 정토사상이 Nāgārjuna와 담란이 이야기한 이행문이며, 선도가 말한 돈교라고 하는 설을 엿볼 수 있다. 이것으로 미루어보아 신라시대 사람들의 淨土敎判說은 중국의 영향을 받아 내면적으로 인지하면서도 밖으로는 뚜렷이 표현하고 있지 않았다고 본다.

한국불교는 고려와 조선시대를 지나오면서 자력인 성도문 쪽으로 흘러오면서 수행하기 어려운 길을 걸어 왔던 것은 사실이다. 이러한 문을 선택하여 수행하다 보니 승려 자신도 견처를 얻은 이가 적을 뿐만 아니라, 재가불자들은 부처님의 진리가 마냥 어렵다고 하여 중도에 수행을 포기하는가 하면, 다른 종교로 개종하는 사람이 많은 것이 현실이다. 이러한 폐단을 제거하고 한국불교에 활력소를 불어넣어 신라시대와 같은 번영스러운 불국정토를 이룩하기 위해서는 몇 가지를 생각해야 될 것이다.

첫 번째는, 위에서 정토가들이 생각한 것처럼 우리가 살고 있는 현실이 어떠한 환경인가 하는 점이다. 석존이 입멸하신 지 이미 오래되어 인간들의 견해가 혼탁할 뿐만 아니라, 다종교 사회로서 불교 이외의 여러 종교가 난립하여 자기 종교만이 최고라고 하는 경향이 있다. 또 자기 종교로 이끌기 위해 믿기 쉽고 성취하기 쉬운 면을 강조하여 인간들을 유혹하는 시대에 우리 불교인들은 불교를 믿고자 하는 사람에게 과연 알기 어렵고 증득하기 어려운 성도문을 말할 것인가, 그렇지 않으면 알기 쉽고 증득하기 쉬운 이행문인 정토문을 역설할 것인가 하는 것이다. Nāgārjuna나 담란이 이야기한 이행문에 우리는 관심을 두어 불교를 믿고자 하는 이들에게 보다 더 쉽게 가르쳐 쉬운 실천 속에서 좋은 결실을 얻게 해야 한다.

두 번째는, 이미 불교를 신봉하고 있는 우리들 자신의 문제다. 우리들의 능력이 얼마나 큰 능력을 소유하고 있는가를 자기 자신이 되돌아보아야 한다. 자기 능력이 정법이나 상법시대처럼 上根機의 사람인지 또는 10지 보살과 같은 능력을 가졌는지, 그렇지 않으면 나약한 능력을 가지고 생각만을 차원 높은 곳에 두고 있는지 생각해 볼 필요가 있다. 능력이 열등하고 나약하면서 이상만은 높은 곳을 향해 자기 스스로 나아가려고 한다면 영명연수선사가 『四料揀』에서 말한 것처럼 열 명 가운데 아홉 명은 낙오되고 만다. 말법시대에 살고 있는 우리가 낙오되지 않고 속히 불퇴전의 지위를 증득하던가, 또는 6도에서 윤회하지 않고 정토에 왕생하려고 한다면 부처님의 본원력을 입지 않으면 안 된다.

세 번째는, 현실에 살고 있는 우리가 자만심에 빠져 독선적이고 이기적인 면이 없나 하는 점이다. 주위를 돌아보면 누구나 할 것 없이 利他思想이 결여되어 사람들의 인심은 삭막하고 극도의 이기주의로 달리고 있어 너와 내가 융합하지 못하며 항상 의견대립과 질시가 있을 뿐이다. 이러한 점을 해결하려면 보살정신이 필요하다. 보살정신에 의해 성립된 정토사상만이 이러한 문제를 해결하여 너와 나 사이의 의견 대립이 없는 무한한 자비광명이 가득한 배를 타게 할 수 있다고 본다.

다시 말하면, 이 사회에 정토사상이 만연할 때 5탁악세의 말법시대에 살고 있는 우리들은 부처님의 진리에 흥미를 갖게 되어 수행을 열심히 할 뿐 아니라, 불교를 믿는 신자가 불어나서 현실 정토가 이룩되리라 믿는다.

(伽山李智冠스님 華甲紀念 論叢 『韓國佛敎文化思想史』)

제2장 본원과 장엄

제1절 머리말

정토의 장엄은 부처님이나 보살이 인행시에 세운 본원에 의해 이루어지기 때문에 이를 願心莊嚴이라 한다. 본원과 장엄은 분리할 수 없는 사상이기에 이 장에서는 먼저 장엄을 알아본 후 본원과 장엄의 관계를 살펴볼까 한다.

 장엄이란 쉬운 말로 장식이나 치장이란 단어로 표현할 수 있지 않나 생각한다. 즉, 자기 몸을 치장한다든가 집안을 장식하는 것으로, 우리 일상생활에서 많이 볼 수 있는 것들이다. 이렇게 장식하는 것을 분석해 보면 두 가지 의미에서 관찰할 수 있을 것 같다. 첫째는 단점을 보완하기 위해서이다. 자기 몸에 보기 싫은 부분이 있는 사람은 그것을 숨기기 위하여 장식할 수 있고, 또 집안에 추잡한 부분이 있으면 그것을 수리하여 보기 좋은 면으로 바꿀 수 있는 것이 장식하는 마음이다. 둘째는 지금의 상태보다 더 잘 보이기 위해서이다. 미인이 귀걸이, 목걸이를 장식하고 얼굴을 화장하여 잘 보이려고 하는 것과 또 좋은 저택을 가지고 있는 사람이 좋은 가구를 들여놓는다든가 정원을 더 잘 가꾸는 것 등이다.

　이렇게 장엄하려고 하는 마음이 어디에서 비롯된 것인가를 추적해 보면, 중생들의 마음은 현실에 대해서 만족을 느끼지 못하고 있기 때문에 만족하려고 하는 작용의 일부이며, 설사 만족을 느낀다고 하더라도 모순 속에서 만족을 느끼고 청정치 못한 곳에서 만족을 느끼는 것으로 이것은 완전한 만족이 될 수 없기 때문에 좀 더 나은 것을 추구하는 마음에서 비롯되었다 할 것이다. 이 마음의 작용에는 자리적인 면이 있고, 이타적인 면과 자리이타적인 면이 있다. 자리적인 면은 어떠한 것을 장엄해 놓고 자기 스스로 즐거움을 누리든가 남에게 잘 보이려고 하는 자만에서이고, 이타적인 면은 남에게 즐거움을 주기 위하여 장엄하는 것이며, 자리이타적인 면은 자기도 소정의 목적을 달성하기 위하여 장엄이란 수단과 방법을 이용하고, 한편으로 남을 인도하기 위하여 장엄하는 일이다. 불교적으로 말하면 성문이나 연각은 자리적인 면에서 장엄, 보살은 자리이타적인 면에서 장엄, 부처님은 순수한 이타적인 면에서 장엄한다고 볼 수 있다. 결국 우리 일상생활에서의 장식이나 치장이 승화되고 발전된 것이 불교의 장엄이라고 할 수 있겠다.

　불교에서 장엄이란 산스크리트로 vyūha라 하는데 嚴飾布列한다는 의미이다. 또 alamkara라 하여 부처님의 지혜 작용에 의해 부처님 몸과 부처님 국토가 장엄된 것을 말한다. 즉 처음 장엄은 여러 가지 보배로 된 영락이나 일산, 幢幡, 아름다운 꽃 등으로 국토나 도량을 엄숙하고 깨끗하게 장엄한다는 것으로 有相莊嚴, 즉 非有情莊嚴을 뜻하지만 대승불교가 발달됨에 따라 부처님이나 보살이 가지고 있는 有情莊嚴이 나타나고 이와 동시에 無相莊嚴이 나타나고 있다. 이 장엄이란 단어 속에는 無垢(a-mala, mala-viśuddhi)란 뜻이 포함되어 있는 것에 주목하지 않으면 안 된다. 왜냐하면 불교의 이상적인 목표가 染汚에서 不染汚, 즉 淸淨(pariśudda)으로 전환하는 것이기 때문이다. 장엄하는 이유는 중생들로 하여금 본래 청정한 모습을 되찾게 하기 위한 때문이니 장엄된 모든 것은 청정하지 않으면 안 된다. 불국토에 청정하게 장엄된 것은 보는 자, 듣는 자로 하여금 청정함을 얻게 하기 위한 것이기 때문에 여기에 장엄된 모든 것은 부처님의 청정한 공덕으로부터 나온 수승한 것이 아니면 안 된다. 본 장에서는 정토경전과 논 이외의 다른 경전과 논에 나타난 장엄에 대해서 알아본 후 정토경전과 논에서 표현된 장엄 및 변천, 그리고 이 장엄은 왜 해야만 하는가에 대해서 살펴보기로 한다.

제2절 정토경전 외 장엄사상

제1항 장엄하는 동기와 목적

앞에서도 조금 언급했지만 불교에서 장엄하는 목적은 본래 우리가 소유하고 있는 청정한 마음을 되찾기 위해서이다. 다시 말하면 중생들이 한 생각 미혹한 무명에 가리워 한없이 6도에 윤회하기 때문에 이를 구제하기 위한 방편의 하나가 장엄이다. 그래서 『보살선계경』에서는 보살마하살이 신통으로 장엄한 목적에 대하여 "중생이 깨끗한 장엄을 봄으로 말미암아 중생이 아뇩다라삼먁삼보리심을 발할 수 있다."[1]고 하였고, 『관정경』에서는 "국토를 청정하게 장엄하는 일은 한량없는 모든 중생으로 하여금 무량한 이익을 얻게 하기 위함이요, 모든 고통을 제거하여 안온을 얻게 하기 위함이다."[2]라고 하여, 장엄하는 목적이 깨달음과 고통을 제거하고 한량없는 이익을 얻는 데 있다고 하였다. 이 두 경에서는 장엄하는 이유가 화려하게 보이기 위해서가 아니고 중생들이 원하고 있는 이익을 얻게 하기 위함이고, 또한 모든 고통과 액난에서 구제하기 위하여 대승사상적인 입장에서 방편으로 장엄한 것이기에 장엄된 모든 것은 청정하지 않으면 안 된다. 그러기 때문에 이러한 청정한 장엄은 부처님이나 보살들이 중생을 구원하기 위한 願心에 의해 장엄된 것이라 볼 수 있다.

한 가지 예를 들어 극락세계를 장엄하게 된 동기를 살펴보면, 법장비구가 서원을 세운 뜻을 『무량수경』[3]에서는 "저는 마땅히 수행해서 청정한 불국토, 장엄이 한량없는 묘한 국토를 선택하겠사오니 저로 하여금 금생에 빨리 정각을 이루어 모든 생사의 근원을 없게

---

1 대정장 30, p.974下
2 國土淸淨莊嚴之事 利益一切無量衆生 度諸危厄令得安隱(대정장 21, p.522中)
3 我當修行 攝取佛國 淸淨莊嚴 無量妙土 令我於世 速成正覺 拔諸生死勤苦之本(대정장 12, p.267中)

하여 주옵소서."라고 하였다. 여기서 보면 법장비구가 정각을 이룬 목적이 청정한 불국토를 건설하는 데 있다. 즉 청정한 불국토에 의해서만이 중생들이 장엄을 보고 쉽게 무생법인을 깨달을 수가 있다는 의미가 내포되어 있다. 그러기에 극락세계의 장엄은 이 원심에 의해 이룩되었음을 알 수 있다. 법장비구가 원심을 굳건히 세운 항목을 보면 "원하옵건대 세존이시여, 널리 모든 부처님들이 정토를 이룩한 수행을 자세히 말씀하여 주십시오. 저는 그것을 듣고 나서 마땅히 말씀하신 바와 같이 수행해서 소원을 원만히 이루겠습니다."[4]고 하였다. 이는 법장비구의 능력으로는 수많은 부처님들이 불국토를 장엄하고 있는 모습을 볼 수 없고 들을 수 없기 때문에 세자재왕부처님께 간절히 청하는 모습이라 할 수 있다. 이렇게 청함에 의해 세자재왕부처님께서는 210억이나 되는 여러 불국토와 하늘 사람의 선과 악, 국토의 거칠고 묘함을 말씀하시어 법장비구의 마음에 원하는 대로 낱낱이 모두 나타내 보여주셨다고 한다.[5] 대자재왕부처님이 210억이나 되는 많은 불국토를 보여주신 것도 법장비구의 원심에 의한 것이고, 이 원심에 의해 좋은 것만 선택하기 위하여 5겁 동안 사유하여 극락정토를 설립하여 장엄한 것이다.[6]

이 願心을 다른 말로 표현하면 本願(Pūrva-Pranidhāna)이다. 이

---

4 唯願世尊 廣爲敷演 諸佛如來 淨土之行 我聞此己 當如說修行 成滿所願(앞의 책, p.267中～下)
5 於是世自在王佛 卽爲廣說二百一十億諸佛刹土天人之善惡國土之粗妙 應其心願悉現與之(앞의 책, p.267下)
6 具足五劫. 恩惟攝取莊嚴佛國清淨之行(대정장 12, p.267下)

본원이란 보살이 부처님이 되기 전 因行時에 세우신 것으로 이를 서원, 숙원이라고도 한다. 즉 이는 부처님이나 보살이 과거세에 있어서 일으킨 서원을 말한다. 아미타불의 본원에 의해 극락정토, 약사여래불의 본원에 의해 동방유리왕세계, 아촉불의 본원에 의해 아촉불의 정토가 성립되고 장엄된 것이다. Nāgārjuna는 『십주비바사론』에서 "깨끗한 국토는 마땅히 알라. 모든 보살의 本願因緣에 따른다."7고 하였고, 이어서 "단 모든 부처님의 本願因緣에 따라 혹은 수명이 한량없어 보는 자는 반드시 선정을 얻고, 이름을 듣는 자도 선정을 얻으며, 여인이 친견하거나 이름을 들으면 남자의 몸을 이루고, 이름을 듣는 자는 왕생한다. 또 광명이 한량없어 중생이 광명을 입으면 모든 장애를 여의고 혹은 선정에 들어간다."8고 하였다.

Nāgārjuna는 有情莊嚴과 非有情莊嚴9이 본원에 의해 성립이 되며 이 장엄에 의해 얻는 이익이 어떤 것인가를 말했다. 이러한 본원인연에 따라 보살의 자리이타가 성립된다. 즉 위로는 수명무량과 광명무량을 성취하게 하고 아래로는 유정들로 하여금 이를 보거나 듣고 한량없는 이익을 얻게 하려고 하는 마음에 의해 정토를 건립하고

---

7 대정장 26, p.32上.
8 앞의 책, p.32下.
9 玄奘 이전에는 sattva를 衆生이라 하였고, 현장 이후에는 有情이라고 쓰여진 것 같다. 衆生이란 단어를 풀이하여 보면 여러 번 태어나서 죽는다는 의미, 즉 끝없이 생사를 되풀이하는 범부들을 일컬음에 틀림없다. 그런데 천친보살이 지은 『왕생론』을 보면 衆生世間 莊嚴이라 하여 부처, 보살, 중생을 합쳐 사용하고 있다. 극락세계의 부처와 보살은 생사를 되풀이하지 않기 때문에 이 책에서는 유정이라 함이 마땅할 것 같아 이 단어를 사용한다.

여기에다 장엄한 것이다. 이것을 한마디로 표현하면 '願心莊嚴'이라 할 수 있다. 이 마음이 근본이 되어 보살이 공덕을 쌓을 수 있다. 이 원에 의해 공덕이 쌓아지고 공덕의 힘에 의해 정토라고 하는 세계가 표출된다. 『왕생론』에서 말하는 '莊嚴功德成就'가 바로 이 정토의 장엄이다. 하나하나의 장엄은 원인을 들여다보면 원의 의미가 상징되어 있고, 또 원이 가지고 있는 구체적인 내용이 형상으로 표현되어 있기 때문에 願心을 성취한 것이 장엄이라고 단언할 수 있다. 이 원심에 의해 眞實功德(淸淨功德)이 이룩되며 이 진실공덕에 의해 우리 마음속에 있는 眞實心(淸淨心)을 발견할 수 있다. 다시 말하면 청정한 공덕으로 이룩된 장엄을 보고 들음으로 인해 청정한 신심이 생긴다. 우리들이 여래를 信할 수 있는 것은 청정한 여래의 원력과 그 구족한 장엄이 있기 때문이다. 여래의 공덕으로 구족하게 된 장엄을 보고 들음에 의해 五濁惡世에서 거짓과 아만으로 가득찬 나를 진실된 나로 전환시킬 수 있다. 마치 우리의 때묻은 몸은 깨끗한 물로 씻어야 깨끗해지듯이 오염된 마음도 여래의 깨끗한 공덕장엄에 의해 청정한 마음이 될 수 있다.

그러기에 『방광대장엄경』에서는 "이제 너의 마음이 즐겁게 여기는 미묘하고 보배스러운 장엄은 淨業의 원인으로부터 이루어진 여러 가지 묘한 결과다."[10]라고 하여 모든 장엄은 깨끗한 업의 원인으로 이루어진 것임을 말하고 있다. 여기서도 정토의 장엄은 깨끗한 공덕

---

10 대정장 3, p.545中.

을 성취시키는 원심에서 비롯되었다는 것을 강조한 것이다. 또 『화엄경』에서

"이 연화장 장엄세계에 있는 일체 미묘한 장엄, 여러 가지 깨끗한 光明 등 모든 것은 과거에 부처님이 한량없는 세월 동안 더러움을 여읜 모두 청정한 無量大悲雲으로 모든 중생에게 충만하게 한 것이며, …中略… 뜻과 같이 보배로 두루 배열한 여러 가지 妙華는 本願力으로 된 것이다."[11]

고 하여 원심장엄을 말하고 있다. 이 원심을 어떻게 작용하고 회향하여 장엄할 것인가를 살펴보면 『대집경』 중 「무진의보살품」 가운데서

법답게 수행하여 장엄한 바와 같다. 나는 이제 마땅히 부지런히 닦아 쌓아 장엄할 것이며, 心性을 여의지 않겠습니다. …中略… 장엄이란 지은 바 보시를 다 회향하여 佛土를 嚴淨한 것이며, …중략… 장엄이란 授戒를 구족하여 닦아 모든 것을 통달한 것이며, …중략… 장엄이란 닦은 바 모든 인욕을 다 무생법인에 회향하는 것이고 …중략… 장엄이란 모두 잘 심도 깊게 정진하여 위없는 불법을 구하는 데 회향하는 것이며, …중략… 장엄이란 일체 닦은 바 禪定解說三摩跋提를 부처님의 선정을 구족하는 데 회향하는 것이고 …중략… 장엄이란 묻기 어려운 善能[12]을 분별하여 부처님

---

11 대정장 9, p.412中.

의 지혜를 구족하는 데 회향하는 것이고 …중략… 장엄이란 보리를 도와 趣心13을 일으키는 것이며 …중략… 장엄이란 부처님 경계에 들어가는 것이다.14

고 하였다. 여기서는 보시바라밀을 실천하여 쌓은 공덕만이 외형적인 깨끗한 부처님 국토를 장엄하는 것이고, 이외 다섯 가지 바라밀을 실천하여 쌓은 공덕은 내면의 세계를 성취하는 것임을 알 수가 있다. 즉 有相莊嚴은 보시바라밀에서, 無相莊嚴은 보시 이외의 다섯 가지 바라밀에서 생기는 것이다. 이 『대집경』에서는 6바라밀에 의한 장엄을 설명한 뒤 결론적으로 두 가지를 말하고 있다. 첫째는 보리심을 도와 나태하는 마음이 없이 꾸준히 정진하여 佛果를 성취하려는 마음을 일으키며, 둘째는 부처님과 똑같은 세계에 들어가는 것이 장엄의 목적임을 강조하고 있다. Nāgārjuna는 『대지도론』 제95에서 "부처님께서는 보시 등을 구족하지 못하면 중생을 성취시킬 수 없고, 몸과 음성, 그리고 언어를 장엄하고 신통력을 얻는 등 여러 가지 방편의 힘으로만이 능히 중생을 인도하실 수 있다."15고 하여 바라밀을 원만하게 성취여야만 장엄될 수 있다고 하였다. 정토를 장엄시킬 수 있는 근본 원인은 원이어야 하며, 이 願心을 근본으로 하여 6바라밀을 수행하여 구족해서 회향하여 이룩한 것이 정토의 有相, 無相장엄

---

12 善能이란 부처님의 지혜를 말한다.
13 여기서 趣心이란 보리나 佛果를 성취하려고 하는 마음으로 볼 수 있다.
14 대정장 13, p.207下~208上.
15 대정장 25, p.726中.

이다. 또 Nāgārjuna는 "보살마하살이 크게 장엄하기를 서원하는 것에 의해 항상 아뇩다라삼먁삼보리에서 물러나지 않는다."[16]고 하여 장엄하려고 하는 마음이 있어야만 아뇩다라삼먁삼보리에서 물러나지 않고 증득하는 것이기 때문에 원심장엄이 중요하다고 보지 않을 수 없다. 또 『다라니집경』 제5에서는 "잠자면서 꿈에 관세음보살의 장엄을 친견하는 사람은 일체 착한 일을 성취하고 일체 악한 업을 소멸한다."[17]고 하여 꿈에서라도 부처님이나 보살의 장엄을 친견하면 얻는 이익이 무량하다는 것을 설하고 있는 면을 보면 장엄 자체가 자리이며 이타임을 알 수 있다.

『화엄경』에서는 "능히 무량한 청정한 마음을 일으켜 부처님을 믿는 마음이 견고하면 이를 무너뜨릴 수 없다. 忍方便은 깨끗하고 때가 없기에 국토를 장엄하고 미묘한 색, 공덕의 구름을 일으켜 허공에 가득하여 일체를 이익케 하고, 깨끗한 수행을 닦아 중생이 널리 무량한 덕을 얻게 한다. 이 때문에 깨끗한 부처님 국토를 장엄한다."[18]고 하였고, 또 "眞金色의 청정한 妙形은 무량한 正法의 문에 들게 한다."[19]고 하여 장엄에서 얻는 이익을 강조하고 있다. 청정한 원심에서 비롯되어 장엄되기 때문에 장엄 그 자체가 깨끗하지 않으면 안 된다. 깨끗한 장엄이기 때문에 이것에

---

16 菩薩摩訶薩 發大誓莊嚴 常不退阿耨多羅三藐三菩提(『대지도론』, 대정장 25, p.700下)
17 又於睡眠中 夢見觀音種種莊嚴者 一切善事成就 一切惡業銷滅(대정장 18, p.826中)
18 대정장 9, p.411下.
19 鍊眞金色 淸淨妙形 入於無量正法之門(앞의 책, p.410下)

의해 구제되는 모든 사람은 染汚心에서 淸淨心으로 전환되어 진정한 自我를 발견할 수 있다. 이렇기 때문에 장엄은 중요한 의미를 내포하고 있다. 다음은 장엄의 종류에 대해서 살펴보기로 한다.

제2항 장엄의 종류

앞에서도 조금 언급하였지만 처음 장엄하게 된 동기는 이 세상에서 가장 진귀하고 아름다우며 깨끗한 것을 선택하여 자기 몸에 걸치거나 주위에 놓고 장식하여 감상하고픈 마음에서 비롯되었으리라 생각된다. 그러기에 장엄의 시발점은 有相莊嚴으로, 아름답게 장식할 수 있는 도구에 의해 시작되었다. 이것이 발전하여 우리가 꿈꾸는 이상적인 세계를 이것들을 빌려 표현했다고 본다. 예를 들자면, 고대에서 지금에 이르기까지 진귀하게 여겨왔던 칠보[20]로 여러 장식도구를 만들어 장엄하였던 것이다. 『방광대장엄경』 제4 寶莊嚴具品[21]을 보면 가락지, 목걸이, 귀걸이, 보배허리띠, 보배신발, 보배방울, 보배스런 그물 등 여러 가지를 가지고 보살들은 장엄하고 있다고 하였다. 또 『화엄경』을 보면 "한때 부처님이 마갈타국의 적멸도량에 계시면서 비로소 정각을 이루셨다. 그 땅은 금강이므로 깨끗하고 구족하게 장엄되었고, 여러 가지 보배스러운 꽃으로 장식되었으며, 上妙寶輪은 원만하고 청정한 등 한량없이 묘한 색과 여러 가지 장엄은

---

[20] 『아미타경』(대정장 12, p.346下)에서는 칠보에 대해 금, 은, 유리, 파려, 자거, 산호, 마노라 하였다.
[21] 대정장 3, p.558下.

큰 바다와 같았다. 寶幢, 寶蓋의 광명은 빛나고 妙香과 華鬘은 주위에 두루하여, 칠보로 된 그물은 그 위를 덮고 한량없는 보배의 비가 내리듯 자재하게 나타났으며 여러 가지 보배스러운 나무에서는 잎마다 광명이 무성하였다."[22]라고 하여 이러한 장엄들은 부처님의 선근공덕으로 쌓은 위신력에서 비롯되었다고 한다.

또 율장인『일체유부비내야잡사』제17[23]을 보면 기원정사를 지은 급고독장자가 부처님께 청하여 강당, 식당, 佛殿門, 욕실 등에 채색 그림을 그려서 장엄하였다고 하는 사실을 엿볼 수 있다. 이러한 것 등은 有相莊嚴으로 우리들 주위에 있는 칠보와 색채 등을 사용하여 장식하였던 것이다. 여기서 한 가지 엿볼 수 있는 점은 장엄된 모든 것들이 광명을 놓는다는 것이다. 광명을 놓는 이유는 有相莊嚴이 깨끗하기 때문이다. 광명 그 자체는 깊이 따지면 지혜를 뜻하며, 이 지혜는 어리석음을 제거해주고 장애를 없애주며 佛果를 증득하는 것이지만, 쉽게 생각하면 더럽지 않고 깨끗하여 우리의 마음을 뭔가 모르게 즐겁게 해주는 것일 것이다. 이렇게 외형적이고 객관적인 물질에서 광명을 발하여 장엄한다는 사상이 기초가 되어 주관적인 주체에서 광명을 발하는 사상으로 발전하지 않았나 생각한다.

근본경전인『장아함경』제5[24]에서는 "어느 때 부처님은 라아자그리하의 기사굴산에서 큰 비구 무리 천이백오십 인과 함께 계셨다.

---

22 대정장 9, p.395上.
23 대정장 24, p.283上~中.
24 대정장 1, p.30中.

그때 집악천반차익자(執藥天船遮翼子)는 밤이 고요해 사람이 없을 때 큰 광명을 놓아 기사굴산을 비추며 부처님께 예배하고 한쪽에 서 있었다."고 한 것과 『비화경』의 天品25에서 부처님 광명이 삼천대천세계에 비추어 큰 어둠을 제거하였다고 한 사실은 광명이 객관적인 세계에서 주관적인 세계로 전환됨을 알 수 있다. 즉 객관적인 세계에서 찬란히 빛났던 장엄을 느꼈던 주관이 이제는 주관자체가 빛나 객관적인 대상을 비추는 自莊嚴으로 된 것이다. 다음 장에서 자세히 언급하겠지만 천친의 『왕생론』에서 객관적인 외형적 장엄과 주관적인 부처님, 보살의 장엄을 분류하여 열거한 것은 이와 관계가 있지 않나 생각한다. 이외 외형적인 장엄을 『다라니집경』26과 『화엄경』27, 『마하반야바라밀경』28 등에서 많이 열거하고 있으나 생략하고 장엄의 분류에 대해 살펴보도록 하겠다.

1) 二種莊嚴

여기에서는 경전과 선인들의 글에서 두 가지 장엄을 논한 것을 살펴볼까 한다. 이 二種莊嚴은 앞에서 이야기한 것처럼 객관적인 물질장엄으로 非有情莊嚴과 주관적인 有情莊嚴을 생각할 수 있으나, 다른 측면에서 보면 먼저 생각할 수 있는 것은 눈으로 직감할 수

---

25 我己光熙三千大千世界 滅除大闇(대정장 12, p.945中)
26 대정장 18, p.886上~下, 828上~中.
27 대정장 9, p.410中, 413中.
28 대정장 8, p.278上.

있는 형상이 있는 有相莊嚴과 눈으로 볼 수는 없지만 마음으로 감화를 입을 수 있는 형상이 없는 無相莊嚴이 있다. 유상장엄은 6바라밀 가운데서 보시라는 실천 방법에 의해 생겼고, 다른 다섯 가지 바라밀은 무상장엄을 성취시킨다고 앞에서 언급했다. 그런데 『대반열반경』에서는 이와는 조금 달리 두 가지 장엄을 열거하고 있다.

> 만약 어떤 사람이 법을 깨우쳐 주기 위해서는 두 가지 장엄을 구족해야 한다.
> 첫째는 지혜요, 둘째는 복덕이다. 만약 어떤 보살이 이와 같은 두 가지 장엄을 구족하면 곧 佛性을 깨닫는다. …中略… 지혜장엄이란 초지부터 10지까지를 말하는데 이것을 지혜장엄이라 이름하고, 복덕장엄이란 보시바라밀부터 지혜바라밀까지 중 지혜바라밀이 아닌 다른 것이다.[29]

여기서는 복덕과 지혜로 분류하여 이 두 가지 장엄을 초지부터 10지까지의 보살이 구족해야 佛性을 깨우친다는 것이다. 이 말은 다른 말로 표현하면, 복덕과 지혜를 갖추는 이가 부처님이 될 수 있다는 것이며, 부처님은 복덕과 지혜를 두루 갖춘 분이라고 할 수 있다. 우리가 일상 법요식을 거행할 때 사용하는 술어 가운데 "歸依佛 兩足尊"이란 말이 있는데 이는 복덕과 지혜의 장엄을 갖추신 부처님을 뜻한다. 부처님은 지혜와 복덕을 원만히 구족한 분이다.

---

[29] 대정장 12, p.523上~中.

지혜장엄만 구족하고 복덕장엄이 결여됐다면 원만한 보살이나 부처가 될 수 없다. 따라서 무조건 기복이 나쁘다고 우리 불교계에서 말하는 것은 잘못된 주장이라고 보며, 복덕도 쌓아야 되고 지혜도 닦아야 되는 것이다. 이러한 사상의 영향을 받아 혜원은 그의 저서인 『대승의장』에서

"두 가지 장엄이란 첫째는 복덕장엄으로 공덕이라 이름하며, 둘째는 지혜장엄이다. 복덕이란 것은 능히 福利로써 사람들을 돕고 윤택하게 하기 때문에 이름하여 복이라 한다. 복리란 선행의 덕이다. 마치 깨끗하고 시원한 것이 물의 덕인 것과 같다. 지혜란 비춰 보는 것을 智라 하고 깨닫는 것을 慧라 한다. 이 두 가지는 각각 달라 世諦를 아는 것을 이름하여 智라 하고, 第一義를 비추는 것을 慧라 하여 종합적으로 보면 뜻이 같다. 이 福과 智를 경전 가운데서 혹은 이름하여 장엄이라 하고, 혹은 그것을 말하여 보리의 도구라 하며, 혹은 助道라 이름한다."[30]

고 하여 복덕과 지혜의 두 가지 장엄의 역할에 대해 비유를 들어가면서 열거하였다.

---

[30] 대정장 44, p.649下.

2) 三種莊嚴

세 가지 장엄으로 분류한 것은 『대법거다라니경』인데, 여기에서는 "마나바여, 만약 모든 보살이 여래의 처소에서 업을 지은 바가 있으면 끝내 헛되지 않는다. 예를 들면 發心莊嚴, 修行莊嚴, 資財莊嚴 등이다. 이와 같은 모든 장엄을 지어라."[31]고 하여 처음 발심하고 수행해서 얻는 결과 등 세 가지 장엄을 말하고 있다. 또 혜원은 『대승의장』[32]에서 정토를 事淨土, 相淨土, 眞淨土 등 셋으로 분류하면서 사정토는 범부들이 거주하는 곳이고, 상정토는 성문이나 연각, 그리고 불보살들이 거주하는 곳이며, 진정토란 초지보살 이상 부처님이 거주하는 곳 등으로 정토를 분류한 다음 장엄에 대해서 세 가지로 나누어 설명하였다. 즉 첫째 人莊嚴은 勝善衆生이 그 가운데 거주하는 국토를 이름하여 정토라 하고, 둘째 法莊嚴이란 모든 佛法을 갖춘 그 땅이 깨끗하기 때문에 정토라 하며, 셋째 事莊嚴이란 五欲[33]이 수승하고 묘한 것을 말한다[34]고 하였다. 여기서 人莊嚴을 정토에 거주하는 勝善衆生이라 한 것은 천친보살이 『생론』에서 말한 불장엄, 보살장

---

31 대정장 21, p.674下.
32 次辯其相 爲明佛土兼攝餘義 分別有三 一事淨土. 二相淨土. 三眞淨土. 事淨之中三門分別…中略…言事淨者 是凡夫人所居土也 凡夫以其有漏正業 得淨境界 衆寶莊嚴 飾事相莊麗 名爲事淨… 中略… 言相淨者 聲聞緣覺及諸佛菩薩所居土也 …中略… 言眞淨者 初地以上 及至諸佛所諸土也(대정장 44, pp.834上~835上)
33 五欲이란 눈, 귀, 코, 혀, 몸 등 五官이 색, 소리, 향기, 맛, 촉감에 대해서 느끼고 바라는 욕망을 말한다.
34 대정장 44, p.835下.

엄이 이에 포함된다고 생각하며, 法莊嚴은 중생을 깨우치게 하기 위한 것으로 불법인 진리를 말하고, 事莊嚴이란 거기에 태어나는 사람들이 五根으로 객관적인 장엄을 보고 듣고 느끼는 일들이다. 혜원은 事莊嚴만을 다시 세 가지 장엄으로 나누어 열거하고 있다. 즉 "국토 가운데 세 가지가 있는데 첫째는 神通莊嚴으로 모든 경계에 변해 나타나는데 걸림이 없는 것이고, 둘째는 光明莊嚴으로 항상 광명이 있어 모든 어둠을 소멸하며, 셋째는 相莊嚴으로 여러 가지 보배로 장식하는 것 등이다."35라 하여 중생이 이 세 가지 장엄을 입을 때만이 능히 모든 번뇌를 멸하고 생사의 길에서 벗어난다고 하였다.

이상의 三種莊嚴은 『다라니경』에서는 사람이 발심하고 수행하여 얻는 自莊嚴에 대해 설명하였고, 혜원법사는 정토에 있는 것을 포괄적으로 사람과 법과 그밖에 직관적인 모든 일을 구분하여 자세히 설명한 후, 事莊嚴에 대해서 神通, 光明, 相莊嚴을 열거한 것이 특색이라 할 수 있다. 여기서 神通莊嚴이란 『無量壽經』 48원 가운데 제5원에서 제10원까지의 여섯 가지 신통을 말하며, 光明莊嚴이란 제12원인 光明無量願을 이야기하고, 相莊嚴이란 『아미타경』, 『무량수경』 등에서 이야기한 극락세계에 장엄된 香華, 나무, 누각, 연못, 羅網, 새, 땅 등을 말한 것으로 볼 수 있다.

---

35 앞의 책, p.836上.

3) 四種莊嚴과 六種莊嚴

四種莊嚴에 대해서는 『해의보살소문정인법문경』에서 언급하고 있다. 앞 二種莊嚴에서는 복덕장엄과 지혜장엄을 말하였지만 여기에서는 복덕장엄에 대해서 네 가지 장엄을 말하고, 지혜장엄에 대해서는 照明法이란 단어를 사용할 뿐 장엄이란 표현이 없는 것이 특색이다.

또 저 보살들이 수행하여 만약 복을 받으면 마땅히 四種莊嚴相을 얻는다. 어떤 것이 네 가지인가? 첫째는 身莊嚴으로 相好가 원만한 것을 말하고, 둘째는 語莊嚴으로 모든 衆生보다 수승하게 뛰어난 言語音聲이다. 셋째는 國土莊嚴으로 모든 보시를 지으므로 다 능히 나타난 것이며, 넷째는 所生莊嚴으로 태어난 곳이 혹은 梵王[36], 帝釋[37], 護世天[38] 등이다. 해의보살이여, 저 어떤 보살이든지 수행하여 복을 받으면 이와 같은 네 가지 장엄을 얻는다. 또 저 보살들이 지혜를 성취하면 마땅히 네 가지 照明法을 얻을 것이다. 어떤 것이 네 가지인가? 첫째는 일체 중생의 근원을 照明하여 거기에 맞게 설법하고, 둘째는 일체 번뇌의 병을 조명하여 쌓은 것에 따라 法藥으로 치료한다. 셋째는 신통력으로 조명하여 다른 부처님 국토를 두루 다니며, 넷째는 法界를 조명하여 일체법을

---

[36] 여기서 梵王이란 梵天을 말한 것 같다. 즉 梵衆天(Brahma-kāyika), 梵輔天(Brahma-purohita), 大梵天(Mahā-brahman) 등 三天이다.
[37] 忉利天으로 梵王과 함께 불법을 수호하는 신.
[38] 護世四天王이라고도 하는데 수미산 중간에 있는 것으로 持國天, 增長天, 廣目天, 多聞天 등이다.

여실하게 깨닫는다. 해의보살이여, 저 어떤 보살이든지 지혜를
성취하면 이와 같은 네 가지 照明을 얻는다.39

여기서는 복을 원만히 성취하여 구족하면 有情莊嚴인 身莊嚴과
語莊嚴을 이루고 非有情莊嚴인 國土莊嚴과 所生莊嚴을 이룬다고
하였는데, 국토장엄은 6바라밀 중 보시바라밀에 의해서 생긴다는
점은 앞 단원에서 이야기한 것과 같다. 지혜를 성취하면 이타행으로
다른 불국토를 돌아다니고, 일체 법을 깨닫는 照明法을 얻는다고
하였다. 이 照明法 자체를 장엄이라고 할 수 있기 때문에 이 경에서는
복덕에 네 가지 장엄, 지혜에 네 가지 장엄을 열거했다고 생각된다.
다른 한편으로 『대애경』에서는

보살에게는 네 가지 事莊嚴이 있다. 무엇이 넷인가? 첫째는 戒莊嚴
으로 일찍이 禁戒를 파하지 않음이요, 둘째는 定意莊嚴으로 뜻을
일찍이 산란하지 않음이며, 셋째는 지혜장엄으로 마음에 장애가
없는 것이고, 넷째는 總持莊嚴으로 듣는 것을 잊지 않는 것이다.
이것이 보살의 네 가지 事莊嚴이다.40

고 하였다. 이것은 모두 自莊嚴을 이야기한 것으로 수행장엄이다.
위 『해의보살소문정인법문경』에서는 지혜로서 얻어 지닌 네 가지를

---

39 대정장 13, p.495中.
40 앞의 책 p.416上.

照明法이라 표현하였지만, 조명 이 자체가 莊嚴이라 할 수 있기 때문에 복덕의 네 가지 장엄, 지혜의 네 가지 장엄을 말한 것이고, 『대애경』의 네 가지 장엄은 바깥 경계의 형상장엄은 없고 보살이 실천해야 할 戒, 定, 慧 三學에다 總持莊嚴을 더한 것이 특색이다. 이 네 가지 事莊嚴 한 가지 한 가지마다 十事가 있다고 하였으나 이 중 戒莊嚴의 十事만을 보면

계에는 열 가지 일이 있다. 무엇을 열 가지라 하는가?
①그 몸을 장엄한 것으로 모든 모습을 구족히 갖춘 것이다.
②입을 장엄한 것으로 언행이 서로 돕는다.
③그 마음을 장엄한 것으로 그릇됨이 없다.
④국토를 장엄한 것으로 원한 바를 구족한다.
⑤중생을 교화하는 장엄으로 뜻이 청정하다.
⑥태어난 곳이 장엄되어 있어 모든 여러 가지 악을 범할 것이 없다.
⑦보살행의 장엄으로 如來行을 배운다.
⑧聖慧莊嚴으로 스스로 큰 것을 무너뜨리지 않는다.
⑨道場莊嚴으로 여러 가지 덕을 갖추기를 권한다.
⑩힘인 無所畏, 不共法으로 장엄한다.[41]

고 하여, 계를 지킴에 의해 열 가지 다른 장엄이 생기는 것으로

---

41 대정장 13, p.416中.

이 가운데서 국토장엄과 도량장엄을 열거하고 있다. 『해의보살소문정인법문경』에서는 보시에 의해 국토가 장엄이 되는데, 여기서는 계를 지킴에 의해 국토와 도량을 장엄할 수 있다는 점이 다르다. 앞에서 언급한 『열반경』에서도 6바라밀 가운데 지혜바라밀 외 다섯 가지 바라밀에 의해 국토가 장엄된다고 하였다. 즉 계를 지킴에 의해서 국토가 장엄된다고 한 점은 『열반경』과 『대애경』의 공통점이라 할 수 있다.

다음 六種莊嚴에 대해서 『대집경』에서는

> 선남자야, 보살 마하살이 多聞을 갖추는 것을 장엄이라고 하는데 다른 사람을 위하여 연설하므로 大利益이라 한다. 다음은 大總持를 갖추는 것을 이름하여 장엄이라 하는데 다른 사람을 위하여 연설하니 大利益이라 한다. 다음은 放逸이 없는 것을 이름하여 장엄이라고 하는데 중생을 조복시키니 大利益이라 한다. 다음은 32상을 이름하여 장엄이라고 하는데 大智慧를 갖추기에 大利益이라 한다. 다음은 입으로 유연하게 말하는 것을 장엄이라고 하는데 거짓 없는 말과 행을 설하기에 大利益이라 한다. 다음은 능히 모든 것을 베푸는 것을 能一切施라 이름하여 장엄이라 하는데 보답을 바라지 않기에 大利益이라 한다.[42]

고 하여 多聞莊嚴, 大總持莊嚴, 無放逸莊嚴, 三十二相莊嚴, 言柔軟

---

[42] 앞의 책 p.181中.

莊嚴, 一切施莊嚴 등 여섯 가지 장엄을 열거하고 있다. 여기서도 객관세계의 장엄에 대해서 이야기하지 않고 주관적인 자기가 어떤 항목을 갖출 것인가에 대한 自莊嚴만을 말하였다. 자리적인 장엄은 32相을 구족한 것 하나인 것에 비해 이타적인 면은 나머지 다섯 가지로, 이 모든 것은 大利益이 있다고 하여 利他莊嚴을 주장한 것이 색다른 면이라 볼 수 있다.

4) 十種莊嚴

十種莊嚴에 대해선 『화엄경』 외 다른 경전에서는 보이지 않는다. 『화엄경』의 세 가지 본 가운데 60권 『화엄경』과 80권 『화엄경』에서 두드러지게 보이는데 다음과 같다.

60권 『화엄경』 가운데 보살이 일체 모든 수행을 깊이 하여 지혜 방편으로 무상보리에 회향해야 한다 하고 난 후, 十種莊嚴에 대해서

이와 같이 보살이 어리석음을 여의고 깨끗한 법에 안주하고 나면 염념 가운데 구족하게 열 가지 장엄이 생긴다. 무엇이 열 가지인가? 色身莊嚴은 응할 바에 따라 나타내 보이고, 語莊嚴은 중생의 의혹을 제거하여 모두 기쁨을 얻게 하며, 意行莊嚴은 한 생각 가운데 모든 삼매에 들어간다. 佛刹莊嚴은 모든 번뇌의 자취를 제거하고, 光明莊嚴은 널리 시방세계를 비추며, 眷屬莊嚴은 능히 훌륭한 대중을 모아 다 기쁘게 한다. 神力莊嚴은 그 응한 바에 따라 자유자재로 나타내 보이며, 佛敎莊嚴은 다 능히 모든 點慧者[43]를 포섭하

고, 涅槃地莊嚴은 한 곳에서 도를 이루어 다 능히 충만하게 시방세계에 나타내 보이며, 持法莊嚴은 대중과 시기, 대상의 능력에 따라 설법한다. 보살은 이와 같이 염념 가운데서 구족하게 열 가지 장엄을 성취하고 나면 身, 口, 意의 행이 청정하며 영원히 어리석음을 여의고 지혜를 성취한다.[44]

고 하였다. 80권 『화엄경』[45]에서는 이와는 단어가 똑같지 않지만 비슷하게 논하였다. 이것은 깊고 묘한 수행에 의해 얻어진 장엄으로 객관적인 非有情莊嚴은 佛刹莊嚴이고, 이밖에 아홉 가지는 주관적인 有情莊嚴이다. 여기서도 이 열 가지 장엄에 의해 지혜를 성취한다고 하였다. 다시 말하면 지혜를 성취하기 위해서는 이 열 가지 장엄이 필요하다는 것이다.

다음은 보살에게도 열 가지 장엄이 있다고 한 후, 이 법에 안주하면 모든 부처님의 無上莊嚴을 얻는다고 하였다.

불자야, 보살마하살에게는 열 가지 장엄이 있는데 무엇이 열 가지인가? 말하면 力莊嚴이란 가히 무너뜨릴 수 없기 때문이며, 無畏莊

---

43 黠慧者란 세속의 지혜, 꾀가 많은 사람, 지혜가 풍부한 사람 등으로 사용하고 있지만 여기서는 세속적인 꾀가 많은 이, 즉 부처님 법을 모르는 사람을 말한 것 같다.
44 대정장 9, p.461下.
45 대정장 10, p.98上에서는 身莊嚴, 語莊嚴, 心莊嚴, 佛刹莊嚴, 光明莊嚴, 衆會莊嚴, 神通莊嚴, 正敎莊嚴, 涅槃地莊嚴, 巧說莊嚴이라 하였다.

嚴이란 공포가 일어나지 않기 때문이고, 義莊嚴이란 不可說義法門을 설하는데 다 함이 없기 때문이다. 法莊嚴이란 팔만사천 가지 법장을 설해서 잊지 않게 하기 때문이며, 願莊嚴이란 모든 보살의 원은 물러남이 없기 때문이고, 行莊嚴이란 보현보살의 행을 다하기 때문이다. 佛利莊嚴이란 모든 불국토를 갖추어 한 국토로 하기 때문이며, 妙意莊嚴이란 크게 감로의 법을 내려 모든 불국토에 충만하게 하기 때문이고, 受持莊嚴이란 모든 겁 동안에 보살의 행을 수행하는 데 끊어짐이 없기 때문이다. 變化莊嚴이란 한 중생의 몸으로 모든 중생에게 示現하여 모든 중생이 알아보지 못한 사람이 없고 오로지 십력과 일체지를 구하는 데서 물러나지 않기 때문이다. 불자야, 이것이 보살마하살의 열 가지 장엄이다. 만약 보살이 이 법에 안주하면 곧 모든 부처님의 無上莊嚴을 얻을 것이다.[46]

이것은 60권 『화엄경』에서 말씀한 것으로 80권 『화엄경』[47]에서도 이와 똑같이 말하고 있다. 단 妙意莊嚴을 普音莊嚴으로, 受持莊嚴을 力持莊嚴으로 한 것이 다를 뿐이다. 여기서는 佛利莊嚴 외 다른 것은 다 유정장엄이다. 이 열 가지 장엄에 의해 보살은 부처님이 갖추고 있는 無上莊嚴을 얻는다는 것이다. 다른 각도에서 본 十種莊嚴을 이야기한 것을 보면,

---

46 대정장 9, p.640下.
47 대정장 10, p.287上~中.

"불자야, 보살마하살에게는 열 가지 장엄이 있는데 무엇이 열 가지인가? 이른바 大慈莊嚴으로 모든 중생을 구호하기 때문이며, 大悲莊嚴으로 모든 고통을 참기 때문이고, 大願莊嚴은 발원한 것을 다 끝까지 이루기 때문이다. 회향장엄은 모든 부처님의 공덕과 묘한 장엄을 건립하기 때문이며, 공덕장엄은 일체 중생을 이익되게 하기 때문이고, 바라밀장엄은 일체 중생을 제도하기 때문이다. 지혜장엄은 모든 중생의 번뇌와 어리석은 어둠을 제거하여 없애기 때문이며, 방편장엄은 넓은 문으로 모든 선근을 출생시키기 때문이고, 一切智心堅固不亂莊嚴은 異乘48을 바라지 않기 때문이다. 결정장엄은 정법 가운데서 의혹을 없애기 때문이다. 불자야, 이것이 보살마하살의 열 가지 장엄이다. 만약 보살마하살이 이 법에 안주하면 곧 모든 부처님의 無上莊嚴을 얻는다.49

여기서는 객관적인 非有情莊嚴은 없고 모두 주관적인 장엄으로 유정장엄만을 논하고 있다. 즉 보살이 마음속에 간직하고 실천해야 할 항목을 이야기한 것이다. 앞에서도 조금 언급하였지만 여기서 주목할 사항은 마음의 작용, 즉 성품의 작용에 의해 장엄이 성취된다는 사실이다. 위에서 이야기한 성품으로 열 가지 장엄을 실천할 때 복과 지혜의 장엄이 성취되고 정토가 건립되는 것이다. 그렇기 때문에 담란은 『정토론주』에서 '莊嚴性功德'을 설명하는 가운데 "이

---

48 異乘 이란 성문승, 연각승을 말함.
49 대정장 9, p.657中.

정토는 법성을 隨順한 것으로 진리의 근본에 어긋나지 않는다. 이러한 일들은 『화엄경』의 '寶王如來性起品'50의 뜻과 같다."51고 하여 정토와 모든 장엄은 법성에서 생긴다고 하였다. 그래서 위에서 이야기한 열 가지 장엄은 법성의 작용에서 비롯된 것임을 알 수 있다. 첫 번째 大慈莊嚴, 大悲莊嚴도 마찬가지다. 曇鸞은 이것에 대해 "안락정토는 대자비로부터 생겼기 때문에 이 大悲는 정토의 근본이다."52고 하였다. 정토의 근본은 법성에서 작용한 대자비심, 아니 더 나아가서 앞에서 이야기한 열 가지 마음의 작용이다. 이 마음이 청정하므로 여기서 생긴 장엄 자체는 깨끗하다. 청정한 장엄이기 때문에 보고 듣는 유정은 청정해지지 않을 수 없다. 유마거사가 『유마힐소경』의 「佛國品」에서 말씀하기를 "만약 보살이 정토를 얻고자 한다면 마땅히 그 마음을 깨끗이 하라. 그 마음이 깨끗해짐에 따라 불국토가 깨끗해진다."53고 했다. 이는 보는 주관인 마음이 깨끗해야 보여지는 대상이 깨끗하다는 유심정토의 의미가 있겠지만 다른 면에서 보면 깨끗한 마음, 즉 청정한 마음에 의해서만이 깨끗한 정토라는 대상이 성립된다고 역설적으로 말할 수 있다.

지금까지 『화엄경』에서 이야기한 열 가지 장엄들은 보살들이 가지

---

50 60권 『華嚴經』인 '寶王如來性起品'(대정장 9. p.611b에서부터)에서 말한 사상. 여래의 性起란 眞如의 성품이 그대로 모든 곳에서 일어나고 작용하며 出現한다고 하는 사상이다.
51 대정장 40, p.828中.
52 대정장 40, p.828下.
53 若菩薩 欲得淨土 當淨其心 隨其心淨 卽佛土淨(대정장 14, p.538下)

고 지녀야 할 장엄이었지만, 60권 『화엄경』 제30권54에서는 모든 부처님에게도 가장 수승하여 비할 수 없는 장엄, 즉 열 가지 最勝無上莊嚴이 있다고 긴 문장에 걸쳐서 말하고 있다. 이 장엄 하나하나에 구체적인 설명이 붙어 있지만 여기서 제목만을 열거하면 ①一切諸佛最勝無上色身莊嚴, ②一切諸佛最勝無上口業莊嚴, ③一切諸佛最勝無上意業莊嚴, ④一切諸佛最勝無上光明莊嚴, ⑤一切諸佛最勝無上普照一切離癡示現莊嚴, ⑥一切諸佛最勝無上法身莊嚴, ⑦一切諸佛最勝無上常光莊嚴, ⑧一切諸佛最勝無上無量妙色莊嚴, ⑨一切諸佛最勝無上淸淨種姓莊嚴, ⑩一切諸佛最勝無上大慈大悲究竟功德寶藏淸淨莊嚴 등이다. 여기서 특이한 점은 몸에 대하여 두 가지 장엄으로 구분한 것이다. 첫째는 몸의 장엄으로 모든 부처님에게는 상호를 원만히 갖춘 색신장엄과 모든 장애를 여의고 청정한 법계에 두루한 법신장엄을 말하고 있고, 둘째는 광명에 대한 장엄으로 널리 대광명을 놓아 시방세계를 비추어 세간의 암흑을 제거하는 것과 항상 일체 세간을 비추는 데 걸림이 없다고 하는 常光莊嚴, 無量한 妙色, 快樂의 妙色, 청정한 妙色으로 三界를 두루 비춘다는 妙色莊嚴으로 구분하여 설하였다. 이 열 가지 장엄은 광명과 몸에 중점을 두고 열거하였고, 객관적인 대상인 국토장엄이 없는 것이 특색이다.

이밖에도 보살이 수행해야 할 莊嚴道55를 열 가지로 구분하였는데

---

54 대정장 9, p.593上~下.
55 앞의 책, pp.655上~656上, 대정장 10, p.301中~下.

이것은 생략하고, 위에서 이야기한 열 가지 장엄을 구분하면 네 가지인데 다음과 같다.

有形莊嚴 : 色身莊嚴, 眷屬莊嚴, 佛刹莊嚴, 涅槃地莊嚴, 變化莊嚴

無形莊嚴 : 語言莊嚴, 意行莊嚴, 光明莊嚴, 神力莊嚴, 佛敎莊嚴, 持法莊嚴, 無畏莊嚴, 義莊嚴, 願莊嚴, 行莊嚴, 受持莊嚴, 大慈莊嚴, 大悲莊嚴, 廻向莊嚴, 德莊嚴, 波羅密莊嚴, 智慧莊嚴, 方便莊嚴, 一切智心堅固不亂莊嚴, 決定莊嚴, 普照一切離痴示現莊嚴, 法身莊嚴, 無量妙色莊嚴, 淸淨種姓莊嚴

有情莊嚴 : 色身莊嚴, 語言莊嚴, 意行莊嚴, 光明莊嚴, 神力莊嚴, 佛敎莊嚴, 持法莊嚴, 無畏莊嚴, 義莊嚴, 願莊嚴, 行莊嚴, 受持莊嚴, 變化莊嚴, 大慈莊嚴, 大悲莊嚴, 廻向莊嚴, 功德莊嚴, 波羅密莊嚴, 智慧莊嚴, 方便莊嚴, 一切智心堅固不亂莊嚴, 決定莊嚴, 普照一切離痴示現莊嚴, 法身莊嚴, 無量妙色莊嚴, 淸淨種姓莊嚴, 眷屬莊嚴, 涅槃地莊嚴

非有情莊嚴 : 佛刹莊嚴

이 분석을 통해서 보면 형색이 있는 객관적인 有形莊嚴은 4종류고, 유정이 아닌 非有情莊嚴은 단 하나밖에 지나지 않고, 이외 다른 것은 주관적인 자체 장엄이 주를 이루고 있다. 즉 『화엄경』에서는 객관적인 대상의 장엄보다도 내면적인 장엄을 중요시 여겼고, 非有情莊嚴보다는 자체 장엄인 유정장엄을 중요시하였다. 이는 대승불교의 성향이 객관적인 장엄보다는 주관적인 장엄에 치중하고 있음을 알 수 있게 한다.

5) 二十種莊嚴

二十種莊嚴에 대해서 『대집경』[56]에서 다음과 같이 열거하고 있다.

보살에게는 二十種 장엄이 있어 스스로를 장엄한다. 스스로를 장엄하고 나서 대승에 오른다. 어떤 것 등이 二十種 장엄인가? 선남자야, 만약 어떤 보살이 필경에 아뇩다라삼먁삼보리심이 있어 일체중생에게 가장 훌륭한 대비심을 내어 중생을 이익케 하려고 하면 먼저 중생을 이익케 하는 마음을 내고 나서는 크게 서원을 세워 장엄해야 한다. 어떤 것이 大誓莊嚴인가 하여 이 大誓莊嚴에 대해서 이십 종류를 말하였다.

① 제도되지 못한 사람을 제도하려고 하는 것이 大誓莊嚴이다.
② 큰배를 탔기 때문에 해탈하지 못한 사람을 해탈시키려고 하는 것이 대서장엄이다.
③ 허망과 顚倒에서 벗어났기 때문에 편안치 못한 사람을 편안케 하려고 하는 것이 대서장엄이다.
④ 편안히 無畏道에 머무르기 때문에 열반을 얻지 못한 사람을 열반을

---

[56] 대정장 13, p.114中~下.

얻게 하려고 하는 것이 대서장엄이다.
⑤五陰의 무거운 짐을 버렸기 때문에 항상 부지런히 중생을 흡족하게 하려고 하는 것이 대서장엄이다.
⑥정진하는데 게으름이 없기 때문에 한량없는 생사를 버리지 않으려는 것이 대서장엄이다.
⑦피곤하고 싫어함이 없기 때문에 모든 부처님을 기쁘게 하려고 하는 것이 대서장엄이다.
⑧앞에 나타나 공경하고 공양하기 때문에 일체 부처님 법을 受持하려고 하는 것이 대서장엄이다.
⑨삼보의 종자를 끊지 않았기 때문에 들은 바를 모두 受持하여 잊지 않으려고 하는 것이 대서장엄이다.
⑩다라니를 얻었기 때문에 법을 잘 설하여 중생을 기쁘게 하려고 하는 것이 대서장엄이다.
⑪辯才를 얻었기 때문에 무량한 功德資糧을 모으려고 하는 것이 대서장엄이다.
⑫상호를 성취하였기 때문에 일체 선지식을 기쁘게 하려고 하는 것이 대서장엄이다.
⑬수행한 바가 견고하기 때문에 산란한 마음을 막으려고 하는 것이 대서장엄이다.
⑭모든 禪解脫三昧가 생겼기 때문에 수행하는 곳에서 신명을 버리려고 하는 것이 대서장엄이다.
⑮여섯 가지 신통을 얻었기 때문에 두려움이 없는 법문을 하고자

함이 대서장엄이다.

⑯ 현전에 無我法을 얻었기 때문에 모든 세계에 이르고자 하는 것이 대서장엄이다.

⑰ 모든 법이 환상과 같고 꿈과 같으며 그림자와 같음을 알기를 바라기 때문에 장엄된 모든 세계를 비추려고 하는 것이 대서장엄이다.

⑱ 깨끗한 계를 중생이 受持하면 성취하는 힘이 있기 때문에 여래의 十力[57]을 성취하려고 하는 것이 대서장엄이다.

⑲ 모든 바라밀을 만족하였기 때문에 네 가지 無所畏[58]를 얻으려고 하는 것이 대서장엄이다.

⑳ 설한 바와 같이 수행하였기 때문에 다 18不共法[59]을 얻으려고 하는 것이 대서장엄이다.[60]

 이 대서장엄은 약사여래의 12원에 의한 장엄, 아미타불의 48원에 의한 장엄과 같이 서원으로 장엄한 원심장엄이다. 이 서원하는 마음이 있기에 주관과 객관의 세계를 장엄한다. 이십 종류의 장엄 중 객관의 세계에 대한 것은 17번의 장엄으로 모든 세계를 비추려고

---

57 十力 : ①處非處智力 ②業異熟智力 ③靜慮解脫等至智力 ④根上下智力 ⑤種種勝解智力 ⑥種種界智力 ⑦遍趣行智力 ⑧宿住隨念智力 ⑨死生智力 ⑩漏盡智力
58 ①正等覺無畏 ②漏永盡無畏 ③說障法無畏 ④說出道無畏
59 18不共法은 부처님만이 갖고 있는 열여덟 가지 특징이다. 자세한 것은 中村元, 『佛敎語辭典』, pp.659d~660a를 참조할 것.
60 대정장 13, 114中~下.

하는 원이고, 다른 열아홉 종류는 주관적인 유정장엄이다.

6) 三十五種莊嚴

『비화경』61에서는 서른다섯 가지나 되는 많은 장엄을 열거하고 있다. 이러한 장엄은 견고하고 불가사의한 원을 세워야만 이룩할 수 있고, 이것이 자기를 장엄한다고 했다. 이것은 앞에서 언급한 것처럼 원하는 마음이 깨끗하고 광대하고 무변해야만 굳건한 장엄을 얻을 수 있다. 여기서는 장엄을 성취함에 의해 얻어지는 이익을 다음과 같이 열거하였다.

① 三十二相莊嚴으로는 八十隨形好를 얻는다.

② 妙音莊嚴으로는 모든 중생이 기뻐하는 것을 따라 설법하여 듣는 사람으로 하여금 智見을 만족하게 한다.

③ 心莊嚴으로는 모든 삼매를 얻어 물러나지 않게 한다.

④ 念莊嚴으로는 일체 모든 다라니를 잃지 않게 한다.

⑤ 心莊嚴으로는 모든 법을 분별할 수 있게 한다.

⑥ 念莊嚴으로는 微塵 등의 뜻을 알 수 있게 한다.

⑦ 善心莊嚴으로는 견고한 서원과 견고한 정진을 얻어 그 원한 바와 같이 彼岸에 이른다.

⑧ 專心莊嚴으로는 차례를 벗어나 머무른다.

⑨ 布施莊嚴으로는 바라는 모든 것을 다 능히 버린다.

---

61 대정장 3, pp.210下~211上.

⑩ 持戒莊嚴으로는 마음을 잘 청정하게 하여 때가 없게 한다.
⑪ 忍辱莊嚴으로는 모든 중생의 마음 장애를 없게 한다.
⑫ 精進莊嚴으로는 모든 佑助62를 성취케 한다.
⑬ 禪定莊嚴으로는 모든 삼매 가운데 師子遊戱63를 얻는다.
⑭ 智慧莊嚴으로 모든 번뇌의 習氣를 안다.
⑮ 慈莊嚴으로 전심으로 일체 중생을 생각한다.
⑯ 悲莊嚴으로 다 능히 중생의 고통을 제거한다.
⑰ 喜莊嚴으로 모든 법에 대하여 마음에 의심이 없다.
⑱ 捨莊嚴으로 교만한 마음을 버릴 수 있어 마음에 우열이 없다.
⑲ 諸通莊嚴으로 모든 법에 있어서 師子遊戱를 얻는다.
⑳ 功德莊嚴으로 끝이 없는 藏寶手를 얻는다.
㉑ 智莊嚴으로 모든 중생이 지니고 있는 마음을 안다.
㉒ 意莊嚴으로 방편을 사용하여 모든 중생을 깨닫게 한다.
㉓ 光明莊嚴으로 밝은 지혜의 눈을 얻는다.
㉔ 諸辯莊嚴은 중생으로 하여금 법의 뜻을 말할 수 있게 한다.
㉕ 無畏莊嚴으로 모든 마군에 의해 산란하지 않게 한다.
㉖ 功德莊嚴으로 모든 부처님이 소유하고 있는 공덕을 얻는다.
㉗ 法莊嚴으로 걸림이 없는 변재를 얻어 항상 중생을 위하여 묘한

---

62 돕는다는 뜻이지만 여기서는 자리이타의 공덕을 성취하는데 도움을 주는 것을 말한 것 같다.
63 師子遊戱는 師子遊戱三昧를 말한 것 같다. 즉 사자가 사슴을 잡아 마음대로 노는 것처럼 부처님은 이 삼매에 들어가 마음대로 중생을 제도한다는 뜻인 것 같다.

법을 연설한다.

㉘ 光明莊嚴으로 모든 불법의 광명을 얻는다.

㉙ 照明莊嚴으로 두루 능히 모든 부처님의 세계를 비춘다.

㉚ 他心莊嚴으로 바른 지혜를 어지럽히지 않게 한다.

㉛ 教戒莊嚴으로 설한 바와 같이 禁戒를 護持한다.

㉜ 神足莊嚴으로 如意足을 얻어 피안에 이르게 한다.

㉝ 受持一切諸如來莊嚴으로 여래의 무량한 法藏에 들어가게 한다.

㉞ 尊法莊嚴으로 다른 지혜가 따를 수 없게 한다.

㉟ 隨行一切善法莊嚴으로 말과 같이 행한다.

이 35종 가운데는 중복된 장엄의 종류가 있고 언어는 다르나 내용이 같은 의미를 포함하고 있는 것이 많다. 즉 心莊嚴이 두 번 나올 뿐만 아니라 善心莊嚴, 傳心莊嚴, 意莊嚴은 같은 의미를 가진 장엄이라고 볼 수 있다. 또 念莊嚴, 光明莊嚴, 智慧莊嚴이 두 번씩 나와 있고, 諸通莊嚴, 他心莊嚴, 神足莊嚴은 神通의 부류에 속하며, 法莊嚴, 尊法莊嚴, 隨行一切善法莊嚴은 법에 대한 장엄이다. 이렇게 본다면 여기서는 장엄의 수는 17종 장엄을 생각할 수 있으나, 하나하나의 항목마다 장엄들이 끼치는 영향은 각각 다르다. 이 장엄들 가운데 객관적인 국토장엄이 없는 것이 특색이고, 三十二相莊嚴, 妙音莊嚴, 諸通莊嚴, 神足莊嚴, 光明莊嚴 이외는 모두 精神莊嚴을 이야기하였다.

『비화경』에서는 이렇게 마음의 역할을 중요시하였다고 볼 수 있다.

또 『비화경』에서는 불가사의한 원에 의하여 장엄되고, 이 장엄에 의하여 여러 가지 이익이 증장되고 知見을 얻어서 자기를 장엄할 뿐 아니라, 다른 객관적인 것도 장엄하여 중생들에게 이익을 줄 수 있다고 한다.

이상 정토경과 논외 다른 경전과 논에서 살펴본 장엄은 주로 내면적인 세계, 즉 정신적인 세계인 마음의 작용에 대해서 많이 논하여졌음을 알 수 있다. 아마 이것은 모든 것은 마음으로부터 비롯되어 이룩된다는 말과 같이 정신적인 세계가 장엄됨에 의해 객관적인 세계가 장엄된다는 사실을 입증하여 주는 것일 것이다.

제3절 정토사상 가운데 장엄사상

제1항 淨土經論에서의 장엄사상

아미타불의 극락정토에 대한 이야기를 한 경전은 많이 있다. 소승경전과 대승경전을 합친 940여부 경전 가운데 4분의 1인 270여부[64]이고, 대승경전 600부 가운데 3분의 1인 200여부이다. 이 중 중국, 한국, 일본 등에서 정토사상을 논할 때 주로 많이 인용하고, 주석을 한 경전은 『무량수경』, 『관무량수경』, 『아미타경』 등이다.

우리나라도 삼국시대의 저술에 이 세 가지 경에 대한 주석서가 많은 것으로 보아 이 세 경전을 중요시하였다고 생각된다. 일본

---

64 拙譯, 『淨土三部經槪說』, p.17

정토종의 시조인 법연은 그의 저서인 『선택본원염불집』65에서 "처음으로 정토왕생을 밝힌 교는 이 三經一論이다. 三經이란 첫째 무량수경, 둘째 관무량수경, 셋째는 아미타경이다. 그리고 一論이란 천친의 왕생론이다. 혹은 이 삼경을 가리켜서 정토삼부경이라고 부르거나 또는 正明往生淨土敎라 한다."고 하여 정토교의 소의경전을 삼경일론으로 규정하여 이 경론이 곧 바로 정토왕생을 밝히는 가르침이라 하고 그 외 다른 경전, 즉 정토사상을 밝힌 경전들은 측면에서 정토왕생을 밝히는 가르침이기 때문에 傍明往生淨土敎라고 하였다. 그러기에 삼경일론이라는 술어는 법연이 처음으로 주장했다66고 하나, 중국이나 한국에 이 삼경일론에 대한 많은 인용과 주석서가 있는 것으로 보아 이들을 정토사상의 주된 경론으로 취급하였다고 본다. 이렇게 보면 소의경전이라는 말 또는 정토 삼경일론이라는 말만 없을 뿐이지 정토소의경전으로 인정하지 않았나 생각된다.

그러기에 본 장에서는 이 삼경일론을 중심으로 하여 장엄사상을 알아볼까 한다. 이 삼경일론에서 장엄이라는 술어가 나온 숫자를 보면, 『무량수경』에 17회, 『관무량수경』에 5회, 『아미타경』에 4회, 『왕생론』에 62회 등으로 되어 있다. 이 가운데 『왕생론』은 글자의 수가 제일 적은 반면에 '장엄'이라는 술어가 제일 많이 나온 것으로 보아 장엄사상에 역점을 두었다고 볼 수 있다. 그러면 각 경론마다 장엄이란 술어가 들어 있는 내용 중 중요한 것을 들어 열거해 보도록

---

65 대정장 83, p.2상. 拙譯, 『淨土三部經槪說』, p.17
66 졸역, 앞의 책, p.17.

하겠다.

1) 無量壽經

『무량수경』은 열두 가지 異本이 있다고 전해오나 현존하는 것은 다섯 가지인데, 이 중 강승개가 번역한 『무량수경』을 중심으로 하여 살펴보자. 『무량수경』은 법장보살이 무엇 때문에 48원을 세워 수행하여 극락정토를 장엄했으며, 이 정토에 가는 길은 어떤 것이 있고, 이 사바세계의 형상은 어떤 것인가를 자세히 설해 놓은 경전이라 볼 수 있다. 그러기에 사바세계보다 훌륭하게 장엄된 모습을 상권에서 자세히 설명하였다. 장엄이라는 단어가 상권에서 13회, 하권에서 4회 나오는데 이 중 有情莊嚴이 3회, 非有情莊嚴이 13회, 有情과 非有情이 합해 있는 것이 1회로 총 17회 사용되었는데, 이 가운데 중요한 것을 살펴보면 다음과 같다.

(1) 非有情莊嚴

① 佛國土莊嚴 : 이것은 5회[67]에 걸쳐 설해져 있다. 법장비구가 세자재왕 부처님전에 장엄된 청정한 불국토를 완성하기를 원함에 의해 부처님은 210억이나 되는 많은 불국토를 보여 주었다. 이것을 법장비구는 5劫 동안 사유하여 이 중 좋은 점만 뽑아 청정하고 장엄된 불국토를 건설하기 위하여 48원을 세워 건립한 것이 총체적인 佛國土

---

[67] 대정장 12, p.267中에 2회, 下에 2회, 269下에 1회 도합 5회.

莊嚴이다.

② 衣華香莊嚴 : 이것은 2회[68] 나오는데 항상 의복, 음식, 일산, 깃발, 꽃, 향기, 당번 등의 장엄하는 도구를 자유자재로 얻을 수 있다고 하였다.

③ 七寶莊嚴[69] : 칠보에 대한 장엄이 세 번 나온다. 극락세계는 금, 은, 유리, 산호, 호박, 자거, 마노 등으로 장엄된 땅, 강당, 정사, 누각 등이 있는 것이다.

④ 摩尼寶輪莊嚴[70] : 극락세계의 나무는 월광마니[71]와 지혜보륜[72] 같은 으뜸가는 것으로 장엄되어 있다.

⑤ 雜寶莊嚴[73] : 한량없는 보배 그물이 국토를 덮었는데 모두 아름다운 여러 가지 보배로 장엄된 것이다.

(2) 有情莊嚴

① 諸行具足莊嚴[74] : 三寶를 공경하고 어른과 스승을 받들어 섬기는 등 복덕과 지혜를 구족하는 莊嚴이다.

② 大誓莊嚴[75] : 본원에 따라 중생들을 위해 큰 서원의 공덕으로써

---

68 대정장 12, p.270上, 271中에 각각 1회.
69 대정장 12, p.271上~中.
70 대정장 12, p.270上~中.
71 摩尼(mani)를 여의주라 번역한다. 寶珠의 이름. 달빛과 같이 훌륭하게 빛나는 것.
72 摩尼寶珠의 다른 이름. 바다와 같이 큰 덕을 갖춘 寶珠란 뜻.
73 대정장 12, p.272上.
74 대정장 12, p.269下.

스스로 장엄한 것이다.

③相好功德辯才莊嚴[76] : 몸의 빛과 상호와 공덕과 변재를 구족하여 장엄하는 것이다.

(3) 有情, 非有情莊嚴[77]

여러 가지 묘한 음성, 신통, 공덕을 구족하며, 거처하는 궁전, 의복, 음식, 여러 가지 묘한 꽃, 향, 장식품을 갖춘 장엄이다. 여기서는 정토에 왕생하는 사람이 有情莊嚴과 非有情莊嚴을 누릴 수 있다고 하여 한번에 논하였다.

다음으로 『무량수경』의 異本에서 설하고 있는 장엄에 대한 것을 총괄적으로 요약하면 다음과 같다.

① 지옥, 아귀, 축생 등 세 가지 악도가 없다.
② 태양, 달, 별들이 없고 암흑이 없다.
③ 미끄러지는 산(수미산)이 없고 큰 바다도 없으며 대지는 평탄하다.
④ 연못, 샘, 강이 있고, 여덟 가지 공덕이 있는 물이 원하는 대로 있다.
⑤ 수목은 칠보로 장식되어 있고 이 나무가 바람에 움직이면 아름다운 소리가 난다.
⑥ 바람이 불면 허공으로부터 향기 좋은 꽃이 뿌려진다.

---

75 대정장 12, p.273中, 279上.
76 대정장 12, p.274上~中.
77 대정장 12, p.271中.

⑦ 신과 인간의 구별이 없고 他化自在天[78]과 같다.

⑧ 타화자재천과 같이 모든 즐거움을 누린다.

⑨ 대지는 칠보로 되었는데 타화자재천의 칠보와 같다.

⑩ 봄, 여름, 가을, 겨울이 없고 춥고 뜨거움이 없다.

⑪ 아미타불, 보살, 아라한들에게는 강당, 정사, 목욕할 수 있는 연못이 있다.

⑫ 여자는 없고 여자가 왕생할 때는 남자의 몸을 받는다.

⑬ 음식을 먹고 싶을 때는 생각하는 대로 백 가지 맛이 있는 음식이 자연히 쌓인다.

⑭ 不善이란 말이 없다.

⑮ 한 그루의 큰 보리수나무가 있는데 높이가 1,600유순, 드리워진 가지, 잎, 꽃의 크기가 800유순, 뿌리의 둘레가 500유순이나 되고 바람이 불면 진리의 소리가 울려 퍼진다.

⑯ 음식을 섭취할 필요가 없다.

⑰ 강은 향수로 가득하고 연꽃으로 장식되어 있으며 계단이 있고 진리의 소리가 울려 퍼진다.

⑱ 香類, 꽃다발, 의복, 일산, 악기, 깃발, 장식도구, 궁전 등이 원하는 대로 나타난다.

⑲ 착하고 좋은 신과 사람들만이 충만하다.

⑳ 森林, 정원, 연못 등이 있고 새들이 부처님의 진리를 울리고 중생들

---

[78] 六欲天 중 가장 뒤에 있는 제 육천. 여기에 태어나면 바라는 대상은 다 수용하게 된다.

은 공중에서 걸어다닌다.
㉑ 공중에서 꽃, 보석 등이 내리고 하늘의 악기가 연주한다.

여기 1번에서 8번까지는 현존하는『무량수경』5本의 공통점이고, 9번에서 13번까지는 초기 무량수경인『대아미타경』,『평등각경』,『무량수경』의 설이고, 14번에서 21번까지는 후기 무량수경인『여래회』,『장엄경』의 내용인데 표현하고 있는 내용이 조금 다르다. 예를 들면 음식에 대해서 초기 무량수 경은 먹고 싶을 때 저절로 음식이 생기는 반면, 후기 경전에서는 음식을 섭취할 필요가 없다고 하였고, 나무에 대해서는 초기 경전에서는 단순히 나무가 칠보로 장엄된 것에 비해, 후기 경전에서는 큰 나무의 크기를 들어 구체적으로 열거하고 있는 등 조금씩 사상이 변천하고 있는 점을 발견할 수 있다. 즉 초기 경전에서는 지금 우리가 누리고 있는 현실에 가깝게 음식을 섭취하고 나무가 칠보로 장엄되는 것으로 표현했지만 후기 경전에서는 현실을 넘어선 표현을 사용하여 상상하기 어려운 경계를 이야기하였다. 이것은 아마 극락세계에 왕생한 사람은 화신이기에 음식을 먹을 필요가 없고, 나무는 우리의 생각을 초월한 관념에서 생긴 나무이며, 극락세계의 장엄은 우리의 관념을 초월한다는 뜻에서 이러한 설이 생기지 않았나 생각된다.

2) 觀無量壽經

이 경은 경 제목에서 뜻하는 바와 같이 한량없이 존재하는 극락정토에 있는 유정장엄과 비유정장엄 등을 관하는 경으로, 定善 13觀, 散善 3觀 등 총 16관법으로 나누어 설명된 곳에 장엄이라는 단어가 나오는데, 非有情에 대해서만 4회에 걸쳐 나온다. 그러나 有情에 대한 이야기가 없는 것은 아니다. 아미타불의 광명 백호가 입에서 나오고, 관세음보살과 대세지보살의 광명, 상호 등에 대한 이야기는 있지만 장엄이라는 단어를 사용하지는 않았다. 그러므로 여기서는 장엄이라는 단어를 외형적인 형상에다 붙임을 알 수 있다.

① 光明臺莊嚴[79] : 광명대 양쪽에는 각각 백억 개의 꽃으로 된 幢과 한량없는 악기로 장엄되어 있다.

② 七寶莊嚴[80] : 극락세계에는 칠보로 장엄된 보배 땅과 보배 연못, 보배 나무가 있고 천상의 보배 휘장이 그 위에 드리워져 있으며 보배 그물이 허공 가운데 가득하다.

③ 瓔珞莊嚴[81] : 팔십억 가지 광명으로 된 영락을 하고 있는데 그 영락 가운데 널리 모든 장엄을 나타낸다.

④ 寶華莊嚴[82] : 오백억 가지 보배 꽃이 있고 하나하나 보배 꽃의 장엄과 고상함이 극락세계와 같다.

---

79 대정장 12, p.342上.
80 대정장 12, p.343上.
81 대정장 12, p.344上.
82 대정장 12, p.344中.

3) 아미타경

이 경은 극락세계의 장엄과 실천 방법이 간단하게 집약하여 설해져 있고, 동서남북, 그리고 상하에 계신 모든 부처님이 극락세계에 대한 이야기가 거짓이 없는 사실이라고 증명하고 있다. 이 경에도 장엄이란 단어가 네 군데 나오는데 3회는 비유정장엄이고 1회는 유정장엄이다.

(1) 비유정장엄

①池, 樓閣, 蓮華莊嚴[83] : 극락에는 칠보로 된 연못, 누각이 있고, 여러 가지 빛을 내는 연꽃이 있다고 하였다.

②地妙音樂華莊嚴[84] : 극락세계는 황금으로 된 땅과 천상의 음악, 만다라 꽃으로 장엄되어 있다.

③化鳥, 風樹莊嚴[85] : 화현의 백조, 공작, 앵무새, 가릉빈가 등의 새가 있고, 미풍이 보배나무를 움직이면 묘한 소리를 내어 장엄한다.

2) 有情莊嚴[86]

극락세계의 교주이신 아미타불의 광명과 수명이 무량한 것과 권속이 한량이 없는 장엄이다.

---

83 대정장 12, p.347上.
84 대정장 12, p.347上.
85 대정장 12, p.347上.
86 대정장 12, p.347中.

이상으로 정토삼부경에 나온 장엄이라는 단어가 표현하고 있는 것에 대해 알아보았다.『관무량수경』,『아미타경』의 장엄은『무량수경』에 없는 장엄이고, 그리고 있는 장엄이라도 자세히 설명한 부분이 몇 가지 있지만 대체적으로『무량수경』에 있는 장엄을 열거한 것에 불과하다. 이 정토삼부경에서는 비유정의 세계인 器世間 장엄에 대해서 많이 논하고 있는 것을 엿볼 수 있으며, 앞에서 이야기한 다른 경전은 유정인 부처님이나 보살의 장엄에 대하여 많이 논하고 있는데 이 이유에 대해서는 결론에서 논해 보기로 한다. 또 정토삼부경에서는 발심하여 수행하고 증득하는 것에 대해서는 장엄이란 술어를 붙이지 않고, 우리 5근으로 느낄 수 있는 것을 가지고 장엄이란 단어를 사용한 것이 특색이다. 그러나 후기에 정토를 좋아하는 정토가들은 이에 대해 장엄이라는 단어를 사용한 것이 다른 점이다.

4) 왕생론

『왕생론』은『無量壽經優波提舍願生揭』를 줄여서 흔히 사용한 말이다. 논의 제목에서 보인 바와 같이, 논의 내용은 극락세계에서 왕생하기를 원하는 게송이다. 이 논은 정토삼부경의 내용 특히 장엄을 총망라하여 함축성 있게 표현한 것이라고 보아도 무리가 없을 것이다. 그러기에 序分과 正宗分인 게송에서 3회, 게송을 해석한 解義分에서 59회로 총 62회가 나온다.

이『왕생론』이 극락세계의 장엄을 일목요연하게 정리하여 표현한 것이기에 장엄이란 단어가 있는 앞뒤 문장을 볼 것이 아니라 극락세계의 장엄을 구분하여 논할까 한다. 『왕생론』에서는 극락세계의 장엄을 국토장엄, 부처장엄, 보살장엄 등 세 가지로 구분하였다. 이것을 다시 국토장엄을 열일곱 가지, 부처장엄을 여덟 가지, 보살장엄을 네 가지 총 29종 장엄으로 나누어 관찰하는 법을 설명하고 있다. 즉 비유정세계인 器世間(bhajana-loka)을 관찰하는 법과 유정세계인 부처님이나 보살의 중생세간(sattva-loka)을 관찰하는 법을 자세히 설명하였다. 그렇기 때문에 정토삼부경 가운데 『관무량수경』의 내용이 많이 포함되어 있다고 볼 수 있다. 그 내용을 살펴보면 다음과 같다.

(1) 국토장엄

①莊嚴淸淨功德 : 이 청정이란 말은 29종 장엄이 다 이 내용을 포함하고 있다. 그래서 안락국토는 청정한 공덕으로 이룩된 것이다.
②莊嚴量功德 : 극락국토는 허공과 같이 광대하고 끝이 없다는 것이다.
③莊嚴性功德 : 여기서 性이란 우리 근본 성품을 의미하는 것으로 정토는 법성에 따라 이룩되었다는 것이다. 이를 천친은 正道의 대자비심인 出世善根으로부터 정토가 생겼다[87]고 하였다. 담란은 無上正見의 도로서 정토가 건립되었다[88]고 주석을 붙였다.
④莊嚴形相功德 : 청정한 광명이 극락정토에 가득한 모양이 태양이

---

87 대정장 26, p.230下.
88 대정장 40, p.828中.

나 거울과 달이 그 자체를 가득 채운 것과 같다.

⑤ 莊嚴種種事功德 : 여러 가지 귀한 보배를 구족하게 갖추어 묘하게 장엄하여 보는 사람으로 하여금 부처님 도를 얻게 하는 것이다. 이 장엄과 뒤에 나오는 '莊嚴觸功德', '莊嚴三種功德', '莊嚴雨功德'은 『섭대승론』에서 이야기한 '十八圓淨'의 제2 形貌圓淨에 해당된다.

⑥ 莊嚴妙色功德 : 더러움이 없이 맑고 깨끗한 광명이 안락국토와 그 세계에 있는 유정들을 비추는데 이것은 타화자재천의 금빛이 아무리 찬란해도 따르지 못한다[89]고 담란은 말했다.

⑦ 莊嚴觸功德 : 보배스런 성품의 공덕으로부터 생긴 극락세계의 풀은 부드러워 접촉한 사람은 수승한 즐거움이 생긴다.

⑧ 莊嚴三種功德

(가) 莊嚴水功德 : 여러 가지 보배스런 꽃이 연못, 샘, 시냇물 위를 장식하여 미풍이 불면 꽃과 잎이 움직이면서 아름답게 빛나 사람들의 몸과 마음을 기쁘게 해준다.

(나) 莊嚴地功德 : 대지가 손바닥처럼 평평하여 그 위에 세운 궁전들은 거울처럼 시방세계가 보이고 또 칠보로 장식된 나무와 난간이 빛난다.

(다) 莊嚴虛空功德 : 보배스러운 그물이 허공에 드리워져 있고 크고 작은 방울이 매달려 있는데, 여기에서 진리의 소리를 내어 사람들을 깨닫게 한다.

---

[89] 대정장 40, p.829上.

⑨ 莊嚴雨功德 : 香華와 의복이 비가 내리듯이 장엄하고 한량없는 향기가 널리 퍼진다.

⑩ 莊嚴光明功德 : 부처님 지혜광명이 태양처럼 깨끗하여 세상의 어두움을 제거한다.

⑪ 莊嚴妙聲功德 : 깨끗한 음성이 유정들로 하여금 깨닫게 하고, 깊고 그윽한 메아리가 시방세계에 퍼진다.

⑫ 莊嚴主功德 : 극락국토는 항상 진리를 설하신 부처님, 즉 法王이 계신다. 이 법왕은 공덕의 힘에 의해 住持[90]하고 있다.

⑬ 莊嚴眷屬功德 : 아미타불 주위에 있는 聖衆은 모두 正覺의 꽃으로부터 화생한다.

⑭ 莊嚴受用功德 : 불법, 선정, 삼매로 밥을 삼는다.

⑮ 莊嚴無諸難功德 : 영원히 몸과 마음의 고통과 번거로움을 여의고 항상 끊임없이 즐거움을 받는다.

⑯ 莊嚴大義門[91]功德 : 안락정토는 신체 장애자, 성문, 연각 등이 태어나지 않고 그런 이름도 없이 평등한 세계다.

⑰ 莊嚴一切所求滿足功德 : 유정들이 원하는 것은 모두 다 만족시켜 준다.

---

90 산스크리트어 adhiṣṭhāna로 加持라고도 번역한다. 보호하며 지킨다는 뜻이다.
91 대정장 40, p.830下. 담란은 대승보살의 길로써 대승보살도를 완성하는 문이라고 했다.

(2) 부처님장엄

①莊嚴座功德 : 부처님의 좌대는 무량한 보배로 정교하게 장식된 연화대이다.

②莊嚴身業功德 : 아미타불의 광명은 시방을 비춘다. 아미타불의 몸은 모든 유정들을 초월한다.[92]

③莊嚴口業功德 : 아미타불께서 설하는 소리는 시방세계에 들린다.

④莊嚴心業功德 : 아미타불은 地, 水, 火, 風, 虛空 등이 차별 없이 작용하듯이 평등한 마음에 머무른다.

⑤莊嚴大乘功德 : 불퇴전의 지위에 있는 聖衆은 다 아미타불의 청정한 지혜로부터 태어난다.

⑥莊嚴上首功德 : 정토에 있는 聖衆 가운데 아미타불이 상수가 되어 수승하고 묘한 것이 다른 것에 도저히 비할 수 없이 뛰어나다.

⑦莊嚴主功德 : 정토에 있는 聖衆들이 아미타불을 존경하고 예경하고 찬탄한다.

⑧莊嚴不虛作住持功德 : 아미타불을 친견하는 사람은 누구나 헛되게 지나치지 않고 위없는 공덕을 성취하게 한다.

---

[92] 『왕생론』(대정장 26, p.232上)에서는 아미타불의 광명은 一尋 四方을 비춘다고 하였다. 중국에서는 一尋이 6尺이다. 『관무량수경』(대정장 12, p.343中)에서는 "佛身高 六十萬億那由他恒河沙由旬 … 中略… 彼佛圓光 如百億三千大千世界"라고 한 것을 보면 『왕생론』 번역자인 보리유지가 잘못 번역한 것이 아닌가 생각된다.

(3) 보살장엄

①莊嚴不動應化功德 : 정토의 보살들은 항상 청정하고 진실한 법을 설한다. 이들이 應化身으로 시방세계에 나타나시지만 몸은 극락세계에서 수미산처럼 움직이지 않고 교화한다.

②莊嚴一念遍至功德 : 때가 없는 청정한 장엄의 광명은 一念, 일시에 널리 부처님 회상을 비추어 모든 중생을 이익케 한다.

③莊嚴無餘供養功德 : 안락국토의 보살들은 시방세계에 계신 부처님 회상에 가서 공중으로부터 음악, 연화, 의복, 妙香을 가지고 공양하고 부처님 공덕을 찬탄한다.

④莊嚴示法如佛功德 : 불법이 없는 어떤 세계든지 극락세계의 보살은 가서 불법을 설하기를 부처님과 같이 한다.

　이상이 천친이 『왕생론』에서 이야기한 29종의 장엄이다. 이 가운데 부처님의 좌대를 빼놓고는 부처님 장엄이나 보살장엄은 光明, 法音, 供養, 平等心 등이 작용하는 역할들을 표현한 것이다. 이 앞에 불국토 장엄을 자세히 살펴보면 몇 가지로 분류할 수 있다.

　첫째, ①淸淨功德과 ③性功德은 정토의 모든 것이 생기게 된 근본 원인이 무엇이냐를 규명한 것이다. 청정한 性에서 이룩된 공덕은 청정하기에 안락정토의 모든 것은 청정한 것으로 장엄된 것이다. 이것을 천친은 유정에 대한 대자비심인 出世善根으로부터 정토가 이룩된다고 하였다. 앞 『화엄경』에서 이야기한 慈莊嚴이나 悲莊嚴은 현실에 나타난 불보살의 장엄도 되겠지만 정토가 이룩되게 된 동기도

된다고 볼 수 있다. 왜냐하면 정토는 大慈悲로부터 생기기 때문이다.

둘째, ④形相功德 ⑥妙色功德 ⑩光明功德은 부처님이나 그 세계에 있는 것이 빛나는 광명으로 어리석음과 어둠을 제거하는 역할을 한다. ⑩光明功德은 佛莊嚴의 ②身業功德과 비슷하여 중복된 느낌이나 '光明莊嚴'은 불국토를 비추어 어둠을 제거한다는 역할의 설명이고 '身業莊嚴'은 아미타불의 광명이 다른 것에 비해 수승하다는 설명이 다를 뿐 광명에 대한 말은 같다.

셋째, ⑤種種事功德 ⑦觸功德 ⑧三種功德 ⑨雨功德에서는 외형적으로 장식된 도구, 즉 보배, 꽃, 궁전, 라망, 의복, 연못 등을 말하고 있다. 이들의 장엄은 유정들에게 법을 깨닫는 이익을 준다.

넷째, ⑫主功德부터 ⑰一切所求滿足功德까지 여섯 종류는 유정들이 하는 역할을 설명한 것으로 유정장엄이라 볼 수 있다. 그런데 ⑫主功德은 아미타불이 극락세계를 유지시키고 지배하는 것이기 때문에 佛莊嚴에 속해도 무리는 없을 듯하나 굳이 국토장엄에다 둔 이유는 무엇일까? 아마도 안락정토는 아미타불의 힘에 의해 유지되기 때문에 여기다 두지 않았나 생각된다. 이외 다른 것은 극락세계의 성중들에 대한 이야기로 '부처장엄', '보살장엄'에 속하지 않기 때문에 '국토장엄'에다 둔 것 같다.

이상 네 가지로 분류할 수 있다. 이외 ③量功德은 극락세계의 넓이이므로 첫째에 포함할 수 있고, 妙聲功德은 외형적으로 장식된 도구에서 울려 퍼지는 음성이기 때문에 셋째에 포함시킬 수 있다고 보나 조금 의미가 다르기 때문에 넣지 않았다.

다른 한편으로 『왕생론』 장엄사상에서 주의하여 볼 곳은 ⑧三種功德이다. 여기서 水功德은 地下莊嚴으로 볼 수 있다. 왜냐하면 연못에 있는 여러 가지 장엄, 즉 여덟 가지 공덕이 있는 물, 칠보의 연못, 못 밑에 깔려 있는 금모래 등은 땅 밑에 있기 때문이다. 그리고 地功德의 나무, 누각, 궁전, 풀 등은 지상에 있기 때문에 地上莊嚴으로 볼 수 있다. 마지막 虛空功德은 허공 가운데 퍼져 있는 나망, 방울 등이다. 이 三種莊嚴으로 극락세계에 있는 외형적인 장엄을 총체적으로 분류할 수 있다고 본다. 그런데 『왕생론』에서는 三種功德이라는 항목을 만들어 놓고도, 다른 것 즉 種種事, 觸, 雨功德 등은 따로 항목을 만들었는가 하는 점이 의문이다. 이것은 아마도 이들의 역할을 따로 강조하기 위한 것이 아닌가 생각된다. 아무튼 『왕생론』에서는 극락세계의 29종 장엄을 관찰함으로써 여기서 얻어지는 것이 깨달음이라는 것을 말하고 있다. 즉 장엄은 보고 즐기는 데 있는 것이 아니라 깊숙이 관찰함으로 중생들로 하여금 깨닫게 하는 데 의미를 두었다고 할 수 있다.

제2항 二十九種 장엄과 十八圓淨의 관계

1) 十八圓淨

먼저 十八圓淨을 이야기한 『섭대승론』의 저자인 무착에 대해서 알아보자. 무착은 산스크리트로 Asamka(阿僧伽)인데 약 310~390년대 인물로서 북인도 건타라국 부루사포라 사람이다. 무착은 국사인 바라문 kausika(憍尸迦)의 장남이며 천친과는 형제간으로 형이다.[93]

그는 동생과 같이 유가, 유식의 사상을 대성하였다. 무착은 동생인 천친을 비롯하여 많은 사람들에게 유가의 사상을 가르쳤기에 천친은 형의 영향을 받았다고 볼 수 있다. 그러기에 천친은 무착의 저서인 『섭대승론』에다 주석을 붙여 『섭대승론석』 15권[94]을 지었다. 이러한 천친이기 때문에 그의 29종 장엄은 무착의 18원정 사상의 영향을 받아 구체적으로 논했다고 할 수 있다. 이 『섭대승론』은 他受用身인 노사나불이 十八圓滿한 華藏世界에서 미륵, 문수 등에게 설법하는 경전이다.

圓淨이란 말은 장엄되어 있는 모든 것이 원만하고 구족하게 깨끗하다는 의미로서 sampad[95]의 번역이다. 현장[96](622~664)이 번역한 『섭대승론』과 친광[97]이 지은 『불지경론』에서는 圓滿이라 번역하였고, 급다(?~619)가 번역한 『섭대승론석론』에서는 具足[98]이라 번

---

[93] 宇井伯壽 著, 『佛敎辭典』 p.1042, 『望月佛敎大辭典』 pp.4839~4840 등에서는 무착의 저서로 『섭대승론』, 『금강반야론』, 『순중론』, 『대승아비달마집론』 등 다수가 있다고 하였다.

[94] 대정장 35에 수록되어 있다. 천친의 생몰연대는 확실치 않고 5세기 사람이라고 추측한다. 천친의 저서로는 『구사석론본송』, 『구사석론』, 『구사론』, 『유식삼십론송』, 『유식론』, 『대승유식론』, 『유식20론』, 『섭대승론석』 등 다수가 있다. 『望月佛敎大辭典』 p.2923.

[95] ①성취한 것 ②자격을 갖춘 것 ③불완전한 것을 보충하다 ④완전하다 등 여러 가지로 해석된다.

[96] 대정장 31, p.151上.

[97] 친광은 남인도 사람으로 생멸 연대는 알 수 없다. 인도 摩訶他國 나란타사의 학장이며 護法의 문인이라고 불린다. 그의 저서인 『불지경론』(대정장 26, p.291中)에서 圓滿이라 하였다.

역하였으며, 진제(499~569)가 번역한 『섭대승론』99과 『섭대승론석』100에서 圓淨이라 하였다. 무착이 『섭대승론』에서 18圓淨을 열거한 것은 모든 부처님의 청정한 정토의 모습을 밝힌 데서 비롯되었다. 즉 청정한 정토의 모습, 원만히 구족한 정토의 모습을 열여덟 가지로 분류한 것이다. 분류할 때 인용한 경전은 『해심밀경』101 序品과 『불지경』102의 서문의 내용으로 '如是我聞'부터 '大宮殿中'까지다. 이 두 경전을 비교해 보면 『해심밀경』의 '藥叉健達縛阿素洛揭茶緊捺洛牟呼洛伽'가 『불지경』에서는 누락되어 있고, 『해심밀경』의 '災橫纏垢'가 『불지경』에서는 '交橫纏垢'로 된 것이 다를 뿐 다른 것은 똑 같다. 이 두 경전은 모두 현장이 번역한 것으로 산스크리트語 원문은 같은데 『불지경』을 번역할 때 야차 이하를 누락시킨 것이 아닌가 한다. 무착은 이 두 경전의 문장을 인용하여 『섭대승론』에서 18원정이라 하였는데, 이 18원정은 번역한 사람에 따라 표현 방법을 달리하고 있다. 예를 들면 모든 보살 대중이 운집하여 도와주는 것을 진제는 '助圓淨', 현장은 '輔翼圓滿', 급다는 '助伴具足'이라 하였고, 또 중생의 괴로움을 제거하여 이익을 주는 것을 진제는 利益, 현장은 '攝益', 급다는 '順攝'이라 하여 표현 방법이 다르나 내용은 같다. 이외 것은 아래의 도표를 보는 바와 같이 표현 방법이 같은 것이 많다. '十八圓淨'

---

98 대정장 31, p.318上.
99 앞의 책 p.131下.
100 앞의 책 p.264上.
101 대정장 16, p.688中.
102 앞의 책 p.720中, 下.

하나하나의 항목에 대해서 경의 문장을 대비한 것은 진제와 현장이 번역한 『섭대승론』에는 없고 천친보살이 지은 『섭대승론석』에 나오는데, 진제가 번역한103것과 급다와 行矩 등이 번역한 『섭대승론석론』104에서 나오는 문구는 조금 차이가 있다. 또 친광이 저술하고 현장이 번역한 『불지경론』105에서도 경과 대비하여 자세히 설명하고 있다.

신라의 원측(?~686)은 이 『불지경론』을 인용하여 『해심밀경류』106에서 더욱 더 자세히 설명하고 있으나 그 자세한 내용은 생략하고 진제, 현장, 급다 등이 번역한 '十八圓淨' 표기법과 『섭대승론석』과 『해심밀경류』에서 '十八圓淨'을 경과 대비한 것을 도표로 하여 보면 아래와 같다.

진제가 번역한 『섭대승론석』과 원측의 『해심밀경소』에서 인용한 경의 문구가 다르나 내용은 다르지 않다. 문구가 다른 것은 진제와 현장이 번역할 때 다른 문자를 사용하여 내용을 해석하였기 때문일 것이다. 무착의 '十八圓淨'은 타수용토의 청정한 모습니다. 그러기에 무착은 청정한 정토에 대해 一向淨, 一向樂, 一向無失, 一向自在107라 하였고, 이것에 대해 천친은 "항상 더러움이 없기에 一向淨이요, 다만 고통이 없고 버릴 것이 없는 묘한 즐거움을 받기 때문에 一向樂이

---

103 대정장 31, p.263上~264上.
104 앞의 책 p.318上~中
105 대정장 26, pp.291中~296上.
106 卍자속장경 34. p.0611~0621.
107 대정장 31, p.131下.

	眞諦	玄奘	笈多·行矩	經과 對比
	攝大乘論 攝大乘論釋	攝大乘論 佛地經論	攝大乘論釋論	위에 있는 것은 천친이 지은 『섭대승론석』이고 ( )안은 원측이 지은 『해심밀경소』다.
1	顯色相圓淨	顯色圓滿	色類具足	佛世尊在 周邊光明 七寶莊嚴 (대비하지 않음) 能放大光明 普照無量世界 一色相 (住最勝光曉 七寶莊嚴)—顯色 放光大光明 普照 一切無邊世界 一顯義
2	形貌圓淨	形色圓滿	相貌具足	無量妙飾處各各成立 (無量方所妙飾門列)
3	量圓淨	分量圓滿	量具足	周圓無際其量難側 (大城邊際不可度量)
4	處圓淨	方所圓滿	方所具足	出過三界行處 (超過三界所行之處)
5	因圓淨	因圓滿	因具足	出出世善法功能所生 (勝出世間善根所起)
6	果圓淨	果圓滿	果具足	最清淨自在唯識爲相 (最極自在淨識爲相)
7	主圓淨	主圓滿	主具足	如來所鎭 (如來所都)
8	助圓淨	輔翼圓滿	助判具足	菩薩安樂主處 (諸大菩薩衆所雲集)
9	眷屬圓淨	眷屬圓滿	眷屬具足	無量天龍夜叉阿修羅迦樓羅緊那羅摩睺羅伽人非人 等所行(無量天龍樂叉健達縛素洛揭路茶 緊捺洛摩呼洛伽人非人等常所習從)
10	持圓淨	住持圓滿	住持具足	大法味喜樂所持 (廣大法味喜樂所持)
11	業圓淨	事業圓滿	業具足	一切衆生一切利益事爲用 (現作衆生一切義利)
12	利益圓淨	攝益圓滿	順攝具足	一切煩惱災橫所離 (蠲除一切煩惱垢)
13	無怖畏圓淨	無畏圓滿	無畏具足	非一切魔所行處 (遠離衆魔)
14	住處圓淨	住處圓滿	住止具足	勝一切莊嚴 如來莊嚴所依處 (過諸莊嚴 如來莊嚴之所依處)
15	路圓淨	路圓滿	道路具足	大念慧行出離 (大念慧行以爲遊路)
16	乘圓淨	乘圓滿	乘具足	大奢摩他毘鉢舍那乘 (大止妙觀爲所乘)
17	門圓淨	門圓滿	門具足	大空無相無願解脫門入處 (大空無相無願解脫爲所入門)
18	依持圓淨	依持圓滿	依持具足	無量功德聚所莊嚴 大蓮華王爲依止 (無量功德衆所莊嚴 大寶華王衆所建立大宮殿中)

며, 오로지 악과 無記가 없는 선이기에 一向無失이고, 모든 일은 다 대상을 반연하지 않는 자기의 마음에서 이루어진 것이기 때문에 一向自在"108라 하였다. 他受用土에 대한 자세한 항목은 '十八圓淨'이고 간단히 요약한 것은 지금 이야기한 一向淨, 一向樂, 一向無失, 一向自在일 것이다.

2) 18圓淨과 29종莊嚴의 관계

18원정은 정토의 유정장엄과 非有情장엄을 총망라해서 설명한 것이다. 국토에 대한 것은 ① 色相圓淨 ② 形貌 ③ 量 ④ 處 ⑬ 無怖畏 ⑭ 住處 ⑱ 依持 등으로 정토가 있는 곳과 크기, 또 그 안에 있는 非有情의 역할을 분류한 것이고, 이외 다른 것들은 부처님이나 보살, 성중들에 대한 것으로 어떻게 하여 정토를 설립했고, 어떤 분들이 운집하여 살고 있으며, 어떻게 수행하는가에 대해 분류한 것이다. 이 『섭대승론』에서는 정토가 건립된 동기는 因圓淨에서 말한 것으로, 즉 出出世善法의 功能으로 생겼기에 정토세계의 體相은 청정하고 자재한 유식이라고 하였다. 천친보살은 이러한 사상을 이어받아 그의 저서인 『왕생론』에서 "正道의 대자비는 出世善根으로부터 생긴다."109고 하였다. 즉 『섭대승론』에서는 出出世善法의 功能에서 정토가 출현한다고 함에 비해 천친이 정토가 생기게 된 원인은 대자비심에서 비롯되었는데 이 대자비심은 出世善根으로부터 생긴다고 함은

---

108 대정장 31, p.264中.
109 대정장 26, p.230下.

무착의 사상에서 좀더 한 걸음 더 나아가 정토가 생기게 된 원인을 규명한 것이라 할 수 있다. 또 무착이 극락세계 體相이 청정하고 자재한 유식이라고 한 것에 비해 천친은 여러 가지 진귀한 보배의 本性을 갖추어 완전히 정토를 장엄한다[110]고 하였다. 여기서 본성이란 진리의 근본이다. 이것을 무착이 청정한 유식으로 體相을 삼았다고 함에 비해 天親은 정토의 모든 장엄은 여러 가지 珍寶의 性을 갖추고 있다고 했다. 천친이 珍寶라고 함은 극락정토가 진귀하고 보배스럽다고 함을 강조한 것이다. 또 무착이 정토가 삼계를 벗어나 있다고 함을 그대로 이어 받아 이 청정에도 器世間淸淨과 衆生世間淸淨이 있다고 하였다.

天親이 『왕생론』에서 "저 세계의 모습을 관찰하니 삼계의 도를 수승하게 벗어나 있다."고 함은 무착의 영향을 받아 구체적으로 분류한 것이라 할 수 있다. 이것을 대비하여 보면 다음 표와 같다.[111]

이 도표는 야마구치수수므의 『世親の淨土論』 가운데 나온 것을 인용한 것인데 『淨土學辭典』[112]에서 인용한 모치쯔키신코우의 『淨土教槪論』에서 분류한 내용과 조금 차이가 있다. 즉 色相圓淨에 있는 ⑧種種事功德이 形貌圓淨에 있고, 主圓淨에 있는 ⑩光明功德 ⑪妙聲功德 ⑫主功德과 利益圓淨에 있는 大義門功德이 果圓淨에 있는 등 다수의 차이점이 있는 것은 이해하는 시점이 다르기 때문일

---

110 대정장 26, p.230下.
111 山口益 著, 『世親の淨土論』, p.99
112 『淨土教辭典』2, p.189~190

것이다.

十八圓淨	二十九種 莊嚴 功德 成就
1. 色相圓淨	國土莊嚴中 ④形相功德 ⑤種種事功德 ⑥妙色功德
2. 形貌圓淨	國土莊嚴中 ⑦觸功德 ⑧三種功德 ⑨雨功德
3. 量功德	國土莊嚴中 ②量功德
4. 處功德	國土莊嚴中 ①淸淨功德
5. 因功德	國土莊嚴中 ③性功德
6. 果功德	一法句*
7. 主功德	國土莊嚴中 ⑩光明功德 ⑪妙聲功德 ⑫主功德 佛莊嚴의 八種
8. 助功德	菩薩莊嚴의 四種功德
9. 眷屬功德	國土莊嚴中 ⑬眷屬功德 佛莊嚴中 ⑤大衆功德
10. 持功德	國土莊嚴中 ⑭受用功德
11. 業功德	菩薩莊嚴 四種功德中 敎化利生
12. 利益功德	國土莊嚴中 ⑮無諸難功德 ⑯大義門功德
13. 無怖畏功德	國土莊嚴中 ⑮無諸難功德
14. 住處功德	國土莊嚴의 總體
15. 路功德	止觀중심의 五念門 가운데 入出二門
16. 乘功德	五念門中 제3 作願門, 제4 觀察門
17. 門功德	五念門. 五功德門*
18. 依止功德	五功德門中 蓮華藏世界

*一法句 : 淸淨句. 淸淨句란 眞實智慧無爲法身을 말함. (대정장 26, p.232中)
*五念門, 五功德門 : ①近門(得生安樂世界:禮拜廻向門), ②大會衆門(得入大會衆數:讚歎門)-自利(入門), ③宅門(得入蓮華藏世界:作願門), ④屋門(受用種種法味樂:觀察門), ⑤園林遊戲地門(至利他敎化地:廻向門)-利他(出門)

3) 원효가 받은 천진의 영향

원효(617~686)의 수백 권이나 되는 많은 저술 가운데 정토 관계 저술은 『무량수경소』, 『무량수경사기』, 『양권무량수경종요』, 『아미타경소』, 『반주삼매경소』, 『유심안락도』[113] 등이 있지만 현재는 『양권무량수경종요』, 『아미타경소』, 『유심안락도』 세 가지만 남아 있다. 이 세 권의 저서에서 인용한 경론은 34종류 이상 되는데, 이 중 천친이 지은 『섭대승론석』이 6번,[114] 『대승유식론』이 1번, 『왕생론』이 30번이나 된다. 원효는 『무량수경종요』 가운데 '一向不一向相對門'에서 정토를 설명하면서 8지보살 이상이 거주하는 곳이 정토이고 그 이하는 정토가 아니라고 설명한 뒤, 一向의 정토를 무착이 『섭대승론』에서 他受用土를 이야기한 四句인 一向淨, 一向樂, 一向無失, 一向自在[115]를 인용하여 8지 이상 정토는 이와 같다고 설명하고 나서 다시 천친이 지은 『섭대승론석』을 인용하여 다음과 같이 보충 설명하였다.

> 出出世善法의 功能으로 생긴 곳이다. 해석하여 말하면 二乘의 善을 출세라 하고 8지 이상부터 부처님 지위까지를 出出世라 한다. 出世法은 世法에 대하여 말하고 出出世善法은 出世法에 대하여

---

113 안계현 저, 『新羅淨土思想史硏究』 p.12
114 안계현 박사와 그외 분은 원효가 '攝大乘論云'이라 한 것을 무착의 저술로 보았지만 원문을 보면 문장이 천친의 『섭대승론석』이다. 원효가 인용할 때 『攝大乘論釋』에서 '釋'자를 빠뜨린 것으로 생각된다.
115 대정장 31, p.131下.

말한다. 功能은 四緣116으로 相을 삼아 出出世善法의 功能으로 이 정토가 생기기 때문에 集諦의 원인이 되지 않는다.117

이러한 것으로 보아 원효는 一向의 정토는 8지보살 이상부터 부처님이 쌓은 선법의 공능에 의해서 건립된다고 보는 것으로 천친보살과 견해를 같이 하고 있음을 알 수 있다. 또 원효가 극락세계에 왕생할 수 있는 사람에 대해서 천친의 『왕생론』을 인용하여 '여인과 불구자, 二乘種은 왕생할 수 없다'118고 한 것은 不定根性聲聞을 이야기한 것이 아니고,119 決定根性聲聞이라 하여 天親의 사상에 해석을 붙인 것이다. 이밖에도 원효는 天親의 『대승유식론』의 유식사상120 등에서 많은 영향을 받아 정토사상을 전개하였다. 이 단원은 장엄에 대한 것이기 때문에 여기서 줄이고, 원효가 『아미타경소』에서 이야기한 장엄이 천친에게 어떤 영향을 받았나 알아보자.

원효가 『아미타경소』를 쓰면서 인용한 경론의 횟수는 무려 31회인데 이 가운데 『왕생론』을 인용한 것이 25번이나 된다. 이것으로 원효가 정토사상을 피력하면서 천친의 영향을 얼마나 많이 받았는지 짐작할 수 있다. 우선 원효가 이야기한 공덕의 이름과 『아미타경』의 문장, 그리고 『왕생론』을 도표로 하여 비교해 보자.

---

116 因緣, 等無間緣, 所緣緣, 增上緣을 말한다.
117 대정장 37, p.126上, 대정장 31, p.263中.
118 대정장 26, p.232上.
119 대정장 37, p.126中.
120 대정장 37, p.127上.

依報十四種	阿彌陀經	阿彌陀經疏中 往生論	비고
1. 無諸難功德	其國衆生 無有衆苦 但受諸樂故	永離身心惱 受樂常無間	○
2. 莊嚴地功德	七種欄楯 ~ 周匝圍繞	雜華異光色 寶欄遍圍繞	○
3. 莊嚴水功德	有七寶池 ~ 以金沙布地	諸池帶七寶 渌水含八德 下積黃金沙 上耀靑蓮色	×
4. 種種事功德	四邊楷道金銀 ~ 而嚴飾之	備諸珍寶性 具足妙莊嚴	○
5. 莊嚴妙色功德	池中蓮華 ~ 微妙香潔	無垢光炎熾 明淨耀世間	○
6. 妓樂功德	常作天樂		
7. 寶地功德	黃金爲地		
8. 雨華功德	晝夜六時而雨天曼陀羅華	金地作天樂 雨華散其間 歡樂無疲極 晝夜未嘗眠	×
9. 自在功德	其國衆生常以清旦 ~ 還到本國		
10. 受用功德	飯食經行	供養十方佛 報得通作翼 受樂佛法味 禪三昧爲食	× ○
11. 變化功德	常有種種奇妙 雜色之鳥 ~ 皆悉念佛念法念僧	種種雜色鳥 各各出雅音 聞者念三寶 忘想入一心	×
12. 大義功德	汝勿謂比鳥 ~ 令法音宣流變化所作	大乘善根界 等無譏嫌名 女人及根缺 二乘種不生	○
13. 莊嚴虛空功德	微風吹動 ~ 如百千種樂同時俱作	無量寶交絡 羅網虛空中 種種鈴發響 宣吐妙法音	○
14. 莊嚴性功德	聞是音者 皆自然生念佛念法念僧之心	正道大慈悲 出世善根生	○

正報四種	阿彌陀經	阿彌陀經疏中 往生論	비고
1. 主功德 a. 光明無量 b. 壽命無量	云何彼佛何故號阿彌陀 ~ 光明無量照十方國無所障碍彼佛壽命 ~ 成佛以來於今十劫		
2. 半功德	彼佛有無量無邊聲聞弟子 ~ 諸菩薩衆亦復如是	如來淨華衆 正覺華化生	○
3. 莊嚴大衆功德	極樂國土衆生生者皆是阿鞞跋致	人天不動衆 淸淨智海生	○
4. 上首功德	其中多有一生輔處 ~ 無量無邊阿僧祇劫說	如須彌山王 勝妙無過者	○

(○표는 『왕생론』과 같은 문장이며, ×표는 『왕생론』에 없는 문장이다)
*도표의 아미타경은 대정장 12. p.p 346中~-347上이고 『아미타경소』는 대정장 37, p.349上~下까지임.

　도표에서 본 바와 같이 원효는 장엄을 의보장엄, 정보장엄 두 가지로 구분하여 설명하고 있는데, 의보장엄을 依果淸淨이라 하고 정보장엄을 正報淸淨이라 했다. 그리고 이 『아미타경』은 삼계를 초월한 두 가지 청정으로 근본을 삼는다고 하여 『왕생론』121의 淸淨句인 器世間淸淨과 衆生世間淸淨을 들어 같은 입장을 취하고 있다. 또 원효는 이 청정에 들어가기 위해서는 네 가지 문이 있다고 하였다. 첫째는 『본업경』122 圓滿門설을 들어 오직 부처님만이 이 문에 들어간다고 하였고, 둘째는 『섭대승론』123의 一向門을 들어 8지보살 이상이

---

121 대정장 26, p.232中.
122 대정장 24, p.1020上에 果體圓滿無德不備 理無不周居中道第一義諦淸淨國土라고 했는데 이 果는 원만문이다. 같은 책, p.1016上에 盡非淨土住果報故 唯佛居中道第一法性之士라고 하는 내용을 인용한 것 같다.

이 문에 들어간다고 하였다. 이 문에 대해서는『무량수경종요』의
一向不一向相對門124 가운데 자세한 설명이 있다. 셋째는 純淨門으
로 제3 極歡喜地 이상이 이 문에 들어간다고 하여『해심밀경』을
인용하고 있으나 이 경에는 純淨이라는 말은 없고 '最淸淨'125과 '圓滿
淸淨'126이라는 말만 있다. 또 환희지는 初地로 되어 있기 때문에
원효가 제3 極歡喜地라고 한 것은 잘못된 것이 아닌가 생각된다.
왜냐하면『무량수경종요』127를 보면『유가사지론』을 인용하고 있는
데 이『유가사지론』의 十三住128 가운데 제3이 極歡喜이다. 원효가
『무량수경종요』에서『유가사지론』을 인용하여 純淨門을 밝혔는데
『아미타경소』에서『해심밀경』을 인용하여 제3 極歡喜地와 같다고
한 것은 잘못된 것이다. 넷째는 正定聚門으로 오직 불퇴전의 보살만
이 문에 들어가고 邪定聚와 不定聚는 없다고 한 것은『무량수경』129의
설을 인용한 것이다. 원효는 이에 대해『무량수경종요』130에서 같은
내용으로 언급하면서 四果聲聞과 四疑凡夫가 정토에 있다는 것도

---

123 원효는『섭대승론』이라 했지만 천친이 지은『섭대승론석』이다. 대정장
31, p.264上, 中에 있는 四句의 一向으로 이것은 같은 논 p.263中에 '從八地
已上及佛 名出出世'를 인용한 것 같다.
124 대정장 37, p.126上.
125 대정장 16, p.707上.
126 대정장 16, p.707下.
127 대정장 37, p.126上.
128 대정장 30, p.562中.
129 대정장 12, p.272中.
130 대정장 37, p.126上, 中.

언급하였다. 원효는 이 四門 가운데 『아미타경』과 『무량수경』의 宗致는 제4문의 正定聚門이라고 결론을 내리면서 정토의 청정에 대한 이야기를 하고 있다.

그러면 원효가 『아미타경』의 내용과 천친의 『왕생론』사상을 비교하여 장엄을 분류한 것에 대해 논해보자. 天親의 29종 장엄 가운데 원효가 인용한 장엄의 수는 14종이고 妓樂功德, 自在功德, 變化功德은 원효가 더 삽입한 것이다. 천친이 국토장엄인 器世間莊嚴과 佛菩薩莊嚴인 衆生世間莊嚴으로 분류한 것에 비해 원효는 의보장엄을 器世間莊嚴으로 분류하고, 『왕생론』의 국토장엄에 있는 '莊嚴眷屬功德'을 정보장엄에다 두었다. 이것은 국토장엄에 있는 유정장엄이기 때문에 정보장엄에다 둔 것이다. 다음은 문제를 요하는 몇 가지 장엄을 예로 들어가면서 살펴보자.

원효는 ②莊嚴地功德을 『아미타경』에 있는 일곱 겹의 난간과 나망, 가로수에다 『왕생론』에서 이야기한 "여러 가지 나무에서 각기 색다른 광명이 있고 보배스런 난간이 둘려져 있다."고 하는 것에 대비하였다. 『아미타경』에 있는 나망을 『왕생론』에서처럼 莊嚴虛空功德에다 두지 않고 莊嚴地功德에다 두었고, 『왕생론』에 있는 궁전과 누각에 대해서는 주석에서 언급하지 않고, 누각을 種種事功德에 둔 것이 특색이다. 또 地功德으로서 ⑦寶地功德이라는 항목을 하나 더 두어 "땅은 황금으로 되었다."는 문장을 인용한 것이 특이한 점이다.

③莊嚴水功德은 『아미타경』에서 "칠보의 연못에 여덟 가지 공덕

의 물이 있고 못 밑에는 금모래가 깔려 있다."는 것으로 했다. 이것에 원효는 논의 게송에 말하기를 "모든 못은 칠보로 띠를 두르고 푸른 물은 여덟 가지 덕을 갖추고 아래는 황금 모래가 쌓이고 위는 靑蓮의 색이 빛난다."고 하였다. 이 문장을 『왕생론』에서 찾아보면 발견되지 않고 "보배 꽃이 천만가지로 못, 시내, 샘 위를 덮고 있어 미풍이 불어 잎과 꽃을 움직이면 휘황찬란한 빛을 낸다."고 되어 있다. 원효가 인용한 논은 『왕생론』이 아니고 다른 논일지 모르나 필자가 다른 경과 논을 검토해 보았으나 아직 발견하지 못했다. 이것은 아마 원효 자신이 『아미타경』의 내용을 五言句로 표현하면서 생긴 일로 생각된다.

⑤ 莊嚴妙色功德은 원효가 인용한 『아미타경』과 『왕생론』의 문장의 내용이 비슷하나 『아미타경』의 향기에 대한 이야기는 『왕생론』에서는 雨功德에서 표현하고 있다.

⑥ 妓樂功德은 『왕생론』에서 발견되지 않는다. "항상 천상에서 음악을 연주한다."는 것은 『왕생론』의 妙聲功德과 조금 비슷한데 원효가 이것을 왜 인용하지 않았는지 궁금하다. 『아미타경』의 '天樂'과 『왕생론』의 '梵聲'이 다르다고 생각하여 인용하지 않았는지 모른다.

⑦ 雨功德을 『왕생론』에서는 "꽃과 의복을 내려 무량한 향기가 널리 퍼진다."고 하였는데 원효가 인용한 논은 이와 다르다. 이 五言의 게송은 어떤 다른 논에서 인용했는지, 그렇지 않으면 원효가 지었는지 아직은 규명하기 어렵다.

⑧ 自在功德은 원효가 삽입한 것으로 『아미타경』에서 聖衆들이 다른 불국토를 다니면서 부처님께 공양 올리고 아침 밥 먹기 전에 돌아오는 것이다. 즉 극락세계에 있는 유정들이 신통을 갖추고 있는 공덕을 自在라고 표현했다.

⑨ 受用功德을 원효는 『아미타경』의 '飯食經行'을 말하고 난 후 『왕생론』에서 말하기를 "시방의 부처님께 공양하며 신통을 얻어 날개를 만든다. 佛法의 맛을 원해 禪三昧로 밥을 삼는다."고 하였는데 이 가운데 부처님께 공양 올리고 신통 얻는 상반부의 이야기는 『왕생론』에는 없다. 또 이 신통에 대한 이야기는 ⑩自在功德에 들어가야 할 이야기인데 원효가 착각하여 수용공덕에다 붙인 것 같다. 원효는 밥에 대해서 外食과 內食으로 구분하고 있다. 즉 다른 여러 가지 경과 『무량수경』 등에서 설한 것과 같이 밥을 먹고자 할 때 칠보의 그릇에 백 가지 맛이 있는 음식이 자연히 생긴다[131]고 한 것이 外食이고, 內食은 『왕생론』의 '禪三昧爲食'이다. 『아미타경』의 이야기는 수용공덕으로 外食이라고 결론을 지었다.

⑪ 變化功德은 원효가 삽입한 것으로, 『아미타경』에서 아미타 부처님의 신통력으로 만든 새들이 진리의 소리를 설하는 것을 이야기했다. 원효는 論頌이라 하여 인용했으나 이것도 『왕생론』에 보이지 않는다. 내용을 보면 『아미타경』의 내용을 축소하여 五言句로 만든 것이라 할 수 있다.

---

131 대정장 12, p.283上. 『평등각경』

⑫ 大義功德을 『왕생론』에서는 '大義門功德'이라 하여 大乘善根으로 이루어진 세계는 평등하여 싫어해야 할 이름과 여인, 불구자, 二乘種이 없다고 하는 내용을 『아미타경』의 '無三惡道'에 대비하였다. 즉 원효는 『아미타경』의 '無三惡道'나 『왕생론』의 '等無譏嫌名'은 원래 名體가 없기에 두 경이 일치한 것으로 보았다. 또 원효는 『아미타경』에서 이야기한 "不可以小善根 福德因緣 得生彼國"이라는 문구를 『왕생론』의 大義門功德의 '大乘善根界 等無譏嫌名'이라 하였다. 여기서 주목할 점은 大乘善根에 대해 원효가 '發菩提心'이라고 한 것이다. 즉 이 발보리심에 의해 일체 수승한 선근을 성취하고 능히 악업을 끊어 공덕이 상응한다고 했다. 그러나 『아미타경』에서는 극락세계에 왕생할 수 있는 선근은 아미타불을 염하는 것이다. 원효는 아미타불을 염할 때 '發菩提心'이 근본 바탕이 되어 염해야 한다는 것으로 보고 大乘善根界라고 했는지 모른다.

⑭ 莊嚴性功德을 원효는 『아미타경』의 '聞是音者 皆自然生念佛念法念僧之心'으로 보고 『왕생론』의 '正道大慈悲 出世善根生'에다 대비하였다. 즉, 삼보를 염하는 자체가 바로 이 性이라는 것이다. 원효는 이 性이란 出世善根種子에 의해 功用을 기다리지 않고 생기며, 正道는 삼보를 염함으로써 그릇된 것을 여의고 바른 것에 들어가므로 道를 이룬다고 설명한 후 대자비란 삼보를 염하는 수승한 공덕을 일체 모든 사람들에게 회향하는 것이라고 했다. 다시 말하면 이 性이 삼보를 염하는 공덕에 의해 대자비가 나오고 이것을 모든 중생에게 회향하는 것이다.

다음 정보장엄 가운데

① 主功德을 원효는 아미타불의 특징인 광명무량과 수명무량 둘로 구분하여 『아미타경』의 글을 인용하면서도 『왕생론』을 인용하지 않았다. 『왕생론』에는 국토장엄의 主功德에서 아미타불이 안락정토를 주지하는 것과 佛莊嚴의 主功德에서 모든 대중들이 아미타불을 공경하고 우러러본다는 것 등 두 가지가 있다. 그런데 이 내용이 『아미타경』의 내용과 일치하지 않아서 원효는 인용하지 않고 단순히 主功德이라고 분류한 것 같다. 아미타불의 광명무량은 『왕생론』에서 佛莊嚴의 身業功德成就와 菩薩莊嚴의 一念遍至功德成就에 나오는데 비해 수명무량에 대해서는 한마디도 없는 것으로 보아, 천친의 시대까지는 광명신앙이 많았고 수명신앙에 대해서는 그리 많지 않았던 것 같다.

② 伴功德을 『왕생론』에서는 莊嚴眷屬功德成就라 하여 正覺의 꽃으로부터 化生하는 안락국토의 성중들을 말하였는데 『아미타경』에서는 무수한 성문과 아라한, 보살들만 열거했지 화생이란 말은 없다. 이 화생이란 말은 『무량수경』[132]에 자주 나오는 말로, 천친은 『무량수경』의 내용을 인용하여 화생을 말했을 것이다. 원효는 『아미타경』에 화생이란 말은 없지만 무수한 성문, 아라한, 보살은 당연히 꽃 속에서 화생한 성중이라고 믿고 '淨華衆'에 대해서 『유가사지론』[133]을 인용하여 七種淨華衆을 열거하고 있다. 즉 a. 戒淨 b. 心淨

---

132 往生其國 便於七寶華中 自然化生(대정장 12, p.272中)
　　命終得生無量壽國 於七寶華中 自然化生(대정장 12, p.278中)

c. 見淨 d. 度疑淨 e. 道非道知見淨 f. 行智見淨 g. 行斷智見淨으로, 이 일곱 가지 淨華의 대중은 부처님 正覺으로부터 화생한다고 하여 원효는 천친의 사상을 이어 받고 있다. 그러나 『유가사지론』에서는 청정이란 말만 있지 淨華衆이란 말은 없다. 원효가 일곱 가지를 청정히 함으로써 화생할 수 있다는 뜻에서 七種淨華衆을 열거했다고 보나, 『유가사지론』의 본뜻은 구경열반을 얻는 데 있다.

③ 大衆功德을 원효는 『아미타경』에서 이야기한 극락세계에 태어난 사람은 다 아비발치의 지위에 오르는 것으로 보고, 이들은 '乃至十念'의 공덕으로 극락세계에 태어나 정정취에 들어가 영원히 물러나지 않는 이들이라고 주석을 붙였다. 이것을 『왕생론』의 '人天不動衆 淸淨智慧生'과 대비한 후 자기의 견해를 말하기를, 큰 바다와 같은 여래의 지혜에 의지하기 때문에 정정취에 들어가 움직임이 없다고 하였다.

④ 上首功德은 『아미타경』에서 이야기한 극락세계의 일생보처를 원효는 일생보처 보살로 보고 있다. 이 보살을 원효는 십지 가운데 가장 수승하여 妙高山王과 같다고 하여 『왕생론』의 '如須山王 勝妙無過者'와 대비하였다. 그러나 『왕생론』에서 천친이 이야기한 수미산왕은 아미타불로 극락세계에 있는 聖衆 가운데 上首가 된다는 것이지 일생보처 보살이 아니다. 왜 원효가 일생보처를 上首로 보고 천친이 이야기한 佛莊嚴의 上首功德과 대비했는지 의문이다. 이것은 혹

---

133 云何名爲七種一戒淸淨二心淸淨…中略…七行斷知見淸淨(대정장 30, p.838上)

원효가 착각한 것이 아닌가 생각된다.

　이상으로 원효가 천친의 영향을 받은 장엄사상을 살펴보았다. 여기서 원효는 천친의 『왕생론』 사상을 인용하면서 『아미타경』의 문장을 분류하여 장엄의 명호를 붙였다. 도표의 '受容功德'에서 본 바와 같이 아래 두 게송은 『왕생론』과 일치하고 위 두 게송은 일치하지 않는다. 그 외 水功德, 雨華功德, 變化功德의 게송은 『왕생론』에 보이지 않는다. 혹 다른 경과 논에 있는지 찾아보았지만 아직까지 발견하지 못했다. 필자의 견해로는 이 문장을 원효가 '論頌曰'이라 했으나 受容功德에서 본 바와 같이 한 부분은 일치하고 한 부분은 일치하지 않는 걸로 보아 원효가 직접 五言句를 지어 '論頌'이라 했다고 본다.

제3항 본원에서 본 장엄

앞에서도 언급하였지만 부처님 국토가 장엄된 것은 願心으로 인해 공덕이 생기고 이 공덕이 현상세계에 나타난 것이라 할 수 있다. 이 원심은 한마디로 말하면 본원(pūrva-praṇidhāna)이다. 이 본원에는 부처님이나 보살이 다 같이 갖고 있는 總願이 있고 제각기 달리 갖고 있는 別願이 있다. 총원이란 중국, 한국, 일본의 불교계에서 法要式을 거행할 때 널리 사용하고 있는 것으로 四弘誓願을 말한다. 이 총원은 대승불교에서 부처나 보살이 마땅히 지녀야 할 원으로 자리이타의 사상을 나타내고 있다. 이 사홍서원에 대해서 최초로 이야기한 사람은 중국 양나라 法雲(467~529)이다.[134] 그는 『법화경』

의 주석서인 『법화의기』에서 『법화경』의 「樂草喩品」[135]을 해석하면서 '從未度者令度 下明四弘誓之德'[136]이라 하여 四弘誓의 이름을 붙였다.

이후 천태지의(538~597)는 『석선바라밀차제법문』에서

> 四弘誓願者 一未度者令度 亦云衆生無邊誓願度 二未解者令解 亦云煩惱無數誓願斷 三未安者令安 亦云法門無盡誓願知 四未得涅槃 令得涅槃 亦云無上佛道誓願成 此之四法 卽對四諦 故瓔珞經云 未度苦諦 令度苦諦 未解集諦 令解集諦 未安道諦 令安道諦 未證滅諦 令證滅諦[137]

이라 하여 『법화경』의 설에다 지금 우리가 사용하고 있는 사홍서원의 내용을 붙였다. 그리고 이것 하나하나에다 『영락경』[138]의 설을 인용하여 四諦를 배열한 것이 특색이다. 이 사홍서원에 대해서는 이밖에도 『아함경』,[139] 『잡아함경』,[140] 『도행반야경』[141] 등에도 설해져 있

---

134 香川孝雄 著, 『四弘誓願の源流』(『印佛硏究』 38-1號 p.294)
135 未度者令度 未解者令解 未安者令安 未涅槃者令得涅槃(대정장 9, p.19中)
136 대정장 33, p.648下.
137 대정장 46, p.476中.
138 대정장 24, p.1013上.
139 瞿曇沙門 能說菩提 自能調伏 能調伏人 自得止息 能止息人 自度彼岸 能使人度 自得解脫 能解脫人 自得滅度 能滅度人(대정장 1, p.49上)
140 世尊 覺一切法 卽以此法 調伏弟子 令得安穩 令得無畏 調伏寂靜 究竟涅槃(대정장 1, p.226上)
141 諸未度者 悉當度之 諸未脫者 悉當脫之 諸恐怖者 悉當安之 諸未般泥洹者

다. 대승불교 사상은 이 사홍서원이 근본이 되기 때문에 總願이라 한다. 別願은 먼저 소품계인 『도행반야경』142을 보면 ① 無禽獸道願 ② 無盜賊願 ③ 悉皆得八味水願 ④ 如意飮食具足願 ⑤ 無惡穢疾疫願 등 대략 다섯 가지 원으로 분류할 수 있다. 이 원은 자기를 성취하는 수행장엄의 원은 없고 다 객관적인 세계에 펼치는 국토장엄이다. 이것을 강승개가 번역한 『무량수경』의 48원과 비교하면 ①번은 1번의 無三惡趣와 같고 ②번은 16번의 無諸不善願 중 악인이 없다는 것과 같고 ③번은 48원 가운데는 없으나 『무량수경』 상권에서 강당과 보배 연못143을 설명하는 곳과 『아미타경』에서 의보장엄을 설명하는 곳에 여덟 가지 공덕의 물이 있다는 내용과 같다. 또 ㉜國土嚴飾願 중 궁전, 누각, 물, 꽃, 나무로 장엄되었다는 말이 있다. 이 중 물은 『무량수경』과 『아미타경』에서 이야기한 여덟 가지 공덕의 물이기 때문에 여기에 해당된다고 본다. ④번은 『무량수경』의 48원에는 없고 『대아미타경』의 ⑭원과 『평등각경』의 ㉓飮食自然願에 해당된다. 이것을 억지로 대비한다면 48원 중 ㉔供具如意願에 해당된다고 본다. ⑤번은 정토경전의 여러 원과 상응한 곳이 없기에 『도행반야경』의 특이한 면이라 볼 수 있다.

다음 12大願으로 『약사여래본원공덕경』144에 나타나는데, 즉 ①

悉皆當令般泥洹(대정장 8, p.465下)
142 대정장 8, pp.457下~458上.
143 대정장 12, p.271상.
144 대정장 14. pp.401b~402a, p.405a~b, pp.409b~413b

具足光明願 ②具足淸淨願(유리) ③具足智慧願 ④進步大乘願 ⑤具足持戒願 ⑥具足諸根願 ⑦悉除衆患願(칭명) ⑧轉成男子願(칭명) ⑨解脫魔網願 ⑩悉脫苦惱願 ⑪具足飮食願 ⑫具足衣華香樂妓願이다. 이 중 ①번과 ②번의 원은 자기의 대광명과 32상 80종호를 갖추는 것이며, 몸은 유리와 같이 청정하게 장엄한다는 뜻으로 自莊嚴이다. 이외 열 가지 원은 다른 사람들로 하여금 수용케 하는 他莊嚴인데 세분하면 ③원, ④원, ⑤원, ⑨원은 佛道를 수행하는데 여법히 정진하게 하는 수행장엄이다. ⑥원, ⑦원, ⑩원, ⑪원, ⑫원은 객관세계와 접촉하면서 사는데 일체 장애가 없고 즐거움을 누릴 수 있는 外形莊嚴이다. ⑧원은 여자가 남자의 몸을 받기를 원하면 약사여래의 명호를 듣고 바꿀 수 있는 원으로 『무량수경』의 48원 중 ㉟女人往生願과 같다.

『아촉불국경』[145]의 원은 한 종목 한 종목으로 나누어져 있지 않고 '願作佛道'하여 한 번에 나열되어 있기 때문에 보는 이로 하여금 원의 수가 다를 수 있다. 필자는 ①有七寶樹願 ②風樹作聲願 ③無三惡道願 ④大地平坦願 ⑤無有三病願 ⑥無有牢獄願 ⑦無有邪道願 ⑧香華着衣願 ⑨飮食自然願 ⑩七寶精舍願 ⑪八味浴池願 ⑫七寶爲床願 ⑬無淫欲事願 등 13원으로 분류하였다. 어떤 학자는 더 세분하여 21원으로 분류한 사람이 있으나[146] 중복되는 점이 있어 13원으로 분류하였다. 이 중 자기 마음의 장엄은 마지막 ⑬원으로

---

145 대정장 11, pp.755中~756上.
146 藤田廣達 著, 『原始淨土思想の硏究』 p.426.

음욕을 생각하지도 않고 그런 일을 좇지도 않는 일이고 나머지 다른 장엄은 國土莊嚴으로 객관적인 세계장엄이다. 이것을 『무량수경』 여러 본의 원과 비교하여 보면 ①有七寶樹願 ⑩七寶精舍願 ⑫七寶爲床願은 『무량수경』 異本에는 없다. 『대아미타경』의 ①國土七寶願, 『무량수경』의 ㉘見道場樹願이 있고 『무량수경』 상권에 칠보로 장엄된 나무, 궁전이 있다고 하였으나[147] 평상에 대해서는 이야기가 없다. 그러나 자세한 내용을 말하지 않았을 뿐이지 극락정토는 칠보로 장엄되어 있기 때문에 다 포함되어 있지 않나 생각한다. ②風樹作聲願은 『무량수경』 원 가운데는 보이지 않으나 칠보로 된 나무에서 五音을 낸다[148]고 하였다. ③無三惡道願은 『무량수경』 ① 원과 같고 ⑨飮食自然願은 『대아미타경』 ⑭ 원과 같으며, ⑧香華着衣願은 『무량수경』의 衣服隨念願과 비슷하며 그외 원은 48원 가운데 보이지 않으나 『무량수경』 경전 내용 중에 비슷한 글귀가 보인다.[149] 아촉불의 원은 유정들로 하여금 수용케 하는 원으로 객관적인 세계의 장엄이다. 『무량수경』에서 이야기한 六神通을 얻는 원과 稱名, 來迎願이 없는 것이 특색이다.

---

147 대정장 12, pp.270中~271中.
148 대정장 12, p.271上.
149 ④大地平坦願은 『평등각경』의 '其國七寶地皆平正'(대정장 12, p.283上), 『대아미타경』의 '其國七寶地皆平正'(앞의 책 p.303下), ⑤無有三病願은 『무량수경』의 '今世現有王法牢獄'(대정장 12, p.276中)으로 대비할 수 있으나, 이 말은 정토에는 법왕만이 있고 감옥은 없다는 의미다. ⑪八味欲池願은 『무량수경』의 '八功德水'(대정장 12, p.271上)와 같다.

『방광대광명경』150도 보는 학자에 따라 원의 수가 많기도 하고 적기도 한다. 본 장에서는 이 원을 다음과 같이 분류하여 원의 명칭을 붙였다.

①具足衣食願 ②不犯十惡願 ③相互尊重願 ④度脫三乘願 ⑤無亂志者願 ⑥無斷見者願 ⑦無見邪見願 ⑧無三惡道願 ⑨國土皆平願 ⑩黃金爲地願 ⑪無戀著處願 ⑫專持一姓願 ⑬無優劣上下願 ⑭皆得端正願 ⑮但住法王願 ⑯行三十七品願 ⑰皆得化生願 ⑱皆得五通願 ⑲普照光明願 ⑳皆得無患願 ㉑壽命無量願 ㉒得三十二相願 ㉓具足善本願 ㉔無三垢四病願 ㉕無二乘道願 ㉖不聞頑很願 ㉗光明無量願 ㉘無量比丘願 ㉙如恒邊沙佛國願이다. 이 원은 구마라집이 번역한 『대품반야경』151에 나오는 원과 대략 같다. 이 원을 자세히 살펴보면 『도행반야경』의 다섯 가지 원에서 발달된 것이라고 볼 수 있다. 왜냐하면 『도행반야경』①無禽獸道願이 無三惡道願에 해당하며 ②無盜賊願이 不犯十惡願과 相互尊重願에 해당하고 ④如意飮食具足願이 具足衣食願에 해당하며, ⑤無惡穢疾疫願은 皆得無患願과 無三垢四病願에 해당된다. 단 ③悉皆得八味水願만이 『방광반야경』의 원에 포함되어 있지 않고 다른 것은 다 포함되어 있다. 소품반야경에서 발달하여 광명무량, 수명무량, 皆得五通, 具足善本 등 自莊嚴에 대해 치중되어 있고, 국토장엄에 대해서는 구체적으로

---

150 대정장 8, pp.92中~93下.
151 대정장 8, pp.347中~349中, 또는 『대반야바라밀다경』 대정장 7, pp.275上~278中.

논하지 않는 점이 특색이다. 여기서 더 발달된 원이 극락정토의 원이다. 극락정토의 원은 『무량수경』異本에 따라 각기 다르다. 즉 『대아미타경』과 『평등각경』에서는 24원, 『장엄경』에서는 36원, 梵本 무량수경에서는 47願, 『무량수경』과 『여래회』에서는 48願, Tibet本 무량수경에서는 49원 등이다.152 중국, 한국, 일본 등에서는 강승개가 번역한 『무량수경』의 48원설을 많이 이용하기 때문에 본 장에서 이에 준하여 도표를 만들어 비교하도록 한다.

NO	無量壽經	放光般若經	藥師經	阿閦經	道行般若經
1	無三惡道	⑧無三惡道		③無三惡道	①無禽獸道
2	不更惡趣				
3	悉皆金色				
4	無有好醜	②不犯十惡	⑥具足諸根		
5	宿命智通				
6	天眼智通				
7	天耳智通	⑱皆得五通			
8	他心智通				
9	神境智通				
10	速得漏盡				
11	住正定聚				
12	光明無量	⑲普照光明 ㉗光明無量	①具足光明		
13	壽命無量	㉑壽命無量			
14	聲聞無數	㉘無量比丘			
15	眷屬長壽				

---

152 藤田宏達 著, 『原始淨土思想の硏究』 p.382.

16	無諸不善	②不犯十惡		⑬無淫欲事	②無盜賊	
17	諸佛稱揚					
18	念佛往生					
19	來迎引接					
20	係念定生					
21	三十二相	得三十二相				
22	必至補處	㉕無二乘道	④進步大乘			
23	供養諸佛		⑫具足衣香華樂妓			
24	供具如意	①具足衣食		⑨飲食自然	④如意飲食	
25	說一切智		③具足智慧			
26	那羅延身					
27	所須嚴淨					
28	見道場樹			①有七寶樹 風樹作聲		
29	得辯才智					
30	智辯無窮					
31	國土清淨		②具足清淨			
32	國土嚴飾	⑨國土皆平 ⑩黃金爲地		④大地平等 ⑩七寶精舍 ⑪八味浴池 ⑫七寶爲床	③悉皆得八味水	
33	觸光柔軟					
34	聞名得忍					
35	女人往生		⑧轉成男子			
36	常修梵行	⑤無亂志者 ⑥無斷見者 ⑦無見邪見 ⑪無戀著處 ⑯行三十七品	⑤具足持戒	⑦無有邪道		
37	人天致敬					

38	衣服隨念	①具足衣食	⑫具足衣華香	⑧香華着衣
			樂妓	
39	受樂無染			
40	見諸佛土			
41	諸根具足	②不犯十惡	⑥具足諸根	
42	住定供佛			
43	生存貴家			
44	具足德本	㉓具足善本		
45	住定見佛			
46	隨意聞法			
47	得不退轉	㉕無二乘道	④進步大乘	
48	得三法忍	④度脫三乘		

위 도표에서 보는 바와 같이 몇 가지 점을 지적할 수 있다. 첫째 대승불교의 본원사상은 『도행반야경』의 5원에서 시작하여 12원, 24원, 29원 등으로 발전하여 결국 아미타불의 48원까지 진전하였다고 생각된다.[153]

둘째, 처음 원심장엄은 객관세계인 세계장엄이 주를 이루었지만 이것이 점점 발달하여 自莊嚴이 출현함을 알 수 있다. 즉 『도행반야경』 전체의 원장엄은 외부세계의 장엄으로 마음을 편안히 하여 수용하는 것 등이다. 이것이 세분하여 나온 것이 『아촉불국경』의 13원이다. 그리고 대승불교가 발달함과 동시에 나온 『약사경』, 『방광반야경』을 보면 自莊嚴으로 具足光明, 수명무량, 無量比丘 등이 나오고,

---

[153] 藤田宏達 著, 『原始淨土思想の硏究』 p.415에서는 『소품반야경』 6원에 기초하여 12원, 18원, 24원, 30원, 42원, 48원으로 발전하였다고 했다.

『무량수경』에서는 더 진보하여 悉皆金色, 得六神通, 광명무량, 수명무량, 聲聞無數, 眷屬長壽, 여인왕생 등 유정장엄이 36종 이상이나 나온다. 이것으로 보면 원심장엄이 발달할수록 내부적인 自莊嚴 또는 유정장엄에 역점을 두었음을 알 수 있다.

셋째, 유정장엄이 발달함과 동시에 객관적인 세계인 국토장엄은 세분하지 않고 축소하여 한 군데로 집약시킨 것을 알 수 있다. 즉 『아촉불국경』에 大地平等, 七寶精舍, 八味浴池, 七寶爲床을 48원 중에서는 國土嚴飾으로 요약했고, 또 『아촉불국경』의 有七寶樹, 風樹作聲을 48원 중에는 見道場樹로 요약했다.

넷째, 『도행반야경』無惡穢疾疫과 『아촉불국경』悉除衆患, 解脫魔網, 悉脫苦惱, 『약사경』無有三苦, 無有牢獄, 『방광반야경』의 相互尊重, 專持一姓, 無優劣上下, 但住法王, 皆得化生, 皆得無患, 無三垢四病, 不聞頑狠如恒邊沙佛國 등이 『무량수경』의 48원 가운데는 없다. 그러나 『무량수경』의 내용을 보면, 서방 극락 정토에는 이러한 내용이 없는 것은 아니다. 예를 들면 皆得化生은 『무량수경』의 三輩往生[154]에서 이야기하고 있고 悉除衆患, 悉脫苦惱에 대해서는 『무량수경』하권에서 무량수국에는 "영원히 생사의 근본을 제거하고 貪恚, 愚癡, 苦惱의 患이 없다."[155]고 한 것과 상통한다. 이외 다른 원들도 『무량수경』의 48원 가운데는 없지만 원을 전후한 경전의 내용 가운데서 찾아볼 수 있다. 이것은 아마도 아미타불의 정토에는

---

154 대정장 12, p.272中~下.
155 앞의 책 p.275下.

당연히 병고와 악마의 장애가 없으며, 거기에 태어난 모든 사람은 평등할 뿐만 아니라 모든 것을 평등하게 수용하는 것을 근본으로 두고 있기 때문에 48원에서 이야기하지 않았을 것이다. 또 이것은 다른 문장에 설해져 있기 때문에 법장보살의 원에 의해서 이루어졌다고 볼 수 있다. 바꾸어 말하면 유정이 어떻게 하여 극락세계에 태어나고, 어느 지위에서 무엇을 증득하는가에 역점을 두어 48원을 설했다고 본다.

다섯째, 『도행반야경』, 『아촉불국경』에서 볼 수 없는 수행장엄이 다른 원에 나타난다. 즉 『약사경』에서는 進大乘願, 具足持戒願이 있고 『방광반야경』에서는 行三十七品, 具足善本, 度脫三乘, 無亂志者, 無斷見者, 無見邪見, 皆得五通願 등이 열거되었으며, 48원 가운데서는 한 걸음 더 발전하여 六神通願, 住正定聚, 諸佛稱揚, 念佛往生, 係念定生, 必至補處, 供養諸佛, 說一切智, 得辯才智, 常修梵行, 住定供佛, 具足德本, 隨喜聞法, 得不退轉, 得三法印 등으로 되어 있다. 이는 원이 발달됨에 따라 수행에 중점을 두었음을 볼 수 있다.

『무량수경』의 48원을 구체적으로 분류하면 다음과 같다.

(1) 佛莊嚴의 원 : 제12원, 제13원, 제17원
(2) 國土莊嚴의 원 : 제31원, 제32원

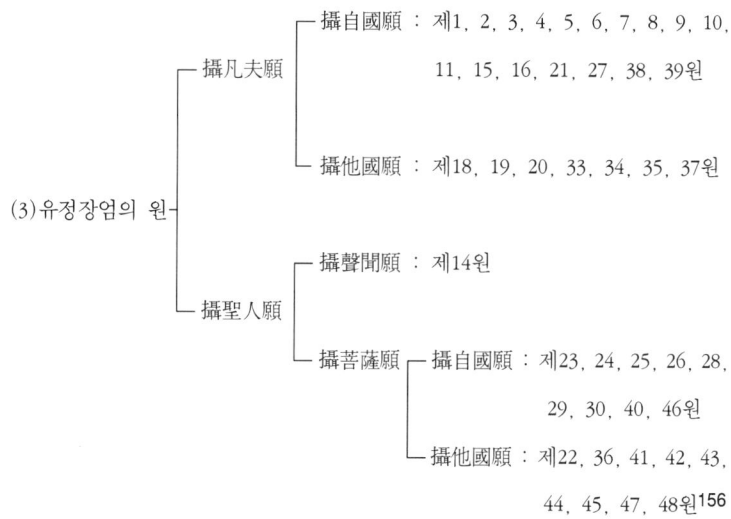

위에서 본 바와 같이 아미타불 자신의 몸을 장엄하기 위해서 광명과 수명이 한량없기를 원하였다. 즉 공간과 시간을 표현한 것으로, 아미타불 자신이 시간과 공간에 충만하게 장엄한 부처님이란 것을 표현했다고 볼 수 있다. 그러기에 아미타불의 대표적인 명사가 Amita-ābha(無量光), Amita-āyus(無量壽)이다. 이러한 아미타불을 시방세계에 계신 모든 부처님이 찬탄하는 것이 佛莊嚴이다. 佛莊嚴은 이와 같이 제12 光明無量願, 제13 壽命無量願, 제14 諸佛稱揚願 등 세 가지이고, 국토장엄은 제31 國土淸淨願, 제32 國土嚴飾願 등 두 가지로 함축하여 표현하였다. 그러기에 국토에 의지하고 있는 無情莊嚴은 이 두 가지 원에 들어가 있다고 볼 수 있다. 이 두 가지

---

156 拙譯, 『淨土三部經槪說』 p.83.

원에는 국토가 깨끗하기가 맑은 거울과 같고 궁전, 누각, 물, 꽃, 나무, 보배 등을 대표로 열거하고 있지만 여기에는 열거되어 있지 않는 黃金爲地, 自然飮食 등 여러 가지가 들어 있다고 볼 수 있다.

다음, 유정들을 제도하여 극락세계에 맞아들이고 깨닫게 하는 원은 佛莊嚴願, 國土莊嚴願의 다섯 가지 원을 빼고 다른 43종으로 대부분의 원을 차지하고 있다. 그러기에 원의 종류가 발달함에 따라 유정들이 수행하고 실천해야 할 원이 많아지고 유정들이 나쁜 곳에 떨어지지 않게 하는 원과 제도하려는 원이 많아진 것을 알 수 있다. 또 이것이 아미타불의 근본 장엄이며 사상인 것이다.

제4항 極樂世界 十種莊嚴

한국 불교계에서는 어느 종파를 막론하고 천도법요식을 거행할 때 十種莊嚴을 열거하면서 '南無阿彌陀佛'의 六字名號를 부르는 것이 통례이다. 이 十種莊嚴을 이렇게 널리 사용하게 된 것은 安震湖가 편찬한 『석문의범』 중 誦呪篇[157]에 있기 때문이라고 볼 수 있다. 이 十種莊嚴을 처음 열거한 사람은 원나라 시대의 王子成[158] 이다.

---

157 안진호 편, 『석문의범』 p.85, 法輪社 발행.
158 王子成의 연대는 자료가 없어 알 수 없으나 그가 편찬한 『禮念彌陀道場懺法』 의 서문에 日本 승려인 至道의 序와 趙秉文의 讚과 李純甫가 崇慶 二年(1213) 中春에 쓴 서문이 있는 것으로 보아 1213년 이전의 인물임에 틀림없다. 東大出版인 『韓國佛敎撰述文獻總錄』 p.393에는 元 王子成集이라 하여 원나라(1206-1368) 사람으로 보았다. 王子成은 본인 스스로가 極樂居士라 한 것으로 보아 정토사상을 전공하고 실천한 재가자임을 알 수 있다.

왕자성이 편찬한『예념미타도량참법』159 중 제5 극락장엄에서 열 가지로 분류하여 자세히 설명을 했다. 그러나 여기서는 極樂世界十種 莊嚴이란 말은 없는 걸로 보아『석문의범』에서 안진호 씨가 이 말을 붙인 것 같다.

① 法藏誓願 修因莊嚴 : 법장비구가 세자재왕부처님 전에서 210억 불국토를 보고 5겁 동안 생각하여 원을 세운 것이다.

② 四十八願 願力莊嚴 :『무량수경』의 48원인데 구체적으로 모든 원의 숫자를 나열한 것이다. 다시 말하면 法藏誓願 修因莊嚴은 총체적인 것이고 이것은 구체적인 숫자다.

③ 彌陀名號 壽光莊嚴 : 아미타불의 명호 안에 두 가지 수승한 장엄을 말한다. 첫째는 時間的으로 무량한 수명장엄이고 둘째는 공간적으로 무량한 광명장엄이다.

④ 三大士觀 寶像莊嚴 :『관무량수경』에서 이야기한 觀法의 일종이다. 즉 아미타불과 관세음보살, 대세지보살의 寶像莊嚴을 관하는 것으로,『관무량수경』가운데 正報觀이며 像想觀, 觀音觀, 勢至觀160 등이다.

⑤ 彌陀國土 極樂莊嚴 : 이것은 非有情莊嚴으로 극락국토가 칠보로 되어 있는 것과 크고 작은 바다나 산림, 그리고 계곡이 없으며, 또 어둠과 춘하추동, 그리고 춥고 더움이 없는 것을 말한다. 또

---

159 속장경 128, p.150에 게재되어 있고 木版으로 弘治 16年(1503) 海印寺刊, 嘉靖 21년(1542) 石頭寺板, 萬曆35년(1607) 松廣寺板 등이 있다.
160 拙譯,『淨土三部槪說』pp.365~367.

백 가지 맛이 있는 음식이 현전하고 또 칠보로 된 연못, 땅, 정사, 나무, 꽃 등이 있으며, 하늘 사람들이 음악을 연주하면 이 소리를 듣고 열반을 성취한다. 즉 극락세계에 왕생한 사람이 보고 듣고 하여 극락을 수용하는 장엄이다.

⑥寶河淸淨 德水莊嚴 : 여덟 가지 공덕을 갖추고 있는 물을 말하며, 흐르는 물소리는 미묘한 소리로 묘한 법을 설하여 듣는 이로 하여금 진리를 깨닫게 하는 것이다.

⑦寶殿如意, 樓閣莊嚴 : 궁전, 누각의 크기, 넓이, 모양 등은 모든 유정들의 뜻에 따라 이루어지며 여기에 부속되는 평상 등 여러 가지가 자연히 출현한다는 것이다.

⑧晝夜長遠 時分莊嚴 : 사바세계의 一大劫이 극락세계의 24시간이란 것으로 극락세계의 하루가 길다는 것을 표현했다.

⑨二十四樂 淨土莊嚴 : 왕자성은 『안국초』에서 인용하였다고 했으나 전해지지 않는 책이다. 영명연수(904~975)가 지은 『만선동귀집』161에도 二十四樂과 三十種益이 있는 것으로 보아 900년 이전의 책임이 분명하다. 일본 정토종의 승려인 了譽(1341~1420)가 지은 『이장의견문』162에 보면 "安國抄者 安國寺利涉法師造 未度文也"라 하여 安國寺163에 주석하고 있는 利涉164이 『안국초』를 지었는데

---

161 대정장 48, p.967中~下.
162 淨土宗全書 12, p.495.
163 常州에 있는 절. 『속고승전』(대정장 50, p.495下)
164 인도 승려로서 중국에 와서 법을 전한 사람이다. 당나라 開院(713~741) 시대 안국사에서 『화엄경』을 강의하였는데 많은 사람들이 모였다고 한다.

전해지지 않는다고 하였다. 이섭이 당나라 開院(713~741) 중 안국사에서 『화엄경』을 강의하였다고 했으니까 이 시대에 안국사에서 저술하여 책명을 『안국초』라 했을 가능성이 있다. 여기에 근거하여 추정해 보면 이섭을 영명연수보다 220년 이전의 인물로 봄이 타당하다고 본다. 『안국초』를 왕자성이 인용하였기 때문에 1200년대까지는 있으나 그 후 없어지지 않았나 생각되나 이것 역시 확실치 않다. 왜냐하면 『예념미타도량참법』에서 '三十種益'을 열거한 후 결론 부분의 '略述法利 無邊聖境 非虛眞談匪謬'란 말이 『군의론』에는 없는데 『만선동귀집』에 있기 때문이다. 즉 王子成이 『만선동귀집』의 문장을 그대로 인용하였기 때문에 『안국초』를 보고 인용한 것이 아니고 『만선동귀집』을 보고 인용한 것으로 본다. 또 이 책에 '所言極樂者有二十四樂'으로 되어 있는 것으로 보아 장엄이란 말은 王子成이 붙였다고 생각한다.

24가지 즐거움이란 ① 欄楯遮防樂 ② 寶網羅空樂 ③ 樹陰通衢樂 ④ 七寶浴池樂 ⑤ 八水澄漪樂 ⑥ 下見金沙樂 ⑦ 階際光明樂 ⑧ 樓臺陵空樂 ⑨ 四蓮花香樂 ⑩ 黃金爲地樂 ⑪ 八音[165] 常奏樂 ⑫ 晝夜雨花樂 ⑬ 淸晨策勵樂 ⑭ 嚴持妙花樂 ⑮ 供養他方樂 ⑯ 經行本國樂 ⑰ 衆鳥和鳴樂 ⑱ 六時聞法樂 ⑲ 存念三寶樂 ⑳ 無三惡道樂 ㉑ 有佛變化

『송고승전』(대정장 50, p.815上)에는 많은 저술이 있다고 했으나 『안국초』에 대한 이야기는 없다. 일본 정토종 승려인 了譽가 무엇을 보고 利涉이 지은 『안국초』라 했는지 아직 자료를 발견하지 못했다.

165 여래의 음성에 여덟 가지 덕이 있음을 말함. 즉 ①極好音, ②柔軟音, ③和適音, ④尊慧音, ⑤不女音, ⑥不誤音, ⑦深遠音, ⑧不竭音 등이다.

樂 ㉒樹搖羅網樂 ㉓千國同聲樂 ㉔聲聞發心樂 등이다. 여기서 ⑪, ⑬, ⑮, ⑯, ⑱, ⑲, ㉔는 유정장엄으로 부처님과 극락세계의 聖衆들이 법을 설하고, 듣고, 공양하며, 발심하는 것 등이며, 이외는 극락세계의 非有情莊嚴인 외형적으로 장엄된 모양에 대해서 말한 것이다. 즉 극락세계의 외형장엄이 대부분이며, 이 외형장엄을 보고 듣고 하여 즐거움을 수용하는 장엄이다.

⑩ 三十種益 功德莊嚴 : 이 三十種益은 회감[166]의 저서인 『군의론』[167]에 있는 설을 왕자성이 인용하여 장엄이란 말을 붙였다. 이 문장을 자세히 검토해 보면, 연수선사와 왕자성이 인용한 三十種益의 문장은 글 한 자 한 자가 똑같지만 『군의론』의 원문과 비교해 보면 『군의론』의 내용을 축소하여 인용하였음을 알 수 있다. 그러기에 본 장에서는 『군의론』의 원문만을 열거한다.

①受用種種功德莊嚴淸淨佛土益 ②大乘法樂益 ③親近供養無量壽佛益 ④遊歷十方供養諸佛益 ⑤於諸佛所聞法授記益 ⑥福慧資糧疾圓滿益 ⑦速證無上正等菩提益 ⑧諸大士等同一集會益 ⑨常無退轉益 ⑩無量行願念念增進益 ⑪鸚鵡舍利宣揚音益 ⑫淸風動樹如天衆樂益 ⑬摩尼水流宣說苦空益 ⑭諸樂音聲奏諸法音益 ⑮四十八弘誓願中永絕三塗益 ⑯眞金色身益 ⑰形無美醜益 ⑱具足

---

[166] 懷感의 연대는 알 수 없으나 『송고승전』(대정장 50, p.738下)에 선도(613-681)의 제자로 되어 있는 것으로 보아 선도보다 나이가 어린 후대의 인물일 것이다. 그러기에 7세기 인물로 본다.

[167] 대정장 47, p.61上.

五通益 ⑲住正定聚益 ⑳無諸不善益 ㉑壽命長遠益 ㉒衣食自然益 ㉓唯受衆樂益 ㉔三十二相益 ㉕無有寶[168]女人益 ㉖無有小乘益 ㉗離諸八難益 ㉘得三法印益 ㉙身有光明晝夜常光益 ㉚得那羅延力[169]益 등으로 ①번은 극락세계에서 수용하여 얻는 전체적인 이익을 말하였고, ③④번은 부처님께 공양을 올리는 이익을 설하였으며, ⑮㉗은 극락국토에 세 가지 악도와 여덟 가지 어려움이 없는 이익을 설하였고, ⑯⑰⑱㉑㉔㉕㉙㉚등 여덟 가지는 몸에 대한 이익을 설하였다. 다른 ②⑤⑥⑦⑧⑨⑩⑪⑫⑬⑭⑲⑳㉖㉙ 등은 법을 설하고 듣고 수행하여 얻는 이익을 말하였다. 이와 같이 三十種益은 유정장엄과 비유정장엄, 법장엄 등을 망라한 것이지만 법장엄에 역점을 둔 것을 엿볼 수 있다.

이 十種莊嚴 가운데 ①~④번까지는 유정장엄으로 법장보살이 원을 세워 수행하여 무량한 광명과 수명을 가진 아미타불의 장엄을 이야기하였고 깨닫지 못한 우리들이 관해야 하는 정보관을 말했다. ⑤~⑧번까지는 비유정장엄으로 극락국토의 장엄이며, ⑨번과 ⑩번은 유정, 비유정장엄을 총망라한 것으로 ⑨번의 二十四樂은 극락국토에 있는 외형적인 장엄에 치중했고, ⑩번의 三十種益은 법에 대해 역점을 두었다고 볼 수 있다. 다시 말하면 왕자성은 법장보살이

---

168 『만선동귀집』에서는 '無實女人益'이라 하여 실지의 여인이 없다고 하였기 때문에 『群疑論』의 寶字는 實의 오자인 것 같다.
169 『만선동귀집』과 『예념미타도량참법』에서는 那羅延身으로 되어 있는데 이는 『무량수경』의 48원 가운데 26원이다. 나라연신 자체가 힘이 센 力士이기 때문에 나라연력이나 같은 내용이다.

원을 세워 수행하여 얻은 유정, 비유정세간을 이야기하고 난 후, 여기서 수용하는 즐거움과 이익의 순서대로 십종장엄을 열거했다. 그러나 이 십종장엄의 내용은 중복된 장엄들이 있다. 즉 ①번과 ②번은 서원을 이야기한 것으로 ①번은 서원을 세워 수행한 것이며, ②번은 구체적인 48원을 이야기한 것이기 때문에 본원에 대한 중복이다. 二十四樂의 ⑮번과 三十種益의 ④번은 타방세계의 부처님께 공양하는 것으로 같은 내용이다. 이는 왕자성이 이 장엄을 열거할 때 신중히 생각하지 않았다고 생각되지만, 다른 한편으로는 십종장엄이 禮懺하는데 사용했기 때문에 중복되더라도 무리는 없다고 본다.

우리나라에서의『예념미타도량참법』은 홍치16년(1503) 합천 해인사 刊과, 가정21년(1542) 황해도 석두사 開板, 만력35년(1607) 전남 송광사 開刊, 만력38년(1610) 경상도 유학산 長壽佛堂 開刊 등이 현재 존재하는 것으로 보아 중국 송나라 이후 우리나라에 들어와 많이 사용했던 것 같다. 오늘날『석문의범』을 비롯하여 불교계의 많은 의식집에서 이 십종장엄을 삽입하여 사용하는 것은 이러한 영향에서 비롯되었다고 본다.

제4절 결론

이상으로 장엄에 대하여 고찰해 보았다. 이것을 몇 가지로 함축하여 결론을 내리면 다음과 같다.

첫째, 장엄이 이룩되는 것은 원심에서 비롯되는데, 이 원심의 근본 바탕은 청정심이란 것을 알 수 있다. 청정한 마음에서 생기는 것이기에 현실에 나타난 장엄은 청정하고 깨끗하여, 보고 듣는 유정들로 하여금 청정한 마음을 깨닫게 하는 것이 장엄하는 목적이다.

둘째, 초기 장엄은 이 세상에 있는 장식물을 들어 단순히 표현하였지만 불교가 발달함에 따라 이상적으로 장엄을 표현하였다는 사실을 알 수 있다. 예를 들면 초기에는 나무가 단순히 존재하지만 『관무량수경』[170]에서는 나무의 높이가 팔천 유순이나 된다는 등 우리의 상상을 초월하여 표현하고 있고, 또 초기에는 단순히 칠보로 장엄된 보배에서 빛이 난다고 하였지만 『관무량수경』[171]에서는 하나하나의 보배 구슬에서 천 가지 광명이 나고, 하나하나의 광명 가운데 팔만사천 가지 색이 있다는 등 구체화시켰다. 이것은 장엄이 발달함에 따라 구체적으로 표현하여 유정들에게 실감 있게 전하여 제도시키기 위한 것이다.

셋째, 객관적인 장엄에서 주관적인 장엄으로 발달하였다. 『도행반야경』 중에는 객관적인 장엄이 주를 이루고 있지만 『무량수경』에서는 주관적인 유정에 대한 장엄이 48원 가운데 43원으로 주를 이루고 있다.

넷째, 초기에는 우리의 감각기관으로 보고 듣고 먹음으로써 만족을 느끼는 장엄에서 점차 수행장엄으로 발전했다. 초기 경전에는 수행장엄이 전혀 없었던 것이 후기 경전에는 염불수행, 육바라밀수

---

170 大正藏 12, p.342中.
171 大正藏 12, p.342上.

행, 지혜구족 등 수행장엄에 대한 것이 많이 나타남을 알 수 있다.

다섯째, 『화엄경』, 『대애경』, 『대집경』 등에서 설하고 있는 장엄은 有形莊嚴, 非有情莊嚴이 적고 無形莊嚴, 有情莊嚴에 대해서 중점을 두고 있는 것은 객관에서 주관으로 발전하는 장엄이다. 앞 셋째부터 이 다섯째까지는 단순히 보고 듣는 것에 치우치지 않고 자아를 완성하는 수행의 길을 강조하기 위한 장엄으로 발전한 것이다.

여섯째, 정토경전과 논에서는 다른 경전과 논에 비해 장엄을 구체화시켰다는 것이다. 국토의 모양, 궁전, 누각, 연못, 나무, 꽃 등이 어떻게 존재하여 어떤 역할을 하는지에 대해서 이야기했을 뿐만 아니라 아미타불 존재의 의미와 장엄의 의미를 설했다. 즉 극락세계의 장엄은 미혹의 세계에 있는 유정들로 하여금 불퇴전의 지위에 오르게 할 뿐만 아니라 무생법인을 깨닫게 하는 데 목적을 두고 있음을 밝혔다.

일곱째, 정토장엄의 발전은 무착의 18가지 圓淨에서 천친의 29종 장엄으로 발전하였으며, 후대 二十四樂莊嚴과 三十種益莊嚴으로 발전함을 엿볼 수 있다.

이상이 장엄에 대한 결론으로, 이것이 우리에게 주는 의미를 생각해보도록 하겠다. 첫째는 外形莊嚴으로 객관적인 장엄이다. 호화스럽게 치장하여 자기 과시에 지나치면 이것은 장엄의 본뜻과 어긋나는 것이다. 그러나 이 장엄을 보고 듣는 이가 부처님 말씀에 심취하여 깨달음의 길에 나아갈 수 있다면 사치가 아니고 방편이다. 그러기에 승려들의 법복과 법당의 장엄, 사원의 장엄 등에 관심을 가져야 한다고 본다. 조계종 스님들의 법복은 너무 단조롭고 설법하는 법당도 분위기가 산만한 것이 사실이다. 우리는 여기에 무엇인가를 장엄하여 보는 이, 참배하는 이, 법을 듣는 사람들로 하여금 어떤 한 가지를 깨달아 법의 희열을 느낄 수 있게 하는 분위기, 즉 장엄의 방편이 아쉽다. 둘째, 내부적인 無形莊嚴으로 自己莊嚴이다. 물질과 문명이 발달하다 보니 이것에 도취하여 자기장엄을 등한시하여 불제자의 본분을 잃어가고 있는 것 같다. 부처님이 제정하신 계를 잘 지킴으로써 수행자의 자세를 잃지 않는 것이 持戒莊嚴이며, 육바라밀을 잘 실천하여 복과 지혜를 쌓는 것이 복덕장엄이고 지혜장엄이다. 이밖에도 부처님 제자가 수행해야 할 修行莊嚴을 본문에서 많이 열거했다. 이 여러 가지 수행장엄을 실천하여 자기를 장엄함이 부처님 제자의 길일 것이다. 우리가 외부적인 有形莊嚴과 내부적인 無形莊嚴을 잘 조화하여 이룩할 때 자기 자신이 풍요로워질 뿐 아니라 自我完成의 길로 나아가는 것이고, 이것이 성불의 길이며, 이 세계가 그대로 정화되어 佛國淨土가 이룩되는 길이라 본다. 그래서 우리는 장엄에 대하여 재인식하고 외부의 세계와 내면의 세계를 청정하게 장엄하는 데 정진해야 할 것이다.

(중앙승가대학교『논문집』제3집)

제3장 경론과 정토교사에 나타난 염불

제1절 머리말

정토에 왕생하여 아미타불의 본원을 입기 위해서는 어떤 수행이 필요할 것이다. 이 수행은 여러 가지가 있지만 경전에서 가장 많이 주장하고 있고 또한 사람들이 가장 많이 행하고 있는 것이 염불이다. 이 염불을 『무량수경』에서는 아미타불이 중생을 구원하기 위한 하나의 원으로, 정토에 왕생하기 위해서는 마땅히 염불수행을 하지 않으면 안 되는 것으로 되어 있다. 이렇게 염불이 정토경전에서 강조되는 것은 원시불교의 영향으로, 이 염불이 후대에는 여러 각도에서 논해지고 실천되었다.

염불은 오늘날 한국 불교계의 사찰에서 행해지는 불공의식이나 천도재의식, 그리고 여타 어떤 의식이든지 부처님이나 보살의 명호를 부르면서 염하는 것이 주를 이룬다고 해도 과언은 아닐 것이다.

이제 이 염불하는 수행의 목적은 무엇이고, 염불의 형성 과정은 어떻게 이루어졌으며, 앞으로 어떻게 발전하면 좋은가를 조명해 볼 필요가 있다고 본다. 그래서 먼저 부처님이 말씀하신 경전상의 염불과 그 목적, 그리고 인도와 중국을 거치면서 한국에서 어떻게 수용되었는가를 살펴보고자 한다.

먼저 염불의 의미를 생각해 보도록 하자. 念佛 가운데 '염'은 『佛敎語辭典』을 보면 原語를 Smṛti, Smsraṇa, manasi-kāra, atarkika, citta, kṣama, 파리語에서도 sati, samannāhāro, hoti, so evam pajānāti, cetaso parivitakka, cetanā, manas 등이 열거되어 있다. 그러나 대개 '念'의 의미는 憶念·作意 등의 의식작용으로 사용되고 있다. 이 염을 한문으로는 觀念·心念·思念·憶念·稱念 등으로 표현할 수 있다. 이러한 모든 술어는 객관의 대상을 마음속에 간직하고 잊지 않으려는 의식작용이다. 그리고 '佛'이란 산스크리트어로 buddha인데, 이를 한문으로는 깨달은 분이란 의미로 覺者라 하며, 모든 것을 아는 분이란 의미로 知者라고도 한다. 즉 진리를 깨달은 분이란 뜻이고, 스스로 깨달아〔自覺〕다른 사람을 깨닫게〔覺他〕하는 의미가 있고, 또 깨달음의 기능이 全知全能하게 충만하다는〔覺行圓滿〕뜻이 있다. 이것을 단적으로 표현하면, 부처님이란 모든 진리를 깨달아 이 깨달은 진리를 중생들에게 전하여 미혹의 바다에서 깨달음의 언덕에 이르게 하는 분이다. 이러한 분을 항상 마음속에 간직하는 것이 염불이다.

요즈음 흔히 하는 말 가운데 "생각이 바뀌면 행동이 바뀌고, 행동이 바뀌면 운명이 바뀐다."는 말이 있듯이 한 생각에 의해 행복과 불행, 성공과 실패로 운명이 갈라진다. 우리는 태어날 때부터 전생에 지은 업을 갖고 태어나지만 이 업은 한 생각에 의해 새로운 업으로 전환될 수 있다. 만약 악한 업을 갖고 태어난 사람이라도 부처님의 말씀을 접하고 참회하면서 다시는 악한 짓을 하지 않아야겠다는 굳은 결심을 하고, 항상 착한 것만 생각하게 되면 이 사람은 선한 행동을 하여 선업을 짓게 된다. 즉 무슨 생각을 갖고 사느냐에 따라 행동이 달라지고, 이 행동에 의해 새로운 업을 짓는다. 이렇듯 선을 생각하면 선한 행동을 하게 되고, 악을 생각하면 악한 행동을 하게 되는데 覺行圓滿의 부처를 생각하면 어떻게 되겠는가. 깨달은 부처님의 생각에 몰입하는 수행자는 자기 스스로 깨치려고 노력할 것이고, 자기가 깨달은 경지를 남에게 전하려는 사명감을 가질 것이며, 결국에는 覺行圓滿한 부처의 지위에 오르려는 수행을 하여 이를 성취할 것이다. 그래서 필자는 성불하는 수행이 여러 가지가 있지만 염불수행이 부처님의 本願에 입각한 수행법으로 성불의 지름길이라 보고 논하고자 한다.

제2절 원시경전상에 나타난 염불

경전의 성립에 대해서는 원시경전이 성립되어 발전하면서 부파불교를 거쳐 대승불교로 이어지면서 대승경전이 편찬되었다는 것은 부정할 수 없는 학계의 정설이다. 원시경전에서의 염불은 대부분 '나무불'

이라 하였는데, 여기에 귀의하고 염하는 대상의 부처는 석가모니 부처님이다. 이 원시경전에서의 염불 수행법을 정리하여 증명시킴으로써 염불은 초기불교 수행법이라는 것을 알 수 있을 것 같아 먼저 원시경전에 나타난 염불을 살펴볼까 한다.1 『잡아함경』에는

> 이와 같이 바사익(Pasenadi)왕이 뒤에 이르러 몸을 가지런히 하고 용모를 단정히 하여 누각 위에 올라 부처님이 계신 곳을 향하여 합장하여 공경하는 마음으로 오른쪽 무릎을 땅에 대고 세 번 이 말을 하였다. 「南無敬禮世尊如來應等正覺 南無敬禮世尊如來應等正覺」이라고 하니 현세 법의 이익과 후세의 이익을 주었다.2

는 내용이 있고, 『증일아함경』에서는 "모두 '나무불'이라고 부르네. 석가모니불은 가장 훌륭한 이로서 그는 능히 안온함을 베푸시고, 모든 고뇌를 제거하신다."3라고 한 내용이 있다. 여기서 이야기한 '나무'는 산스크리트어의 namas로 南無·那模·那摩·納幕 등으로 음역하며, 한역으로는 歸命·歸敬·歸禮·信徒 등으로 되어 있지만 귀의라는 의미로 본다. 귀의란 나보다 나은 대상에게 돌아가 의지한다는 것이다. 이것을 다른 산스크리트어로 살펴보면 Saraṇaṃ으로 훌륭한 사람에게 절대적으로 귀순하여 의지한다는 뜻으로 부처님을 믿고

---

1 이에 대한 것은 물론 앞으로 논해 나갈 내용은 본인이 지은 『염불의 원류와 전개사』에 자세히 논해져 있다.
2 대정장 2, p.306下.
3 대정장 2, p.805下.

마음을 의지하는 것이다. 인생을 살아가는 데는 정신적으로 의지하는 스승이나 사상가가 있어야만 그릇된 것과 타협하지 않고 바른 길로 굳건하게 살아 갈 수 있을 것이다. 이러한 분을 절대적으로 믿고 따르는 것이 귀의의 의미라고 본다. 그렇기 때문에 불교에서 귀의라는 말의 의미는 아주 중요하다고 하지 않을 수 없다. 이것을 담란은 『대지도론』[4] 설을 인용하여 "마치 효자가 부모의 뜻을 따르는 것이고, 충성스런 신하가 임금을 받드는 것과 같이 모든 행동을 자기의 뜻대로 하지 않고, 부모와 임금의 뜻에 의지하여 실천하며 항상 이분들의 은혜에 보답하려고 노력하는 것"이라 표현하였다. 그래서 불교에서의 귀의란 부처님을 절대적으로 믿고 의지하고, 그분의 가르침을 따르며, 은혜에 보답하려고 꾸준히 정진하는 것이라고 본다. 그렇기 때문에 '나무불'은 석가모니 부처님께 귀의하는 의식이고, 입으로 귀의하는 것이지만 여기에는 모든 진리를 깨달은 분에게 몸과 마음을 다 의지해 그분이 제정하신 계율과 그분이 가르친 진리를 따르며 수용하고 행하면서 어기지 않는다[5]는 맹세가 들어 있다고 보아야 할 것이다. 이렇게 맹세하는 마음을 갖고 입으로 '귀의불'을 부르면서 귀의하는 의식을 함으로써 모든 고뇌가 제거됨을 알 수 있다. 『증일아함경』에서는

스스로 나무불이라고 부르면서 모두 나의 처소에 와 현재에 공양한

---

4 대정장 25, p.130下, 같은 책 p.109上~中.
5 대정장 24, p.842上.

다. 저 부처님의 과거는 선정이 평등하여 增減이 없느니라. 그러기 때문에 부처님 법 가운데서는 聖衆들이 받들어 섬긴다. 전심으로 삼보를 섬기면 반드시 無爲處에 이른다.6

라고 하여 스스로 '나무불'이라고 부르고 섬기는 것에 의해 無爲處에 이른다고 하였고, 『증일아함경』에서는

여래의 형상을 친견하고 나서 스스로 '南無如來至眞等正覺'이란 명호를 불렀다. 이러한 인연으로 좋은 음성을 얻었다. ……中略…… 몸이 무너지고 목숨이 마칠 때에는 善處天上에 태어난다.7

라고 하여 "나무여래지진등정각"이라고 부르는 것에 의해 죽은 후 善處天上에 태어나는 공덕이 생긴 것은 입으로 부처님의 명호를 부르면서 귀의하는 공덕이라 본다. 이것이 稱名念佛의 근원이고 타방세계에 태어나는 수행임을 알 수 있다. 원시불교에서 하늘에 태어난다는 사상이 발전하여 대승불교, 특히 정토사상에서는 극락세계에 왕생하는 사상으로 발전한 것이며, 이 '나무불'을 부르는 사상이 발전하여 '나무아미타불'을 부르는 사상으로 발전했다고 보아도 과언은 아닐 것이다. 그러나 여기서 한 가지 중요한 것은 입으로 '나무불'이라고 부르는 귀의식이 발전하여 다음에 논할 염불 수행법으로 발전되

---

6 대정장 2, p.789下.
7 대정장 2, p.674中.

었다는 점을 잊어서는 안 될 것이다.

앞에서 살펴본 바와 같이 석존 세상에 계실 때에 제자들이 교단에 입단하면서 외우고 귀의하는 의식이 발전하여 하나의 수행방법으로 도입되면서 三念이라든가 六念, 혹은 十念 등으로 발전되어 이 염하는 공덕에 의해 生天한다는 得果가 생기게 되었다고 볼 수가 있다. 즉 염불에 의해서 얻어진 生天이라고 하는 得果思想이 발전하여 후대에 정토사상 가운데서는 아미타부처님을 염하는 공덕에 의해 극락세계에 왕생하는 데까지 이르게 되었다고 하는 것은 일반적인 견해다.

원시경전에서 염불을 수행방법으로 취급한 예를 들어보면, 『증일아함경』에서

> 세존은 모든 비구들에게 이르시기를 "마땅히 한 법[一法]을 수행하고, 마땅히 한 법을 널리 펴라. 한 법을 수행하면 문득 名譽가 있게 되고, 큰 과보를 이루며 모든 善이 널리 이르게 되고, 감로의 맛을 얻어 無爲處에 이르며, 문득 신통을 이루어 모든 어지러운 생각을 제거하여 沙門果를 얻어 열반에 이른다. 어떤 것을 한 법이라고 하는가? 이른바 염불이다.[8]

고 하였다. 여기서 주목할 것은 석존이 모든 비구들에게 수행의 한 법을 염불(buddhāsmṛti)이라고 일러 주었다는 점이다. 이 염불하는

---

[8] 대정장 2, p.554上.

공덕에 의해서 無爲處에 이르고, 신통을 얻어 열반에 들어갈 수가 있다고 한 것은 불교의 수행 가운데 염불이 중요한 것임을 강조하고 있는 것이라고 볼 수 있다.

이 염하는 대상에 대해서 『증일아함경』 제2 憶念品에서는

> 마하남(mahānāma)이여! 이곳에서 너는 여래를 憶念해야 한다고 하고, 이르기를 '이와 같이 저 세존은 〔應供·正等覺·明行足·善逝·世間解·無上士·調御丈夫〕天人師·佛·世尊'이시다. 마하남이여! 성인의 제자는 여래를 억념할 때 마음속으로 탐욕에 얽매이지 말라. 이때는 여래에 의해 마음이 바르게 된다. 마하남이여! 성인의 제자가 마음이 정직하면 義明을 얻고 法明을 얻으며, 마음에 이끌리는 곳에 즐거움이 넘치고, 즐거움이 넘치면서 기쁨이 생기며, 마음에 기쁨이 있으면 몸이 편안하고, 몸이 편안하면 樂을 받게 되며, 樂을 받으면 마음속에 定을 얻는다. 마하남이여! 이 염불은 거닐 때도 닦아야 하고, 머무를 때도 닦아야 하며, 앉아 있을 때도 닦아야 하고, 누워 있을 때도 닦아야 한다. 사업을 할 때도 닦아야 하며, 자식들에 의해 산란한 집에 있을 때도 닦아야 한다.[9]

라고 하여 이 경에서도 여래를 憶念하는 것을 염불이라 하였다. 또 여래의 十號를 강조하고 있는 것은 십호를 억념하는 것이며, 부처님의 공덕을 억념하는데 行住坐臥를 가리지 않고 어느 곳이나

---

[9] 『남전대장경』 22, 下권 p.309.

어떤 일을 하든지 하라고 하여 염불은 시기와 장소에 구애받지 말고 닦아야 하는 수행임을 알 수 있다.

이 염불 수행법을 구체적으로 강조한 것은 『증일아함경』이다. 이 경에서

> 만약 어떤 비구가 몸과 뜻을 바르게 하고 결가부좌하여 생각을 묶어 앞에 두고 다른 생각이 없이 오로지 부처님을 염하며 여래의 형상을 관하는데 눈에서 떠나지 말아야 한다. 이미 눈에서 떠나지 않게 되면 다시 여래의 공덕을 염하라.10

라고 하면서 염불하는 자세를 구체적으로 설하고 있음을 엿볼 수 있다. 여기서도 앞 문장과 같이 여래의 공덕을 염하는 것을 염불이라 하여 같이 보았지만, 여래의 형상을 관하는 觀法이라는 수행이 등장하여 觀과 念을 같이 수행하는 것으로 발전한 것이 특색이라고 할 수 있다. 그러나 觀은 念을 하기 위한 方便으로 취급하였음을 알 수 있다.

다음으로 부처님의 상호를 염하는 것을 『증일아함경』11에서는 염의 대상은 부처님의 공덕이고, 관의 대상은 부처님의 형상이라고 하였는데, 여기서는 염의 대상을 부처님의 몸이라고 하여 부처님의 몸을 염한다고 함은 관을 의미한다. 여기서 부처님의 몸이란 如來

---

10 대정장 2, p.554上.
11 대정장 2, p.615上.

十號의 공덕과 32상 80종호를 구족한 몸으로 부처님의 형상이다. 이 경에서 말한 '念我身'의 염은 입으로 부르는 稱을 같이 행한다는 수행법이라 할 수 있다. 왜냐하면 두려움이 있을 때 나의 몸을 염하고 여래 십호를 부르라고 하였기 때문이다. 이것은 마음속으로 생각하는 염과 입으로 부르는 稱을 같이 하는 염불이다. 그러면 마음으로 부처님을 염하고 입으로 부처님의 명호를 부르는 수행에 의해 얻어지는 得果에 대해 추측해 보면, 초기경전이기 때문에 아라한과를 얻는 이익이 있지만, 현재 일상생활 가운데서 생기는 재난을 제거하는 이익이 있다는 것이 특색이다.

이상으로 살펴본 염불법은 여래의 공덕을 염하여 아라한과를 얻는다든가 공포에서 벗어날 수 있는 현세의 이익을 말한다. 이러한 현세의 이익사상이 발전하여 죽은 후 내세의 이익을 강조한 사상이 나오게 되는데 이것이 死後의 生天사상이다. 『장아함경』에서 "여래법 가운데에 있어서 남자 신도가 되어 일심으로 염불하면 목숨을 마치고 나서 비사문천왕의 태자로 태어날 수 있다."[12]고 한 것과 『증일아함경』에서 "여래의 공덕을 생각하면 세 가지 악도를 여의고 천상에 태어날 수가 있다. 바로 지독한 악을 지은 사람이라도 천상에 태어날 수 있다."[13]고 한 것은 염불 수행에서 얻어지는 이익이 현세에서 내세로 이어지는 과정이라 볼 수 있다.

이러한 사상을 구체적으로 정리한 것은 원시경전 후에 성립된

---

12 대정장 1, p.34下.
13 대정장 2, p.725上.

『나선비구경』14의 내용일 것이다. 이 경에서는 "사람들이 세간에 있으면서 악을 아주 많이 지어 죽으려고 할 때 염불하면 죽은 후에 다 천상에 태어난다."고 하였고, 또 나선비구와 왕의 문답에서 "만약 사람이 적은 돌을 가지고 물위에 던지면 돌은 뜨겠습니까, 가라앉겠습니까?"라고 하는 질문과 "백 척이나 되는 큰 돌을 가지고 배 위에 두면 그 배는 뜨겠습니까, 가라앉겠습니까?"라고 하는 질문에 의해, 배에 있는 백 척이나 되는 큰 돌이 배로 인해 가라앉지 않듯이 사람이 비록 본래 악한 행동만 하는 사람이더라도 한때 염불하면 부처님의 본원력이 배가되어 지옥에 떨어지지 않고 천상에 태어난다고 하여 염불 수행의 공덕을 예를 들어 설하고 있는 것은 염불에 대한 믿음을 강조하기 위한 것이라고 보여진다.

위에서 본 바와 같이 단순히 석존을 염하는 것이 발전하여 여래 십호를 염하게 되고, 또 부처님을 관하고, 또 여래의 몸을 염하며, 여래의 십호를 부르는 것 등 다양한 수행법으로 발전되었음을 알 수 있다. 여기서 생기는 得果도 처음에는 佛果와 액란을 제거하는 이익에 그쳤지만, 후에는 죽은 뒤에 하늘에 태어나는 生天의 이익이 있음을 알 수가 있다.

다음으로, 단순히 석존이라고 하는 부처님을 염하는 수행법이 발전하여 念의 대상이 부처님 이외 여러 가지로 변천한 것을 살펴보도록 하겠다. 먼저 삼보를 대상으로 한 염을 살펴보면, 『잡아함경』15의

---

14 대정장 32, p.701下, 717中.
15 대정장 2, p.237下.

"만약 목숨을 마칠 때 악도에 태어나지 않으면 악이 없는 것이다. 왜냐하면 너는 이미 오랫동안 念佛・念法・念僧을 수행하였기 때문이다."는 내용은 부처님 외 부처님의 법, 출가한 승가 등 삼보를 염하는 공덕에 의해 악도에 떨어질 악업이 제거된다는 것이다. 다시 말하면 염불하는 공덕에 의해 악업이 제거되어 천상에 태어나는 것이다. 그리고 다음은 이 세 가지 염법이 한층 발전하여 六念思想이 등장하였다. 이것은 삼보의 염만을 중요시한 것이 아니고, 모든 염을 중시한 것이라고 할 수 있다. 즉 『잡아함경』에서 "너는 마땅히 때에 따라 여섯 가지 염을 닦아야 한다."고 하면서 삼보를 염하는 외 스스로 지키고 있는 계를 염하고, 스스로 행하고 있는 보시를 염하며, 모든 하늘을 염해야 하는 것16을 말하고 있다. 이러한 것은 『장아함경』17 가운데서도 언급하고 있는데 "어떤 것이 六修法인가?"라는 질문에 念佛・念法・念僧・念戒・念施・念天을 말한 것은 초기 원시불교 수행법 가운데 중요한 위치를 차지한 것이라 할 수 있다. 그러면 이 여섯 가지 염의 수행법에 의해 얻어진 공덕은 무엇인가를 살펴보면 염불하여 얻는 공덕과 같이 이 六念의 공덕에 의해 천상에 태어나는 이익을 구체적으로 설명하고 있다.18

다음은 十念에 대해서 살펴보자. 이 십념은 六念에다 念休息・念安

---

16 대정장 2, p.318中. 이와 같은 문장은 대정장 2, p.237下와 143上에도 보인다.
17 대정장 1, p.54上. 이와 같은 문장은 대정장 1, p.58上과 p.232上에도 있다.
18 『잡아함경』 대정장 2, p.145中. 이와 같은 문장은 대정장 2, p.270上, 441中, 442中에도 있다.

般·念身·念死 등이 포함된 것으로 염하는 법이 폭 넓게 전개되었다. 이것은 부파불교에 접어들어 생긴 것이라고 생각된다. 이 十念說은 『증일아함경』19에서 7회 이상 설해져 있다. 이 가운데서 『증일아함경』 제1권의 「십념품」20과 『증일아함경』 제2권의 「廣演品」21에서는 十念 하나하나에 대해서 자세하게 설명하였다. 즉 십념 하나하나의 항목이 '聞如是一時'에서 시작하여 설명한 후 '歡喜奉行'으로 마쳐지고 있는 것은 한 경전이 시작하여 마치는 구성으로서, 『증일아함경』에서 얼마나 十念을 중시하였는지를 알 수 있다.

결론적으로 말하면, 원시경전에서 엿볼 수 있는 것은 입으로 부르면서 귀의하는 귀의의식에서 비롯된 것이 염불이고 稱佛이며, 이 염불이 발전하여 삼보를 염하게 되고 열 가지를 염하는 十念으로 발전한 수행법임을 알 수 있다.

이제 부처님과 보살 등의 염하는 대상과 염하는 방법을 논해 보도록 하겠다.

---

19 대정장 2, p.550上, 552下~553下, 554上~557上, 740上, 779下, 780下, 781上 등.
20 대정장 2, pp.552下~553下.
21 대정장 2, pp.554上~557上.

제3절 정토경전에서의 염불

제1항 『무량수경』에 나타난 염불

앞에서 염불이 원시경전에 어떻게 나타나는가를 살펴보았다. 이제 정토경전 중 먼저 『무량수경』에서의 염불과 稱佛을 살펴보기로 하겠다. 『무량수경』은 모두 열두 가지 본이 있지만 현존하는 것은 다섯 가지 본이다. 여기에서는 주로 강승개가 번역한 『무량수경』을 중심으로 하여 논하고자 한다.

이 염불과 稱佛의 위치는 정토사상 가운데 중요한 위치를 차지한다. 왜냐하면 정토에 왕생하기 위한 수행이 염불이기 때문이다. 그런데 정토경전 가운데 염하는 대상은 아미타불이지만 아미타부처님의 명칭이 일정하지 않다. 『대아미타경』에서는 '아미타불', 『평등각경』에서는 '무량청정불', 『무량수경』·『여래회』·『장엄경』에서는 '무량수불', 梵本 무량수경에서는 Āmitāyus와 Āmitābha 등 두 가지 이름이고, 『아미타경』에서는 "「무량수」, 「무량광」이기 때문에 아미타라 이름한다."고 설하고 있는 것으로 보아 『아미타경』에서는 무량수(Āmitāyus)와 무량광(Āmitābha)이란 두 가지 의미를 가진 부처님을 약칭하여 阿彌陀(Āmita)라고 하였음을 알 수 있다. 『관무량수경』에서는 '무량수불'과 '아미타불' 등 두 가지를 사용하고 있다. 이와 같이 아미타불의 명호를 梵語의 原語로 음역하여 부른 것과 梵語를 한문으로 의역하여 불렀음을 알 수 있다.

첫째, 본원 가운데 나타난 염불을 알아보자. 『무량수경』에서 왕생

에 대한 수행을 말한 것은 제18 念佛往生願, 제19 來迎引接願, 제20 係念定生願 등이다. 18원에서는

> 만약 제가 부처가 되어서도, 시방의 중생들이 지극한 마음으로 믿고 원해 저의 나라에 태어나려고 십념을 해도, 태어날 수 없다면 저는 부처가 되지 않겠습니다. 오역죄인이나 정법을 비방하는 사람들은 제외합니다.[22]

고 하여 至心信樂 → 十念 → 往生의 행이다. 이는 수행자가 지극한 마음으로 아미타불의 본원을 믿고 십념을 하면 왕생하게 되는 행이다. 여기에 나온 십념에 대해 여러 가지 설이 있지만 역대의 많은 정토가들은 염불로 보았다. 따라서 본원 가운데 염불을 이야기한 원은 18원뿐이다. 다음 제19원에서는

> 만약 제가 부처가 되어서도, 시방의 중생이 보리심을 일으켜서 모든 공덕을 닦고, 지극한 마음으로 발원해서 임종시에 저의 국토에 태어나고자 할 때, 대중들에게 둘러싸여 그 사람 앞에 나타나지 못한다면 저는 부처가 되지 않겠습니다.[23]

고 하여 發菩提心 → 修諸功德 → 願欲生心 → 來迎 → 往生의

---

[22] 쯔보이 순애이 저, 이태원 역, 『정토삼부경개설』 p.174.
[23] 앞의 책, p.175.

행이다. 즉 수행자가 깨달으려는 마음을 일으켜 모든 공덕을 닦아 극락세계에 왕생해야겠다는 마음을 가지면 아미타부처님이 와서 맞이하여 왕생하게 한다는 것으로 염불에 의한 왕생의 행은 아니다. 그리고 20원에서는

> 만약 제가 부처가 되어서도, 시방의 중생들이 저의 이름을 듣고 저의 국토를 생각하며 모든 공덕의 근본을 심고 지극한 마음으로 회향해서, 저의 국토에 태어나려고 하나 성취하지 못한다면 저는 부처가 되지 않겠습니다.[24]

고 하여 聞名 → 係念淨土 → 植德 → 廻向淨土로 이어진 행으로 정토에 대한 이름을 듣고 생각하여 많은 선근을 짓고, 이 선근을 회향하여 정토에 왕생하는 것이다.

이상으로 보면 『무량수경』에서의 왕생하기 위한 행은 18원의 '염불'과 19원의 '發菩提心', 그리고 20원의 '聞名'이지만 염불은 제18원뿐이다. 그래서 역대 정토가들은 이 18원을 본원의 중심으로 여겼고, 여기에 나오는 십념을 열 번 소리를 내어 아미타불의 명호를 부르는 것으로 많은 사람들을 정토에 귀의시켰다.

둘째는 『무량수경』 하권 三輩段 가운데 나오는 염불인데 먼저 삼배단 앞에서는 聞名 → 信心歡喜 → 乃至一念 → 廻向淨土 → 往生의 행으로 아미타불의 명호를 듣고 신심을 내어 일념을 하고

---

[24] 앞의 책, p.176.

이 공덕을 정토에 회향하여 왕생하는 것이다. 그리고 상배에서는 作沙門 → 發菩提心 → 專念無量壽佛 → 修功德 → 願生 → 來迎 → 往生 → 住不退轉으로 출가하여 승려가 되어 보리심을 일으켜 아미타불을 염하는 수행과 다른 공덕을 닦은 공덕으로 왕생하는 행이 있고, 또 (念見佛者)發菩提心 → 修功德 → 往生로 아미타불을 친견하고자 하는 마음으로 보리심을 일으켜 공덕을 닦아 왕생하는 행 등 두 가지가 있다. 중배에서는 (在家者라도)發菩提心 → 專念無量壽佛 → 多少植善根 → 願往生 → 來迎(化身) → 往生으로 출가하지 못한 재가자라도 보리심을 일으켜 아미타불을 염하고 많든 적든 다른 공덕을 닦아 왕생하는 행이다. 하배에서는 (不能作諸功德者라도) 發菩提心 → 專意乃至十念 → 念無量壽佛 → 願往生으로 모든 공덕을 닦지 못하더라도 보리심을 내어 십념으로 아미타불을 염하여 왕생하는 행과 聞深法 → 歡喜心 → 不生疑惑 → 乃至一念 → 念佛 → 至誠心 → 夢中見佛 → 往生으로 아미타불 혹은 정토에 대한 이야기를 듣고 환희심을 일으키는데, 여기에 조금도 의심하지 않고 일념으로 염불하여 왕생하는 행이다.

이상에서 본 삼배단의 염불은 보리심이 근본이 되어 염불수행을 하고, 염불을 하는 목적은 정토에 왕생하는 것이다. 즉 보리심이 근본이 되어 염불하여 왕생한다고 하는 것은 왕생의 목적이 깨달음을 얻기 위하는 것에 있음을 알 수 있다. 또 일념과 십념이란 술어가 등장함을 볼 수 있는데 이에 자세한 내용은 생략한다.[25]

제2항 『관무량수경』에 나타난 念佛

『관무량수경』은 정토삼부경 가운데 유일하게 梵本이 없고 강량야사 (Kalayaśas : 383?~442?)가 번역한 『관무량수경』 1권인 한역본만이 현존한다. 『관무량수경』에서는 수행법에 대해, 어떠한 대상을 관하는 觀法과 아미타불을 부르는 염불, 그리고 좋은 일을 하여 남에게 이익을 주는 作善을 이야기하고 있다. 이 관법에 대해서는 16관 가운데 제1부터 13관까지이고, 염불은 하품상생과 하품하생 등 다른 곳에 나오며, 작선은 9품관 앞에 나오는 세 가지 복으로 제1은 世福으로 장차 부처님 법을 듣지 못하고 다만 스스로 孝養·仁·義·禮·智·信을 행하여 복을 짓는 것이며, 제2는 戒福으로 계를 지켜 공덕을 쌓는 것이다. 이 계에는 사람과 천상인·성문·보살 등의 戒가 있다. 그 가운데는 혹은 계를 구족하게 받는 사람이 있고 받지 못한 사람이 있으며, 혹은 계를 구족하게 지키는 사람이 있고 지키지 못한 사람이 있으나 단 廻向하면 모두 왕생할 수 있다. 제3은 行福인데 대승의 마음을 일으키는 것으로 범부가 능히 스스로 수행하고 겸하여 攀緣 짓는 것을 권하여 악을 버리는 마음을 갖고 회향하면 정토에 태어나는[26] 등 세 가지이다.

『관무량수경』에서는 염불이 7회, 칭불이 6회, 十念이 1회, 억념이 1회 등으로 나타나 있다. 먼저 염불에 대해서 살펴보면 염불하는 방법에 대해서는 定善 제7 華座觀에서 "만약 저 부처님을 염하고자

---

25 拙著, 『염불의 원류와 전개사』 pp.136~151을 참조할 것.
26 대정장 37, p.270中.

하면 마땅히 먼저 이 妙花座想을 염하라."27라고 하여 觀念的인 염불을 설하고 있다. 즉 관념을 수행하는 사람은 고요한 가운데서 부처님을 관하는 것으로 이것이 觀念念佛이다. 다음 稱名念佛에 대해서는 하품상생과 하품하생에서 설하고 있다. 하품상생의 칭명염불은 단순히 칭명에 따른 공덕만을 설하고 있지만, 하품하생의 칭명염불은 "지극한 마음으로 소리가 끊어지지 않게 십념을 구족하라."28라고 하여 至心·聲不絶·具足十念의 마음가짐을 자세하게 설하고 있다. 이것은 상품상생의 칭명과는 다르다. 부처님 명호를 부르는 것은 부처님 명호에 공덕이 구족해 있기 때문에 부처님 명호를 부르는 사람은 이 공덕에 의해 구제된다. 하품하생에서는 "능히 부처님을 염할 수가 없는 사람"이 입으로 나무아미타불을 부른다고 하였기 때문에 부처님을 마음속으로 염할 수 있는, 즉 염불하는 사람은 상근기이고, 부처님의 명호를 부르는, 즉 稱佛하는 사람은 하근기라고 말할 수 있다. 그렇기 때문에 상품상생에서는 '修行六念'이라고 설하였고, 하품하생에는 '稱佛名'이라 하였다고 본다. 또 "만약 선남자 선여인이 단 부처님 명호와 두 보살의 명호를 들으면 무량한 겁 동안에 지은 생사의 죄를 제거하는데 어찌 하물며 억념하고 혹은 염불하는 사람이겠는가."29라고 하여 聞名의 공덕보다 염불하는 공덕이 수승하다고 설하고 있는 것이 특색이다.

---

27 대정장 12, p.343上.
28 대정장 12, p.346上.
29 대정장 12, p.346中.

이 『관무량수경』 하품하생의 염불은 『무량수경』의 삼배단에서 설하고 있는 '發菩提心 一向專念無量壽佛'과 다르다고 말할 수 있다. 왜냐하면 『무량수경』의 염불은 smṛti的인 것이고, 『관무량수경』의 염불은 vipaśyana的인 요소가 포함되어 있기 때문이다. 또 三品九生 중 염불은 하품하생에서만 나오지만, 이 염불도 '不能念彼佛者'로써 염불할 수 없는 사람이기 때문에 三品九生 가운데서는 염불을 적극적으로 권하고 있는 곳이 한 군데도 없다고 본다. 그렇다면 『관무량수경』의 本意가 무엇인가? 그것은 '稱南無阿彌陀佛'이라고 생각된다. 즉 하품상생과 하품하생에서 설하고 있는 '稱佛名'은 여러 가지 무량수경 책에서는 발견되지 않는 것으로 『관무량수경』만이 가지고 있는 독특한 면이라고 말할 수 있다. 또 『무량수경』 가운데 나오는 '稱我名'[30]이라고 하는 것은 모든 부처님이 아미타불의 명호를 찬탄하는 것이고, 이 『관무량수경』에서 '稱佛名'은 중생이 아미타불의 명호를 부르지 않으면 안 되는 것으로 상반된 면이 엿보인다. 이 『관무량수경』의 본의는 보리심을 일으킬 수도 없고, 염불도 할 수 없는 근기를 가진 중생이 입으로 부처님의 명호를 부르게 하여 쉽게 왕생의 수행을 실천할 수 있도록 하는 의도에서 비롯되었다고 보여진다. 다시 말하면 『관무량수경』은 『무량수경』의 염불을 稱佛로 변화시킨 계기가 된 경전이라고 생각된다.

---

30 대정장 12, p.268上.

제3항 『아미타경』에 나타난 염불

『아미타경』에 나타난 염불이란 단어는 모두 3회인데 執持名號가 1회이다. 즉 염불은 依報段 가운데 나타난 '念佛念法念僧'이고, '執持名號'의 염불은 修因段에 나타난 설이다. 먼저 염불을 보면, 극락세계에 장엄된 여러 가지에서 밤낮, 여섯 때에 우아한 소리가 나는데 이 소리는 五根·五力·七菩提分·八聖道分 등을 설하는 소리로, 이 소리를 듣는 사람은 부처님을 생각하고, 불법을 생각하며, 스님들을 생각하는31 것이다. 이는 왕생하기 위한 염불이 아니고 극락세계에 왕생한 후 의보장엄에서 나는 소리를 듣고 자연히 부처님을 생각하는 것으로 이 세상에서 왕생하기 위한 염불이 아니다.

그렇다면 이 세상에서 왕생하기 위한 염불은 '執持名號'이다. 이 '집지명호'를 구마라습이 번역한 『아미타경』에서 보면

사리불이여, 조그마한 선근이나 복덕인연으로는 저 국토에 태어날 수 없다. 사리불이여, 만약 선남자 선여인이 아미타불에 대한 이야기를 듣고 명호를 執持하여 혹은 하루나 이틀, 사흘, 나흘, 닷새, 엿새, 이레 동안 한결같은 마음으로 산란하지 않으면 그 사람은 목숨을 마칠 때 아미타불이 여러 성중들과 함께 그 사람 앞에 나타난다. 이 사람은 마음이 뒤바뀌지 않고 곧 아미타불의 극락세계에 왕생할 수 있을 것이다.32

---

31 대정장 12, p.347上, p.347上.
32 대정장 12, p.347中.

라고 하였다. 여기서 왕생의 행도를 보면 聞名 → 執持名號(一日~七日) → 來迎 → 往生이다. 즉 왕생하기 위하여 수행하는 사람은 하루부터 칠일 동안 아미타불의 명호를 가슴 속 깊이 간직해야만 왕생할 수가 있다. 이 '執持名號'는 적은 선근이나 적은 복덕이 아니고, 많은 선근이고 많은 복덕이기 때문에 왕생할 수 있다. 다시 말하면 『아미타경』에서는 '執持名號' 이외의 공덕은 아주 적은 선근으로 왕생이 불가능하다는 것으로, 초기 무량수경에서 이야기한 '作菩薩道'[33]로 왕생한다는 설과는 다르다. 즉 『아미타경』에서는 초기 정토경전과 달리하여 '作菩薩道'를 왕생할 수 없는 少善根으로 보고 多善根인 '執持名號'를 강조하였다.

제4항 정토경전 외 다른 경전에 나타난 염불

염불에 대한 것은 앞 단원에 본 바와 같이 원시경전, 정토경전에 나타나 있지만 대승경전 여러 곳에서도 발견할 수 있다. 그 가운데 몇 경전의 내용을 살펴보면 다음과 같다. 먼저 『반주삼매경』에서는

> 그 어떤 비구·비구니·우바새·우바이 등이 법답게 행하되 계율을 완전히 지키면서 홀로 한 곳에 머물러 서방세계에 아미타불이 현재 계신 것처럼 염하고 들은 바를 따라 염하라. 이 세계로부터 십만억 불국토를 지난 곳에 그 이름이 須摩提라고 한 국토가 있다.

---

[33] 이에 대한 자세한 내용은 이태원 著, 『염불의 원류와 전개사』 pp.118~125를 참조할 것.

일심으로 그것을 염하기를 하루 밤낮 혹은 七日 밤낮을 하면 七日을 지난 후에 부처님을 친견할 수 있다.34

라고 하였다. 여기서는 부처님을 염하는 수행자의 자세를 구체적으로 언급하고 있다. 즉 염불하는 사람은 자기에 맞는 계율을 잘 지키면서 고요한 곳에서 아미타불이 지금 앞에 계신 것처럼 7일 밤낮을 하면 친견할 수 있다는 반주삼매적인 염불을 강조하고 있다. 이러한 염불법은 앞에서 살펴본 『아미타경』과 일맥상통한 면이 있다.

다음 『아미타고음성왕다라니경』에서는

아미타 부처님은 큰 비구 六萬人과 함께 계셨다. 만약 어떤 이가 저 부처님의 명호를 受持하여 그 마음에 굳건히 가지고 憶念하여 잊어버리지 않기를 십일 동안 하면서 산란한 마음을 버리고 부지런히 정진하면 念佛三昧를 얻을 수 있다. 저 如來는 항상 安樂世界에 常住하심을 알고 계속 憶念하여 斷絶하지 말라. 이 鼓音聲王多羅尼를 受持하고 讀誦하기를 十日 동안 하고, 六時에 專念하고 五體投地하여 저 부처님께 예배하며, 正念을 굳건히 지켜 모든 산란한 마음을 버리되 만약 능히 이 생각 생각이 끊어지지 않게 하면 十日 사이에 아미타불을 친견할 수가 있다.35

---

34 대정장 13, p.899上.
35 대정장 12, p.352中~下.

라고 하였다. 여기서는 염불삼매를 얻는 방법을 구체적으로 이야기하였고, 색다른 면은 다라니를 외우는 수행에 의해 부처님을 친견할 수가 있다는 呪力的인 사상이 나타난 점이다. 이러한 것은 2~3세기에 번역된 경전에 나타난 것으로 밀교적인 염불사상이라 할 수 있다.

그리고 마명보살이 지었다고 하는 『대승기신론』에서 보면

> 만약 사람들이 오로지 서방 극락세계 아미타불을 염하고 닦은 선근을 회향하여 저 세계에 태어나기를 원하면 곧 왕생하여 항상 부처님을 친견할 수 있기 때문에 마침내 뒤로 물러나지 않을 것이다.[36]

고 하여 염불공덕에 의한 왕생과 불퇴전의 지위를 언급하고 있다. 다음으로 아미타불 염불이 아닌 것을 보면, 『관불삼매경』에서

> 부처님께서 아난에게 이르시기를, 내가 열반한 후 모든 천상 사람들이 만약 나의 이름을 부르거나 南無諸佛을 부르면 얻은 바 복덕은 무량무변하다. 하물며 繫念하고 諸佛을 염하는 사람이 모든 장애를 소멸하는 것이야.[37]

라고 하여 어떤 부처님의 명호를 불러도 얻는 공덕은 한이 없다고

---

36 대정장 32, p.583上.
37 대정장 15, p.661上.

하였다. 그리고 여기서는 부처님의 명호를 부르는 공덕을 『관무량수경』과 같이 언급하고, 염불의 공덕이 稱佛의 공덕보다 수승하다고 하였다. 이밖에 『관허공장보살경』에는 "만약 다시 어떤 사람이 능히 53부처님의 명호를 부르면"[38], 『관미륵보살상생도솔천경』에서는 "만약 일념 동안 부처님의 명호를 부르면 이 사람은 천이백겁 동안 생사의 죄를 소멸한다."[39], 『관보현보살행법경』에서는 "마땅히 이렇게 말을 하여라.[40] 나무석가모니불·나무다보불탑·나무시방석가모니불분신제불"[41], 『관약왕약상이보살경』에서는 "능히 약왕보살의 명호를 간직한 사람은 팔십억 동안의 생사죄를 소멸하고, 만약 능히 이 약왕보살의 명자를 부르고 일심으로 예배하면서 허물이 될 대상을 만나지 않으면 마침내 횡사하지 않을 것이다."[42]는 보살을 염하는 것과 "과거 53부처님의 명호를 稱說하면"[43] 등이 있다. 이와 같이 부처님이나 보살을 觀한다는 경전 등은 명호를 불러야 한다고 한 것이 『관무량수경』과 동일할 뿐만 아니라 죄를 소멸하는 사상도[44]

---

38 대정장 13, p.679上.
39 대정장 14, p.420中.
40 여기서 '이 말', 즉 '是語'하는 것은 稱이라고 하는 의미이다. 왜냐하면 이 경 가운데(p.291下) '稱諸佛名'이라고 설하고 있기 때문이다. 語와 稱이란 입으로 작용하는 것이기 때문에 같다고 생각된다.
41 대정장 9, p.392中.
42 대정장 20, p.663上.
43 대정장 20, p.663下.
44 『관불삼매경』에서는 除却八十億劫生死之罪(대정장 15, p.655中), 『관약왕약상이보살경』에서는 除滅百千萬劫生死之罪(대정장 20, p.662上), 『관불미륵보살상생도솔천경』에서는 除却十劫生死之罪(대정장 14, p.420中), 『관보현보살행

거의 같기 때문에 이들 경전은 稱名·滅罪사상을 근본으로 하여 성립된 경전이라고 할 수 있다. 또 이 부처님과 보살을 觀하는 경전들은 5세기경 중국에 모습을 연이어 나타난 경전으로 칭명공덕을 칭찬하여 부처님 명호를 부르게 하는 데 많은 영향을 주었다고 본다.

다음 『문수반야경』에서는

> 만약 선남자나 선여인이 일행삼매에 들어가고자 한다면 마땅히 한가한 곳에 처해 모든 어지러운 생각을 버리고 하나의 모양도 취하지 말고 마음을 한 부처님께 몰입하여 오로지 명호를 외우며, 부처님이 계신 곳을 따라 단정한 몸으로 바르게 향하여 능히 한 부처님을 생각하고 생각하는 것이 상속되어야 한다. 그러면 이 생각하는 가운데 능히 과거와 미래, 현재의 모든 부처님을 친견할 것이다. 무엇 때문인가? 한 부처님을 염하는 공덕이 한량이 없고 끝이 없기 때문이다.[45]

고 하여 일행삼매를 얻기 위해서는 염불을 해야 하며, 이 염불을 어떻게 수행하는 것이 바람직한가에 대해 자세히 언급하였고, 이 염불에 의해 삼세의 모든 부처님을 친견할 수 있다고 한 점이 다른 경전과 차이가 있다.

『화엄경』「입법계품」에서 선재동자가 문수보살의 지시를 받고

법경』에서는 除却百萬億劫阿僧祇數生死之罪(대정장 9, p.393中)라 하였다.
[45] 대정장 8, p.731中.

선지식을 찾아 가는 도중 공덕운비구의 처소에서 법문을 듣고 智光普照念佛門 令一切衆生念佛門 令安住力念佛門 令安住法念佛門 등 21종의 염불문[46]을 설하고 있는 것은 염불을 강조한 것이고, 또

> 원컨대 내가 목숨을 마칠 때 모든 장애를 제거해 주시고 아미타부처님을 친견하고 안락국에 왕생하게 하여 주십시오. 저 부처님 국토에 태어나 모든 큰 원을 원만히 이루어 아미타여래가 현전에 나에게 수기를 주옵소서.[47]

라고 하는 것은 극락정토에 왕생을 강조한 것이다. 이러한 왕생사상은 『법화경』에서

> 만약 어떤 사람이 이 경전을 듣고 설하는 것과 같이 수행한다면 이 사람은 목숨을 마치고 곧 안락세계 아미타불이 대보살들에 둘러싸여 있는 곳에 가서 연꽃 가운데 보배스런 좌대 위에 태어날 것이다.[48]

라고 하여 같은 사상을 전개하고 있다. 이러한 것은 대승경전에서 얼마나 염불과 정토를 역설하고 있는지를 알 수 있다.

---

46 대정장 9, p.90上~中.
47 대정장 10, p.879下.
48 대정장 9, p.54下.

염불하는 법을 구체적으로 언급한 경전은 『능엄경』인데, 이 경에서는

> 저 부처님께서 나에게 염불삼매의 비유를 들어 가리키기를, 마치 사람이 있는데 한 사람은 오로지 생각하고 한 사람은 전혀 잊고 있다면 이와 같은 두 사람은 만약 만나더라도 만나지 못하고, 혹 보더라도 보지 못한다. 두 사람이 서로 생각하여 두 사람이 생각하는 마음이 간절하면, 이와 같이 내지 이 생에서 저 생에 이르도록 형상에 그림자가 따르듯이 서로 어긋나지 아니하리라. 시방에 계신 부처님은 중생을 불쌍히 생각하는 것이 어머니가 자식을 생각하듯 하건만은, 만일 자식이 도망가면 비록 생각한들 무엇 하겠는가? 자식이 만약 어머니 생각하기를 어머니가 자식 생각하듯이 한다면 어미와 자식은 여러 생을 지나더라도 서로 어긋나지 아니하리라. 만약 중생들이 마음으로 부처님을 생각하고 부처님을 염하면 지금이나 또 장차 반드시 부처님을 친견할 것이며, 부처님을 떠나 멀리하지 아니하여 방편을 빌리지 않고도 스스로 마음이 열림이 마치 染香하는 사람이 몸에 향기가 배듯 하리니, 이것을 香光莊嚴이라 한다. 나는 과거 수행할 때에 염불하여 무생법인에 들어갔고, 지금도 이 세계에서 염불하는 사람을 포섭하여 정토에 가게 한다.[49]

---

[49] 대정장 19, p.128上.

고 하여 긴 문장을 통하여 염불을 강조하였다. 즉 부처님은 항상 중생들을 구원하기 위하여 생각하는데 중생들은 부처님을 생각하지 않아 구원을 얻지 못하는 것을 어머니와 자식의 예를 들어 이야기하였고, 석가모니 부처님도 과거 수행할 때 염불의 수행에 의해 무생법인을 얻었음을 강조하였다. 그리고 석존 자신이 이 세계에 출현한 목적은 많은 사람들에게 염불을 권하여 수행케 하고, 이들을 포섭하여 아미타불이 계신 정토에 태어나게 하는 것이라는 것은 『능엄경』이 얼마나 간곡히 염불을 강조한 것인지 알 수 있다.

제4절 염불의 종류

앞에서 논한 원시경전의 '나무불'은 석가모니 부처님이고, 정토경전에 말한 염의 대상은 아미타불이라는 것을 이미 밝혔지만, 이 단원에서 좀 세분하여 염해야 할 대상인 부처님과 보살의 명호에 따라 염불의 종류를 다루어 볼까 한다. 즉 아미타불을 염하면 아미타 염불이고, 석가모니불을 염하면 석가모니 염불이며, 관세음보살을 염하면 관세음보살 염이듯이 불보살의 명호에 따라 염의 종류가 다른데 경전을 통해 어떤 종류가 있는가 알아보도록 하겠다.[50]

---

50 이에 대한 것은 『정토학 연구』 제5집(pp.35-74)에서 본인이 쓴 「經論과 정토교사에 나타난 염불의 종류」에 발표한 것을 초록하여 언급하였음을 밝힌다.

제1항 석가모니 염불

먼저 생각할 수 있는 것은, 우리나라 각 사찰에서 석가모니 부처님이 탄생하신 4월 8일, 출가하신 2월 8일, 성도하신 12월 8일, 열반하신 2월 15일은 '나무석가모니불'의 명호를 부르면서 정진한다. 단적으로 말하면 염하고 부르는 대상이 오직 석가모니불이다. 이 석가모니불을 부르는 근원은 원시불교에서 말한 '南無佛'이라 할 수 있다. 왜냐하면 원시불교에서는 석존 한 분을 지칭한다고 보아야 하기 때문이다. 즉 석가모니불 이외 다른 부처님이 등장하게 된 것은 부파불교를 거쳐 대승불교에 들어와 본격적으로 나타나기 때문이다. 대승불교에서 '南無佛'이라고 한다면 공간적으로는 시방에 계신 모든 부처님과 시간적으로는 과거와 현재, 그리고 미래에 계신 모든 부처님께 귀의하는 것이라 생각할 수 있으나 원시불교에서의 '나무불'은 석존 한 분뿐임을 알아야 한다. 이 석가모니불을 부르는 사상이 대승경전에 나타난 것을 보면 그 대표적인 경전이 『묘법연화경』의 「여래신력품」인데 여기에서

> 저 모든 중생들이 허공 가운데서 나는 소리를 듣고 나서 합장하고 사바세계를 향하여 이와 같은 말을 하였다. '나무석가모니불 나무석가모니불'이라고 하면서 여러 가지 꽃과 향·瓔珞·幢幡·몸을 장엄하는 장신구·보물을 가지고 모두 함께 멀리 사바세계에 뿌렸다. 뿌려진 모든 물건은 시방세계로부터 온 것으로 마치 구름이 모이듯 하였다.51

라고 하였다. '나무석가모니불'이라고 부르는 것은 석존에 대한 예의로써 존경하는 마음에서 우러난 찬탄사이며 귀의하는 염불이라고 할 수 있다. 또『대방편보은경』제5권에서,

이때 오백 사람이 다 함께 소리를 내어 이와 같이 말하였다. '나무석가모니불'이라고 하였다. 이때 여래께서는 기사굴산에 계시면서 자비의 힘으로 乾陀山에서 큰바람을 일으켜 수목을 움직이어 전단의 먼지를 일으켜 허공 가운데 가득 차게 하였다. 바람은 곧 저 깊은 산 속의 모든 도적이 있는 곳으로 향해 가 모든 도적의 눈과 저 몸에 부스럼이 있는 곳에 모여 편안하게 하여 예전과 같이 하였다.52

라고 하였다. 한때 오백 명의 도적이 구금되어 육체적인 고통을 받고 있는데, 도적 중 한 사람이 부처님의 제자였다. 그는 다른 도적들에게 권하여 함께 "나무석가모니불"을 부르게 하였다. 그 오백 명의 도적들이 석존에게 귀의하여 "나무석가모니불"을 부르는 공덕에 의해 신체에 있는 고통이 제거되었다고 하여 석가모니불을 부르는 공덕을 말하고 있다. 또『여환삼마지무량인법문경』상권에서,

이때 저 세계 가운데 있는 보살과 성문 등 모든 대중들이 다시

---

51 대정장 9, p.52上.
52 대정장 3, p.150下.

희유한 마음을 내어 합장하고 공경하면서 멀리 세존이신 석가모니여래가 계신 곳을 향하여 예배하면서 거듭 이 "나무세존석가모니여래응공정등정각"이라는 말을 하였다. 이 말을 할 때 저 극락세계는 여섯 가지로 진동하고 ……중략…… 만약 이 석가모니여래의 명호를 듣고 나면 모두 선근이 증장하고 아뇩다라삼먁삼보리에서 물러나지 않음을 얻을 수 있을 것이다.[53]

라고 하였다. 여기서는 '나무석가모니불'을 부르는 것에 의해 극락세계가 여섯 가지로 진동한다고 하여 석가모니 염불과 극락정토와의 관계를 말하였을 뿐만 아니라, 석가모니여래의 명호를 듣는 사람은 명호의 공덕에 의해 선근이 증장하고 아뇩다라삼먁삼보리에서 물러나지 않는 證果가 있다고 설한 것 등은 석가모니 염불이 형성된 동기라고 할 수 있다.

제2항 약사여래 염불

약사여래 염불에 대한 것을 가장 명료하게 강조하고 있는 경은 『약사유리광칠불본원공덕경』이라 생각한다. 이 경의 제일여래에서는 8가지 본원에서 다 염불을 강조하고 있다. 즉 첫째 원에서 "내가 내세에 위없는 보리를 완성하였을 때 만약 온갖 병과 괴로움으로 시달리고 그 몸이 열병과 학질과 벌레[54]와 허깨비와 起屍鬼[55]의 괴롭힘을 받고

---

53 대정장 12, p.359上.
54 한문으로는 蟲道인데, 이는 몸속에 있는 회충과 같은 것이다.

해를 받는 중생이 있어 지극한 마음으로 나의 이름을 부르면, 그 염불의 힘으로 말미암아 그 병과 괴로움이 다 없어지고 끝내는 위없는 보리를 증득하게 하리라."고 하였고, 둘째는 온갖 병이 있을 때 염불하면 병이 다 없어진다고 하였으며, 셋째는 온갖 선행을 닦지 않아 마땅히 지옥에 떨어져 온갖 고통을 받아야 할 중생이 있어 지극한 마음으로 나의 이름을 부르면, 그 염불의 힘으로 무간죄는 물론 모든 업장이 다 없어져 惡趣에 떨어지지 않는다고 하였고, 넷째는 재물에 궁핍한 중생이 염불하면 모든 것을 충분히 얻는다고 하였다. 다섯째는 온갖 죄를 지어 형틀에서 고통을 받을 때 염불하면 그 괴로움에서 벗어나고, 여섯째는 험난한 곳에 사나운 짐승을 만나 목숨이 위급할 때 염불하면 그 두려움에서 벗어나며, 일곱째는 싸움으로 인해 근심과 걱정이 있을 때 염불하면 모든 것이 해결되고, 여덟째는 강과 바다에서 폭풍을 만나 위급할 때 염불하면 중생이 원하는 대로 평온해진다[56]는 등 8가지 원이 다 염불에 의해 현세의 이익이 충족됨을 알 수가 있다. 이 밖에 다른 원에서도 稱名과 憶念, 그리고 聞名을 강조하고 있다.[57] 그리고 마지막 단원에서는 만약 병든 사람이나 여러 가지 어려움에 처해 있는 사람이 칠일 동안 팔관재계를 받고 여러 가지 공양물로 부처님께 공양하면서 이 경전을 49번 독송하고 49개 등을 밝히고 부처님의 명호를 부르면 모든 것이

---

55 죽은 사람의 시신에 붙은 귀신.
56 대정장 14, p.409中~下.
57 대정장 14, pp.410上~415下.

원하는 대로 이루어진다고 하였다.⁵⁸ 이것은 다 약사여래의 명호를 부르는 공덕에 의해 이루어지는 것으로 염불 자체에 공덕이 있다는 약사여래 염불이다.

제3항 관세음보살 염

우리나라에서는 부처님만을 염하는 것이 아니고 보살의 명호를 부르는 것도 염불로 취급하고 있으므로 여기서 다루어 보도록 하겠다. 관세음보살의 명호를 부를 것을 강조한 경전은 『법화경』의 「보문품」이다. 여기에서는 여러 차례에 걸쳐 관세음보살의 명호를 부르면 여러 가지 공덕이 있다고 말씀하고 있는데 그 가운데 두 가지만 인용하면 다음과 같다.

첫 번째는 "선남자야, 만일 한량없는 백천만억 중생이 모든 고뇌를 받을 때에 이 관세음보살의 이름을 듣고 일심으로 부르면 관세음보살이 즉시 그 음성을 듣고 다 해탈을 얻게 하느니라."⁵⁹고 하였고, 또 "바다에서 흑풍이 불어 배가 표류하여 멀리 나찰귀의 나라에 떨어지게 되었을지라도, 만일 한 사람이라도 관세음보살의 명호를 부르면 이 모든 사람들이 다 나찰의 환난을 벗어나게 되리라. 이 인연으로써 이름을 관세음이라 하느니라."⁶⁰고 하는 등 어떤 역경에 처해 있을지라도 지극한 마음으로 관세음보살의 명호를 부르면 관세

---

58 대정장 14, p.415下.
59 대정장 9, p.56下.
60 대정장 9, p.56下.

음보살은 이 소리를 듣고 와 구원해 주신다고 하여 오늘날 한국불교에서는 이에 근거하여 관음신앙이 많이 행해지고 있다.

제4항 지장보살 염

한국불교에서는 근래에 들어와 지장신앙이 많이 행해지고 있는데, 이 신앙의 주된 것은 지장보살의 형상을 조성하여 그 앞에서 『지장경』을 독송하거나 또는 절하고, 공양물을 바치면서 찬탄하는 수행이지만, 명호를 부르고 염하는 수행도 강조하고 있다. 즉 『지장보살본원경』에서는 "만약 미래세에 선남자 선여인이 있어 이 보살의 명호를 듣고서 혹은 찬탄하고, 혹은 우러러 경배하고, 혹은 명호를 부르고, 혹은 공양하고, 혹은 형상을 그리고 조각하고 도금하면, 이 사람은 마땅히 백 번을 거듭 삼십삼천에 태어날 것이며, 길이 惡道에 떨어지지 않을 것이다."[61]고 하여 稱名號를 말하였고, 또 "만약 미래세에 下賤한 모든 사람들, 즉 노비와 또는 자유롭지 못한 여러 사람들이 宿業을 깨달아 참회하려고 한다면 지극한 마음으로 지장보살의 형상에 우러러 절하고, 또는 칠일 동안 보살의 이름을 염하여 만 번을 채워야 하느니라. 이와 같이 하면 그들은 지은 업보가 다한 다음 천만생 동안 항상 존귀하게 태어나, 다시는 삼악도의 고통을 거치지 않느니라."[62]고 하여 7일 염불을 말한 것은 지장보살을 생각하고 부르는 수행법에 의해 오랜 세월 동안 지은 죄업이 소멸되어 다시는

---

61 대정장 13, p.778中.
62 대정장 13, p.783中.

이러한 고통을 받지 않고 좋은 과보를 받는다는 것이다. 여기서 한 가지 색다른 점은 지장보살을 부르는 것에 의해 현세의 이익과 천상에 태어나는 이익은 있으나 극락세계에 왕생하는 이익이 없다는 것에 유의해야 할 것이다. 그래서 필자는 죽은 사람을 위해 지장보살을 부르며 극락세계에 왕생하기를 바라는 것에 대해 다시 생각해 볼 필요가 있다고 본다.

이외에도 다른 부처님이나 다른 보살을 염하는 수행법에 여러 가지가 있다. 이렇게 여러 부처님과 보살을 염하는 수행법이 나오게 된 것은, 원시불교에서는 석가모니불만을 염하는 염불이었지만 부파불교를 거쳐 대승불교에 들어와서 타방의 여러 부처님이 등장하게 되고, 이에 수반하여 부처님을 보좌하는 보살이 많이 나오게 됨으로 인해 여러 부처님을 염하는 염불과 보살을 염하는 수행으로 발전하였다고 본다.

이러한 과정에서 한국에서도 염하는 대상이 다양하게 발전하였다. 즉 한국불교계에서 사용하는 儀式集인 『석문의범』을 보면 16羅漢殿에서 羅漢尊者를 부르기도 하며, 獨聖閣에서 那畔尊者를, 신중단을 향하여 '화엄성중'을 부르며 소원성취를 기원하고, 심지어 음력 7월 7일 칠석에 '칠원성군'을, 산신기도인 '山王大神', 水神祈禱인 '龍王大神'을 부르기도 한다. 이밖에 '竈王大神', '四天王', '帝釋天' 등 신들의 명호를 부르면서 소원을 기원하는 의식이 행해지고 있다. 이처럼 신들의 명호를 부르며 기원하는 형식을 마음을 닦는 염불의 종류로 취급할 수는 없지만, 명호를 부르며 소원을 기원하는 형식에서는 일맥상통한 점이 있다.

제5절 부처님 위치에 의한 염불

이 단원에서는 부처님이 어떤 위치에 계시느냐에 따른 염불을 알아보도록 하겠다. 이것을 구체적으로 논한 사람은 인도에서 대승불교를 완성하였다고 하는 nāgārjuna(150년~250), 즉 용수보살이다.[63] 그는 저서 『십주비바사론』에서 色身念佛과 法身念佛, 그리고 實相念佛과 十號念佛 등을 말하고 있다.

제1항 色身念佛

먼저 색신염불에 대해 알아보면, 「念佛品」제20에서

> 마땅히 모든 부처님을 염하되 대중 가운데 있으면서 32상을 갖추고 80종호로 몸을 장엄한 것을 염하라. 수행자는 이 삼매로써 모든 부처님의 32상과 80종호를 염하여 그 몸을 장엄한다.[64]

라고 되어 있다. 부처님의 색신은 32상 80종호로 장엄되어 있기 때문에 "전심으로 모든 부처님의 상호를 취하여 억념"[65]하는 것이

---

63 용수의 생애와 저서에 대해 자세한 것은 이태원 著, 『염불의 원류와 전개사』 pp.183~186을 참조할 것.
64 대정장 26, p.68下.

색신염불이라는 것이다. 이와 같은 것을 『대지도론』에서,

> 혹은 신통공덕의 힘이 무량 무한하고, 부처님 몸이 32상 80종호로 장엄된 것은 안으로 무량한 불법의 공덕이 있다. ……中略…… 부처님의 몸의 공덕이 이와 같기 때문에 마땅히 염해야 한다.[66]

라고 하였다. 여기서 부처님 몸은 그대로 공덕의 몸이다. 이것은 안으로 무량한 佛法의 공덕이 있기 때문에 부처님 몸을 염하면 공덕이 생기는 것이다. 즉 용수는 이와 같은 공덕의 힘을 갖춘 부처님의 몸을 염하는 사람은 머지않아 일체 지혜를 얻고 성불한다고 하였다.[67] 이러한 색신염불은 『반주삼매경』에서,

> 항상 부처님 몸의 32상 80종호를 염해야 한다. ……中略…… 그러기에 부처님을 염함으로써 삼매를 얻는다.[68]

고 하였다. 용수는 이 문장의 부처님 몸에 있는 32상 80종호를 생각함에 의해 삼매를 얻는다는 것에 근거하여 논하지 않았나 생각된다. 이 경의 1권본에 있는 '得是三昧'[69]가 3권본에서는 '得空三昧'[70]라고

---

65 대정장 26, p.68下.
66 대정장 25, p.220上.
67 是人不久出家得一切智成佛 佛身功德如是應當念佛. 『대지도론』(대정장 25, pp.219下~220上).
68 대정장 13, p.899中.

하여 空三昧를 이야기하고 있다. 이렇게 용수의 실상염불에는 공삼매의 요소가 들어 있기 때문에 3권본을 참고했다고 본다.

제2항 法身念佛

이에 대한 것은 「사십불공법품」 제22에서,

> 보살은 이와 같이 32상 80종호로써 부처님의 몸을 염하고 나서 이제 마땅히 부처님의 모든 공덕의 법을 염해야 한다. 다시 말하면 마땅히 40불공법으로써 부처님을 염하라. 모든 부처님의 법신은 다만 육신이 아니기 때문이니라. ……中略…… 만약 사람이 이를 염하면 곧 환희를 얻는다. 왜냐하면 모든 부처님은 색신이 아니고 법신이기 때문이다.[71]

라고 하였다. 여기서는 먼저 색신을 염하고 난 후 부처님의 법신을 염하라고 했다. 이 법신에는 40불공법이 있기 때문이다. 법신염불을 하는 이유는 모든 부처님의 몸은 색신이 아니고 진리의 몸인 법신이라는 것이다. 이 법신염불은 『반주삼매경』의 1권본·3권본에 보이지 않는 것으로 보아 용수의 독창적인 것으로 보아야 할 것이다.

---

69 앞 주와 같음.
70 대정장 13, p.905中.
71 대정장 26, p.71下.

제3항 實相念佛

이에 대해서는 「조념염불삼품」에 논해져 있는데, 여기서는 먼저 법신염불에 대해서 한 번 더 논한 후에 다음과 같이 논하고 있다.

> 이렇기 때문에 수행자는 먼저 색신의 부처를 염하고 이어서 법신의 부처를 염해야 한다. 왜냐하면 처음 발심한 보살은 마땅히 32상 80종호로써 부처님을 염하여 점점 깊이 들어가 中勢力을 얻고 난 후 마땅히 법신염불을 하라. 그리고 나면 마음이 점점 깊이 들어가 上勢力을 얻는다. 그리고 난 후 마땅히 실상염불로써 탐착하지 말아야 한다.[72]

이처럼 용수는 염불을 色身念佛(新發意菩薩) → 法身念佛(中勢力) → 實相念佛(上勢力)의 순서로 논하고 있음을 알 수 있다. 이것은 염불수행의 차례로서, 처음 뜻을 세워 수행하는 사람은 염하기 쉬운 부처님 몸의 수승한 모습을 생각하는 것에서부터 시작하여 수행의 힘이 생기면 부처님의 공덕의 모습인 법신을 염하고, 여기에서 더 힘이 생기면 그 무엇에도 탐착하지 않고 有를 초월한 실상을 염하는 순서에 의해 궁극의 목적인 實相까지 도달할 수 있다고 한 것이다. 그러면 용수의 실상염불은 어떤 것인가? 실상으로써 염불하는 것은 어느 곳에도 탐착하지 않는 것이다. 이것을 용수는

---

[72] 대정장 26, p.86上.

색신에 집착하지 않고 법신에도 집착하지 않아 능히 모든 진리를
알아 영원히 고요함을 허공과 같이 해야 한다. 이 보살은 上勢力을
얻어 색신불이나 법신불에도 탐착하지 않는다. 왜냐하면 空法을
믿고 바라기 때문에 모든 법이 허공과 같은 줄 알기 때문이다.
허공이라고 하는 것은 장애가 없기 때문이다.[73]

고 하여, 색신불과 법신불 그 무엇에도 탐착하지 않아 허공과 같은
영원한 적멸을 생각하는 것이 실상염불이라고 하였다. 다시 말하면
실상염불은 眞空妙有를 믿고 원하여 모든 법은 허공과 같은 줄 아는
것으로 이것이 용수가 생각하는 염불의 본의라고 볼 수 있다.[74]
여기서 설한 허공과 같은 영원한 적멸을 알 수 있는 것이 '信樂空法'이
다. 이 '신요공법'을 『반주삼매경』의 「행품」에서,

부처님께서 말씀하시기를, 사람이 공을 염하기 때문에 곧 생긴
바 없는 法樂을 얻고 아유월치를 얻는다.[75]

고 설하고 있다. 용수는 이 가운데 "공을 염한다"고 한 것에 근본을
두고 논한 것이며, 또 「無着品」에서 설한 반주삼매의 空觀的 기초에

---

73 대정장 26, p.86上.
74 하세오가가즈야, 『龍樹の淨土思想』 pp.120~122에 '知諸法如虛空'이라는 것
은 모든 법은 '緣起'하기 때문에 '無自性空'을 이해하는 것이라고 말하고
있다.
75 대정장 13 p.905中.

서 논한 것으로 볼 수 있다. 또 실상염불은 색신과 법신에도 집착하지 않는 중도의 실천으로써 般若空의 사상을 기초로 한 空觀念佛이다. 용수는 이러한 실상염불을 '眞念佛'이라고 표현하고 있다. 이러한 것은 『십주비바사론』「歸命相品」에서도 엿볼 수 있는데,

> 眞佛을 염한다고 하는 것은 色을 사용하는 것도 아니고, 相으로써 하는 것도 아니며, 生으로써 하는 것도 아니며, 性으로써 하는 것도 아니다. ……中略…… 부처님의 모든 법을 사용하지 않고 여실히 염불하는 것이 무량하고 불가사의하다. 수행도 없고 아는 것도 없으며 我와 我所가 없으며 ……中略…… 생기는 모습도 없다. 法性을 섭수하여 眼과 色이 허공의 도를 초월한 이와 같은 相을 이름하여 眞念佛이라 한다.[76]

고 하였다. 즉 色相 등 모든 법을 사용하지 않고, 우리의 모든 감각기관인 6根과 객관의 대상인 6塵이 허공의 도를 초월한 것을 眞念佛이라 말하고 있다. 이것은 보살의 수행도로써 空觀三昧이다. 여기서 용수의 염불은 왕생이 목적이 아니고 반주삼매가 목적이다. 왜냐하면 이 뒤에 나오는 十號念佛 가운데 "반주삼매를 이룰 수 있음을 마땅히 알라."[77]라고 되어 있기 때문이다.

---

[76] 대정장 26, p.55中~下.
[77] 대정장 26, p.86b.

제4항 십호염불

이 십호염불을 보면,

> 장애가 되는 인연이란 須彌山·由乾陀山 등과 十寶山·鐵圍山·黑山·石山 등이다. 이와 같이 무량한 장애의 인연이 있다. 왜냐하면 이 사람은 아직 天眼을 얻지 못했기 때문에 타방세계의 부처님을 염하는 것은 모든 산의 장애가 있는 것과 같다. 그렇기 때문에 처음 발심한 보살은 마땅히 十號의 妙相으로써 염불해야 한다는 설과 같다.
> 처음 발심한 보살은 십호묘상으로써 염불하면 잃어버리지 않는 것이 마치 거울 속에 나타난 모습을 보는 것과 같다. 十號妙相이란 이른바 如來·應供·正遍知·明行足·善逝·世間解·無上士·調御丈夫·天人師·佛世尊이다.78

고 말하고 있다. 이 십호염불은 실상염불을 논하고 난 후 바로 이어서 나온 것이기 때문에 주목하지 않으면 안 된다. 용수는 색신염불·법신염불·실상염불〔眞念佛〕을 논하여 결론을 내린 후 무엇 때문에 다시 처음 발심한 보살이 십호염불을 해야 한다고 강조하였는가.

첫째, 아직 천안을 얻지 못한 처음 발심한 보살이라도 수행하기 쉬운 여래의 십호로 염불하여 거울 속에 나타난 모습을 보는 것과 같이 하면 반주삼매가 성취될 수 있다. 즉 실상염불에서는 보는

---

78 대정장 26, p.86上.

바와 같이 '허공에 장애가 없기 때문이다'라 하여 장애가 없는 경지의 염불은 上勢力의 수행이기 때문에 처음 발심한 보살은 수행하기 어렵다. 그러나 십호염불은 어떠한 장애가 있는 사람이라도 여래의 십호 가운데 한 가지를 선택하여 생각하면 삼매를 성취할 수 있다는 것이다.

둘째, 십호는 부처님이 가지고 있는 공덕의 표상으로써 이를 염하는 사람은 무량한 덕을 성취한다. 아미타불 명호에도 無量光·無量壽의 공덕이 있듯이 이 십호 자체에 공덕이 있기 때문에 처음 발심한 보살이 십호 가운데 한 가지를 염하면 반주삼매가 성취되기 때문에 수행하기 어려운 실상염불은 하지 않아도 된다고 하여 이행문에 근거를 둔 것이 용수의 본의다. 그래서 용수는 『대지도론』[79]에서 염불에 대해 "수행자는 일심으로 부처님을 염하여 如實智慧를 얻고 대자대비를 성취하기 때문에 어긋남이 없다고 하였다."고 한 후 십호를 열거하고 나서 "경 가운데 부처님이 스스로 말씀하시기를 이와 같은 명호로 마땅히 부처님을 염해야 한다."고 하였다. 이 『대지도론』에서 명호의 공덕에 대해 설명한 후 名號念佛을 하라고 한 것은 처음 발심한 보살의 염불행을 강조한 것이라고 생각된다.[80]

---

[79] 대정장 25, p.219中~下.
[80] 용수의 염불에 대한 것은 拙著, 『염불의 원류와 전개사』에서 발췌하였다.

제6절 부처님 덕과 대상에 의한 염불

부처님의 덕과 대상으로 염불을 분류한 것은 경전이나 인도에서 나온 학설이 아니고 중국에서 나온 설이다. 즉 당나라 시대 화엄종의 제4조인 징관[81]은 그의 저서 『대방광불화엄경소』에서,

> 능히 염하는 마음[能念心][82]을 보면 다섯 가지를 벗어나지 못한다. 첫째는 경계를 반연한 염불문[緣境念佛門]으로 眞身을 염하고 應身을 염하며, 혹은 正報, 혹은 依報를 念하는 것이다. 설사 다만 명호를 부르더라도 또한 이것도 경계이기 때문이다. 그렇기 때문에 위에서 말한 많은 문[83]은 이 문이다. 둘째는 경계를 포섭하여

---

[81] 당나라 開元25년(737)에 태어나 나이 열한 살이 되었을 때 寶林寺 霈禪師에게 출가하여 『법화경』을 배웠고, 열네 살 때에 득도하였다. 그 후 大曆10년(775)에는 湛然에게 나아가 『마하지관』, 『법화경』, 『유마경』 등 많은 經疏를 배웠으며, 또 牛頭山 惟忠, 徑山 道欽, 洛陽 無名 등 세 분의 禪師를 뵙고 南宗禪을 묻고 의심이 풀렸으며, 다시 慧雲을 친견하고 나서 北宗의 玄理를 깨우쳤다. 大曆11년(776)에 비로소 오대산 大華嚴寺에 머물면서 『화엄경』을 강의하였고, 貞元초에는 『화엄경소』를 지었으며, 뒤에 다시 『대방광불화엄경수소연의초』를 찬술하고 그 위에다 疏를 주석하는 등 여러 가지 책을 찬술하였다. 元和5년(810)에는 憲宗의 下問에 대하여 華嚴法界의 뜻을 가지고 설명한 결과 황제의 마음에 들어 國師統에 임명되었고 僧統淸涼國師라는 호를 하사받았다. 開成3년(838) 3월 6일에 춘추 102세, 法臘 83세로 입적했다는 설과 元和年에 춘추 70여 세로 입적하였다는 설이 있다.
[82] 부처님을 염하는 마음을 主觀으로 보고 能念心이라고 말한 것이다.
[83] "위에서 말한 염불문"이라고 말한 것은 덕운비구가 말한 21종 염불이다. 징관은 이에 대해 "一一境界無盡莊嚴 無土之土方爲眞淨等 二卽觀色相身令見

오직 마음으로 염불하는 문[攝境唯心念佛門]으로 즉 제18과 제19[84] 등 두 문이다. 제18문은 곧 總相唯心으로 이 마음이 부처이고, 이 마음으로 부처를 짓기 때문이다. 제19는 비록 나의 마음을 따르지만 마음의 業이 여러 가지이기에 부처님을 친견하는 것에도 우열이 있기 때문이다. 셋째는 마음과 경계를 다 잊어버리는 문[心境俱泯門]으로 곧 앞에서 말한 문을 멀리 여의는 염불문이다. 一分이라도 가히 볼 수 없어 虛空門과 같은 것이다. 넷째는 마음과 경계에 장애가 없는 문[心境無碍門]으로 곧 처음 문과 같이 두 가지 事와 理를 비추고, 있고 없는 것에 장애가 없기 때문에 '두루 비춘다'고 말하였다. 다섯째는 重重히 다함이 없는 문[重重無盡門]으로, 즉 앞 제10문[85]을 말하고, 이를 관찰하기 때문이다.[86]

라고 하여 다섯 가지 염불문을 말하고 있다. 첫째 緣境念佛門이란 객관의 경계를 반연하여 염불하는 것으로, 혹은 眞身, 또는 應身을 염하며, 혹은 정보, 또는 의보를 염하는 것이고, 부처님의 명호를

得淨故 而標名中念佛門三字 旣是通名 令一切衆生之言 未知令作何事故 準晉經 應云令一切衆生遠離顚倒 念佛門義方圓備 三念內德 四亦內德無倒說 授菩薩見佛本爲得法故 云云" 등 21종에 대한 설명을 하고 있다.(대정장 35, p.924上~中)

84 十八十九皆是念色相(대정장 35, p.924中)
85 21종염불문 가운데 제10을 말한 것 같다. 즉 "十念卽應而眞 過去諸佛安住不涅槃際 未來諸佛亦已現成故 文殊般若云 今佛住世 卽一切諸佛皆住 以同一不思議故 又約隨相門 卽欲念何佛 佛便爲現"인 것 같다.(대정장 35, p.924上~中)
86 대정장 35, p.924中.

부르는 것까지도 전부 객관의 대상을 반연한 염불을 말한다. 둘째 攝境唯心念佛門이란 所觀의 依報와 正報 등 두 가지를 섭수하여 '이 마음이 부처이고, 이 마음으로 부처를 만든다.'는 것을 관하는 것이다. 셋째 心境俱泯門이란 能觀의 마음과 所觀의 境界를 다 함께 잊어버리고 일체 모든 모습이 끊어져 가히 얻을 것이 없는 것을 말하며, 넷째 心境無礙門이란 주관인 마음과 객관인 경계가 융통하여 장애되는 일이 없을 뿐 아니라, 事와 理 두 가지를 다 비추고, 존재하고 없는 것을 두루 융합하여 포섭하는 것을 말한다. 다섯째 重重無盡門이란 하나가 곧 일체이고(一卽一切), 일체가 곧 하나(一切 卽一)로써 서로서로 융합하는 것으로 重重無盡한 도리를 觀하는 것을 말한다.

다음 부처님의 명호와 형상, 그리고 지위에 의해 분류한 염불로 이에 대해 구체적으로 논한 사람은 당나라 화엄종의 대가인 종밀[87]이다. 그는 『화엄경행원품소초』 제4권[88]에서 "念이란 분명히 마음에

---

[87] 화엄종의 제5조인 종밀은 果州西充 사람으로 성은 何氏이고, 당나라 建中元年 (780)에 태어났다. 어릴 때에는 유학을 배웠고 성장해서는 경과 논을 배웠다. 元和2년(807) 28세 때에 圓禪師에게 삭발하였다. 그는 처음에 『원각경』을 읽고 깨달은 바가 있었고, 이어서 澄觀을 스승으로 섬기면서 화엄의 심오한 뜻을 연구하였으며, 元和11년(816) 종남산에 들어가 『원각경대소』, 『동략소』, 『화엄경보현행원품소초』, 『선원제전집도서』 등 여러 책을 저술하고, 會昌元年(841) 정월 세수 62세, 법랍 34세로 입적하였다. 이에 대한 것은 『송고승전』 제6권(대정장 50, pp.741下~742下)과 『불조통기』 제29권(대정장 49, p.293下) 등에 기록되어 있다.

[88] 『新纂大日本續藏經』 제5권 pp.280下~281上.

기록하여 잊어버리지 않는 것을 뜻으로 삼고, 體는 곧 慧다. 지금 念이라 말한 것은 즉 가깝게 이름하여 표현한 것뿐이다. 그러나 염불은 같지 않아 모두 네 가지 종류가 있다."고 하면서,

첫째, 稱名念이란 『문수반야경』에서 설한 것과 같이 "만약 선남자 선여인이 이 일행삼매에 들어가고자 하면 마땅히 한가하고 조용한 곳에 있으면서 모든 어지러운 생각을 버려야 하고, 모양을 취하지 말고 마음을 한 부처님께 집중하여 오로지 명호를 부르며, 부처님이 계신 곳을 향하여 단정히 앉아 바로 향하고, 능히 한 부처님을 생각 생각에 이어가면 곧 念 가운데 능히 과거와 현재의 모든 부처님을 친견할 수 있다. 한 부처님의 공덕이 무량무변한 것이 일체 모든 부처님의 공덕과 둘이 아님을 염하라. 이와 같이 다하여 항하사와 같이 모든 부처님의 법계가 差別相이 없는 것을 알면 아난과 같은 總持多聞의 辯才도 백천분의 하나에도 미치지 못한다."[89]는 것을 말한다.

둘째, 觀像念이란 여래를 흙으로 만들었거나 그림으로 그린 형상

---

[89] 善男子善女人欲入一行三昧 應處空閑捨諸亂意 不取相貌繫心一佛專稱名字 隨佛方所端身正向 能於一佛念念相續 卽是念中能見過去未來現在諸佛 何以故 念一佛功德無量無邊 亦與無量諸佛功德 無二不思議 佛法等無分別 皆乘一如 成最正覺 悉具無量功德無量辯才 如是入一行三昧者 盡知恒沙 諸佛法界無差別相 阿難所聞佛法 得念總持辯才智慧 於聲聞中雖爲最勝 猶住量數則有限礙 若得一行三昧 諸經法門一一分別 皆悉了知決定無礙 晝夜常說智慧辯才終不斷絶 若比阿難多聞辯才百千 等分不及其一(대정장 8, p.731中)을 축소하여 인용하였다.

을 관하는 것이다. 『대보적경』에서 설한 것과 같이 "부처님의 因行時 가운데 대정진보살로 있었을 때 비구가 그린 부처님의 형상을 보고 발심하고 출가하여 모직물에다 그린 불상을 가지고 산에 들어가 관하였다. 이 그린 불상을 관하여 여래와 다르지 않게 하여 다섯 가지 신통을 성취하였고, 普光三昧를 얻어 시방의 부처님을 친견하였다."90는 등의 설을 인용하여 부처님의 형상을 관하는 것이다.

셋째는 觀想念인데 이 가운데 두 가지가 있다. 하나는 하나의 상호를 관하는 것으로 32相 가운데서 한 상호를 관하면 모든 무거운 죄가 소멸된다. 『관불삼매경』에서 말씀한 것과 같이 "부처님께서 부왕을 위하여 白毫觀을 설하셨다. 다만 眉間에 있는 白毫相을 관하는데 오른쪽으로 돌아 변화가 있고 아름다운 것이 마치 가을달과 같고, 열 가지 위엄을 성취하고 안과 밖이 通明하여 하얀 유리로 만든 통과 같으며, 또한 그믐밤에 밝은 별과 같이 관하면 성취하고 성취하지 못하고를 막론하고 九十億恒河沙微塵數劫과 같은 많은 생사의 죄가 소멸되고, 항상 부처님의 가피를 입는다."91는 설을 인용하여 입증하였다. 또 하나는 전신을 관하는 것인데, 『좌선삼매경』에서 설한 것과 같이 "만약 부처님 도를 구하려면 입선할 때 먼저 마땅히 마음을 집중하여 부처님의 生身을 염해야 한다. 땅·

---

90 대정장, 11, p.513중~下의 내용이다.
91 대정장 15, p.655上~中의 白毫觀 내용을 축소해서 인용하여 증명한 것이지만, 경전의 내용을 그대로 축소하여 인용하지 않고 자기의 견해를 삽입하여 인용하고 있다. 즉 "如秋月十稜成就 內外通明 如白毫琉璃筒 亦如暗夜中明星" 과 같은 것은 경전에 없는 내용이다.

물·불·바람·산·나무·초목·천지 등 여러 가지 외 다른 모든 법을 생각하지 말고, 다만 부처님의 몸이 허공에 계신 것 같이 생각하면 큰 바다가 깨끗할 때 金山王이 있어 상호가 원만하고 한량없는 청정한 광명을 내는 것과 같다. 이 허공의 푸른 색 가운데서 항상 부처님 몸을 생각하면 문득 시방삼세의 모든 부처님이 눈앞에 계시게 된다. 만약 마음에 다른 반연이 일어나면 다시 거두어 들여 머물게 하면 무량겁의 죄가 제거된다."92는 설을 인용하여 주장하였다.

넷째는 實相念인데 또한 이것을 法身念이라 한다. 즉 이것은 자신 및 일체 법의 진실한 자성을 관하는 것이다. 『문수반야경』에서 "생기지도 않고 없어지지도 않으며[不生不滅], 오지도 않고 가지도 않으며[不來不去], 이름도 아니고 상도 아닌[非名非相] 이것을 이름하여 부처라 한다. 스스로 몸의 實相을 관하는 것과 같이 부처를 관하는 것도 또한 이렇다."는 설을 인용하여 주장하였고, 또 말하기를 "법계의 한 모습에 몰입한 이것을 一行三昧라 말한다."93고 설을 인용하여 입증하였다. 또 『대지도론』에서 "색신 및 상호를 가지고 念하지 말라. 부처님 몸은 스스로 있는 바가 없기 때문이다. 억념이 없기 때문에 이것을 이름하여 염불이다."고 한 설과 『점찰경』에서 "모든 법은 평등한 법신임을 사유하면 일체 선근 가운데 이 업이 가장

---

92 대정장 15, p.281上~中의 내용을 인용하였지만 비교해 보면 조금 다른 점이 있다.
93 "復次舍利弗 汝問云何名佛 云何觀佛者 不生不滅不來不去 非名非相 是名爲佛 如自觀身實相 觀佛亦然 唯有智者乃能知耳 是名觀佛"(대정장 8, p.728上)과 "佛言 法界一相 繫緣法界 是名一行三昧"(대정장 8, p.731上)

수승하다."94고 한 설, 또 『大經』에서 "일체 모든 부처님 몸은 오직 이 하나의 법신이기에 한 부처님을 염할 때 곧 일체 부처님을 염하는 것이 된다."고 한 설을 가지고 주장하였다.

이 종밀의 네 가지 염불사상은 정토교의 소의경론인 三經一論95에 근거하여 성립된 것이 아니고, 다른 경과 논에 의해서 성립되었음을 알 수 있다. 그리고 이 네 가지 염불의 특색은 사람의 능력에 따라 점차로 수행하는 것으로, 수행하기 쉬운 것에서 시작하여 점점 깊은 수행에 이어져, 최후에는 실상을 念하는 것에 도달하는 수행법이다. 징관이나 종밀의 염불사상은 實相念을 가장 중요시하고 이를 심오한 염불로 본 것이다. 즉 稱名·觀像·觀想 등의 염불을 淺行으로 보고, 法身實相을 관하는 것을 深行의 염불이라고 하여 이 實相念을 가장 묘하다96고 본 것이다. 이러한 염불은 정토에 왕생하기 위한 것이 아니라 일행삼매나 깨달음을 목적으로 한 것이다. 바꾸어 말하면 眞實法身을 깨닫기 위해서 稱名·觀像·觀想 등 淺行과 實相의 深行 念佛을 수행하는 것이 징관과 종밀 등 화엄가의 염불관으로, 이러한 사상은 용수의 色身 → 法身 → 實相의 漸次를 설한 염불사상을 이어받은 것이라 생각된다. 징관과 종밀이 淺行을 위주로 하여 염불을 논한 것은 말법관에 근거해 根機가 下劣한 범부를 위한 것이라 생각할 수 있으나, 궁극의 목적은 일행삼매와 자성을 깨닫게 하기

---

94 當知如上一心繫念思惟諸佛平等法身 一切善根中其業最勝(대정장 17, p.909上)
95 『무량수경』·『관무량수경』·『아미타경』·『왕생론』을 말한다.
96 此之四等各隨根器 從踐至深最後爲妙(『新纂大日本續藏經』 제5권 p.281上)

위한 염불이라는 것을 알아야 한다.[97]

제7절 결론

이상으로 염불에 대해 몇 가지로 결론을 내릴 수 있을 것 같다. 첫째, 초기 원시경전에 나타난 '나무불'은 단순히 석가모니 부처님께 귀의하는 의식으로 부처님을 찬탄하는 稱佛이지만 이것이 발전하여 귀의의 공덕이 생기고, 이 공덕으로 인해 生天하게 되며, 이 稱佛思想이 발전하여 부처님을 염하는 수행으로 정착되게 된다. 즉 염불수행법은 근본불교사상이 깃들어져 있는 原始經典에 나타난 것으로서, 이 염하는 수행법이 부처님 외 다른 것을 염하는 3念과 6念, 그리고 10念으로 발전하였음을 알 수 있다. 그리고 『증일아함경』에서는 "몸과 뜻을 바르게 하고 결가부좌하여 생각을 묶어 앞에 두고 다른 생각이 없이 오로지 부처님을 염하며, 여래의 형상을 관하는데 눈에서 떠나지 말아야 한다."고 하는 등 구체적인 염불수행의 자세를 언급하고 있기도 하다.

둘째, 이러한 원시경전의 염불사상을 이어받아 대승불교에서는 타방의 부처님이 등장하고 보살이 등장함으로써 아미타불의 정토가 생기고 아미타불을 염하는 수행법이 등장하게 된다. 아미타불 염은 정토경전에 나타난 것으로 『무량수경』에서는 48원 가운데 제18 念佛

---

[97] 이에 대한 자세한 것은 이태원 著, 『염불의 원류와 전개사』 pp.588~593을 참조할 것.

往生願, 제19 來迎引接願, 제20 係念定生願과 하권의 三輩段에 나타난다. 본원에서는 일념과 십념의 염불이 등장하고, 염불하는 목적은 왕생에 근본을 두며, 삼배단의 염불은 보리심이 근본이 되어 염불 수행하여 정토에 왕생하는 것을 목적으로 하고 있다. 그리고『관무량수경』에서는 앞『무량수경』과 달리 염불이 아닌 稱佛이 등장하게 된다. 이 경의 하품상생과 하품하생에서는 칭불의 자세에 대해 至心·聲不絶·具足十念 등을 자세하게 설하고 있으며,『아미타경』에서는 '執持名號'라는 단어가 나와『무량수경』과 같은 염불을 강조하지만 1일에서 7일의 기일염불을 말하고 있는 것이 특색이다. 그리고 '執持名號' 이외의 공덕은 아주 적은 선근으로 왕생이 불가능하다고 하여 초기 무량수경에서 이야기한 '作菩薩道'는 少善根으로 왕생하지 못한다고 보고 多善根인 '執持名號'를 강조하였다. 그리고 이 아미타불 염불사상이 정토경전 외 다른 경론에 언급되고 있는 것은 아미타불사상이 대승불교에서 가장 빨리 성립되었음을 알 수 있고, 후기에 성립되었다고 하는『관무량수경』을 비롯하여『관허공장보살경』,『관보현보살경』『광약왕약상이보살경』 등은 稱名과 滅罪思想을 근본으로 발전하였음을 알 수 있다.

  셋째, 염불의 대상은 대승불교의 발전에 따라 석가모니불, 약사여래불 등이 있고, 보살을 염하는 것으로는 관세음보살, 지장보살 등이 있음을 알 수 있다. 이렇게 여러 부처님과 보살을 염하는 수행법이 나오게 된 것은 원시불교의 염불이 근원이 되어 대승불교에 들어와서 타방의 여러 부처님이 등장하게 되고, 이에 수반하여 부처님을 보좌하는 보살이 많이 나오게 됨으로 인해 여러 불보살을 염하는 수행으로 발전하였다고 본다. 이러한 과정을 거쳐 특히 한국불교계에서 주로 사용하는 儀式集인『석문의범』가운데 羅漢尊者, 那畔尊者, 화엄성중, 칠원성군, 山王大神, 龍王大神, 竈王大神, 四天王, 帝釋天 등 신들의 명호를 부르면서 소원을 기원하는 의식으로 다양하게 나타난 것이다.

넷째, 이 염불 수행법이 한층 더 발전하여 인도의 용수보살은 한 부처님을 色身과 法身, 그리고 實相身으로 나누어 色身念佛·法身念佛·實相念佛로 염하게 하였다. 또 염불하는 순서에 대해 色身念佛을 하고 나서 수행의 힘을 얻으면 法身念佛을 하게 하고, 여기서 힘을 다시 얻으면 實相念佛을 하게 하는 것으로 발전시켰는가 하면, 자기의 근기가 上根機이면 실상염불을 하게 하고, 下根機이면 이러한 순서를 밟지 않고 부처님 명호를 부르는 十號念佛을 하게 하는 등 다양한 염불법이 나오게 되었다.

다섯째, 이러한 사상이 중국에 들어와 澄觀은 客觀의 경계를 반연하여 염하는 緣境念佛門과 所觀의 依報와 正報 등 두 가지를 섭수하여 '이 마음이 곧 부처이고, 이 마음으로 부처를 짓는다'(是心是佛是心作佛)는 것을 觀하는 攝境唯心念佛門, 能觀의 마음과 所觀의 境界를 다 함께 잊어버리고 相이 끊어져 가히 얻을 것이 없는 상태의 心境俱泯門, 주관인 마음과 객관인 경계가 融通하여 장애되는 일이 없을 뿐 아니라, 事와 理 두 가지를 다 비추고, 존재하고 없는 것을 두루 融攝하는 心境無礙門, 하나가 곧 일체이고〔一卽一切〕, 일체가 곧 하나[一切卽一]로써 서로 융합하는 것으로 重重無盡한 도리를 觀하는 重重無盡門으로 발전시켰고, 宗密은 이것을 한층 더 세밀히 하여 여러 가지 경에 근거하여 稱名念과 觀像念, 그리고 觀想念, 實相念으로 나누었다. 징관이나 종밀의 염불사상은 實相念을 가장 중요시하고 이를 심오한 염불로 본 것으로 이 염불은 정토에 왕생하기 위한 것이 아니라 일행삼매나 깨달음을 목적으로 한 것이다. 바꾸어 말하면 眞實法身을 깨닫기 위해서 稱名·觀像·觀想 등 淺行과 實相의 深行念佛을 수행하는 것이 이들 華嚴家의 염불관으로 이러한 사상은 용수의 色身 → 法身 → 實相의 漸次를 설한 염불사상을 이어받은 것이라 생각된다. 이런 華嚴家의 설은 본론에서는 언급하지 않았지만 순수한 淨土家인 담란대사의 제자인 도작선사, 그리고 도작선사의 제자인 선도대사가 오로지 아미타불 한 부처님을 입으로 부르는 稱名念佛만을 주장한 것과는 다름을 알 수 있다.

(『정토학 연구』 제5집(2002년도)에 기재된 「經論과 淨土敎史에 나타난 念佛의 種類」를 수정 보완한 것이다.)

제4장 염불 수행법과 자세

제1절 머리말

불교의 모든 수행법은 성불하여 고통 속에 헤매는 중생을 구원하는 것에 그 목적이 있다. 따라서 염불을 하는 것은 현세의 복을 얻어 행복하게 삶을 유지하는 것도 있겠지만 내세에 극락세계에 왕생하고 성불하여 중생을 구원하는 것이라고 단적으로 말할 수 있다. 왜냐하면 극락세계에 가는 것은 극락의 즐거움을 누리기 위한 것이 아니고 부처님으로부터 법문을 듣고 성불하려는 것이기 때문이다.

 한국불교에서 참선이 깨달음을 목적으로 하듯이 염불 역시 성불을 목적으로 하는 것이다. 그런데 참선은 자력으로 성불하려고 하는 것으로, 그것은 쉬운 길이 아니어서 성취한 사람이 드물다고 보아야 할 것이다. 그러기 때문에 이것을 용수보살은 難行門이라고 하였고, 반면에 염불은 부처님의 本願力을 입어 성불하는 지름길이기에 易行

門이라고 하였다. 지금의 시대가 부처님이 계시지 않는 無佛時代며 末法時代로, 중생들의 능력은 下劣하여 수행에 많은 어려움을 가지고 있기 때문에 부처님의 본원력을 입지 않으면 안 된다고 본다. 그래서 어떻게 염불하면 좋을까, 어떠한 자세로 염불하면 바람직할까 하는 점 등을 고찰해 보도록 하겠다.

앞 단원에서 염불의 원류와 발전을 원시경전을 비롯하여 대승경전과 논, 그리고 인도의 용수보살과 중국 華嚴家들의 견해에 의해 조명해 보았다. 이 단원에서는 앞에서 언급한, 염불을 실천하는 사람들이 어떤 방법을 선택하여 자기의 조건에 맞게 염불을 하고 보다 나은 결과를 가져 왔는지 그 방법론을 제시해 보고자 한다. 즉 현실적으로 어떤 방법으로 염불을 하면 좋은 효과를 가져 올 것인가를 경전과 선사들의 견해에 의해 밝혀보고, 이어서 염불 수행자의 마음가짐을 신심과 서원, 持戒에 의해 살펴보고자 하며, 禮懺의 문제는 용수로부터 중국의 담란과 선도, 그리고 한국의 자운율사의 정신을 가지고 폭넓게 검토해 보고자 한다. 마지막으로 염불할 때의 주의할 점과 임종하는 사람에 대해서 어떻게 대처해야 하고, 尸茶林과 葬禮時에 해야 할 행위와 사후 49일간의 마음가짐을 간단히 언급할까 한다.

제2절 염불 수행법

제1항 날짜를 정해 놓고 하는 期日念佛

우리가 염불을 수행하는데 가장 좋은 것은 하루 종일, 또는 평생 동안 염불하는 것이 바람직하다고 할 수 있다. 그러나 우리의 마음은 조금만 방심하면 나태하여 염불하는 수행을 접어 두고 다른 妄念에 사로잡혀 구업을 짓기 쉽다. 그래서 염불하는 행자가 기일을 정해 놓고 하면 이 날짜를 채우려고 하는 생각에서 게으른 생각을 덜하게 되어 열심히 또는 일념의 염불로 나아갈 수 있다고 보기 때문에 하나의 방편으로 기일을 정해 놓고 염불하는 방법이 필요하다. 이러한 것은 경전에서도 나타나 있는데, 먼저 구마라습이 번역한 『아미타경』을 보면

> 사리불이여, 조그마한 선근이나 복덕의 인연으로는 저 국토에 태어날 수 없다. 사리불이여, 만약 선남자 선여인이 아미타불에 대한 이야기를 듣고 명호를 간직하여 혹은 1일, 혹은 2일, 혹은 3일, 혹은 4일, 혹은 5일, 혹은 6일, 혹은 7일 동안 한결같은 마음으로 산란하지 않으면 그 사람은 목숨을 마칠 때 아미타불이 여러 성중들과 함께 그 사람 앞에 나타난다. 이 사람은 마음이 顚倒되지 않고 곧 아미타불의 극락세계에 왕생할 수 있을 것이다.[1]

---

[1] 쯔보이 순애이 著, 이태원 역, 『정토삼부경개설』 p.536.

라고 하는 말씀이 있다. 여기서 말한 1일은 1일 염불, 2일은 2일 염불, 3일은 3일 염불, 그리고 7일은 7일 염불로 기일을 정해 놓고 하는 염불이라 할 수가 있다. 다음『반주삼매경』에서도

그 어떤 비구·비구니·우바새·우바이 등이 법답게 행하되 계율을 완전히 지키면서 홀로 한 곳에 머물러 서방세계에 아미타불이 현재 계신 것처럼 염하고 들은 바를 따라 염하라. ……中略…… 일심으로 그것을 염하기를 하루 밤낮 혹은 7일 밤낮을 하면 7일을 지난 후에 부처님을 친견할 수 있다.[2]

고 하였다. 여기서는 7일 동안 염불한 공덕에 의해 부처님을 친견할 수가 있다고 하여『아미타경』과 같이 하루로부터 7일 염불을 강조한 것은 다 날짜를 정해 놓고 염불을 하라고 하는 부처님의 말씀으로 이해해야 할 것이다. 이 밖에도『아미타고음성왕다라니경』[3]에서는 十日念佛을 말하고 있고,『지장보살본원경』에서는 "7일 동안 보살의 이름을 염하여 만 번을 채워야 하느니라."[4]고 하여 7일 염과 하권에서 "21일 동안 그 이름을 염한다면 보살은 무변의 몸을 나타내어"[5]라고 하여 21일 염을 말하고 있다. 다음으로, 명호가 임종하는 사람의 귀에 들리게 하는 행위 등 여러 가지 선행을 49일간 하라[6]는 내용은

---

2 대정장 13, p.899上.
3 대정장 12, p.352中~下.
4 대정장 13, p.783中.
5 대정장 13, p.788上과 下에 열거되어 있다.

49일 염을 말한 것이다. 이 49일의 숫자는 하권에 자주 나오는 말이다. 이상은 경전에 나타난 1일·7일·10일·21일·49일의 期日念佛思想이다.

이러한 사상은 중국 정토신앙으로 이어져 행해졌는데 迦才[7]는 그의 저서 『정토론』에서 중근기와 하근기를 가진 사람들에게는 7일 염불과 10일 염불을 권하였다. 또 가재는 "도작선사가 7일 동안 염불하면 백만 번을 할 수 있다."[8]는 내용을 인용한 것으로 보아 기일염불과 수량염불로 그 시대 사람들에게 권하여 실천하게 하였음을 알 수 있다. 중국에서 정토교를 완성하였다는 선도대사는 『관념법문』에서 "7일 밤과 낮 및 일생을 다하여 일심으로 아미타불을 전념하여 왕생을 원하면"[9]이라 하였고, "어떤 사람이든지 7일 낮과 밤, 도량에 있어 모든 반연을 버리고 수면과 눕는 것을 제거하여 일심으로 아미타불의 진금색을 전념하라."[10]고 하였으며, "혹은 1일, 3일, 7일, 혹은 14일, 30일, 49일, 혹은 백일에 이르고, 혹은 일생을 다하여 지극한 마음으로 부처님을 관하며, 혹은 입으로 부르고 云云"[11]이라 하였고, 『관무량수경소』에서는 "일체 범부에게 권하여 하루나 7일간

---

6 대정장 13, p.784上.
7 그의 생몰 연대는 분명하지 않으나 도작보다 후대이고 선도보다는 앞 시대 사람이 아닌가 생각한다.(이태원 著, 『염불의 원류와 전개사』 pp.391-395를 참조할 것)
8 대정장 47, p.90上, 89中.
9 대정장 47, p.25中.
10 앞 주와 같음.
11 대정장 47, p.25中.

일심으로 아미타불의 명호를 전념하면 결정코 왕생할 수 있다."[12]고 하는 등 여러 차례에 걸쳐 여러 가지 기일염불을 강조하고 있음을 알 수 있다.

다음으로, 저자를 확실히 알 수 없지만 『염불경』에서는 1일 염불을 疾, 7일 염불을 遲라 하여 염불성취를 시간적으로 표현하였다.[13] 이러한 기일염불이 우리나라에 영향을 주어 萬日念佛·千日念佛·百日念佛·四十九日念佛·二十一日念佛·七日念佛·三日念佛 등으로 발전되었다고 보기 때문에 앞으로 이러한 것을 감안하여 발전시킬 필요가 있다고 본다.

제2항 시간을 정해 놓고 하는 時間念佛

하루 24시간 가운데 시간을 정해 놓고 하는 時間念佛이 필요하다고 본다. 왜냐하면 시간을 정해 놓지 않으면 뒤로 미루는 마음이 있어 하루에 한 번도 염불 수행을 하지 못하는 경우가 있기 때문이다. 그래서 권하고 싶은 것은 아침 일찍 일어나서 1시간도 좋고 30분도 좋으며, 혹은 10분간 염불하는 것도 좋다. 또는 저녁 자기 전에 10분이나 30분, 혹은 1시간 정도 시간을 정해 놓고 하면 잠자는 시간에도 이어지는 염불이 되리라 본다. 지금 한국 불교계에서 기도 입재 기간에 하루 네 차례로 나누어 염불정근하는 사찰이 많듯이 염불 수행자가 자기의 여건에 맞게 하루 어느 때 몇 시간 염불할

---

12 대정장 37, p.272上.
13 대정장 47, p.122上, 122中, 128b中 등에 열거되어 있다.

것인가를 정하는 것도 염불하기 위한 하나의 수행방법이라고 생각된다.

이렇게 수행을 한 사람을 중국불교사에서 찾아보면, 중국 수나라 시대 사람인 智通(생몰연대 미상)은 "매일 6時에 불상 앞에서 소리 높이 염불하였다."14고 하고, 도작(562~645)의 전기에 의하면 그는 "서방을 향하여 침과 콧물, 대소변을 보지 않았으며, 하루 6時에 예배하고 공경하며 염불하는 수행을 끝까지 거르지 않았다."15고 하였다. 또 선도는 "바르게 염불〔正念佛〕할 때 밤과 낮 혹은 三時·六時에 염불하라."16고 하였고, 禪淨兼修의 대성자인 延壽(904~975)는 "아침에는 살아 있는 모든 生類를 놓아주고, 저녁에는 음식을 귀신에게 베풀어 주었으며, 하루 6時에는 꽃을 뿌리며 경을 독송하기도 하고 정토의 업을 수행하였다."17고 하는 것 등은 하루에 여섯 번 염불을 수행하게 한 6時念佛이다. 이것은 하루에 몇 차례 시간을 정해 놓고 하는 염불로 바람직한 방법이라고 생각된다. 아랍지방의 회교도들이 자기들이 숭상하는 메카를 향해 하루에 시간을 정해 놓고 예배하는 것을 보았다. 이와 같이 우리 염불 수행자도 하루에 한 차례든 두 차례든 혹은 세 차례, 네 차례든 자기에게 맞는 차례를 정한 후 시간도 정해 놓고 염불하는 것이 좋다고 생각한다.

---

14 대정장 49, p.273下.
15 대정장 50, pp.593下~594中.
16 대정장 47, p.24中.
17 이태원 저, 『염불의 원류와 전개사』 p.659.

제3항 수를 헤아리면서 하는 數量念佛

하루에 108번, 천 번, 만 번, 십만 번 등 자기의 역량에 맞게 부처님이나 보살의 명호를 부르는 방법이다. 이러한 수량염불에 대해서는 『무량수경』에서는 '乃至十念'[18]과 '乃至一念'[19]이란 술어가 나오고, 『관무량수경』에서는 "지극한 마음으로 소리가 끊어지지 않게 하여 十念을 구족하여 나무아미타불 부처님 명호를 부르는 까닭에 생각생각 가운데 팔십억겁 생사의 죄를 제거하느니라."[20]고 하여 '具足十念'을 이야기하고 있다. 이 一念과 十念에 대한 이야기는 여러 가지 학설이 있지만[21] 선도대사는 一念을 一聲, 十念을 十聲[22]으로 했기 때문에 이것을 수량염불로 볼 수 있다. 다음 『지장보살본원경』에서도 "7일 동안 보살의 이름을 염하여 만 번을 채워야 하느니라."[23]고 하여 보살의 명호를 만 번 염하게 하였다.

이러한 영향을 받아 중국의 도작선사는 부처님 명호를 부르는 것을 일과로 하여 하루에 7만 번 하였고,[24] 또 上精進者는 팥 80石에서

---

18 쯔보이 순애이 著, 이태원 역, 『정토삼부경개설』 p.174.
19 앞의 책 p.232.
20 앞의 책 p.481.
21 이태원 著, 『염불의 원류와 전개사』 pp.136~151. 담란은 염불하는 숫자에 대해 "念을 쌓고 상속하여 다른 일을 반연하지 않게 되면 곧 쉰다. 다시 어찌 餘暇가 있어 念하는 숫자를 알 필요가 있겠는가? 만약 반드시 알아야 한다면 또한 방편으로 하여 반드시 입으로 해야지 종이에다 기록할 것은 없다."(대정장 40권 p.843c)
22 대정장 47, p.25上, 27上, 438下, 439中, 448上, 447下.(여기에 대한 자세한 것은 이태원 著, 『염불의 원류와 전개사』 pp.439~449를 참조할 것)
23 대정장 13, p.783中.

90石, 中精進者는 50石, 下精進者는 20石으로 염불의 숫자를 헤아리면서 하게 한 것은 수량염불의 실천자라고 할 수 있다. 또한 가재가 도작선사의 백만 번 염불25을 인용한 것은 수량염불에 관심을 두고 실천한 것으로 생각된다. 그래서 그는 "持戒를 청정히 하여 오로지 부처님의 명호를 염하는데 일심으로 하여 산란하지 않고 백만 번에 이르면 임종시에 正念이 現前하고 부처님의 來迎을 받는다. 이것이 곧 왕생하기 쉬운 것이다."26고 하였는지 모른다.

또한 앞에서 이야기한 것처럼 선도가 아미타불 본원의 일념과 십념을 一聲, 十聲으로 한 것은 사람들로 하여금 수량염불을 권한 것이라 하지 않을 수 없다. 그래서 그는 『관념법문』에서

하루에 따로 15번, 2년에 만 번, 하루에 따로 30번, 일년에 만 번, 하루에 따로 부처님을 만 번 등을 염하라. 또 모름지기 때를 의지하여 정토의 장엄에 대해 예배하면서 찬탄해야 한다. 크게 정진하여 혹은 3만·6만·10만 번을 하는 사람은 모두 이 上品上生 人이다. 스스로 나머지 공덕을 다 정토에 회향하라.27

고 한 것은 다 숫자를 헤아리면서 하는 염불로 보아야 할 것이다. 이와 같은 수량염불 사상이 일반 민중들 속에 스며들어 貞觀 이후의

---

24 대정장 50, pp.593下~594中.
25 대정장 47, p.90上, 89中.
26 대정장 47, p.102中.
27 앞의 책, p.23中.

사람인 晉陽의 淸信女 裴婆는 팥을 가지고 아미타불을 염하는데 13石을 사용했다고 기록하고 있고,28 『염불경』에 '소리와 소리가 끊어지지 않으면'이라든가, '念一口', '出聲念佛'29 등의 술어가 나오는 것은 다 수량염불이다. 이것은 중국에서는 數量念佛이 출가자와 재가자들 사이에서 많이 행해진 것을 단적으로 나타낸 것이다. 이러한 사상을 참고로 하여 한국 불교계의 염불수행자는 좀 더 구체적인 방법을 모색하여 출가자든 재가자든 자기의 여건에 맞게 하루에 몇 번 염불하는 것을 정해 놓고 하는 것이 바람직하리라 본다.

제3절 염불 수행자의 마음 자세

이 신심은 뒤 단원에서 자세히 언급하기로 하고, 여기서는 간단히 정리하기로 한다. 염불하는 사람이 해서는 안 되는 행동을 한다든가 먹어서는 안 되는 것을 먹는 것은 진정한 염불 수행자가 아닐 것이다. 또 혹 잘못된 행동을 했다면 참회하는 것이 바람직할 것이다. 이러한 점들을 몇 가지로 나누어 생각해볼까 한다.

---

28 대정장 47, p.100上.
29 이 소리를 내어 하는 염불에는 소리를 높이 하는 高聲念佛과 소리를 낮추어 하는 低聲念佛이 있을 수 있다. 이태원 著, 『염불의 원류와 전개사』 pp.509~523을 참조할 것.

제1항 신심을 가지고 해야 하는 염불

모든 부처님이나 보살들에게는 本願이 있다. 이 본원에는 四弘誓願과 같은 總願이 있고, 아미타불의 48원, 약사여래불의 12원, 석가모니 부처님의 오백 서원과 같은 別願이 있다. 이 원 가운데 특히 별원을 믿는 마음을 가지고 염불해야 한다. 『화엄경』의 「현수보살품」에서는

> 믿음이란 도를 이룬 공덕의 어머니이고, 일체 모든 선법을 증장시키며, 일체 모든 의혹을 제거하여 위없는 도를 보여 개발한다. 청정한 믿음이란 더러움을 여의고 마음이 견고한 것이며 교만한 마음이 제거된 공경이 근본이다. 믿음은 보물 가운데 제일 법이며, 청정한 손이 되어 여러 가지 수행을 받든다.[30]

라고 했다. 즉 부처님의 진리, 본원에 대한 믿음 없이 염불하는 행위는 있을 수 없다는 것이다. 우리가 이 세상을 살아가는데 중요한 것은 서로간의 믿음이고, 이는 신뢰를 쌓아 행복한 가정과 이웃을 만드는 일이고, 반대로 서로간에 불신을 갖는다면 서로가 대립하고 시비가 생길 것이며, 결국은 불행을 불러오는 일이 될 것이다. 그런데 염불하여 극락세계에 왕생하고, 삼매를 성취하여 성불하려는 사람이 부처님의 본원을 믿는 마음이 약해서 되겠는가! 그러니 부처님의 본원에 대한 확고하고·군건한 믿음을 가지고 염불해야만 성취가 빠르다고 본다.

---

30 대정장 10, p.72中, 대정장 9, p.433上.

이 신심에 대해 梵文 『무량수경』의 제18원을 보면 "나의 명호를 듣고 깨끗하고 맑은 마음31〔믿는 마음〕을 가지고 나를 계속 염한다고 하면"32라고 하여 prasāda의 마음을 가지고 염불하라고 하였다. 이와 같은 것은 『무량수경』 제18원에서의 '至心信樂 欲生我國 乃至十念'33, 『대아미타경』 제7원에서의 '一心念', 『평등각경』 제18원에서의 '常念我淨潔心', 『여래회』 제19원에서의 '起淸淨心', 『장엄경』 제13원에서의 '念吾名號發志誠心' 등을 말한 것으로 염불하는 사람이 반드시 갖추어야 할 信心이다.

延壽는 禪淨兼修를 『淨土旨歸集』上卷 「參禪念佛四料揀」의 四句偈34에서 획기적으로 말한 사람으로 두 번째 게송 가운데 "정토에 왕생하려면 진심으로 믿어야 하나니, 천 사람이 믿으면 천 사람이 왕생하고 만 사람이 믿으면 만 사람이 왕생한다."고 하였으며, 그리고 『종경록』에서는 "믿지 아니하는 사람은 千佛이라도 구제할 수 없느니라."35고 하였다.

---

31 나까무라하지매 역, 『淨土三部經』 상권 p.256 註에서는 '깨끗하고 맑은 마음'의 原語는 prasannacitta이지만 명사 prasāda을 내포한 의미다. 즉 prasāda란 '마음이 맑고 밝으며 경쾌한 상태'를 의미한다고 하였다.
32 나까무라하지매 譯, 앞의 책, p.38
33 대정장 12, p.268上.
34 有禪無淨土 十人九蹉路 陰境若現前 暫爾隨他去
　無禪有淨土 萬修萬人去 但得見彌陀 何愁不開悟
　有禪有淨土 猶如戴角虎 現世爲人師 來生爲佛祖
　無禪無淨土 鐵床幷銅柱 萬劫與千生 沒個人依怙(『新纂大日本續藏經』 제61권 p.379中~下)
35 唯除不信人 千佛不能救(대정장 48, 670中)

선도대사는 염불하는 수행자가 갖추어야 할 마음을 至誠心, 深信, 廻向發願心 등 세 가지로 열거하고 있다. 이 가운데 深信을 信機와 信法으로 나누었는데 信機는 자기의 능력이 下根機이고, 죄악을 많이 짓는 범부이며, 끊임없이 생사를 윤회하는 범부임을 자각하는 것이고, 이 세계는 부처님이 계시지 않는 無佛時代며, 중생들의 근기가 나약한 末法時代며, 五濁惡世임을 믿는 것이다. 信法은 아미타부처님의 48원이 중생을 구원하는 원임을 확고하게 믿을 뿐만 아니라 우리가 부처님의 명호를 열 번만 염하면 왕생한다는 것을 굳게 믿고 염불하는 것이다. 이러한 것은 모두 다 믿음의 중요성을 강조하고 있는 것으로 믿음 없이 아무것도 이룰 수 없다는 것이다. 그러기 때문에 염불 수행하는 사람은 믿음이 첫째 조건임을 알아야 한다.

제2항 서원을 세우고 해야 하는 염불
서원이란 수행자가 어떤 목적을 향해 노력하는 것으로 이 서원이 없는 사람의 생은 무의미한 생일 것이다. 우리는 이 세상을 살아가면서 꿈을 갖고 그 꿈을 하나하나 성취하는 성취감에 의해 사는데, 염불하는 수행자가 현생의 꿈과 내세의 꿈이 없어서 되겠는가! 이 한 생은 아침 풀잎에 맺혀 있는 이슬과 같아 태양 빛이 나면 없어지듯이, 80세니 90세니 하는 한 생은 순간에 불과하기 때문에 현생의 꿈보다 내세의 꿈에 대해 더 굳게 갖는 것이 좋지 않나 생각한다. 그래서 이 삼계에서 나고 죽는 고통을 싫어하고 극락세계 보리의 즐거움을 사모하여 선업을 짓는 대로 회향하여 정토에 나기를 원해야 한다. 그리고 염불하는 업을 많이 지어 정토에 태어나기를 원해야 한다.

극락세계에 태어나려고 서원을 세우는 마음을 "欲生心"이라 한다. 이 欲生心에 대해 살펴보면 『대아미타경』 제5원에서는 '願欲生我國不斷絶', 제6원에서는 '欲來生我國', 제7원에서는 '一心念欲生我國'이라 하였고, 『평등각경』 제19원에서는 '欲來生我'라 하였고, 上輩에서는 '至誠願往生阿彌陀佛國 常念至心不斷絶者', 中輩에서는 '欲往生阿彌陀佛國 一日一夜不斷絶者', 下輩에서는 '當一心念欲往生阿彌陀佛國 晝夜十日不斷絶者'라고 한 것은 欲生心이 왕생하는데 근본이 되고 있음을 말한 것이다. 다음은 후기 정토경전에서 살펴보면 『무량수경』 제18원에서는 '欲生我國乃至十念'이라 하였고, 또 梵文 무량수경 제19원에서는 "그 불국토에 태어나고 싶다고 하는 마음을 일으켜 ……中略…… 마음을 일으키는 것이 열 번 밖에 되지 않아도"라 하였으며, 『여래회』 제18원에서는 '願生我國乃至十念'이라 하여 欲生心을 근본으로 한 염불을 권하고 있다.

이러한 것을 좀 더 깊이 생각해 보면 초기 『무량수경』에 나타난 欲生心은 그 자체가 왕생의 원인이 되지만, 후기 무량수경에서는 欲生心을 갖추어 염불하는 것이 왕생의 근원이 됨을 알 수가 있다. 이렇게 초기, 후기 무량수경 본원이나 삼배단 가운데 欲生心을 강조하고 있는 것에서 왕생하기 위해 서원을 세우는 일이 중요하다는 것을 알 수가 있다.

이것을 선도대사는 정토수행자가 마땅히 행해야 할 세 가지 덕목 가운데 마지막 廻向發願心이라 보았다. 그런데 이 회향은 자기 혼자서만 왕생할 것이 아니라 모든 중생이 다 함께 왕생하기를 원하는 것으로 보살도 정신이다. 이것을 단적으로 표현한 것은 오늘날 한국불교의 의식집으로, 여기에서는 "이 모든 공덕이 널리 일체 모든 사람들에게 미치어 나와 모든 중생이 다 함께 극락세계에 왕생하여 아미타불을 친견하여 다 같이 성불하기를 원합니다."[36]라 했다. 담란대사는 중생들과 함께 왕생하기를 원하는 것을 往相廻向이라 하였고, 극락세계에 왕생한 후 수행하여 이룬 공덕을 가지고 고통 받는 세계에 와서 구원하는 것을 還相廻向이라 하여 회향 자체를 두 가지로 나누었다.

이 원을 『화엄경』의 「행원품」에서는 "이 사람이 임종할 때에 최후의 찰나에 온갖 根이 모두 흩어져 망가지고 모든 친족들은 모두 떠나고, 모든 세력을 모두 잃어버리고, 내지 코끼리·말·수레·보물들이 하나도 따라오지 못하지마는 이 원력만은 떠나지 아니하고 어느 때에나 항상 그 앞을 인도하여 한 찰나 동안에 극락세계에 왕생하게 한다."[37]고 하였고, Nāgārjuna는 『대지도론』에서 "행만 하는 공덕은 성취할 수 없으므로 원이 있어야 하나니, 비유하면 소가 수레를 끌 수 있지만 모는 사람이 있어야 가려는 곳에 도달할 수 있는 것 같아 정토에 왕생하는 원도 그러하니 행하는 복덕은 소와

---

36 願以此功德 普及於一切 我等與衆生 當生極樂國 同見無量壽 皆共成佛道
37 대정장 40, p.846下.

같고 원은 모든 사람과 같다."³⁸고 하였다. 이러한 것으로 보아 염불하는 수행자는 현세의 원도 가져야 하지만 반드시 내세의 원을 굳건히 갖고 염불하는 것이 중요하다고 보지 않을 수 없다.

제3항 계를 지키면서 해야 하는 持戒念佛

염불하는 수행자는 몸과 마음을 청정하게 해야 한다. 몸과 마음을 청정하게 하는 것은 부처님이 제정하신 계를 지키는 일일 것이다. 이 계에는 여러 종류가 있지만 재가자는 三歸依戒와 5戒를 지키면 될 것이고, 출가자 가운데 사미와 사미니는 십계, 비구와 비구니는 구족계를 지키면서 염불수행하면 된다고 본다. 이 계를 지키려고 노력하는 것은 앞으로 악을 짓는 것을 방지하고 선을 쌓는 행위로서 불자라고 한다면 마땅히 지켜야 할 도리이다. 그런데 염불하는 수행자가 이를 등한시하면 모래를 솥에 넣고 쌀밥을 만들려고 하는 것과 같을 것이다. 불자가 마땅히 배워야 할 세 가지 덕목을 三學이라고 하는데 이 가운데 첫째가 계율이다. 이 계율을 지키지 않으면 선정도 얻을 수 없고, 선정에 들지 못할 때는 지혜를 얻을 수 없기에 염불수행자는 마땅히 지계의 정신을 가지고 행해야 한다.

염불하는 수행자가 명심하여 실천해야 할 것은 신구의 三業의 행동이다. 중생들은 몸과 입, 그리고 생각으로 열 가지 악업을 짓기도 하고, 열 가지 착한 업을 짓기도 한다. 그런데 우리가 가지고 있는

---

38 대정장 25, p.108中.

몸과 입, 그리고 생각 등 세 가지는 선업에 관심보다 나쁜 업에 관심이 많고, 현재 행동하는 것도 좋은 쪽보다 나쁜 쪽에 더 관심을 갖고 그릇되게 행동하여 좋지 않은 결과에 의해 고통을 받고 있는 것이 현실이다.

먼저 身業에 대해 생각해 보면, 수행자는 먼저 몸으로는 살생한다든지 남의 물건을 훔친다든지 邪淫을 하는 행동을 하지 않고, 죽어가는 생명을 살려 주고 남에게 보시하는 마음을 가져야 한다. 이러한 마음을 갖고 염불하면 극락세계에 태어나 왕생할 수 있는 업이 더욱 성숙되게 될 것이다. 우리가 부처님의 법을 만날 수 있는 곳에 태어나고 부처님 법을 듣고 실천할 수 있는 곳이 극락세계이며, 빨리 성불할 수 있는 곳도 극락세계이다. 이와 반대로 나쁜 身業을 짓는다면 지옥이나 아귀, 그리고 축생의 몸을 받는데 지옥에 태어나면 받는 고통이 심해 부처님 법을 수행하는데 장애가 되고, 축생의 경우는 머리가 어리석어 이해하려고도 하지 않지만 들어도 이해하지 못할 것이다. 또 설사 몸으로 선업을 지어 오래 사는 장수촌이나 즐거움만 받는 천상의 세계에 태어난 사람은 즐거움에 도취되어 불교에 귀의하려는 마음도 내지 않고 수행하려고도 하지 않는다. 그러므로 우리는 부처님 법이 있는 곳에 태어나 이 법을 실천할 수 있는 몸을 갖기를 원해야 한다. 이렇게 되기 위해 가장 좋은 방법은 아미타불의 국토에 태어나기 위한 염불이다. 염불을 하면 아미타불의 광명을 친견할 수 있고, 친견하기만 하면 몸의 모든 나쁜 업이 녹아 없어지고 해탈을 얻을 수 있기 때문이다. 이 신업은 몸으로 음행과 살생 등을 하지 않는 것도 중요하지만 아미타부처님을 향하여 예배하는 것도 염불하는 사람이 갖추어야 할 자세다. 이 예배에 대해서는 뒤 禮懺에서 자세히 언급하겠지만 먼저 정토삼부경을 중심으로 살펴보자.『무량수경』에서는

> 부처님께서 아난에게 말씀하셨다. '너는 일어나서 다시 가사를 단정히 하고 합장하고 공경히 무량수 부처님께 예배하여라. 시방세계의 모든 부처님은 항상 저 부처님의 無着無碍를 찬양하고 칭찬하시느니라.' 이때 아난은 일어나서 가사를 단정히 하고, 몸을 바르게 하여, 서쪽을 향하여 공경하는 마음으로 합장하고 五體投地로 무량수 부처님께 예배하였다.[39]

라고 하였다. 여기서 옷을 단정히 하여 무량수 부처님이 계신 서쪽을 향하여 예배하는 것은 身業의 수행임을 알 수가 있다. 身業修行을 초기 무량수경에서 살펴보면

> 부처님께서 아난에게 말씀하셨다. '나는 너희들을 불쌍히 여겨 아미타불과 모든 보살·아라한·국토를 모두 친견하게 한다. 너는 친견하겠는가, 안 하겠는가?' 아난은 곧 큰 환희한 마음으로 長跪合掌하고 대답하기를 '원컨대 모두 그 분들과 국토를 친견하고자 합니다.' 부처님께서 말씀하셨다. '너는 일어나 다시 가사를 입고

---

[39] 대정장 12, p.277下.

서쪽을 향하여 예배하고, 태양이 저물 때에 아미타부처님께 예배하면서 머리를 땅에 대고 南無阿彌陀三耶三佛檀[40]이라고 불러라.'고 하니 아난이 대답하기를 '그렇게 하겠습니다. 가리킴을 받아 곧 일어나 가사를 입고 서쪽을 향하여 예배하고, 태양이 저물 때를 당하여 아미타부처님께 예배하면서 머리를 땅에 대고 南無阿彌陀三耶三佛檀이라고 말하겠습니다.'[41]

라고 하였다. 또 『여래회』에서는

이때 세존께서 아난에게 말씀하셨다. '이 무량수불과 극락세계에 대하여 너는 마땅히 자리에서 일어나 합장하고 공경히 오체를 땅에 대고 부처님께 예배하라. 저 부처님의 명호는 시방에 두루하고 저 한 국토 한 국토에 계신 항하사와 같이 많은 모든 부처님들이 다 함께 장애가 없고 끊어짐이 없다고 칭찬하시느니라.'고 하시었다. 이때 아난은 곧 자리에서 일어나 오른쪽 가사를 벗고 서쪽을 향하여 합장하고 오체를 땅에 대고 예배하였다.[42]

또 『장엄경』에서는

---

40 여기서의 南無는 梵語의 namas로써 歸命·歸禮·敬禮의 뜻이고, 阿彌陀는 梵語 Amitābha (無量光), 또는 Amitāyus(無量壽)의 의미이며, 三耶三佛檀은 梵語 samyak-saṃbuddha로써 正徧智·等正覺·正等覺이라는 의미이다.
41 『대아미타경』(대정장 12, p.316中), 『평등각경』(대정장 12, p.277下)
42 대정장 11, p.99下.

'아난아, 너는 일어나 합장하고 얼굴을 서쪽으로 향하여 예배하라.' 이때 아난은 곧 자리에서 일어나 합장하여 얼굴을 서쪽으로 하여 예배하는 사이에 홀연히 극락세계 아미타부처님을 친견할 수가 있었다. 얼굴은 광대하고 色相은 단정하여 마치 황금의 산과 같았다. 또 시방세계의 모든 부처님들이 무량수부처님의 모든 공덕을 칭찬하고 찬탄하셨다. 아난이 부처님께 사뢰어 말하기를 '저 부처님의 깨끗한 국토를 일찍이 보지 못했습니다. 저는 저 국토에 태어나기를 원합니다.'라고 하니 세존께서 이르시기를 '저 가운데 태어난 보살마하살은 일찍이 무량한 모든 부처님을 친근하고 여러 가지 덕을 심은 이들이다. 네가 저기에 태어나고자 하면 마땅히 일심으로 귀의하고 우러러 보아라.'[43]

라고 하였다. 이상의 것을 비교하여 보면 몸으로 예배하는 동기에 대해 초기 무량수경에서는 『무량수경』과 조금 달리하고 있다. 즉 후기 무량수경에서는 시방에 계신 모든 부처님들이 아미타불을 찬탄하고 칭찬하는 것에서 비롯되어 예배하였고, 초기 무량수경에서는 시방에 계신 모든 부처님이 찬탄한 것이 아니고 부처님을 친견하고자 하는 마음 즉 '欲見佛心'이다. 다시 말하면 초기 무량수경에서는 '欲見佛心'이 근본이 되는 것으로 큰 환희심을 마음속에서 일으켜 태양이 저물 때에〔日沒處〕서쪽을 향하여 예배하면서 입으로는 '南無阿彌陀三耶三佛檀'이라 부르라고 하는 등 예배할 때 여러 가지 자세를

---

[43] 대정장 12, p.325上.

구체적으로 설하였다. 여기서 입으로 하는 '南無阿彌陀三耶三佛檀'은 염불이나 부처님의 명호를 부르는 것이 아니고, 歸依하는 마음에서 나오는 소리로 보아야 할 것이다. 초기 무량수경에서 '欲見佛心'에 근본을 두고 예배하는 것은 三輩段에서 이야기한 欲生心과 같이 '欲'을 중요시함에서 비롯되었다고 본다. 또 초기 무량수경전에서 말한 태양이 지는 곳을 향하여 예배하는 사상에서 『관무량수경』의 日想觀이 성립되었는지도 모른다.44 이 예배는 다음 항목에서 淨土家들의 예배방법을 통해서 더 자세히 소개하도록 하겠다.

다음 구업에 대해 살펴보자. 이 세상 사람들은 흔히 다 자기 잘난 맛에 산다. 자기가 제일이라는 자만심에 빠져 입으로 남을 헐뜯고, 윗사람들을 존경하지 않으며, 심지어는 진리를 비방하고 성인들을 무시하는 경우가 있다. 담란대사는 이런 구업을 지으면 혀를 뽑는 고통을 받고, 벙어리, 귀머거리 등 장애자가 되어 부처님 법을 들을 수도 없고, 명호를 부를 수도 없는 고통을 받는다고 하였다. 입으로 짓는 악업은 남을 속이기 위해 거짓말을 하는 망어, 이치에 어긋나고 교묘하게 꾸미는 말인 綺語, 양쪽 사람에게 번갈아 서로 틀리는 말을 하여 사이를 나쁘게 하는 말인 兩舌, 남을 험담하고 욕하는 惡口 등은 입으로 악업을 짓는 것이다. 이와 반대로 부처님의 덕과 진리를 찬탄하는 소리, 남에게 부처님 진리를 설하는 설법의 소리 등은 남에게 이익을 주는 소리로 선업이 된다. 또 입으로 끊임없이

---

44 이태원 저, 『염불의 원류와 전개사』 pp.151~154의 일부 내용.

부처님의 명호를 부르는 소리라면 이는 부처가 되기 위한 하나의 수행의 소리이다. 그래서 입을 어떻게 작용하여 무슨 소리를 내느냐에 따라 선업과 악업, 그리고 수행하는 업으로 되기 때문에 우리는 입으로 남을 칭찬하고 진리를 찬탄하며, 부처님의 명호를 불러 정토에 태어나려는 수행을 해야 할 것이다. 정토에 태어나기만 하면 구업으로 지은 모든 나쁜 업이 소멸되고 해탈을 얻어 부처가 될 수 있기 때문이다. 이 구업으로 짓는 찬탄에 대해 『대아미타경』에서는

> 부처님께서는 다음과 같이 말씀하셨다. '나 홀로 아미타부처님의 광명을 칭찬하는 것이 아니다. 八方上下에 한없는 부처님과 벽지불·보살·아라한 등이 칭찬하는 것도 이와 같다.'고 하셨다. 그 어떤 선남자와 선여인이 아미타불에 대한 소리를 듣고 광명을 칭찬하는데 아침저녁으로 항상 그 광명을 지극한 마음으로 칭찬하는 것이 끊어지지 않으면 마음속에 간직하고 있는 원대로 아미타불 국토에 왕생한다.[45]

라고 하였다. 여기서는 선남자나 선여인 등이 모든 부처님들이 아미타불의 광명을 칭찬하는 소리를 듣고, 듣는 본인도 모든 부처님들처럼 至極至誠으로 광명을 끊임없이 칭찬한다면 정토에 왕생한다는 口業成就를 말하고 있다. 이와 같은 부분을 『무량수경』에서 보면

---

[45] 대정장 12, p.303上, 『평등각경』(대정장 12, p.282中)

다 함께 칭찬하는 것이 이와 같다. 만약 어떤 중생이 그 광명의 위신공덕을 듣고 지극한 마음으로 밤과 낮에 칭찬하되 끊어지지 않으면 원하는 바 뜻에 따라 저 국토에 왕생할 것이다.46

라고 하여 초기 무량수경과 같은 내용이 있는 것을 보아 왕생하기 위한 하나의 수행방법의 하나가 아미타불의 공덕을 찬탄하는 것임을 알 수 있다.47

다음은 意業인데 여기에는 탐하는 마음, 성내는 마음, 어리석은 마음이 있다. 이러한 마음을 흔히 세 가지 독〔三毒〕이라 한다. 삼독은 이 세상을 살아가는데 많은 재앙을 가져오는 원인이 되어 불교에서는 아주 금하고 있기 때문에 염불을 수행하는 사람은 이 세 가지를 마음에서 제거하려고 노력해야 할 것이다.

이 세상 사람들 가운데는 잘못된 견해를 가지고 바른 것을 그르다 하고, 진리가 아닌 것을 진리라고 고집하는 경우가 있다. 그리고 자기가 가지고 있는 이념이 제일인 것처럼 생각하여 부처님 법에 대한 관심을 전혀 갖지 않을 뿐만 아니라 심지어는 불법을 비방하여 무거운 죄를 범하기도 한다. 그렇기 때문에 우리는 바른 생각을 가지고 바르게 판단하여 바른 도를 실천해야 하는데 이렇게 되기란 그리 쉬운 일이 아니다. 그래서 아미타불께서는 어떤 사람이든지 염불하여 부처님의 광명을 만나거나 아미타여래의 평등한 의업에

---

46 대정장 12, p.270中.
47 이태원 저, 『염불의 원류와 전개사』 pp.154~155의 일부 내용.

대한 것을 듣기만 해도 자연히 나쁜 의업이 소멸되어 해탈을 얻는다고 하였다.

또 이 意業으로는 앞에서 언급한 신심을 일으키고, 서원을 세워야 한다. 그리고 發心해야 한다. 이 發心(citta-utpāda)은 염불하는 사람 뿐만 아니라 부처님 제자이라면 누구나 다 갖추어야 할 마음의 자세다. 왜냐하면 불교는 깨달음의 종교이기 때문이다. 염불하는 사람이 극락세계에 왕생하려고 하는 것도 깨닫기 위해서다.『무량수경』의 三輩段에서는 '發菩提心'이 근본이 되어 염불하기 때문에 발심을 중요하게 취급하였고, 또 梵文 무량수경의 三輩段에서는 '깨달음에 마음을 기울여',『여래회』의 上輩・中輩에서는 「發菩提」,『장엄경』의 中輩에서도 '發菩提'라 한 것은 염불하는 사람이 갖추어야 할 첫 번째 의업의 자세라고 할 수가 있다.[48]

이상으로 본 바와 같이 身業・口業・意業을 잘 지키는 것이 持戒精神이며, 염불 수행자는 이러한 마음을 갖지 않으면 안 된다. 그래서 중국의 가재가『정토론』하권의 마지막 단[49]에서 "모름지기 持戒를 청정히 하여 오로지 부처님의 명호를 염하는데 일심으로 하여 산란하지 않고 백만 번에 이르면 임종시에 正念이 現前하고 부처님이 와서 맞이한다. 이것이 곧 왕생하기 쉬운 것이다."라고 하여 持戒念佛을 강조하였는지 모른다. 즉 염불하는 사람은 미래의 악업을 짓지 않기

---

48 자세한 것은 이태원 저,『염불의 원류와 전개사』pp.44~64의 발심 단원을 참고할 것.
49 대정장 47, p.102中.

위하여 持戒精神 가운데서 염불을 해야 한다는 것이다.

　이러한 영향을 받아 선도는 『관념법문』50에서 "수행자가 정토에 태어나고자 하면 오직 모름지기 계를 지키면서 염불[持戒念佛]하고 아미타경을 외워라. 하루에 따로 15번, 2년에 만 번, 하루에 따로 30번, 일년에 만 번, 하루에 따로 부처님을 만 번 등을 염하라."고 하여 持戒에 입각하여 염불할 것을 강조하고 있다. 이 지계정신은 그의 저서 여러 곳에 나타나고 있다.51 우리나라에서 지계정신의 예로 『삼국유사』의 「광덕엄장조」를 찾아볼 수 있다. 간단히 정리해보면, 신라 문무왕 때에 光德과 嚴莊 두 사문은 사이가 매우 좋아 먼저 극락세계에 가는 사람이 뒤 사람에게 알려 주기로 약속하고 열심히 염불하였다. 광덕은 경주 분황사 서쪽 마을에 은거하면서 신을 삼는 일을 업으로 하면서 아내를 두고 살았고, 엄장은 南岳에 있으면서 농사를 짓고 살았다. 하루는 석양볕이 산마루에 걸쳐 있을 때 엄장이 창 밖에서 "나는 벌써 극락에 갔으니 그대는 잘 있다가 오너라."라는 소리를 듣고 광덕이 있는 곳에 가보니 광덕이 이미 죽어 있었다. 그래서 광덕의 아내를 보고 광덕이 죽었으니 나하고 같이 살면 어떠냐고 물으니 아내가 좋다고 하여 엄장의 집에서 하루 저녁을 자는데, 광덕의 아내에게 정을 통하려고 하니 그 아내가 하는 말이 "나는 광덕과 10여년을 살았지만 한 번도 같이 자 본 일이 없고 밤에는 염불만 하였다."52고 했다. 이 이야기는 계를 지키면

---

50 대정장 47, p.23中.
51 이태원 저, 『염불의 원류와 전개사』 pp.460~462를 참조할 것.

서 염불하였다는 내용으로 우리에게 주는 의미가 깊다. 이렇듯 염불하는 수행자는 지계 정신을 가져야 한다. 이 계를 지키려면 주변의 나쁜 벗과 환경과의 인연을 멀리 여의고 좋은 환경을 접하고 살아야 좋은 身業을 지을 수 있고, 마음으로는 나쁜 생각을 될 수 있으면 갖지 않으려고 하면서 나쁜 분별을 일으키지 말아야 입으로 좋은 구업을 지을 수 있다고 본다. 그리고 정신적으로는 자기에 주어진 건강과 물질, 그리고 위치에 만족하면서 기뻐해야 탐하는 마음을 자제할 수 있을 것이며, 상대를 이해하려는 마음을 가져야 성내는 마음을 일으키지 않을 것이고, 항상 삼매 얻기를 좋아해야 어리석은 마음이 사라지고 지혜가 생길 것이라 생각한다.

제4항 定心으로 하는 念佛

부처님의 명호를 염할 때 산란한 마음으로 염하면 안 되고, 한결같고 전일한 마음으로 염해야 한다. 다시 말하면 염불하는 사람이 입으로만 부처님의 명호를 부를 뿐 다른 여러 가지 생각이 마음을 어지럽힌다면 一心不亂한 염불이라 할 수 없을 것이다. 이 일심불란한 염불을 담란은 진심에 맞게 칭명염불로 수행해야 한다고 하였다. 이 진심에 맞게 하는 칭명염불에는 세 가지 마음을 갖추어야 한다. 이 세 가지는 淳心·決定心·相續心 등이다. 첫 번째의 淳心이란 한문의 淳厚, 淳朴하다는 마음을 의미하지만, 여기서는 신심이 깊고 두터운 것을

---

52 김용욱, 『三國遺事引得』 pp.123~124.

말한 것이며, 지극히 순수해야 한다는 뜻이다. 淳心이란 한문 그대로 번역하면 순박하고 순수한 마음으로 다른 의심이 없는 마음이다. 즉 신심이 어떤 때는 있고 어떤 때는 없어 반신반의하는 것이 아니고, 부처님에 대하여 오로지 믿어 의심 없는 신심이 결정되는 것을 의미한다.

두 번째로 말한 결정심은 오로지 한결같다고 하는 專一의 의미다. 즉 마음속으로 의심하여 결정하지 못하는 것이 아니고, 또 이에 대해 여러 가지 다른 생각을 내지 않고 부처님을 생각하는 한 가지에 대해 한결같이 오로지 몰입〔專注〕한 확고부동한 마음의 상태다.

세 번째의 相續心이란 신심을 끊임없이 연속적으로 낸다는 의미로서 위에서 말한 것처럼 신심이 돈독하고 專一하여 의심 없이 결정된 것이다. 즉 신심에 다른 생각이 섞여서 앞과 뒤가 다르지 않게 하여 부처님에 대해 의심이 없는 결정된 신심이 상속되는 것을 말한다. 이 세 가지 뜻이 구족된 것이야말로 散心의 염불이 아닌 定心의 염불이라 할 수 있다. 이처럼 담란대사는 신심은 돈독하고 한결같으며 상속되어야 한다고 말한 것이다. 즉 이 세 가지가 서로 전전하여 이루는 것으로 信心不淳 → 不決定 → 念不相續되는 것이며, 또 반대로 念不相續 → 不得決定信 → 信心不淳이 되는 것이다. 이것을 반대로 말하면 淳 → 決定 → 相續으로 이어지는 것이고, 반대로 相續 → 決定 → 淳 등 연속적으로 이어진다. 즉 신심이 두터우면 능히 신심이 결정되며, 신심이 결정된 경우 신심이 필연적으로 상속하게 되는 것이며, 또한 신심이 능히 상속되는 경우 신심이 그대로 결정되고, 신심이 결정되기 때문에 신심이 능히 돈독하게 될 수 있다. 그렇지만 반대로 신심이 두텁지 못하면 결정된 신심을 얻지 못하고, 결정된 신심을 얻지 못하면 믿는 마음이 상속되지 않으며, 믿는 마음이 상속되지 못하면 결정된 신심을 얻을 수 없고, 결정된 신심이 없으면 신심이 두텁지 않다. 그렇기 때문에 염불하는 사람은 淳心과 決定心, 그리고 相續하는 마음을 따로따로 갖는 것이 아니라, 일시에 서로간 연결고리가 성립되어야만 진실한 칭명염불이 되고 定心의 염불이 되기 때문에 이러한 마음을 갖추어 염불하려고 노력해야 한다.53

또 담란은 이 한결같이 결정된 마음으로 염불하느냐 안 하느냐에 대해 有後心과 有間心, 반대로 無後心과 無間心으로 나누어 다음과 같이 논하고 있는데, 새겨들어야 할 점이다. 즉 한 번 실패한 사람이 다음에 하면 되겠지 하는 느긋한 마음을 갖고 자꾸 뒤로 미루는 것을 有後心이라 하고, 어떤 일을 추진하는데 그 일에 매진하지 않고 자주 다른 견해를 가지고 머뭇거리는 것을 有間心이라 하며, 십념을 구족하여 염불하는 사람은 어떤 일을 뒤로 미루지 않고 지금 하지 않으면 안 된다는 굳은 의지를 갖고 꾸준히 추진하는 것을 無後心이라 하고, 어떤 일을 행하는데 다른 견해를 일으키지 않고 순수하고 오로지 실행하는 마음으로 다른 것에 눈을 돌리지 않는 것을 無間心이라 하였다. 그리고 이 무후심과 무간심으로 수행하여

---

53 여기에 대한 자세한 것은 이태원 저, 『왕생론주 강설』 pp.276~284를 참조할 것.

얻은 공덕은 이루 헤아릴 수 없이 많다고 하였다. 이 무후심과 무간심에 대해 하나의 예를 들면, 음식을 잘못 먹은 사람이 설사병이 들어 버스를 타고 가는데 항문에서는 설사하려고 할 때 오로지 화장실을 생각하는 것은 無間心이며, 임종을 맞이한 사람이 사업과 처자식을 걱정하지 않고 내세의 양식을 위해 오로지 염불하려는 것은 無後心이라 본다. 그렇기 때문에 염불하는 수행자는 무간심과 무후심의 마음을 가지고 염불해야 하며, 여기서 얻는 공덕은 그 어떤 수행에서 얻는 공덕보다 수승하다고 본다.[54]

그러나 이러한 마음을 갖고 염불하는 것이 그리 쉬운 일이 아니라고 본다. 그렇기 때문에 회감법사[55]는 『석정토군의론』[56]에서 염불을 定心念佛과 散心念佛로 구별하여 定心念佛은 利根人이 수행하는 것이고, 散心念佛은 鈍根人이 수행하는 것으로 분류하지 않았나 생각된다. 이는 처음부터 定心念佛이 되지 않는 사람은 유후심과 유간심이 있는 散心念佛로부터 시작하여 차츰 차츰 진보하여 정심염불로 나아가야 할 것이다. 그래서 영명연수선사는 『만선동귀집』에서 『법화경』을 인용하여 말하기를 "산란한 마음으로 염불하는 것이나 적은 음성으로 찬탄하는 것이나 손가락으로 聖像을 그리는 것이나 모래를 모아 탑을 쌓는 일 등 보잘것없는 이런 선행일지라도 점점

---

[54] 여기에 대한 자세한 것은 이태원 저, 『왕생론주 강설』 pp.248~257을 참조할 것.
[55] 확실한 것은 알 수 없으나 선도보다 후대인 650년대 인물로 본다.
[56] 대정장 47, pp.59下~60上.

공덕을 쌓아 모두 부처님 도를 이룬다."57고 하였을 것이다. 이것은 염불하는 사람은 오로지 定心으로 하는 염불이 공덕이 많고 多善根으로 좋은 것이지만, 중근기나 하근기인 사람은 定心으로 염불할 수 없기 때문에 散心念佛도 佛道를 이루는 공덕이 된다고 하여 散心念佛이라도 권한 것이다. 다시 말하면 연수의 散心念佛은 小善根이지만 헛되지 않아 정토에 왕생할 수 있고, 언젠가 佛道를 이룰 수 있다는 것이다. 그러기 때문에 定心念佛이 되지 않는 사람도 체념하지 말고 산심염불부터 시작하면 언젠가는 정심염불이 되고 불도를 이룰 것이다.

제4절 염불 수행자의 禮懺

이 항58을 예참이라 하였지만 여기에는 예배와 찬탄, 그리고 참회하는 마음 등 세 가지가 포함되어 있다. 왜냐하면 예참이란 예배와 참회로 이어지는 수행법이지만 여기에는 부처님의 진리를 찬탄하는 것이 들어 있어 한 항목으로 취급할 수밖에 없기 때문이다.

'예배'란 부처님을 향하여 지극한 마음으로 예배하는 것으로, 예배하는 중간에 부처님의 말씀 중 좋은 구절을 찬양하는 행위가 '찬탄'이고, 또 예배하면서 과거에 지은 罪障을 마음속 깊이 뉘우치면서

---

57 대정장 48, p.976上.
58 이태원 저, 「淨土 諸師의 禮懺에 대한 小考」, 『정토학 연구』 pp.63~117에서 발췌한 내용이다.

다시는 이런 과오를 범하지 말아야겠다는 것이 '참회'이다. 그러기에 예배는 단순히 몸을 움직여 부처님께 절하는 것이 아니라 찬탄과 참회가 있어야 진실한 예배임을 알 수 있다. 예배에 대해서는 앞 지계염불의 身業에서 조금 논하여 중복된 감이 있으나 여기서는 정토가들이 지침으로 삼고 있는 의식집을 주로 하여 논하고자 한다.

여기서 이야기한 예배의 의미는 존경하는 대상을 향해 몸을 최대한 구부리든가 엎드려서 경의를 표하는 것이라 할 수 있다. 즉 불교에서 말하는 五體投地라 할 수 있다. 예배하는 사람의 몸의 다섯 부분이 땅에 접촉하는 것은 상대에게 귀의하는 마음의 작용이다. 이 예배하는 수행자는 매일 조석이나 하루에 몇 차례 사찰의 법당이나 자기 가정의 정결한 방에 불상이나 보살상, 그렇지 않으면 탱화 같은 그림을 모셔 놓고 예배하면 좋을 것이다. 이 불상에 대해서는 정말 부처님을 친견하고 있다고 생각하면서 공경하는 자세로 하는 것이 바람직하다. 여기에 조금도 소홀한 생각을 가지지 않아야 진정한 예배일 것이다.

제1항 용수의 예참

용수보살(150~250)[59]은 예배와 참회에 대하여 『십주비바사론』「분별공덕품」에서

---

[59] 용수보살의 생애와 저서에 대해서는 졸저,『염불의 원류와 전개사』pp.183~186을 참조할 것.

오른쪽 무릎을 땅에 대고 오른쪽 가사를 내려 어깨를 내놓고 공경하는 마음으로 합장하기를 주야 각각 三時에 하라. 공경하는 자세로 오른쪽 무릎을 땅에 대고 오른쪽 가사를 내려 합장하는 이 일을 마땅히 初夜一時에 일체 부처님께 예배하고 참회·勸請·隨喜·廻向해야 하며, 中夜·後夜에도 또한 이와 같이 해야 한다. 또 日初分·日中分·日後分도 이와 같이 해야 한다. 一日一夜를 합해 六時에 하며 일심으로 모든 부처님을 염하되 현재 앞에 계신 것과 같이 하라.60

고 하였다. 즉 禮拜·懺悔·勸請·隨喜·廻向·念佛 등의 수행들 가운데 하나가 예배와 참회다. 또한 이 예배와 참회의 근본은 부처님을 공경하는 마음을 갖고 있지 않으면 안 된다고 강조하고 있다. 이 공경하는 마음을 가지고 시방세계에 계신 모든 부처님께 하루에 여섯 번 실행하는 것이 예배와 참회다. 그렇다면 이 참회는 무엇을 참회하는 것인가. 이에 대해 용수는 "끝없는 佛道를 구하는데 장애가 되는 일이 있으면 모든 부처님 앞에 참회해야 한다."61고 하였다. 이 말에는 우리 불자가 부처님의 도를 구하는데 장애가 되는 것은 본인이 과거에 지은 악업에 의한 것이라고 하는 의미가 심어져 있다고 보아야 한다. 즉 과거에 지은 악업으로 말미암아 불도를 구하는데 장애가 되기 때문에 공경하는 마음을 가지고 모든 부처님 앞에 참회하

---

60 대정장 26, p.47中.
61 대정장 26권 p.46下.

면 이 악업이 소멸하여 쉽게 불도를 이룰 수 있다는 것이다. 그러기 때문에 용수는 "마땅히 이 참회와 권청, 수희, 회향을 행할 때는 몸의 이양과 명문을 아끼지 않고 밤과 낮 가운데 부지런히 해야 한다."62고 하면서 "모든 복덕 가운데 참회하는 복덕이 가장 크며 業障의 죄를 제거한다."63고 하면서 "만약 어떤 사람이 벽지불의 도를 얻고자 한다면 마땅히 이와 같이 죄업을 참회해야 하며, 만약 어떤 사람이 一切智慧나 不可思議 智慧, 無礙智慧, 無上智慧를 얻고자 한다면 마땅히 이와 같이 참회하면 업장으로 덮인 바가 없어지니 후에 다시는 이런 죄업을 짓지 말아야 한다. 그러기 때문에 마땅히 알라. 참회에는 큰 과보가 있다."64고 한 것에서 용수가 얼마나 참회에 근본을 두었는지 알 수 있다.

다음으로 예배에 대해 용수는 『십주비바사론』에서

물어 말하기를, 다만 十佛 명호를 듣고 執持하여 마음에 두면 아뇩다라삼먁삼보리에서 물러나지 않는데 다른 부처님과 보살의 명호에 의해서도 아유월치의 지위에 이를 수 있는가? 대답하여 말하기를, 아미타 등 다른 부처님과 보살들의 이름을 부르고 염하면 불퇴전의 지위를 얻을 수 있다. 그렇기에 마땅히 아미타부처님

---

62 대정장 26, p.48上.
63 於諸福德中 懺悔福德最大(대정장 26, p.48中)
64 若人欲得辟支佛道 亦應如是懺悔罪業 若人欲得一切智慧不可思議智慧無礙智慧無上智慧 亦應如是懺悔罪業 無所覆藏後不更作 是故當知 懺悔有大果報 云云(대정장 26, p.48中)

등 다른 부처님을 공경하고 예배하며 그 명호를 불러야 한다.65

고 하였다. 여기서 예배에 공경하는 마음이 근본이 되어야 한다는 것을 알 수 있다. 이러한 용수보살의 예참에는 몇 가지 주목할 점이 있다. 첫째, 참회와 예배를 信受·禮拜·稱讚·懺悔·書寫·讀誦·多羅尼 등66의 여러 가지 수행 가운데 하나로 취급하였다. 둘째, 참회하는 사람은 다시는 나쁜 업을 짓지 않을 것을 맹서하여 더 이상 짓지 말아야 한다. 셋째, 참회하여 얻는 과보는 다른 어떤 수행보다 수승하다는 것이다. 왜냐하면 참회할 줄 모르는 사람은 과거의 잘못을 인정하지 않는 사람이기 때문에 좋은 방향으로 실천하지 않고 계속 나쁜 업을 지어 나쁜 과보를 받지만 반대로 참회할 줄 아는 사람은 선업을 지어 좋은 과보를 받기 때문이다. 넷째, 예배에는 공경하는 마음을 근본으로 하여 부처님의 명호를 불러야 한다는 것이 용수의 예참의 본의라고 본다. 그러나 용수는 구체적으로 예참하는 儀式集을 만들었다든가 절차에 대한 언급은 없고 예참의 정신만을 언급한 것에 머물고 있다.

---

65 대정장 26, p.42下.
66 『십주비바사론』에서는 求阿惟越致地者 非但憶念稱名禮敬而已 復應於諸佛所懺悔勸請隨喜廻向 (대정장 26, p.45上)라 하였고, 또 『대지도론』에서는 是中多有信法善男子善女人 種種華香瓔珞幢幡伎樂燈明珍寶以財物供養 若自書若教人書 若讀誦聽說 正憶念修行 以法供養是人以是因緣故 受種種世間樂 末後得三乘入無餘涅槃(대정장 25, p.59中)이라고 하여 여러 가지 수행법을 말하고 있다.

제2항 담란의 예참

담란(476~542)67의 『찬아미타불게』는 『無量壽經』을 근본으로 하여 지어진 偈讚으로 찬탄 195, 예배 59로 되어 있다. 용수보살과는 달리 구체적인 예참 의식을 담고 있어 최초의 정토 예참집이라 할 수 있다. 이것은 용수보살의 예참의 정신을 이어 받은 것으로 생각되며, 아미타불과 정토, 그리고 정토의 대중을 찬탄하면서 예배하는 의식집이다. 이 내용을 간략하게 정리하여 보면 다음과 같다.

① 극락세계의 위치를 찬탄하는 예배

② 아미타불의 십겁 전 성불과 壽光無量, 法身光 無量을 찬탄하는 예배

③ 아미타불의 광명은 헤아릴 수 없다는 無量光을 찬탄하는 예배

④ 아미타불의 광명이 끝이 없다는 無邊光을 찬탄하는 예배

⑤ 아미타불의 광명은 허공처럼 장애될 것이 없다는 無礙光을 찬탄하는 예배

⑥ 아미타불의 광명을 다른 광명으로 비교할 수 없다는 無對光을 찬탄하는 예배

⑦ 아미타불의 광명은 삼악도의 어둠을 제거한다는 光焰王68을 찬탄하는 예배

---

67 담란의 생애와 저서에 대해서는 졸저, 『염불의 원류와 전개사』 pp.287~290을 참조할 것.
68 경전에는 焰王光으로 되어 있는데, 담란이 光을 먼저 넣어 말하고 있는 것은 잘못된 것 같다.

⑧ 아미타불의 광명은 깨끗하여 색상을 초월한다는 淸淨光을 찬탄하는 예배

⑨ 아미타불의 광명을 입으면 안락하다는 歡喜光을 찬탄하는 예배

⑩ 아미타불의 광명은 능히 무명을 파괴한다는 智慧光을 찬탄하는 예배

⑪ 아미타불의 광명이 일체 시에 두루 비춘다는 不斷光을 찬탄하는 예배

⑫ 아미타불의 광명은 부처님을 제하고는 능히 헤아릴 수 없다는 難思光을 찬탄하는 예배

⑬ 아미타불의 신통스런 광명은 모습을 여의고 이름을 붙일 수 없다는 無稱光을 찬탄하는 예배

⑭ 아미타불의 광명의 밝기가 해와 달을 초월한다는 超日月光을 찬탄하는 예배

⑮ 나를 보호하여 법을 이생이나 내생에 증장하게 하여 주기를 원하는 예배

⑯ 관세음보살에 대한 예배

⑰ 대세지보살에 대한 예배

⑱ 모든 보살과 大海衆에 대한 예배

★ 널리 스승과 스님, 부모, 선지식 등 법계의 중생들이 세 가지 장애[69]를 끊고 함께 아미타불의 세계에 태어나기 위해 귀의하면서

---

[69] 항상 일어나는 번뇌인 煩惱障, 五逆罪 등을 지은 業障, 불법이 없는 세계, 즉 북구로주와 같은 곳에 태어나는 과보를 받는 報障 등 세 가지라 생각한다.

참회합니다.

⑲ 극락세계의 성문과 보살이 무량하고, 신통의 교묘함이 한량없다고 찬탄하는 예배

⑳ 안락세계의 한량없는 일생보처 대보살의 역할을 찬탄하는 예배

㉑ 성문과 보살들의 광명을 찬탄하는 예배

㉒ 관세음보살과 대세지보살의 역할을 찬탄하는 예배

㉓ 정토에 왕생하는 사람들이 얻는 이익을 찬탄하는 예배

㉔ 안락세계의 보살들이 부처님의 신통을 입어 시방세계 부처님께 공양하는 것과 꽃, 향, 악기의 공덕을 찬탄하는 예배

㉕ 안락세계 보살들의 지혜와 정토의 대중들이 모든 만물을 접하더라도 나의 것이라는 생각을 잊고, 모든 신통을 원만하게 갖추는 것을 찬탄하는 예배

㉖ 안락세계의 성문과 보살들은 인천의 지혜를 통달하고 평등한 용모를 갖추고 있음을 찬탄하는 예배

㉗ 정토에 왕생하면 다 정정취에 머무르는 것을 찬탄하는 예배

㉘ 아미타불의 명호를 듣는 이익을 찬탄하는 예배

㉙ 안락세계의 성문과 보살의 수승함은 그 무엇으로 비교할 수 없다고 찬탄하는 예배

㉚ 하늘 사람이나 인간들이 원하는 것을 다 수용할 수 있다고 찬탄하는 예배

㉛ 왕생한 사람은 모두 청정한 몸을 갖추고 신통, 궁전, 백미의 음식 등을 수용하는 것을 찬탄하는 예배

㉜ 이미 시방 국토에 있는 보살과 비구들이 헤아릴 수 없이 많이 왕생하였고, 일찍이 무량한 부처님께 공양하고 백천 가지 견고한 법을 얻는 것을 찬탄하는 예배

㉝ 만약 아미타불의 명호를 들으면 환희하고 귀의하여 한 번이라도 염하면 큰 이익을 얻는 것을 찬탄하는 예배

㉞ 아미타불을 시방의 모든 부처님이 찬탄하시는 것을 찬탄하는 예배

㉟ 정토에 온 한량없는 보살들이 덕의 근본을 심기 위해 하늘의 악기로 부처님을 찬탄하는 것, 부처님의 지혜로 세간을 비추는 것, 꽃으로 공양하는 것 등을 찬탄하는 예배

㊱ 아미타불이 법을 설함으로 인해 얻는 공덕을 찬탄하는 예배

㊲ 극락정토는 부처님의 본원력으로 자연히 칠보로 이루어지고 청정하다는 것을 찬탄하는 예배

㊳ 정토의 광명이 빛나는 것은 그 무엇으로도 비교할 수 없고, 기온은 적절하고 네 계절이 없는 공덕을 가진 것을 찬탄하는 예배

㊴ 보배스런 땅은 맑고 깨끗하며 손바닥처럼 평평하다고 찬탄하는 예배

㊵ 정토의 나무의 크기와 장식, 여러 가지 광명이 나는 것을 찬탄하는 예배

㊶ 정토의 나무에 바람이 불면 진리의 소리가 시방에 들리고, 이를 듣는 사람은 無生法忍을 얻는다고 찬탄하는 예배

㊷ 정토의 나무의 향기, 빛, 음성, 접촉, 맛, 법을 여섯 가지 감각기관

으로 접하면 무생법인을 얻는다고 찬탄하는 예배

㊸정토의 나무를 여섯 가지 기관으로 접하면 성불할 때까지 청정하고 音響忍, 柔順忍, 無生忍을 힘에 따라 증득하는 것 등을 찬탄하는 예배

㊹정토의 나무에서 나는 음악은 하늘의 음악보다 뛰어나고 마음을 기쁘게 하는 것을 찬탄하는 예배

㊺정토에 있는 칠보 나무는 세계에 두루하고 광명이 선명하고 서로 비추며, 꽃, 과일, 가지, 잎이 서로 잘 어울리는 것을 찬탄하는 예배

㊻정토의 나무에 때때로 맑은 바람이 불면 다섯 가지 소리로 연주되어 미묘한 곡이 되는 것을 찬탄하는 예배

㊼그 국토는 광대하여 끝이 없고 여러 가지 보배와 羅網은 허공을 덮고 바람이 불면 묘법을 연설하여 듣는 사람이 얻는 공덕과 꽃이 하늘에서 하루에 여섯 번 날려 내려오는 장엄을 찬탄하는 예배

㊽여러 가지 연꽃이 세계에 가득 차고 하나하나의 꽃에 백천 가지 광명을 놓는 등을 찬탄하는 예배

㊾하나하나의 꽃에 나오는 광명은 삼십육백억천억이고, 하나하나의 꽃 가운데 부처님의 몸이 있는 것 등을 찬탄하는 예배

㊿누각의 장엄과 여덟 가지 공덕이 있는 물, 황금의 모래, 연못 언덕의 향기로운 나무 등을 찬탄하는 예배

(51) 보배 연못과 모래에서 울려 퍼지는 소리가 모든 진리를 연설하여 듣는 사람이 얻는 공덕을 찬탄하는 예배

(52) 용수보살이 염부제에 있으면서 정도와 사도를 가리고 사람들로

하여금 歡喜地를 얻게 하고 아미타불께 귀의하여 정토에 태어나게 하는 것을 찬탄하는 예배

㊼ 용이 움직이면 구름이 반드시 따르는 것과 같이 용수보살은 여러 가지로 연설하여 구제한다고 찬탄하는 예배

㊼ 본인이 한없는 세월 동안 윤회하였는데 아미타불께서 나를 護念하시어 보리심을 얻게 할 뿐만 아니라 왕생하기를 바라는 모든 사람이 다 적든 많든 모든 공덕 회향하여 함께 왕생하기를 바라면서 원하는 예배

㊼ 지혜를 찬탄하면서 내가 아미타 한 정토에 귀의하는 것이 곧 시방의 모든 부처님 국토에 귀의하는 것이고, 일심으로 아미타 한 부처님을 찬탄하여 원컨대 시방의 걸림 없는 사람들께 두루하기를 원하며, 이와 같이 시방의 한량없는 부처님께 지극한 마음으로 예배하는 마음을 표하면서 하는 예배

㊼ 나를 哀愍히 여기고 보호하여 법의 종자가 증장하기를 바라면서 금생과 내생에까지 부처님이 항상 섭수하여 주시기를 원하는 예배

㊼ 관세음보살에 대한 예배

㊼ 대세지보살에 대한 예배

㊼ 극락세계 모든 청정대해중에 대한 예배

★ 널리 스승과 스님, 부모, 선지식 등 법계의 중생들이 세 가지 장애를 끊고 함께 아미타불의 세계에 태어나기 위해 귀의하면서 참회합니다.

이상의 59배를 분류하여 보면 다음과 같다.

첫째, 아미타불의 광명을 찬탄하면서 하는 예배가 13배, 둘째, 극락세계의 기세간 장엄을 찬탄하면서 하는 예배가 15배, 셋째, 정토의 보살과 성문 등 대중들을 찬탄하고 그들이 얻는 이익을 찬탄하면서 하는 예배가 8배, 넷째, 왕생하여 얻는 이익 즉 정정취, 수용공덕을 찬탄하는 예배가 4배, 다섯째, 부처님의 명호를 듣는 이익과 염하는 이익을 찬탄하는 예배가 2배, 여섯째, 정토에 왕생한 사람이 헤아릴 수 없고 무량한 공덕을 얻는다고 찬탄하는 예배가 1배, 일곱째, 아미타불을 시방의 모든 부처님이 찬탄한다고 하는 예배가 1배, 여덟째, 용수보살을 찬탄하면서 아미타불에 대한 예배가 2배, 아홉째, 관세음 보살님께 하는 예배가 2배, 열째, 대세지보살님께 하는 예배가 2배, 열한째, 극락세계 모든 청정 大海衆에 대한 예배가 2배, 열둘째, 한없는 세월 동안 윤회하는 본인을 아미타불께서 護念하여 보리심을 얻게 할 뿐만 아니라 왕생하기를 바라는 모든 사람의 공덕이 적든 많든 모든 공덕을 회향하여 함께 왕생하기를 바라면서 찬탄하는 예배, 그리고 예배하는 본인을 哀愍히 여기고 보호하여 법의 종자가 증장하기를 바라면서 금생과 내생에까지 부처님은 항상 섭수하여 주시기를 원하는 예배가 2배, 기타로써는 내가 아미타한 정토에 귀의하는 것이 곧 시방의 모든 부처님 국토에 귀의하는 것이라는 것과 정토의 모든 보살들은 덕의 근본을 심기 위해 하늘의 악기로 찬탄하고, 또 꽃 공양으로 찬탄하면서 하는 예배가 2배 등으로 볼 수 있다.

이 예배의 특징은 아미타불의 광명과 국토의 장엄, 그리고 정토의 보살과 성문을 찬탄하면서 하는 예배가 36배로 주를 이루고, 아미타불의 좌우보처인 관세음보살과 대세지보살, 청정대해중보살을 찬탄하는 예배가 각각 2배라 본다. 그리고 한 가지 특이한 것은 용수보살을 찬탄하면서 아미타불에게 예배하는 것이 2배로 이는 담란대사가 용수보살을 얼마나 존경하였는지 엿볼 수 있는 대목이다. 담란대사는 정토에 귀의하기 전 4론[70]을 연찬하였는데 이 가운데 제바의 『백론』을 제외하면 다 용수보살의 저술이다. 따라서 그의 근본정신은 용수보살의 중관사상이라 할 수 있고, 때문에 용수에 대한 예배를 넣지 않았나 생각된다.

다음으로 담란의 참회적인 성격은 53번째로 "본인이 한없는 세월 동안 윤회하였기 때문에 아미타불께서 나를 護念하시어 보리심을 얻게 할 뿐만 아니라 왕생하기를 바라는 모든 사람에게 적든 많든 모든 공덕 회향하여 함께 왕생하기를 바라면서 찬탄하는 예배" 가운데 밑줄 친 부분이 참회적인 성격이 있으며, 열여덟 번째 후에 나온 문구와 마지막에 나오는 문구인 "널리 스승과 스님, 부모, 선지식 등 법계의 중생들이 세 가지 장애를 끊고 함께 아미타불의 세계에 태어나기 위해 귀의하면서 참회합니다."는 담란대사의 예배가 아미타불과 정토, 그리고 정토의 대중 등을 찬탄하는 것이지만, 한편으로 이 예배가 내가 모든 사람들과 함께 정토에 왕생하기 위한 참회의 예배임을 알 수 있다. 즉 담란대사의 예배는 찬탄과 참회가 밑바탕에

---

70 中論・百論・十二門論・大智度論 등이다.

깔려 있는 것으로 보아야 하고, 모든 중생과 함께 왕생하기를 원하는 예배이고, 이는 대승적인 차원에서 행해짐을 우리는 알아야 할 것이다. 왜냐하면 담란대사는 하나하나의 예배마다 "願共諸衆生 往生安樂國"이라고 하여 아미타불께 예배하는 공덕을 모든 중생과 함께 정토에 왕생하기를 원하는 데 회향하고 있기 때문이다.

이제 이 담란대사의 禮懺은 어떤 정신으로 하였는지에 대해 살펴보자. 이는 천친보살이 쓴 『왕생론』의 예배문에 대한 주석을 붙이는 곳에서 엿볼 수 있지 않나 생각된다. 즉 천친보살이 『왕생론』에서 "어떻게 예배하는가? 身業으로 아미타여래이고 응공이며 正遍知에게 예배하는 것이다. 저 국토에 태어나려는 뜻을 내기 때문이다."[71]라고 하여 예배하는 대상이 왜 아미타 부처님이냐에 대해 아미타 부처님은 여래이고 응공이며 정변지이기 때문이며, 예배하는 목적은 정토 왕생에 있다고 천친보살이 말하고 있는 것에 대해 담란은 다음과 같이 풀이하고 있는 데서 엿볼 수 있다.

'세존'이란 모든 부처님의 통칭적인 명호이다. 智를 가지고 논하면 뜻(義)[72]으로서 통달하지 못할 것이 없고, 斷[73]을 가지고 논하면 濕氣[74]가 남은 것이 없다. 智와 斷이 구족하여 능히 세간을 이롭게

---

71 云何禮拜 身業禮拜阿彌陀如來應正遍知 爲生彼國意故(『왕생론』대정장 26, p.231中)
72 지혜를 완성하였기 때문에 무슨 이치든 통달하지 못한 것이 없다는 것이다.
73 모든 번뇌를 다 끊어 버렸다는 것이다.
74 산스크리트어 vāsanā의 번역으로 흔히들 習이라 한다. 業의 잠재적 印象,

하여 세상에서 존중하기 때문에 세존이라 한다. ……中略……
부처님에게 귀의한다는 것은 효자가 부모의 뜻을 따르는 것과
같고, 충신이 임금을 받드는 것과 같아 모든 행동을 자기 멋대로
하지 않으며, 나아가고 들어오는 것에는 반드시 은혜를 알고 덕에
보답하는 연유가 있는 것과 같다. (그러므로) 이치로서 마땅히
먼저 (부처님께) 아뢰는 것이고, 또 원하는 것이 가볍지 않다.
만약 여래에게 위신의 가피력이 없다면 장차 어떻게 진리를 통달할
수 있겠는가.[75]

여기서 담란은 먼저 예배의 대상인 세존에 대해 언급하였는데,
이 세존이란 한자 그대로 이해한다면 세상 사람들로부터 존경을
받는다는 의미가 있지만, 산스크리트말로는 "Bhagavat"[76]로 "bhaga"
의 "영광, 번영"이란 의미에 "vat"의 "~을 소유한다"는 뜻이 합쳐진
말로 이는 "영광을 갖춘 사람"이란 의미일 것이다.[77] 이것을 다시

또는 慣習性으로 薰習에 의해 남겨진 기분을 말한다. 이것은 실질적으로
종자와 같은 의미를 가지고 있다. 즉 우리들의 사상이나 행위, 특히 번뇌를
가끔 일키므로 우리들의 마음속에 새겨지고 물드는 관습의 기분·습성·餘
習·殘氣 등이다. 그렇기 때문에 번뇌는 끊어도 아직 習氣는 남는 수가 있다.

75 대정장 40, p.827上.
76 음역으로 婆伽婆·婆伽梵·薄伽梵이라 하고, 의역으로는 세존·有德·有名聲이
라 한다. 즉 여러 가지 덕이 있는 사람, 威德이 있는 사람, 명성과 존귀함이
있는 사람을 의미하며, 일반적으로 존귀한 사람에 대해 공경히 부르는 말이다.
77 自在·妙相·稱讚·吉祥·智·精進 등 여섯 가지를 원만히 갖춘 사람을 말한다
고 하였다.(山口益 著, 『世親の淨土論』 p.50)

말하면 "福德을 具足한 사람"이란 말이다. 이 말은 석존이 출생하기 이전부터 인도에서 제자가 스승에 대해 부를 때 사용한 말인데 불교에서 이것을 도입하여 如來 十號 가운데 하나로 사용하였다. 담란은 이것을 석가여래뿐만 아니라 여러 부처님을 통상적으로 부르는 이름이라 하여 如來十號 가운데 하나임을 전제하면서 智德과 斷德을 가지고 논하였다. 여기서 이야기한 지덕이란 지혜를 완성하여 모든 사물을 분명히 아는 깨달음인 bodhi를 말하고, 단덕이란 모든 번뇌를 완전히 끊어버린 nirvāna의 경지를 말한 것 같다. 담란보다 후대의 인물인 우리나라 원효는 『무량수경종요』[78]에서 隨事發心[79]을 설명하면서 번뇌가 한량이 없지만 그것을 다 끊으려고 원하는 것이 斷德이요, 善法이 무량하지만 그것을 다 닦으려고 하는 것이 智德이며, 중생이 끝이 없지만 다 제도하려고 하는 것이 恩德이라고 하였다. 이 세 가지 덕은 천친이 지은 『섭대승론석』[80]과 『불성론』[81] 가운데 나온 것으로 담란은 이 가운데 지덕과 단덕을 이용하였다고 본다. 다시 말하면 세존이란 부처가 되기 이전 수행자로 있을 때 서원을 세워 추구할 것과 끊어버릴 것을 끊었기 때문에 여러 사람들로부터 존경을 받는 것이다.

둘째, 예배하면서 귀의하는 자세를 말하고 있다. 여기서 이야기한

---

78 대정장 37, p.128下.
79 현상적인 일을 보고 발심하는 것.
80 三身卽是三德 法身是斷德 應身是智德 報身是恩德云云(대정장 31, p.257下.)
81 果圓滿者 謂智斷恩德云云(대정장 31, p.794上)

귀의란 歸命이라고도 하는데 어떤 의미가 있는가. 원래 귀의란 한문 그대로 번역한다면 나보다 나은 대상에게 돌아가 의지한다는 것이다. 이것을 산스크리트어로 보면 Śaraṇam이고 훌륭한 사람에게 절대적으로 귀순하여 의지한다는 뜻으로 부처님·진리·승가를 믿고 마음을 의지하는 것이다. 이와 비슷한 말로 namas는 南無·那模·那摩·納幕 등으로 음역하는데 한역으로는 歸命·歸敬·歸禮·信徒 등으로 되어 있다. 원래 예경한다는 의미를 갖는 명사이지만, 흔히 경례의 대상과 더불어 쓰고 있으며, 그 대상에 대해서 귀의·신앙의 뜻으로 사용하고 있다. 인생을 살아가는 데는 정신적으로 의지하는 스승이나 사상가가 있어야만 그릇된 것과 타협하지 않고 바른 길로 굳건하게 살아갈 수 있을 것이다. 이러한 분을 절대적으로 믿고 따르는 것이 귀의의 의미라고 본다. 그렇기 때문에 불교에서 귀의라는 의미는 아주 중요하다고 하지 않을 수 없다. 이것을 담란은 『대지도론』[82] 설을 인용하여 마치 효자가 부모의 뜻을 따르는 것이고, 충성스런 신하가 임금을 받드는 것과 같이, 모든 행동을 자기의 뜻대로 하지 않고 부모와 임금의 뜻에 의지하여 실천하며 항상 이분들의 은혜에 보답하려고 노력하는 것이라고 표현하였다. 그래서 불교에서의 귀의란 부처님을 절대적으로 믿고 의지하고, 그분의 가르침을 따르며, 은혜에 보답하

---

[82] 復次菩薩常敬重於佛 如人敬重父母 諸菩薩蒙佛說法 得種種三昧陀羅尼種種神力 知恩故廣供養(대정장 25, p.130下)
復次佛爲法王 菩薩爲法將 所尊所重唯佛世尊 是故應常念佛 復次常念佛得種種功德利 譬如大臣特蒙恩寵常念其主 菩薩亦如是 知種種功德無量智慧皆從佛得知恩重故常念佛(대정장 25, p.109上~中)

려고 꾸준히 정진하는 것이라고 본다.

　그러기 때문에 "'모든 시방에 장애가 없는 광명을 가진 여래에게 귀의(歸命)하옵고' 가운데 '귀명'은 곧 예배문이고, ……中略…… 무엇으로 '歸命'이 예배문인 줄 아는가? 龍樹菩薩이 아미타여래의 찬문83을 지었는데 그 가운데서 혹은 머리를 조아려 예배[稽首]84한다고 했고, 혹은 나는 목숨을 다해 귀의[歸命]85한다고 했고, 혹은 歸命禮86라고 했다."87라고 하였고, 귀명과 예배의 차이에 대해서 "이 논 長行 가운데서 또 '오념문을 닦는다.'고 했는데, 이 오념문 가운데 첫 번째가 예배문이다. 천친보살이 이미 왕생을 원하는데 어찌 예배하지 않겠는가. 그렇기 때문에 '歸命'이 곧 예배인 줄 알라. 그런데 예배란 단순히 恭敬하는 것이지 반드시 歸命하는 것은 아니나, 歸命은 반드시 禮拜를 수반한다. 만약 이것으로 미루어 보면 歸命이 더 중요하다. 게송에서 자기의 마음을 표현하여 의당히 '歸命'이라 했다. 논에서 게송의 뜻을 해석하면 널리 '禮拜'를 말한다. 저것88과 이것89은 서로 도와 이룬 뜻이 더욱 더 분명하다."90라고

83　용수보살이 지은 『십주비바사론』의 易行品 게송을 말한다.(대정장 26, p.43 상~下)
84　無量光明慧 身如眞金山 我今身口意 合掌稽首禮(앞의 책, p.43上)
85　若人命終時 得生彼國者 卽具無量德 是故我歸命(앞의 책, p.43上)
86　彼國人命終 設應受諸苦 不墮惡地獄 是故歸命禮(앞의 책, p.43上)
87　대정장 40, p.827上.
88　게송에서 말하는 "歸命"을 말한다.
89　解義分인 長行에서 말하는 "禮拜"를 말한다.
90　대정장 40, p.827上.

한 것이다. 여기서 담란대사가 귀명이 예배에 해당한다는 것을 용수보살이 쓴 『십주비바사론』의 易行品을 근거로 하여 설명하면서 "歸命"과 "禮拜"에 대한 차이점을 말하였다. 귀명에는 상대방에 대해 공경하는 마음이 있어야 할 뿐만 아니라 그분의 가르침을 항상 받들고 실천하면서 몸으로는 예배한다는 뜻이 있지만, 예배에는 공경하는 마음은 있을지 몰라도 가르침을 받들며 실천한다는 의미는 포함되어 있지 않기 때문에 귀명의 뜻이 중요하다고 하지 않을 수 없다.

우리가 부처님 도를 이루기 위해서 수행할 때 3업을 닦는데 첫 번째가 身業이다. 이 신업으로 하는 것이 예배인데 이것은 앞 '持戒念佛'에서 언급하였듯이 다시 세부적으로 생각해 보면 몇 가지 의미가 있다고 본다.

첫째는 자기를 낮추고 상대를 높이는 下心에서 하는 예배다. 불교에서는 두 무릎과 두 팔꿈치와 이마를 땅에 붙여 온몸으로 예배하면서 양손으로는 상대방 제일 밑에 있는 발을 받든다는 의미에서 하는 五體投地다. 즉 예배하는 사람의 이마를 존경하는 대상의 발 밑에 대는 것은 자기를 낮추는 가장 下心하는 행위이다. 자기를 높이고 자만심을 가지고 사는 사람은 항상 자기에 대한 국집이 강한 사람으로 상대가 자기를 존경해주지 않고 알아주지 않으면 번민과 고통이 따른다. 그러나 자기를 낮추고 하심하는 사람은 이러한 고민과 번민이 없어 마음이 평온하고 안락하여 즐거움을 가질 수 있기 때문에 예배는 중요하다. 그러나 요즈음 형식적으로 하는 악수나 반배로 하는 예배는 그다지 자기를 낮추는 행위가 아니기 때문에 수행의 예배는 아니라고 본다.

둘째는 자기가 과거에 지은 죄업을 참회하는 예배다. 즉 부처님이나 보살을 향하여 과거에 지은 죄업을 참회하는 마음으로 공손하게 五體投地하면서 앞으로 다시는 이러한 잘못을 하지 않겠다고 다짐하는 것이다. 사람은 누구나 잘못을 저지를 수 있는 가능성을 가지고 있다. 이 잘못을 저지른 사람에게 중요한 것은 잘못을 인정하고 참회하는 것이다. 그런데 요즈음은 자기가 저지른 행위가 잘못인 줄 깨닫지 못한 사람이 있는가 하면 잘못을 저지르고도 엄폐하려고 하는 사람이 있어 사회나 불교계가 맑아지지 않아 안타까움이 있다. 이러한 시대에 불교에서 하는 五體投地의 예배야말로 사회와 불교계를 정화하는 행위가 아닌가 생각한다.

이상의 것을 결론적으로 말하면 담란의 예참은 천친보살의 영향을 받은 것으로 왕생에 목적을 두고 있음을 알 수가 있다. 이 왕생하는 것이야말로 자리와 이타를 두루 갖춘 보살도이기 때문이다. 그리고 담란의 예배하는 방법은 아마도 낮에 세 번, 밤에 세 번 등 하루에 여섯 차례[91]를 항상 행한 것이 아닌가 생각한다. 왜냐하면 담란은 용수보살의 사상을 잘 이해하고 실천하였기 때문이다. 용수보살은 『대지도론』에서 "보살 법은 낮에 세 차례, 밤에 세 차례 항상 세

---

91 하루를 여섯 때로 나눈 것으로 晨朝(平旦)・日中(日正中)・日沒(日入)・初夜(人定)・中夜(夜半)・後夜(鷄鳴)이다. 즉 아침・낮・해질 무렵・초저녁・한밤중・새벽녘이다. 중국의 여산 혜원은 물시계를 만들어 하루 여섯 차례에 걸쳐 수행하였다고 하며, 신행은 하루 여섯 차례 발원문을 낭독하였고, 선도대사는 하루 여섯 차례 예배하면서 참회할 것을 『왕생예찬』에서 강조하였다.

가지 일[92]을 행하라. 첫째는 아침 일찍이 오른쪽 어깨를 벗고 합장하여 시방에 계신 부처님께 예배하면서 나 아무개는 이 세상에서나 혹은 과거 무량한 세월 동안 몸과 입, 그리고 생각으로 지은 악업의 죄를 시방의 부처님 앞에 참회하오니 원컨대 없애어 주시고, 다시는 짓지 않게 하여 주시옵소서. 낮이나 저녁, 밤에도 이와 같다."[93]고 하여 죄를 참회하는 예배를 해야 한다고 강조하고 있다. 담란대사는 이 용수보살의 예참법의 영향을 받아 실천했다고 여겨진다. 이 용수보살의 예참을 한 걸음 발전시켜, 예배의 목적이 참회에 있지만 이 참회하는 마음을 갖고 예배하는 것은 그 목적을 정토왕생에 두고 있음이 담란대사의 의도다.

제3항 선도의 예참

선도(613~681)는 그의 저서인 『왕생예찬』[94] 서두에서 하루 여섯 번 예배[95]해야 한다고 다음과 같이 설하고 있다.

① 삼가 大經[96]에 석가모니불과 시방의 모든 부처님이 아미타불의

---

92 첫째는 시방 부처님에게 예배하는 것이고, 둘째는 시방과 삼세 부처님과 그 제자들의 공덕을 염하는 것이며, 셋째는 시방의 모든 부처님이 법을 설해 주시기를 청하는 것이다.
93 대정장 25, p.110上.
94 이 『왕생예찬게』를 '왕생예찬', 또는 간단히 '예찬'이라고도 하며, 또 하루에 여섯 번 예배하는 것을 말하고 있기 때문에 '육시예찬'이라고도 한다. 이에 대한 자료는 대정장 47, pp.438中~448上에 수록되어 있다.
95 이것은 앞에서 한 번 언급한, 용수보살이 『대지도론』(대정장 25, p.110上)에서 강조한 육시예배의 영향을 받은 것 같다.

열두 가지 광명97의 이름을 찬탄하고 명호를 부르고 예배하면서 염하여 결정코 저 국토에 태어나기를 원하면서 열아홉 번을 예배하는데 日沒時에 해야 한다.

② 삼가 大經에 의지하여 중요한 문장을 모아 찬탄하면서 예배하는 게송을 지어98 스물네 번 절하는데 初夜에 해야 한다.

③ 삼가 용수보살의 원왕생 예찬99의 게송에 의지하여 열여섯 번의 예배를 中夜에 해야 한다.

④ 삼가 천친보살의 원왕생 예찬100의 게송에 의지하여 이십 번의 예배를 마땅히 後夜에 해야 한다.

⑤ 삼가 彦琮法師101의 원왕생 예찬102의 게송에 의지하여 스물한 번의 예배를 晨朝에 해야 한다.

⑥ 사문 선도의 원왕생 예찬의 게송은 16관을 의지하여 지었는데

---

96 大經이란 『무량수경』을 말한다.
97 쯔보이 순애이 저, 이태원 역, 『정토삼부경개설』 pp.105~106, p.207을 참조할 것.
98 『무량수경』 전체의 내용을 찬탄하는 게송을 지어 예배하는 것을 말한다.
99 용수보살의 『십주비바사론』의 '易行品'이 아닌가 생각한다.
100 천친보살이 지은 『왕생론』이라 본다.
101 彦琮이라는 인물은 수나라와 당나라 貞觀 말년에 생존했다는 두 인물이 있으나 여기서는 수나라 시대 인물이다. 이 사람의 성은 李氏로 열 살에 출가하여 승변법사에게 가서 승려가 되어 경과 논을 읽기도 하고 강설하기도 하였으며, 왕명으로 궁중에 들어가 역경사업에 종사하다가 대업 6(610)년 7월 54세로 입적하였다. 그가 번역한 경전은 23부 100여 권이며, 저서로는 『중경목록』, 『변교론』, 『서역지』, 『통극론』, 『달마급다전』 등이 있다.
102 구체적으로 어떤 책인지 알 수 없으나 선도가 이 『왕생예찬게』에서 인용한 것으로 보아 왕생을 원하는 게송을 지은 책이 있었지 않나 생각된다.

이에 의해 스무 번의 예배를 午時에 예배해야 한다고 하면서 三心, 五念門, 四修法을 설명한 후 다시 예참을 구체적으로 언급하고 있다. 이것을 자세히 분석해 보면 다음과 같다.

첫째, 해가 서산으로 질 때 12光佛의 명호를 찬탄하면서 열아홉 번의 예배를 하는 예배의 구성은 담란대사가 아미타불, 보살, 정토, 수행공덕, 용수보살에 대해 예배한 것과는 달리 석가모니불과 일체 賢聖에게 하는 예배로, 시방세계 허공계에 두루한 일체 삼보에게 먼저 예배를 올린 후 서방의 아미타 부처님의 12光에게 예배하는데 여기에는 찬탄하는 게송이 없는 것이 다른 점이다. 또한 12광불에게 예배한 후 관세음보살과 대세지보살, 정토의 청정대해중 보살에게 하는 것이 특색이다.

둘째, 초저녁에는 『무량수경』의 내용 가운데 중요한 것을 선택하여 5言句를 만들어 찬탄하면서 스물네 번 예배하는데 그 내용을 보면 아미타불의 지혜, 정토의 불퇴전 보살, 정토의 小行菩薩, 시방의 보살과 비구의 왕생, 보살이 아미타 부처님에게 공양하는 것, 하늘의 악기가 연주되는 것과 梵聲의 역할, 광명의 역할, 정토를 보는 공덕, 왕생하여 신통과 수기를 받는 것, 모든 부처님에게 공양하는 것, 부처님 명호를 듣는 공덕 등을 찬탄하면서 아미타불에게 예배하는데, 이것이 첫째와 다른 점이며, 이후 관음보살, 대세지보살, 청정대해중 보살에게 예배하는 것은 담란대사와 같다고 본다.

셋째, 한밤중에는 용수보살의 12禮讚偈를 7言句로 만들어 찬탄하면서 열여섯 번 예배하는데 그 내용을 보면 아미타불을 천인들이 공경하는 것, 금색의 몸, 얼굴이 만월과 같다는 것, 황금의 땅과 연못, 왕생하여 얻는 신통, 정토에는 나쁜 이름과 여인이 없다는 것을 찬탄하면서 하는 예배이며, 여기서도 관음보살, 대세지보살, 청정대해중보살에게 예배한다.

  넷째, 새벽에는 천친보살의 『왕생론』5언구 게송을 하나하나 외우면서 스무 번 예배를 하는데 처음 1배는 첫 번째 네 게송인 "願生安樂國"의 작원문을 빼고, 원생게를 짓는 의도인 네 게송 가운데 마지막 "與佛敎相應"을 삽입하여 한 구절을 만들었다. 2배는 '莊嚴淸淨功德'과 '量功德'을 합한 것이고, 3배는 '性功德'과 '形相功德'을 합한 것이며, 4배는 '種種事功德'과 '妙色功德'을 합한 것이다. 그리고 5배에는 觸功德인 "寶性功德草 柔軟左右旋 觸者生勝樂 過迦旃隣陀"를 빼고 三種功德 가운데 '水功德'으로 하였고, 6배는 '地功德'이며, 7배는 '虛空功德'이고, 8배에는 雨功德인 "雨華衣莊嚴 無量香普熏"과 光明功德인 "佛慧明淨日 除世癡闇冥"을 빼고 '妙聲功德'과 '主功德'로 하였으며, 9배는 '眷屬功德'과 '受用功德'으로 하였고, 10배는 '無諸難功德'과 '大義門功德'의 앞 두 게송인 "大乘善根界 等無譏嫌名"으로 하였다. 11배는 '大義門功德'의 뒤 구절인 "女人及根缺 二乘種不生"과 '一切所求滿足功德'으로 하였는데 여기까지는 器世間莊嚴이다. 다음 12배는 부처님장엄으로 '座功德'과 '身業功德'으로 하였고, 13배에는 口業功德과 心業功德을 빼고 '大衆功德'과 '上首功德'으로 하였으며, 14배는 '主功德'과 '不虛作住持功德'을 뺀 후 보살장엄의 '無餘功德'의 앞 두 게송으로 하여 부처님장엄과 보살장엄을 합한 것이 특색이며, 15배는 보살장엄의 첫 번째인 '不動應化功德'의 앞 두 게송과 '一念遍至功德'의 두 번째 게송과 네 번째 게송을 인용한 것이 특색이다. 이러한 것은 선도가 천친보살의 『왕생론』 게송 가운데 본인이 중요하다고 생각하는 것만 선택하여 예참하였다고 본다. 다음 16배와 17배는 선도가 아미타불의 공덕을 찬탄하는 것으로 속히 모든 공덕을 원만히 성취하기를 바라는 원과 禮懺하는 사람을 보호하여 善法을 增長시켜 주기를 바라는 예배이며, 18, 19, 20은 앞과 같이 관세음보살, 대세지보살, 청정대해중보살에게 하는 예배이다.

다섯째, 아침에 하는 예배는 수나라 언종법사의 원왕생게를 외우면서 하는 스물한 번 예배인데, 이 책의 원본을 볼 수 없기 때문에 선도가 인용한 것에 의해 분석할 수밖에 없다. 언종법사의 원왕생게는 천친보살과 같은 5言句의 게송이다. 법장보살이 서원을 세운 것과 극락세계의 장엄, 십념으로 왕생하는 것, 무생법인을 얻는 것 등이 주를 이루며, 19, 20, 21번의 예배는 앞과 같이 관음보살, 대세지보살, 청정대해중보살에게 예배한 것이다.

여섯째, 낮에 하는 예배는 선도 스스로 7言句로 지어 16관게를 외우면서 스무 번 예배를 하게 되어 있다. 이 첫 번째 예배는 법장보살의 서원으로 생긴 전체적인 장엄을 찬탄하는 예배이고, 다음부터는 16관을 찬탄하면서 하는 예배인데 이 16관이란 地下莊嚴, 地上莊嚴, 虛空藏嚴, 寶國寶林寶樹莊嚴, 七重羅網七重宮中莊嚴, 寶池莊嚴, 一一金繩莊嚴, 座臺莊嚴, 彌陀身心莊嚴, 彌陀身色莊嚴, 觀世音菩

薩莊嚴, 大勢地菩薩莊嚴, 삼매에 들어 서방에 이르러 보는 依報莊嚴과 正報莊嚴, 上輩修行, 中輩修行, 下輩修行 등이다. 19배는 아미타불의 국토를 보고 얻는 것은 헤아릴 수 없이 많음을 찬탄하는 예배이고, 마지막 20배는 관음보살, 대세지보살, 청정대해중보살을 합쳐 하는 예배로 앞에서 따로따로 하는 예배와는 다르다.

이상의 육시예배의 특색을 몇 가지 점에서 생각할 수 있다. 첫째, 선도가 하는 이 육시예배는 담란대사에게는 찾아볼 수 없는 것으로 선도대사가 하루의 시간을 정하여 정토수행을 하게 한 것으로 탁월한 발상이라 하지 않을 수 없다. 이 하루 여섯 번 하는 수행은 일찍이 여산의 혜원(334~416)이 물시계[103]를 만들어 수행했다고 전하며, 信行(540~594)도 晝夜六時에 하는 발원문을 만들어 수행한 것으로 이러한 영향을 받은 것이 아닌가 보인다.

둘째, 첫 번째 日沒時에 하는 예배의 마지막에 "我今稽首禮 廻願往生無量壽國"이라 하여 선도 스스로 왕생에 목적을 두고 예배한 것이고, "願共衆生咸歸命 故我頂禮生彼國"이라 하여 모든 중생과 함께 귀의하고 예배하여 저 국토에 태어나기를 원한 것으로 자기와 남이 다 같이 왕생을 원한 자리이타사상을 엿볼 수 있고, 두 번째부터 여섯 번째까지는 담란대사와 같이 "願共諸衆生 往生安樂國"이라 하여 자기도 왕생을 원하지만 다른 많은 중생과 같이 왕생하기를 원하는 것에 치중함을 알 수가 있다.

---

[103] 일명 蓮華漏라고도 하는데, 이는 혜원의 제자가 교묘한 생각으로 연꽃을 가지고 시계를 만들었기 때문에 붙여진 이름이다.

셋째, 아미타불에게 예배하고 관세음보살에게 예배하기 전 "아미타부처님이 예배하는 제자를 불쌍히 여기고 법을 증장시켜 주기를 원합니다."라고 서원을 간절히 세우고 있는 것은 그의 원이 얼마나 진실하고 간절한 예참인가를 알 수 있다.

넷째, 6時禮懺의 마지막 3배를 관세음보살, 대세지보살, 청정대해 중보살에게 예배하는 것은 담란대사의 영향을 받았다고 할 수 있다.

이러한 육시참회에 대해서는 『관무량수불경소』에서 "이미 스스로 業相104이 이와 같은 줄 알았다면 오직 모름지기 마음을 부지런히 하여 참회해야 한다. 밤과 낮 三時・六時 등에 항상 기억하여 참회하는 사람은 가장 上根이며 上行105의 사람이다."106라 하였고, 『관념법문』에서도 "만약 모든 비구나 비구니, 혹은 남자나 여인이 네 가지 根本107과 열 가지 악108 등의 죄, 오역죄109 및 대승을 비방하는 것을 범하였으면 이와 같은 모든 사람은 만약 능히 참회하기를 낮과 밤 六時에 몸과 마음을 쉬지 않고 五體投地하는데 큰 산이 무너지는

---

104 業에 의해 나타난 모습. 즉 지금까지 지어온 업에 의해 나타난 자기의 모습이 罪惡凡夫임을 아는 것을 말한다.
105 자기의 業의 모습을 알고 항상 참회하는 것은 상근기의 가장 수승한 행이라는 것을 의미하는 것 같다.
106 대정장 37, p.262上.
107 네 가지 根本이란 不婬・不盜・不殺・不虛誑語를 말한다.
108 殺生・偸盜・邪淫・妄語・綺語・惡口・兩舌・貪慾・瞋恚・愚癡 등 열 가지 악을 말한다.
109 ①어머니를 죽이는 것, ②아버지를 죽이는 것, ③아라한을 죽이는 것, ④부처님 몸에 상처를 입혀 피를 내는 것, ⑤교단의 화합을 破하는 것 등이다.

것과 같이 하고, 슬피 울며 눈물을 흘리면 云云"110라고 한 것과 "도량 내에서는 서로 머리를 맞대어 비밀스런 말을 하지 말고, 밤과 낮 혹은 三時·六時에 모든 부처님·일체 賢聖·天曹111·地府112 등 일체 業道113에 알리어 일생동안 신구의로 지은 여러 가지 죄를 낱낱이 드러내어 참회하라."114고 한 것은 선도의 주된 예참사상이 주야로 三時, 혹은 六時에 五體投地로 하는 것임을 알 수 있다.

이러한 선도의 六時懺悔는 智顗의 『마하지관』의 六時五悔115와 "낮과 밤 하루 六時에 六根으로 지은 죄를 참회한다."116라고 하는 영향을 받은 것 같고, 더 나아가서는 용수가 『대지도론』117에서 말한 六時思想을 智顗가 받아 六時懺法으로 하였고, 이것을 선도가 받아 정토예참법으로 구체화했다고 생각한다.

다음으로 선도의 참회에 대해 살펴보자. 선도의 참회는 하루 여섯 번 예배할 때 먼저 참회를 하고 마지막에도 참회를 하는 것을 근본으로 하고 있다. 마지막 참회는 담란대사와 마찬가지로 한 때 한 때 예참이

---

110 대정장 47, p.29中.
111 天上의 役所.
112 地上의 일을 맡아 보는 장소인 것 같다.
113 苦樂의 果報를 느끼는 善惡의 業.
114 대정장 47, p.24中.
115 천태종에서 法華三昧를 닦는 사람이 하루 여섯 번 하는 다섯 가지 참회법을 말한다. 즉 懺悔·勸請·隨喜·廻向·發願 등이다. 이 六時와 五悔는 대정장 46, p.98上에 나와 있다.
116 日夜六時懺六根罪(대정장 46, p.14上)
117 菩薩法晝三時夜三時常行三事(대정장 25, p.110上)
   佛常一日一夜六時以佛眼觀衆生(대정장 25, p.454中)

끝난 후 "널리 스승과 스님, 부모, 선지식 등 법계의 중생들이 세 가지 장애를 끊고 다 함께 아미타불의 세계에 태어나기 위해 귀의하면서 참회합니다."라고 하는 것은 완전히 담란대사의 영향을 받아 그대로 실행했다고 보아야 할 것이다.

또한 선도는 참회에 상·중·하 세 가지가 있다고 한 후 上品懺悔에 대해서는 "몸의 털구멍 가운데서 피가 나오고, 눈 가운데서 피가 나오도록 참회하는 것"이라 하였고,118 中品懺悔는 온 몸에서 뜨거운 땀이 털구멍에서 나오고, 눈에서 피가 나오도록 참회하는 것이며,119 下品懺悔는 온 몸에서 열이 나오고 눈에서는 눈물이 나오는 것120이라 하였다. 여기서 피가 나온다든가 눈물이 나온다고 하는 것은 참회하는 마음의 자세가 얼마나 지극하고 간절하고 절실하게 해야 하는가를 표현한 것이라 할 수 있다. 그래서 선도는 이 三品懺悔를 열거한 후 "마음에 사무치고 골수에 사무치도록 행해야 한다."고 하였다.

이 참회하는 마음의 자세는 '發露懺悔'가 근본임을 알 수가 있다. 여기서 말하는 發露懺悔란 과거로부터 지금까지 身·口·意 등 세 가지 업으로 지은 죄를 마음속에 숨기지 않을 뿐만 아니라 거짓없이 진실하게 부처님 전에 아뢰면서 다시 짓지 않겠다는 맹서가 들어 있다. 이것은 선도가 『법사찬』에서 "제자 나는 이 몸이 형성되었든 안 되었든 識이 형성되었든 안 되었든 지금에 이르기까지 신구의로

---

118 身毛孔中血流眼中血出者名上品懺悔(대정장 47, p.447上)
119 遍身熱汗從毛孔出眼中血流者名中品懺悔(대정장 47, p.447上)
120 遍身徹熱眼中淚出者名下品懺悔(대정장 47, p.447上)

열 가지 악업을 한없이 지었습니다."121고 인정하면서 참회하는 것에서 알 수 있다. 또한 "제자들은 이어서 마땅히 참회합니다."라고 하여 무엇을 참회하는가에 대해 구체적으로 신업으로 지은 살생, 투도, 사음과 구업으로 지은 虛誑罪, 調戱罪, 惡口罪, 兩舌罪, 그리고 의업으로 지은 邪貪惡貪, 邪瞋, 邪痴顚倒惡見 등122을 열거하고 있는 것은 선도 자신뿐만 아니라 모든 사람들이 이렇게 구체적으로 참회를 해야 진실한 발로참회임을 알 수 있게 한다. 이러한 발로참회를 엿볼 수 있는 것은 『관무량수경소』에서 "모든 수행자들은 먼저 불상 앞에서 지극한 마음으로 참회하고 지은 죄를 숨김없이 드러내고〔發露〕지극하게 慚愧한 마음을 내어 슬피 울고 눈물을 흘리면서 허물을 뉘우치고 마쳐야 한다."123라고 하여 불상 앞에서 發露懺悔하는 법을 말하고 있으며, 또 『관념법문』에서는 『관불삼매경』의 설이라고 하여124 "죄를 멸하고자 한 사람은 나의 탑 가운데 들어가 나의 형상을 관해야 하고, 지극한 마음으로 참회하면 가히 죄를 멸할 것이다. 이때 네 비구가 만사를 다 버리고 일심으로 가르침을 받들어 탑에 들어가 불상 앞에서 스스로 엎드려 참회하였다."125라 하여 여기서도

---

121 대정장 47, p.435下.
122 대정장 47, p.435中~436下.
123 대정장 37, p.266中
124 선도는 『관념법문』에서 「如觀佛三昧海經說」이라 하여 인용하고 있으나 이 경에 이와 딱 맞는 문장은 보이지 않는다. 아마도 대정장 15, pp.690上~693上까지 『관불삼매해경』의 「觀像品」의 내용을 자기 나름대로 인용한 것이 아닌가 생각된다.
125 대정장 47, p.29上~中.

제4장 염불 수행법과 자세 273

참회하는 사람은 반드시 탑과 불상 앞에서 至心으로 발로참회해야 한다고 강조하고 있음을 알 수가 있다.

그럼 이 예배와 참회의 순서에 대해 살펴보자. 『법사찬』에서 "이제 도량 내의 범부와 성인에 대해 발로참회하면서 죄가 영원히 다 소멸하여 남음이 없기를 원하면서 해야 한다. 이렇게 참회하고 나서 지극한 마음으로 아미타불에게 귀의하면서 예배해야 된다."[126]고 하여 마음속으로 깊이 참회한 후 예배하는 것이 순서임을 말하고 있다. 이러한 순서는 『법사찬』에서 "懺悔已 至心歸命阿彌陀佛"[127]이란 말이 자주 등장하는 데서도 알 수 있다.

다음으로 선도가 참회에 의해 소멸되는 것 외에 아미타불의 명호를 불러서도 죄가 소멸되는 것을 강조하고 있는 면도 엿볼 수 있다. 『반주찬』에서 "손으로 향로를 잡고 참회하게 하고, 가르쳐 합장하여 염불하게 하였으며, 한 번 소리를 내어 부처님을 부르면 여러 가지 고통이 제거되며, 五百萬劫의 죄가 소멸된다."[128]든가 "선한 벗이 이르기를 오로지 합장하고 正念으로 오로지 無量壽를 불러라. 소리와 소리가 이어지고 沒入하여 十念이 차면 念念에 五逆罪가 소멸된다. 법을 비방하는 闡提가 十惡을 행하였더라도 마음을 돌이켜 염불하면 죄가 다 제거된다."[129]는 것은 염불에 의해 죄가 소멸되는 것이

---

126 今對道場凡聖 發露懺悔願 罪消滅永盡無餘 懺悔已 至心歸命禮阿彌陀佛(대정장 47, p.429中)
127 대정장 47, p.435下, 436上, 中, 下 이외 여러 곳에 나오는 술어다.
128 대정장 47, p.455中.
129 대정장 47, p.455中.

다. 이에 대한 근거를 선도는 『왕생예찬』에서 "만약 아미타불을 부르는 것이 한 번의 소리가 능히 八十億劫 무거운 생사의 죄를 소멸하는 것처럼 예배와 염불도 또한 이와 같다."130라고 하여 『觀無量經』의 말씀을 인용하여 칭명염불이 죄업을 소멸시켜주는 역할을 한다고 하였다. 그리고 선도는 『관무량수불경소』에서도 "중생이 稱念하면 곧 多劫의 죄를 제거하고 목숨이 마칠 때에 임해 부처님과 성중들이 스스로 오시어 영접하신다. 모든 나쁜 업으로 얽힌 것이 능히 장애될 수 없기 때문에 增上緣이라 이름한다."131라고 한 것으로 보아 선도가 악업을 소멸하는 법으로 참회와 칭명염불을 사용하였음을 알 수 있다.

그러면 여기서 선도가 참회에 근본을 둔 懺悔念佛을 살펴보자. 우선 참회하려고 하는 마음은 앞에서도 언급하였지만 자기가 지은 죄업을 자각함에 의해 일어나는 것이라고 본다. 선도는 염불하는 사람에 대해서 죄악이 있는 범부, 번뇌를 구족한 사람임을 자각하고 참회하면서 염불해야 한다는 것이다. 그래서 그는 『관무량수불경소』에서 "단 이 부처님이 세상을 떠나신 후 善이 없는 범부〔無善凡夫〕가 근근히 수명을 밤낮으로 연장하다가 적은 반연을 만나 小戒132를 받고 회향하여 정토에 태어나기를 원하면 부처님의 願力으로써 곧 태어날 수 있다."133고 한다든가 "꼭 자신이 현재 이 罪惡과 生死의

---

130 대정장 47, p.447下.
131 대정장 37, p.268上.
132 小戒란 아마도 몇 가지 안 되는 五戒를 말한 것 같다.

제4장 염불 수행법과 자세 275

범부로 오랜 세월 이전부터 온 이래 항상 〔생사에〕 빠지고, 항상 윤회하여 벗어날 반연이 없음을 깊이 믿어야 한다."134고 하였고, 또 "석가모니불이 능히 五濁惡時·惡世界·惡衆生·惡見·惡煩惱·惡邪·無信이 성할 때에 있어서 아미타불의 명호를 가리켜 칭찬하시고 중생들에게 稱念하게 하면 반드시 왕생할 수 있다고 권하신 것"135 등은 염불하는 수행자는 스스로 '無善凡夫'·'罪惡生死凡夫'·'一切罪障凡夫'·'五濁惡時 惡世界 惡衆生 惡見 惡煩惱 惡邪 無信' 등을 자각하고 懺悔하면서 염불할 것을 강조한 것이고, 찬탄하면서 예배하는 것이라 본다. 그래서 선도 수행은 참회와 찬탄에 근본을 둔 예배이며 염불이라고 보아도 과언은 아니라고 생각하며, 선도의 수행 행도는 懺悔 → 滅罪 → 往生임을 알 수 있다.

제4항 근대사 가운데 慈雲律師의 정토예참

자운율사는 1911년 3월 3일 강원도 평창군 진부면 노동리에서 태어나 1992년 2월 7일 해인사 홍제암에서 세수 82세, 법랍 66夏로 입적하셨다. 자운율사는 근대 한국불교계에 사라져 가는 계율사상을 진작시켰을 뿐만 아니라 신라불교 후에 맥이 끊어진 정토사상을 손수 실천하면서 일반 대중들에게 염불을 권하는 선구자적인 역할을 한 분이기 때문에 그분의 정토예참에 대해 논하고자 한다. 자운율사가 신앙의

---

133 대정장 47, p.248下.
134 대정장 37 p.271上.
135 대정장 37, p.272上.

지침서를 펴낸 책은 필자가 알기로는 24종류로 알고 있지만 이보다 더 있으리라 생각한다. 왜냐하면 24종은 필자가 그분 곁에서 모은 종수로, 다른 곳에서 펴낸 책이 더 있으리라 생각되기 때문이다.

이 책들을 분류해 보면, 한국불교계에 계율사상을 진작시키기 위해 펴낸 책은 『사분비구계본』(1976년), 『사분비구니계본』(1976년), 『菩薩玄鑑』(1977년), 『戒壇禮敬』(1982년) 등 네 종류인데 이는 출가자와 재가에게 계율을 지키는데 필요한 내용을 한글로 번역하여 출판한 것이다.

다음, 정토사상을 진작시키기 위한 책으로는 『淨土法要』(1971년), 『淨土禮敬』(1976년), 『三時繫念佛事』(1978년), 『阿彌陀佛種子眞言』(1987년), 『淨土三部經』(1971년), 『淨土心要』(1971년) 등 여섯 종류가 있는데, 한글로 출판되어 일반인들이 보기 쉽게 한 것으로 이는 정토경전 독송과 예참, 그리고 淨土密敎的인 특색을 지니고 있다고 볼 수 있다.

참회하는 책으로는 『慈悲水懺』(1970년), 『慈悲道場懺法』(1978년), 『孤獨地獄懺悔』(1988년) 등이 있으며, 이밖에 부처님이나 보살, 그리고 아라한을 찬탄하면서 예배하는 책으로는 『摩尼禮誦』(1975년), 『諸經禮誦』(1977년), 『文殊菩薩禮讚』(1981년), 『十六大阿羅漢禮讚』(1982년) 등이 있다. 끝으로 신앙을 지침으로 한 책은 『諸經精華』(1975년), 『普賢行願品』(1976년), 『勸發菩提心文』(1977년), 『文殊聖行錄』(1982년), 『佛頂尊勝多羅尼經』(1984년), 『大乘莊嚴寶王經』(1975년), 『徹悟禪師語錄』(1976년) 등이 있다. 여기서 한 가지

밝혀두고 싶은 것은, 위 책들은 본인이 손수 編譯하거나 번역한 것도 있지만, 다른 사람에게 번역료를 지불하여 발행한 책도 있다. 그러나 이러한 책을 출판한 것도 본인의 평소 신앙사상이 깃들어 있음을 의미한다.

여기서 정토예참에 대한 것은 『淨土禮敬』와 『三時繫念佛事』이고, 『淨土法要』는 『淨土禮敬』에 있는 내용을 뽑아 하루에 세 번 아미타불전에 예배하는 의식으로 만든 것으로 이는 지금 필자가 살고 있는 보국사, 부산 감로사, 해인사 홍제암 등 다른 사찰에서 행해지고 있다. 본고에서는 먼저 『淨土禮敬』을 살펴본 뒤 『三時繫念佛事』에 대해 논하고자 한다. 『淨土禮敬』은 자운율사가 직접 편찬하여 발행한 것으로 예배의 의식절차를 행하기 쉽게 만들었다. 먼저 아미타 부처님전에 향을 사르고 게송을 외운 뒤 시방법계에 항상 상주하고 계신 불법승 삼보께 아뢰는 예배를 시작하여 총 206배를 하는 것이다. 이 206배를 하는 절차를 보면 먼저 찬탄하는 게송을 무릎을 꿇고 한 후 50배씩 세 번 하고 마지막에는 56배를 한 후 본인의 서원을 아뢰는 것으로 되어 있다. 그런 후 연지대사가 지은 西方願文[136]을 낭독하고, 염불은 正念偈와 讚佛偈를 낭송한 후 아미타불 염을 자기의 형편에 따라 한다. 그리고 나무관세음보살과 나무대세지보살, 나무청정대해중보살을 세 번씩 한 후 회향게를 외우고 마친다.

---

[136] 이것을 지은 사람은 袾宏(1536~1615)으로 중국 명나라시대의 승려로 자는 佛慧이고, 호는 蓮池다. 이 서방원문의 내용은 卍속장경 108권 pp.0403~0408(新文豊出版公司印行)에 수록되어 있다.

먼저 예배의 대상을 분석해 보면 다음과 같다.

첫째는 부처님에 대한 예배다. 이 예배는 本師 석가모니불을 비롯하여 동방, 남방, 서방, 북방, 동남방, 서남방, 서북방, 동북방, 하방, 상방 등 시방의 부처님에게 예배한 후 아미타불의 예배가 시작되는데 총 151배다. 먼저 『무량수경』에 나오는 12光佛의 명호를 거론하면서 하고, 뒤는 48원의 내용과 정토의 정보장엄과 의보장엄 등 정토경전에 있는 내용을 찬탄하면서 하고, 마지막에는 담란대사와 선도대사와 달리 '盡十方三世一切諸佛'에게 예배하도록 되어 있다.

둘째는 법에 대한 예배다. 먼저 정토삼부경의 經名을 하나하나 거론하면서 하고, '盡十方三世一切尊法'에게 예배한다.

셋째는 보살에 대한 예배다. 먼저 『십왕생경』137에 나오는 觀世音菩薩부터 마지막 無邊身菩薩까지 25보살의 명호를 한 분 한 분 열거하면서 예배하도록 되어 있다. 이 25보살이 등장하는 『십왕생경』은 眞疑의 문제가 있으나 이 문제는 다음으로 미루고, 이 경에서는 석가모니불과 아미타불 등 두 성인이 염불하는 수행자를 그림자가 따라다니듯이 보호하기 위해 25보살을 보낸다고 하였다. 이러한 내용을 선도대사도 그의 저서 『관념법문』에서 『십왕생경』에서 말씀한 바와 같다고 하면서 "어떤 사람이 오로지 서방의 아미타불을 염하여 왕생하기를 원하면 25보살로 하여금 수행자를 그림자가 따르듯이 보호하게 한다."138는 내용을 인용한 것으로 보아 선도도 이

---

137 卍속장경 87권 pp.0907~0909(新文豐出版公司印行)에는 『佛說十往生阿彌陀佛國經』이라는 제명으로 수록되어 있다.

『십왕생경』을 신뢰하고 있었던 것으로 보인다. 그러나 선도는 예참에 25보살을 일일이 열거하지 않았지만 자운율사는 한 분 한 분 열거하고 있는 점이 선도대사와 다른 점이라 할 수 있다. 그리고 자운율사는 본인이 평소 아미타불 다음 신앙의 대상으로 하고 있는 문수보살을 25보살 다음으로 넣었고, 미륵보살, 인도의 용수보살, 마명보살, 천친보살을 25보살과 같은 지위에 넣어 예배하도록 하면서 마지막에는 "盡十方三世一切菩薩"로 한 것은 하나의 특징이라 하지 않을 수 없다.

넷째는 석가모니불의 제자인 가섭존자, 아난타존자, 사리불존자, 목건련존자, 가전연존자, 빈두로파라타존자, 盡十方三世一切賢聖僧으로 예배를 하고 마쳤다.

이러한 자운율사의 예배법은 한국불교계의 현실과 무관하지 않다고 본다. 왜냐하면 한국불교 조계종은 선종불교라 하지만 統佛敎的인 신앙의 예배가 아침저녁으로 행해지고 있고 다른 의식이 행해지고 있기 때문이다. 조석의 예불에는 처음 석가모니불로부터 시작하여 시방삼세 일체 제불, 일체 법, 보살, 일체 승가를 열거하고 있다. 자운율사는 이러한 것을 감안하여 처음 석가모니불에 대한 예배를 한 다음 이어서 아미타불에 대한 예배를 집중적으로 하게 한 후 거론하지 못한 '盡十方三世一切諸佛'에 예배하게 하였다. 다음은 정토삼부경을 하나하나 거론하면서 예배한 후 경전의 이름을 거론하

---

138 대정장 47, p.25中.

지 못한 '盡十方三世一切法'에 대한 예배를 하게 하였다. 그리고 극락세계의 보살과 현세에 생존했던 보살 등 일체 보살, 석존의 제자와 일체 승가에 대한 예배의 형식을 취한 것은 한국 불교계를 감안한 예참법으로 탁월하다고 하지 않을 수 없다.

다음은 『정토예경』의 예찬 게송의 내용을 검토해 보면, 앞에서 한번 언급하였지만 예배하는데 피곤하지 않게 무릎을 꿇고 게송으로 찬탄하고 예배하는 형식을 취하였다. 첫 번째 찬탄의 게송을 보면 아미타불의 공덕장엄에 대해 "빛나신 얼굴 우뚝하시고 위엄과 신통 그지없으니"로부터 시작하여 모든 중생을 다 제도하신다는 것을 찬탄하고, 두 번째 게송은 시방세계에서 오는 중생들이 정토의 공덕장엄을 누리는 것과 예경하는 수행자의 서원을 부처님이 증명하여 성취하기를 바라는 것이 주된 내용이며, 세 번째 게송은 시방의 모든 보살과 대중들이 아미타불을 친견하고 공양하고 정토장엄 공덕을 누리는 등 것이다. 네 번째 게송은 석가모니 부처님이 정토에 왕생해야 하는 이유를 찬탄하고, 전생에 지은 공덕 없이는 정토경전을 만나고 믿기 어려운 것과 정토 법문을 믿는 공덕이 얼마나 수승한가를 찬탄하는 것이며, 염불 행자 스스로 다음 세상에는 반드시 부처가 되어 중생을 제도하겠다는 원이 있는 게송이다. 그리고 예배를 다한 후 마지막에 "바라노니 서방정토에 나되 상품 연꽃을 부모로 삼고 부처님을 뵙고 무생법인 이루어 불퇴전 보살과 도반되어지이다."로 회향하였다. 이 회향은 자운율사가 예참 수행자의 간절한 원을 갖게 하는 데 목적이 있다고 생각된다.

다음『三時繫念佛事』는 돌아가신 영가를 위하여 三時에 걸쳐 천도시키는 儀式集이라 보아도 무리는 아니다. 이 책의 저자는 우리나라에 잘 알려진 永明延壽禪師로 法眼宗인 文益의 三世法孫이고, 天台德韶의 법을 이었으며, 선종이 가장 성황할 때의 대표적인 宗匠이다. 그는 哀帝 天祐1년(904)에 餘杭139에서 태어나, 어릴 때부터 마음을 부처님께 귀의하였으며, 나이 35세에 龍冊寺 翠巖參禪師에게 나아가 출가하여 天台山의 天柱峯에서 九旬間 禪定을 닦았고, 그 후 德韶國師를 알현하고 玄旨를 전수받았다. 뒤에 誦經萬善에 중점을 두고 『법화경』을 독송과 정토의 업을 수행하였다. 즉 그는 매일 誦經·禮佛·念佛·說戒·施食·放生 등 모든 善行을 행하였다. 이후 杭州 靈隱寺를 復興시켰고, 다음해는 永明大道場으로 옮겨와 크게 대중들을 교화하였다. 永明140에 살면서 15년간 제자 1,700명을 둔 것과, 그때 사람들이 영명연수를 慈氏菩薩이 下生한 것이라고 불렀던 것에서 그의 教化의 德風이 얼마나 대단하였는지를 엿볼 수 있다. 그는 송나라 開寶8년(975) 12월 26일에 춘추 72세, 법랍 37세로 입적하였다. 諱는 延壽, 號는 智賞禪師, 字는 仲元이다. 그의 저서에『종경록』 100권,『만선동귀집』3권,『영명지각선사유심결』1권,『수보살계법』1권,『정혜상자가』1권,『경세』1권,『심부주』4권 등이 있고, 이외『신루안양부』등 대략 60余部의 저서가 있는데141 이 가운데

---

139 浙江省 餘杭縣.
140 湖南省 永明縣 北쪽.
141 영명연수의 전기와 정토사상에 대해서는 필자가 쓴『염불의 원류와 전개사』

하나가 『三時繫念佛事』이다. 그의 사상과 업적은 한마디로 諸行兼修로서 禪淨兼修를 大成시킨 점이라고 할 수 있다.

이 『三時繫念佛事』의 내용은 제1시에 정토의 佛菩薩을 청한 뒤 『아미타경』을 독송한 후 '拔一切業障根本 得生淨土多羅尼'를 외우고 나서 마음에 대한 법을 설하고 아미타 염불을 백 번 하고 다시 법을 설하고 아미타 염불 천 번과 관세보살 염 세 번, 대세보살 염 세 번, 청정대해중보살 염 세 번을 하게 되어 있고, 다시 법을 설하여 이러한 공덕으로 영가가 정토에 왕생하기를 원하는 형식을 취하였다. 법문의 내용은 다르나 第2時와 第3時도 第1時와 같은 순서로 하게 되어 있다. 자운율사가 이것을 손수 번역하여 발행하면서 부록으로 한글로 된 다비문을 수록한 것은 정토사상에 의해 죽은 영가를 극락정토에 왕생하게 하기 위한 염원에서 비롯되었다고 보아야 하며, 자운율사의 정토신앙 사상도 깃들어 있다고 보아야 할 것이다.

자운율사의 참회의 정신은 『慈悲水懺』, 『慈悲道場懺法』, 『孤獨地獄懺悔』 등을 발간한 것만 보아도 알 수 있다. 또한 자운율사의 예배와 참회의 정신은 그의 행적에 의해 살펴볼 수도 있다. 즉 부모의 반대에도 불구하고 해인사에 출가하여 팔만대장경판전에서 1만 배 절을 하기도 하였고,[142] 강원도 오대산 중대 적멸보궁에서 1일 20시간씩 백일 간 문수기도를 봉행하던 중 문수보살로부터 '堅持禁戒하면 佛法再興이라'는 가르침을 받기도 하였으며, 평소에는 새벽 2시에

---

pp.658~682를 참조할 것.
[142] 1926년 1월 5일.

일어나 본인의 방안에 봉안한 불상 앞에서 매일 수천 배 절을 하면서 참회하는 데서 찾아볼 수 있다. 그리고 매일 아미타불 칭명염불을 수만 번에 걸쳐 하였고, '阿彌陀佛 種子眞言'과 '阿彌陀佛 本心微妙眞言' 등의 진언을 주력하는 등으로 하루의 일과를 삼은 것에서 그가 얼마나 실천적인 정토신앙자인지를 알 수가 있다. 그리고 자운율사는 在家者들에게 염불신앙을 고취시키기 위하여 계율을 지키는 것을 근본으로 한 '大同念佛會'143를 조직하여 손수 지도하였는가 하면 그들 스스로 염불하게 하는 등 한국 근대불교사에 염불신앙을 전파하는 선구적인 역할을 하였다.

이밖에 정토참법을 한 사람은 여산혜원(334~416)으로 "意로 말하면 六齋日144에는 마땅히 항상 노력하는 데 정성을 다하고 간절히 하여 마음은 空門에 오로지해야 한다. 그러한 후 생각을 모으는 데 돈독히 하고 來生의 생각을 깊이 하라."145고 한 것은 한 달에 여섯 번 예참법을 하면서 염불을 한 것이 아닌가 생각된다. 천태종의 지의(538~597)는 『법화삼매참의』에서 "어떻게 해야 능히 일심을 정진할 수 있겠는가?" 하는 물음에 대하여 "理와 事로 정하여 三七日 동안 일심으로 예불해야 하고, 懺悔해야 한다."146고 하였고, 『마하지관』에서 "조용한 곳에 도량을 장엄하고, 幢幡·日傘·香·燈을 갖추

---

143 현재 서울 성북구 정릉동 보국사에 존재한다.
144 六齋日이란 在家信者가 몸과 마음을 청정히 하고 八齋戒를 지키며 착한 일을 행하는 精進日로 매월 8일·14일·15일·23일·29일·30일 등을 말한다.
145 대정장 52, p.304中.
146 대정장 46, p.950上.

며, 아미타불상·관음보살과 세지보살 등 두 보살상을 請해 서방에
안치한다. 楊枝147와 깨끗한 물을 준비하고, 혹 편리하게 좌우에서는
향을 가지고 몸에 바르며, 목욕하고 깨끗하게 하고, 새롭고 깨끗한
옷을 입는다. 齋日에는 머리를 들어 마땅히 바로 서방을 향하여
五體投地로 三寶·七佛148·석존·미타·三多羅尼149·二菩薩150·
성중에게 예배하라. 예배하고 나서는 胡跪151하고, 향을 사르고 꽃을
뿌리며, 지극한 마음으로 궁구하고 생각하기를 항상 시행하는 법과
같이 하라."152고 한 것은 예배에 대한 구체적인 언급이며, 『修習止觀
坐禪法要』에서 "三寶前에서 먼저 지은 죄를 發露하여 相續心을 끊고
몸을 바르게 하여 항상 앉아 죄의 性品이 空한 줄 觀하고 시방의
부처님을 염하라."153고 한 것은 참회에 근본을 둔 염불수행임을
알 수 있다.

다음으로 도작(561~645)은 "바로 참회하고 복을 닦으며 마땅히
부처님의 명호를 불러야 할 때이다."154라고 하였는데, 懺悔修福하면

---

147 楊枝란 산스크리트로 dantakāṣṭha라 하며, 齒木을 말한다. 즉 작은 가지의
머리를 씹어 가느다란 가지로 만들어 이빨을 닦는 것.
148   毘婆尸佛·尸棄佛·毘舍浮佛·拘留孫佛·拘那含牟尼佛·迦葉佛·釋迦
牟尼佛 등이다.
149 ①消伏毒害多羅尼, ②破惡業多羅尼, ③六字章句多羅尼
150 아미타불의 脇侍보살인 관세음보살과 대세지보살을 말한 것 같다.
151 敬禮하기 위해 두 무릎을 꿇어 땅에 대고 두 다리를 세우고 몸을 세우는
것을 말함.
152 대정장 46, pp.14下~15上.
153 대정장 46, p.463上.
154 대정장 47, p.4中.

서 稱名念佛을 주장하였기 때문에 그의 염불사상은 예참에 근본을 둔 염불이라 하지 않을 수 없다. 또 貞觀11년(637)에 입적한 德美[155]는 武德初 西院에다 懺悔堂을 짓고 般舟[156]를 수행하는데 한여름 내내 앉지도 않고 서서 했으며, 혹은 항상 서방을 전념하고 입으로 아미타불을 부르고 임종시에는 합장하고 부처님을 부르면서 입적했다고 하니 이도 예참에 근본을 둔 염불이다. 在家者인 원나라 王子成은 『禮念彌陀道場懺法』 총 10권을 만들었는데, 이 내용은 석가모니불을 비롯하여 시방의 여러 부처님을 열거하면서 예배하는가 하면 아미타불에 대해 예참할 때는 정토경전에 의해 찬탄하면서 예배하고, 여러 보살들의 명호를 거론하면서 예배하는 형식을 취하고 있다. 이렇게 여산혜원, 천태종의 지의, 도작, 거사인 왕자성의 예참이 있으나 이것에 대한 자세한 언급은 다음 기회로 미루기로 한다.

이상에서 검토한 예참의 특색을 간략히 정리해 보면, 용수보살은 대승사상을 대성시킨 사람답게 시방제불에 대한 예참이라 할 수 있고, 담란대사는 순수하게 아미타불 한 분과 정토의 대중에 대한 예참이고, 선도는 하루 6時를 분명하게 정하여 석가모니불과 일체 삼보에 대한 예배를 먼저 한 후 집중적으로 아미타불에 대한 예배를 하고 정토의 보살들의 명호를 거론하면서 예배하는데 이는 참회가

---

155 대정장 50, pp.696下~670上.
156 般舟三昧(pratyutpanna-samādhi)를 말한 것으로 諸佛現前三昧・現在佛悉在前立三昧・常行道三昧・佛立三昧라고도 한다. 일정한 기간(7일-90일) 동안 이 삼매를 행할 때는 모든 부처님을 눈앞에 친견할 수 있다고 한다.

근본이 되지 않으면 안 된다고 주장하였다. 이 참회는 五濁惡世, 惡世界, 惡衆生, 惡見, 惡煩惱, 無善凡夫임을 자각한 것에서 비롯되어야 한다고 한 것이 특색이라 할 수 있다. 그리고 근대의 자운율사는 한국불교사상의 영향을 받아 시방법계에 상주한 불법승을 언급하여 예배하면서 집중적으로 아미타불에 대한 예배를 하였고, 담란대사나 선도대사가 언급하지 않는 극락세계의 25보살 명호와 문수보살, 미륵보살, 그리고 현존했던 인물인 용수보살, 마명보살, 천친보살의 명호를 거론하였으며, 석가모니불의 제자인 가섭존자, 아난타존자, 사리불존자 등 여러 제자의 명호를 거론하면서 예배한 것이 특색이라 할 수 있다. 그리고 다른 정토가들과 색다르게 『三時繫念佛事』에 의해 죽은 영가들을 정토에 천도하는 사상이 있으며, 순수한 정토가인 담란과 선도, 그리고 도작과 달리 밀교적인 정토사상으로 신앙한 것이 다른 점이라고 본다.

제5절 염불할 때 주의해야 할 점

제1항 장소에 따라 염불 소리를 달리할 것

일반적으로 염불하면 소리를 내어 부처님의 명호를 부르는 것으로 알고 있다. 하지만 사람이 많이 있거나 불자가 아닌 사람이 있는 장소에서 고성으로 염불하면 주위 사람이 싫어할 것이다. 이렇게 되면 남에게 피해를 주는 행동이 되고 만다. 부처님의 가르침을 실천하는 우리 불자는 남에게 피해를 주는 행동을 해서는 안 된다.

따라서 어떻게 하면 남에게 피해를 주지 않고, 또 장소와 시간에 구애받지 않고 염불할 수 있을지 그 방법에 대해 생각해 보자.

염불은 소리를 내는 稱名念佛, 소리를 안 내고 마음속으로 염하는 默念念佛로 구별할 수 있는데, 이것을 다시 세분하면 큰소리를 내어 하는 高聲念佛이 있고, 적은 소리를 내어 하는 低音念佛이 있으며, 소리를 내지 않고 입술만 움직여 남의 귀에 들리지 않게 하는 金剛念佛이 있고, 소리 없이 마음속으로만 염하는 묵념염불 등으로 나눌 수 있다. 이러한 염불 방법은 주위 환경을 감안하고, 자기의 능력을 생각하여 행해야 한다. 즉 사람이 많은 곳이나 공공장소에서 큰소리를 내어 하는 염불은 남에게 피해를 주기 때문에 저음염불을 하든지 입술만 움직여 하든지, 마음속으로만 하는 묵념염불이 바람직하다고 보며, 조용히 집안에 혼자 있거나 기운이 있을 때는 고성으로 염불을 하면 남에게 피해를 주지 않고 수행공덕을 쌓는 일이라 본다. 고성염불에 열 가지 공덕이 있다고 하여 아무 장소에서나 큰소리로 염불하면 남에게 피해를 주어 잡음이 되고 말 것이다. 그러기 때문에 고성염불을 할 때는 남에게 피해를 주지 않는 곳에 있을 때나 또는 법당이나 다 같이 모여 염불할 때 하되, 소리를 내어 그 소리가 자기의 귀에 들리고 이 들리는 소리의 명호를 마음속에서 다시 한번 깊이 음미하는 것이 바람직한 염불이라 할 수 있다.

제2항 부처님이 계시는 곳을 향해 하는 염불

중생들의 마음은 정신 집중력이 약한 것이 일반적이다. 따라서 이야기할 때도 상대방을 향하여 얼굴을 마주보면서 이야기해야 하고, 강의를 들을 때도 강의하는 사람을 보고 들어야만 내용을 잘 이해할 수 있다. 즉 염불하는 사람도 부처님을 마주 대하고 하는 것이 정신을 집중하기 쉽지 않나 생각한다. 그리고 부처님이 현재 계시지는 않지만 그분이 계신 곳을 향하여 염불하면 부처님에 몰입하는데 도움이 된다고 본다. 그래서 아미타불을 염하는 사람은 서쪽을 향해서 하고, 약사여래불을 염하는 사람은 동쪽을 향해서 하며, 6方의 부처님을 염하는 사람은 6방을 돌아가며 하는 것이 좋다. 예를 들면 서방의 극락세계에 아미타 부처님이 계신다고 생각하고 서쪽을 향해 할 때는 염하는 마음이 더욱 간절하게 될 것이다. 만약 이렇게 하지 못할 때는 집안 깨끗한 곳에 불상이나 부처님 그림을 모셔 놓고 향을 사르면서 그곳을 향하여 하는 것이 바람직하다고 본다. 왜냐하면 아무것도 없는 허공을 향해 하는 것보다 불상을 보고 하는 염불이 一心念佛이 되기 쉽기 때문이다. 그리고 향로에 향을 사를 때는 두 손으로 공경하는 마음을 가지고 향을 올려야 하며, 향은 될 수 있으면 향기가 좋은 향을 사용해야 집안에 좋은 향기가 퍼져 가족 모두 청정한 마음을 갖는데 도움이 될 것이다.

제3항 목탁 등의 기구를 사용할 때 박자를 잘 맞추는 염불

음악은 마음에 작용하여 어떤 생각을 일으키게 한다. 즉 조가를 들으면 슬픈 생각이 나 눈물을 흘리게 되고, 경쾌한 음악을 들으면 상쾌하며, 행진곡을 들으면 몸이 움직이려고 하는 것이 일반적이다.

그렇기 때문에 염불할 때도 어떤 도구를 사용하여 소리를 내면서 염불하면 부처님을 염하는데 몰입하기가 쉽지 않나 생각한다. 하지만 기구를 사용하여 염불할 때는 하모니를 잘 이루어야 한다. 즉 목탁과 요령, 북을 치는 소리가 염불소리와 잘 조화를 이루어야 신심이 더 날 것이며, 듣는 사람도 좋다고 본다. 만약 목탁 소리는 목탁 소리대로 요령 소리는 요령 소리대로 북 소리는 북 소리대로 염불 소리는 염불 소리대로 제각기 소리를 내어 조화를 이루지 못한다면 이것은 하나의 잡음에 불과한 의식이 되기 십상이기 때문에 하모니가 잘 되도록 연구하고 숙련되도록 노력해야 한다. 한 가지 주의할 점은, 기구를 사용하여 염불할 때 꼭 주위 환경을 고려해서 행하여야지 남에게 소음의 피해를 주어서는 안 된다. 그리고 옛날에는 소리를 내는 기구가 많지 않지만 오늘날은 다양하므로 이 시대에 맞게 음악기구를 사용하여 염불할 수 있는 음악을 개발하는 것도 중요하다고 본다. 많은 불자가 여기에 관심을 갖고 연구하고, 특히 음악에 조예가 있는 염불행자가 관심을 가지고 개발하였으면 하는 바램이다.

제4항 염불할 때의 마음가짐

앞에서도 언급했지만 염불하는 사람은 다른 잡념이 없는 일심으로 해야 하며, 지속적인 염이 되도록 노력해야 한다. 예를 들면 지극한 정성이 간절하고 긴장하기가 마치 사랑하는 사람이나 이 세상에서 제일 존경하는 사람이 죽어 상심이 가득한 듯이 해야 하며, 숯불을 가지고 가다가 잘못하여 발등에 떨어지자 큰 화상을 입지 않기 위해

급히 불을 끄듯이 해야 하고, 몇 일간 굶어 배가 고플 때 밥을 생각하듯이 해야 하며, 더운 여름날 목마를 때 마실 물을 구하듯이 해야 하고, 병이 나 진통이 심할 때 어진 의사를 만나 신묘한 처방으로 좋은 약을 구하듯이 해야 하며, 원수가 총을 들고 쫓아와 죽이려고 할 때 이를 피하듯이 해야 하고, 수재나 화재가 나 피해가 예상될 때 이를 피하듯이 해야 한다. 그리고 닭이 알을 품듯이 조급한 마음도 내지 말고, 또 느슨한 마음도 내지 말고 꾸준히 부처님을 오로지 생각해야 한다. 이렇게 아미타불을 전념하면 염불삼매가 이루어질 것이다.

제5항 염불할 때의 몸가짐

염불수행에 익숙하지 않은 초보자가 전심 염불하기 위해서는 주위환경이나 자신의 몸가짐을 무시할 수 없을 것이다. 조용한 주위환경을 선택하는 것도 중요하지만 자신의 몸가짐도 중요하다고 본다. 즉 염불하는 사람이 세수도 안 하고 옷도 단정히 입지 않고 하면 맑은 정신으로 하는 염불이 되지 않을 것이다. 때문에 세수와 양치질을 하고 옷을 단정히 입고 행해야 한다. 또 출가자가 법당에서 염불할 때는 장삼과 가사를 수하고 하는 것이 바람직하며, 방에서 할 때는 평상시의 옷을 단정히 입고 하면 된다. 재가자가 일부러 법의를 입을 것은 없지만, 만약 在家者에게 맞는 법의가 있다면 입든지, 그렇지 않으면 평상복을 단정히 입고 하는 것이 바람직하다. 이렇게 단정히 옷을 입고는 부처님 앞에 무릎을 꿇든지 결가부좌하고 합장하여 하는 것이 몸과 마음이 일치하기 쉬운 행위라 본다. 그리고 앞에 있는 불상이 結印을 맺고 있거든 부처님께서 광명을 놓아 내 몸을 비추어 주시는 형상을 생각하는 觀像念佛을 하는 것도 좋고, 부처님이 가지고 있는 훌륭한 여러 가지 공덕을 마음속에 생각하거나 극락세계의 여러 가지 장엄의 모습을 생각하는 觀想念佛을 하는 것이 좋으며, 입으로 소리를 내어 하는 稱名念佛을 하는 것도 좋으리라 생각된다.

제6항 장소에 구애받지 않는 염불수행

염불은 태어나서 임종시까지 계속 하는 것이 바람직하지만 일상생활에 쫓기다 보면 하지 못하는 것이 일반적인 생활이다. 이렇게 하지 못하는 것은 염불할 수 있는 좋은 환경과 여건만을 우선적으로 찾기 때문이다. 다시 말하면 염불하는 장소로 제일 좋은 곳은 조용하고 주위가 산만하지 않은 곳인데 이러한 환경을 찾기도 어렵고, 또 일반적인 생활에 쫓기다 보면 염불수행할 수 있는 시간이 주어지지 않는다. 그러기 때문에 이 환경 저 조건 따지지 말고 어떠한 환경과 조건에서도 염불할 수 있는 능력을 갖추어야 한다. 즉 일상생활을 하면서 어떠한 장소에서라도 염불에만 전심하여 끊임없이 계속하는 습관을 가지도록 노력해야 한다. 처음 염불을 시작한 사람은 염불하는 것이 익숙하지 못하기 때문에 조용한 곳을 찾아서 시작하고, 이것이 익숙해지면 번잡한 곳에 가더라도 그다지 주위 환경에 장애받지 않고 염불에 전념할 수 있다. 즉 버스나 기차, 비행기를 타고

갈 때도 염불할 수 있어야 하고, 걸을 때나 집안에서 일을 할 때도 염불할 수 있어야 하며, 농부가 농사일을 할 때도 염불할 수 있어야 이것이 장소에 구애를 받지 않고 하는 염불이 될 것이다. 혹 일을 할 때 전념이 되지 않더라도 실망하지 말고 계속하다 보면 머지않아 일념의 염불이 될 것이다.

제7항 망상이 일어나도 해야 하는 염불

염불하거나 참선하거나 주력하는 사람, 이외 다른 어떤 수행을 하는 사람이라도 대부분 망상은 일어난다. 망상 속에서 수행을 하여 망상이 없는 단계에 들었다가 다시 망상이 오는 것이 일반적인 일이다. 따라서 망상이 일어나는 것을 근심하지 말고 꾸준히 염불해야 한다. 망상은 무명과 번뇌에 의해 일어나기 때문에 이것을 아주 끊어버린 부처님의 경지가 아니면 일어나는 것은 당연하다. 망상을 끊지 못한 범부로서 어떻게 망상이 일어나지 않겠는가!『관무량수경』의 하품하생의 근기는 망상을 끊지 못한 범부이며, 아주 根機가 下劣한 사람으로 죄악을 많이 지은 사람을 말한다. 그러나 이러한 사람이라도 아미타불의 명호를 듣고 염불하면 왕생시킨다고 한 것이 아미타불의 본원임을 알고 망상이 일어나는 것에 부담을 느끼지 말고 염불 수행을 계속해야 한다. 왕생한 靈驗錄에 망상을 끊지 못한 범부가 염불하여 왕생하였다는 기록이 많은 것은, 비록 망상을 끊지 못했더라도 평소에 믿음과 서원이 견고하여 생각마다 물러나지 아니하고 부처님의 본원에 부합하므로 아미타부처님의 거두어 주심을 입은 것이라 생각한다. 비유를 들면 망상이 없는 사람이라도 염불하지 않으면 왕생할 수 없는 것은 마치 그믐밤에는 구름이 없더라도 밝은 달빛을 받을 수 없는 것과 같고, 염불하는 사람은 망상이 있더라도 왕생할 수 있는 것은 마치 맑은 날에 구름이 조금 있더라도 햇빛이 퍼져서 사람들이 작업을 할 수 있는 것과 같다고 보아야 할 것이다. 즉 망상이 있다고 해서 염불을 중단하면 안 되니 계속 염불하는 습관을 가져야 한다.

제6절 臨終하는 사람과 尸陀林, 葬禮時에 해야 할 행위

사람은 누구나 태어나면 언젠가는 죽기 마련이다. 이 일은 과거에도 그랬고 현재에도 진행되고 있으며, 미래에도 태어나서 반드시 죽음을 맞이할 것임은 분명하다. 그렇다면 죽음을 맞이하는 사람이 어떻게 마음 자세를 가져야 하고, 또 임종하는 사람에게 주위 사람은 어떻게 해 주면 좋은가를 생각하지 않을 수 없다. 그리고 임종한 후 화장이나 매장을 하기 전까지 가족이나 친지들은 어떠한 자세로 임할 것인가를 알아보는 것 또한 필요하며, 돌아가신 분을 위해 장례절차는 어떻게 하는 것이 불자로써 바람직한가를 생각해 보고자 한다.

 '나'라고 하는 것은 단순히 육체만을 가지고 '나'라고 하지 않고 육체를 움직이고 있는 주체를 합해서 '나'라고 한다. 이 육체를 움직이는 주체를 정신이니 마음이니 또는 識, 혹은 영혼이라 하는 등 唯識學에서는 어렵게 분석하고 있지만 이 단원은 염불에 관한 것이기 때문에 단순하게 생각해서 육체를 움직이는 주체를 영혼이라 하겠다. 이 영혼은 과거 無始以來로 존재하였고 앞으로 영원히 없어지지 않고 존재하며, 육체 안에 있다가 임종하면 분리되어 그 어느 곳에 정착되어 어떤 몸을 받든가 그렇지 않으면 無主孤魂이 된다는 인식을 전제하고 다루고자 한다.

육체는 부모님의 힘에 의해 형성되지만 영혼이란 그 누구에 의해 형성된 것이 아니고, 또 어느 시기에 형성된 것이 아니며, 본래부터 존재한 것이기 때문에 앞으로도 영원히 없어지지 않는다. 그러기 때문에 우리가 죽으면 中陰神의 기간이 지나 다음 생은 어떤 장소에서 하나의 몸으로 태어난다는 것이 불교에서 보는 이론이라 볼 수 있다. 그래서 앞으로 논할 세 가지가 중요하다고 할 수 있다.

제1항 임종하는 사람의 자세와 주위 사람들이 해야 할 일

죽음이라고 하는 것은 육체적인 작용이 중지되고 육체 속에 있는 영혼이 분리되는 마지막 순간이 아닌가 생각한다. 다음 생을 향하여 떠나는 마지막 순간에 어떤 생각을 갖느냐 하는 것은 중요하다. 왜냐하면 임종하는 사람의 마지막 한 생각이 다음 생을 결정하는 데 중요하기 때문이다. 그래서 『관무량수경』 하품하생[157]에서는 임종하는 사람에게 선지식이 법문을 설하여 줌으로써 극락세계와 아미타불에 대한 생각을 하게 되고, 아미타불의 명호를 부르는 염불의

---

[157] 쯔보이 순애이 著, 이태원 역, 『정토삼부경개설』 pp.181~182.

공덕에 의해 왕생할 수 있다고 한다. 따라서 임종하는 사람의 주위에 있는 사람이 어떠한 마음을 갖고 어떤 행동하느냐 하는 것이 중요하다. 왜냐하면 임종하는 사람은 평소의 業力으로 말미암아 평생 동안 모아 놓은 재산이나 주위 권속에 대한 애착이 가득 차 눈물을 흘리며 죽는 것을 무서워하고 미련을 갖지만, 죽지 않을 수 없는 것이 우리네 인생이다. 이 죽음을 맞이하는 사람의 모습도 천차만별이다. 즉 잠을 자듯이 조용히 임종하는 사람이 있고, 혼미한 상태에서 숨을 쉬지 않아 의사로부터 임종의 소식을 듣기도 하며, 임종하는 순간까지 정신이 뚜렷하여 주위 사람들을 알아보고 죽음을 두려워하며 어떻게든지 살려고 몸부림치기도 하고, 육체적인 아픔을 못 이겨 소리를 지르기도 하는 등 각양각색이다. 이는 우리가 평생 동안 생활하면서 지은 업이 다르기 때문이다. 이를 『正法念處經』에서는 "임종시에 칼바람이 움직여 천 개의 뾰족한 칼로 몸을 찌르는 것 같다."[158]고 하는 등 여러 가지 죽을 때의 고통을 말하고 있다. 그리고 『대지도론』에서는 "악업을 지은 사람은 風大가 먼저 흩어지므로 몸이 움직이며, 火大가 먼저 가므로 덥고, 반면에 선한 행을 한 사람은 地大가 먼저 가므로 몸이 고요하며, 水大가 먼저 가므로 몸이 차다."고 하였다. 또 다른 설로는 좋은 곳에 태어날 사람은 몸의 열기가 아래로부터 위로 올라가고, 나쁜 곳에 태어날 사람은 열기가 위로부터 아래로 내려가며, 온몸이 다 식은 뒤, 마지막 열기가

---

[158] 대정장 17권, p.392下.

정수리에 모이면 聖道〔극락세계〕에 태어나며, 눈에 모이면 천상에 태어나고, 심장에 모이면 인간세계에 다시 태어나며, 배에 모이면 아귀에 떨어지고, 무릎에 모이면 축생으로 태어나며, 발바닥에 모이면 지옥에 떨어진다159는 설도 있다. 다른 설에서는 "정수리는 성인에 눈은 천상에 태어나고, 사람은 심장에 아귀는 배에 모여든다. 축생은 무릎에 통해 태어나고, 지옥은 발바닥으로 빠져나간다."160고 하였다. 그런가 하면 『유가사지론』에서는 "착한 마음으로 죽는 사람은 목숨을 마치는 순간 살아 있을 때 행한 善한 법을 憶念함으로 인해 善法의 마음이 일어나 現行하기 때문에 안락하게 죽음을 맞이해 몸에 극한 고통이 생기지 않으며, 착하지 못한 마음을 갖고 행동한 사람이나 無記心으로 죽는 자는 목숨을 마칠 때 착하지 못한 마음과 無記心이 일어나 죽을 때 많은 고통을 겪게 된다."161고 하였고, 또 같은 책에서 죽는 고통에 대해 첫째는 평생 동안 쌓아 놓은 재산을 여의는 고통, 둘째는 친한 친구와 이별하는 고통, 셋째는 사랑하는 권속과 헤어지는 고통, 넷째는 평생 애지중지하게 여긴 자신을 버리는 고통, 다섯째는 임종시에 여러 가지 무서운 고통을 받는 것 등을 언급하고 있다.162

---

159 印光大師 嘉言錄, 김지수 옮김, 『단박에 윤회를 끊는 가르침』 p.165.
160 앞의 책, p.166에 "頂聖眼天生 人心餓鬼腹 畜生膝蓋離 地獄脚板出"기록되어 있으나 필자가 『대집경』을 찾아보았으나 발견하지 못했다. 혹 인광대사가 다른 경전의 말씀을 착각하지 않았나 생각한다.
161 대정장30, p.281中.
162 대정장 30, p.642上.

다른 설로는, 이 육체의 원소가 흩어질 때에 나쁜 곳에 태어날 사람은 죽을 적에 고통을 받으나 인간에 날 사람은 별로 고통이 없고, 천상이나 극락세계에 왕생할 사람은 고통이 전혀 없을 뿐만 아니라 도리어 상쾌한 감각이 있다[163]고 하였다. 이는 극락세계에 태어나는 사람은 48원 가운데 제19원에 있듯이 아미타불이 관세음보살과 대세지보살 등 많은 보살들을 데리고 와서 맞이하기 때문에 기쁨이 있을 수밖에 없을 것이다. 그러기 때문에 마지막 순간에 주위 사람들이 임종하는 사람을 위해 어떻게 대처하는가가 중요하지 않을 수 없다. 그렇다면 임종하는 사람이 좋은 생각을 갖고 극락세계 왕생하기 위한 방법은 없을까?

이에 대해 『무량수경』에서 법장비구가 세운 48원 가운데 제18원 念佛往生願에 "내가 부처가 되었을 때 시방중생이 … 나의 나라에 태어나려고 십념을 해도 태어날 수 없다면 저는 부처가 되지 않겠습니다."[164]라 하여 정법을 비방하지 않고 五逆罪를 짓지 않는 그 어떤 사람이라도 아미타불 염불을 열 번만 하면 왕생할 수 있게 해준다고 한 것은 임종하는 사람이 한결같은 마음으로 염불을 하라는 의미일 것이다. 또 앞에서 조금 언급하였지만 『관무량수경』의 하품하생에서는 "아무리 착하지 못한 업을 지어 악도에 떨어져 많은 고통을 받을 운명을 가진 사람이라도 임종시 선지식을 만나 여러 가지로 安慰를

---

163 『정토심요』 p.218(보국사 대동염불회 출판)에 있으며, 앞으로 논할 것도 여기에서 참고한 것이 많다는 것을 밝혀둔다.
164 쯔보이 순애이 著, 이태원 역, 앞의 책, p.174.

받고 妙法을 듣고 염불하도록 하나 고통에 시달려 염불할 틈이 없어 저 무량수불을 생각할 수 없다면 입으로 아미타불을 불러라. 이와 같이 지극한 마음으로 소리가 끊어지지 않게 하여 十念을 具足하여 나무아미타불 부처님 명호를 부르는 까닭에 생각생각 가운데 80억겁 생사의 죄를 없애고, 목숨 마칠 때 한 순간에 극락세계에 왕생할 수 있다."[165]고 하였다. 이 글에서는 우리에게 여러 가지를 암시하고 있다. 첫째는 임종할 때 고통이 심해 아미타불 명호를 염할 수 없으면 소리를 내어 '나무아미타불'을 부르는 것이 쉬운 행이라는 것이며, 둘째는 주위 사람들이 임종하는 사람에게 염불할 수 있는 가르침과 분위기 조성을 해 주어야 한다는 것이다. 이 분위기 조성을 위해서는 가족들이 울지 말고 임종하는 사람에게 아미타불을 염할 수 있게끔 염불을 소리내어 해 줄 필요가 있다. 이것이 가족들이 돌아가시는 부모에 대해 해줄 수 있는 가장 큰 효도라고 본다.

이렇게 하기 위해서는 다음과 같은 행이 필요하지 않나 생각한다.

첫째, 서방에 세 분의 불보살의 형상을 모셔야 한다. 이것은 운명할 사람의 방에다 아미타불과 관세음보살, 그리고 대세지보살을 모시면, 즉 운명을 맞이한 사람이 부처님이 앞에 계시는 것을 보면 아미타불을 생각하기 쉬울 뿐만 아니라 마음의 안정을 가져오고 염불하는 데 큰 도움이 되기 때문이다.

둘째, 운명할 사람은 일심으로 염불해야 한다. 이것은 앞에서

---

[165] 앞의 책, pp.180~181.

말한 것과 같으나 운명할 사람의 마음 자세는 몸에 관한 일, 세상에 관한 일, 가족에 관한 일 등 모든 것을 놓아버리고 오직 극락세계에 왕생할 것만을 발원하고 일심으로 염불할 것이며, 설사 병고가 중하더라도 죽음을 두려워하지 말고 염불해야 한다. 이렇게 염불하면 목숨이 다하지 않았으면 병이 속히 나을 수도 있고, 목숨이 다한 사람은 고통이 없어져 편안하게 임종할 것이다. 이것은 지극히 염불한 것으로 말미암아 전세의 업장이 소멸되기 때문이다.

셋째, 주위 사람들은 임종을 맞이한 사람이 염불할 수 있도록 助念해야 한다. 이것은 앞에서도 말했지만 사람들은 대부분 좋은 업보다 나쁜 업을 지었기 때문에 죽을 때 고통을 받아 이 고통으로 인해 염불할 여가가 없다. 그렇기 때문에 주위 사람들은 임종하는 사람으로 하여금 염불할 수 있도록 도와주어야 한다. 환자를 보살피고 시중드는 모든 사람들은 세심하게 주의하고, 특히 환자와 쓸데없이 한가한 잡담을 나누어 그의 마음을 어지럽게 흩어 놓아서는 절대로 안 된다. 즉 어수선하게 떠들거나 슬픈 심기를 내색하지 말아야 한다. 오직 환자에게 몸과 마음을 모두 놓아버리고 한마음으로 염불에 집중하여 극락정토에 왕생토록 해야 한다. 이렇게 하기 위해서는 임종하는 사람의 귀에 들리도록 염불하여 스스로 염불하게 해야 한다. 설사 병자가 평시에 염불하는 법을 알고 법답게 수행한 사람이라도 운명할 때에 가족과 친지들이 옆에서 도와 염불해 주는 것이 임종하는 사람이 염하는데 많은 도움을 준다. 그러기 때문에 가족과 친지는 성실하게 염불을 해 주어야만 많은 도움을 줄 수 있다. 즉 임종시에 염불로 도와주는 일은 마치 몸이 약한 사람이 산에 올라가는데 자기 힘이 부쳐 헐떡거릴 때 다행히 주위에 있는 사람이 앞에서 끌고 뒤에서 밀며 좌우에서 부축해 준 덕택으로 무사히 정상까지 이르는 것에 비유할 수 있다. 반대로 임종에 본인의 正念이 밝게 드러나는데, 불행히 권속들이 그릇된 세속 애정으로 세간사 일을 꺼내어 이야기하면서 재산과 권속에 대한 유언을 말하라고 하거나, 몸을 만지고 움직여 正念을 파괴하는 일은 마치 힘센 용사가 자기 힘으로 혼자 충분히 산에 오를 수 있는데 가족이나 친지들이 각각 자신의 물건을 그에게 함께 짊어지고 올라가라고 건네주어 지나친 하중 때문에 힘이 빠지고 지쳐버려 결국 정상을 눈앞에 둔 채 내려와야 하는 상황과 같다고 할 수 있다.166 그러기 때문에 임종하는 사람 앞에서 일반적인 이야기는 하지 말고 아미타불을 생각할 수 있게 助念해 주어야 한다. 한 사람이 이러한 일을 계속할 수 없을 때는 조를 짜서 매 시간 교대로 염불하여 염불소리가 끊어지지 않게 하고, 형편이 좋으면 여러 스님들을 초청하여 번갈아 염불해 주도록 안배하며, 염불소리가 밤낮으로 끊이지 않게 하여 임종하는 사람의 귓속에 염불 소리를 늘 들으면서 마음속으로 부처님의 성호를 염송하게만 한다면 틀림없이 아미타불의 자비 원력의 가피를 받아 극락세계에 왕생할 것이다. 이 일은 권속들이 마지막 가는 사람에게 해야 할 일이기에 중요하다 하지 않을 수 없다.

---

166 印光大師 嘉言錄, 김지수 옮김,『단박에 윤회를 끊는 가르침』p.160.

넷째, 운명하는 사람을 앉히거나 눕히는 것은 자유롭게 해야 한다. 하지만 운명하는 사람을 억지로 앉히는 것은 고통이 따르는 행위이기 때문에 운명하는 사람의 원에 따라 해야 한다. 만약 가능하다면 운명할 사람을 서쪽으로 향하게 하는 것이 바람직하다. 즉 머리는 북쪽으로 하고 얼굴은 서쪽으로 향하게 하여 오른 옆으로 누워 염불하면서 운명하는 것을 吉祥遊라 한다. 석가모니 부처님도 열반하실 때에 이렇게 했다고 하니 될 수 있으면 이렇게 하는 것이 좋다고 본다. 만약 이렇게 하는 것이 불편할 때는 환자에게 불편함이 없이 앉든지 눕든지 그의 자세에 자연스럽게 맡기는 것이 바람직하다고 본다.

부처님께서 우리들의 인식기관을 여덟 가지로 말씀하시고 있는데, 먼저 前五識으로 눈〔眼〕·귀〔耳〕·코〔鼻〕·혀〔舌〕·몸〔身〕이고, 第6識은 의식〔意〕이요, 제7식은 末那識으로 傳送識이라고도 하고, 第8識은 阿賴耶識으로 또는 含藏識이라고도 한다. 우리들이 이 세상에 태어나려고 할 때는 제8식이 가장 먼저 오고, 제7·6·5식이 차례로 뒤따라온다. 죽을 때는 반대로 제8식이 가장 뒤늦게 떠나며, 나머지 인식은 역순으로 차례대로 떠나게 된다. 무릇 8식은 곧 사람의 영적 인식으로 세속에서 흔히 말하는 영혼이다. 그런데 이 제8식은 신령스러워 사람이 어머니 뱃속에 수태할 때 맨 먼저 찾아온다. 그래서 어머니 뱃속에 자리잡은 태아가 꿈틀거리게 된다. 사람이 숨이 끊어져 죽은 다음에는 곧장 떠나가지 않고 반드시 온몸이 다 차갑게 식기를 기다려, 따뜻한 기운이 조금도 남아 있지 않은 뒤에 비로소

이 제8식이 떠난다. 이 제8식이 떠나간 다음에는 터럭 끝만큼도 지각이 없다[167]고 하니 운명하자마자 시신을 만지며 목욕시키는 것을 삼가하고, 또 옷을 입히거나 손발을 굽히거나 펴는 일을 하지 않는 것이 바람직하리라 생각한다. 이 세상에 살고 있는 나라고 하는 존재는 목숨과 따뜻한 기운과 인식, 이 세 가지가 항상 서로 떨어지지 않는다고 한다. 만약 사람 몸에 아직 따뜻한 기운이 남아 있다면 인식도 존재한다는 뜻이고, 인식이 존재하면 목숨도 아직 끝나지 않은 것이다.[168] 그래서 옛날에 죽었다가 사흘 또는 닷새가 지나 다시 살아난 사람이 있다는 이야기가 있다. 이에 근거해서 유교에서는 죽은 뒤 사흘만에 시신을 관속에 넣고 뚜껑을 덮어 못을 박는지 모른다. 이러한 것으로 보아 우리 불자는 임종한 사람을 가장 편한 자세로 놓아 두어 온몸에 따뜻한 기운이 식은 뒤 움직여 염하는 것이 바람직하다고 본다.

　다섯째, 가족들은 운명할 사람에게 말과 행동을 매우 조심해야 한다. 이것은 앞 둘째와 중복되는 내용이지만 임종하는 사람에게 슬픈 기색을 보이거나 눈물을 흘리지 말 것이며, 애정을 못 이겨 섭섭한 말이나 집안일이나 세상일을 말하지 말아야 하며, 요란하게 떠들지 말아야 한다. 이러한 일은 운명하는 사람에게 슬픈 마음을 일으키게 하거나 애정에 끌리게 하는 것이다. 즉 다른 일로 인해 마음이 산란하게 되면 바른 생각을 잃고 나쁜 갈래에 떨어지기 쉽기

---

[167] 앞의 책, p.160.
[168] 앞의 책, p.161.

때문이다. 경전에 보면, 阿耆達王은 불탑과 사원을 세워 그 공덕이 매우 높았지만 임종시에 시중을 들던 신하가 부채를 들고 있다가 왕의 얼굴에 떨어뜨리는 바람에 왕이 고통스러워 성질을 낸 까닭에 죽어서 그만 뱀의 몸으로 떨어지고 말았다[169]는 기록으로 보아 임종시의 한 생각이 얼마나 중요한지 알 수가 있다. 그러기에 임종하는 사람에게 우리가 마지막으로 해 줄 수 있는 것은 편안하고 바른 생각으로 아미타불을 염하게 하는 것이다.

이러한 것이 주위 사람이 돌아가실 사람을 위해 취할 행동이라 본다. 이런 사상은 과거 신라시대에도 행해졌던 것 같다. 도선의 『四分律刪繁補闕行事鈔』[170]를 보면 「看病」 및 「葬送」 항목에 다음의 내용이 있다. ① 병든 이는 無常院[171]으로 옮긴다. 무상원에 불상을 안치하며, 불상 왼쪽에 오색기를 바닥에 깔도록 건다. ② 병든 이가 임종하면 불상 뒤에서 왼손으로 (아미타) 부처님 손에 늘어져 있는 깃발 끈을 손에 쥐어준다. 이에 의해 부처님 인도를 받아 정토에 왕생하는 모습을 나타낸다. ③ 임종할 때 道俗을 막론하고 친하게 인연이 있는 사람은 베개머리에 모인다. 임종자의 정신이 확실한

---

169 앞의 책, p.162.
170 대정장 40, p.144上~下, 道端良秀, 『仏教と儒教』(東京: 第三文明社, 1976), pp.35~36.
171 고대 인도 기원정사 49院 가운데 하나로 중병에 걸린 스님을 안치하던 곳이다. 즉 일체 탐욕을 없애고 청정한 마음으로 임종을 준비할 수 있도록 하기 위한 목적에서 별도의 거처로 마련한 장소. 이후 절에서 스님들이 병이 생기면 요양하는 곳을 무상원이라 하고, 이곳을 涅槃堂, 延壽堂 省行堂 看病室 등으로 불렀다.(『가산불교대사림』 6권 p.1010)

동안 그 사람의 한 평생 선행을 소리높이 불러 듣도록 한다.(병든 이로 하여금 속마음으로 환희해서 죽은 후 갈 곳을 걱정 말며, 正念하여 흐트러짐 없이 좋아하는 곳에 태어나도록 한다.) ④ 임종에는 妄業이 다투어 모인다. 선악 昇沈이 아득히 멀어진다. 경전을 손에 쥐고 부처님 명호를 부른다. 또는 불상을 눈앞에 모시고 우러러보게 한다. 그리고 선한 말을 해주며 세상사에 관한 말을 하지 않는다고 하는 등의 내용으로 보아 우리나라에서 일찍이 이러한 일들을 도입하여 행해졌음을 알 수 있다.

제2항 시다림은 어떻게 하는 것이 좋은가

불교에서 죽은 사람을 위해 염불해 주는 것을 시다림이라고 하는데, 우리 주변에서 흔히 사용하고 있는 용어 가운데 '시달림'이란 말이 있다. 남으로부터 곤욕을 치르거나 괴로움을 받는 것을 '시달림을 받는다' 또는 '시달림을 당한다'고 한다. 즉 일은 남이 저질러 놓고 시달림은 엉뚱한 사람이 받는 경우가 더러 있다. 이 시달림이 불교의 尸陀林에서 나왔다. 이는 산스크리트 Śītavana의 音譯으로, 屍陀林·逝多林·寒林 등으로 쓰여진다. 시타바나는 원래 중인도 摩揭陀國의 수도 王舍城 부근에 있는 숲이었다.172 이 숲은 요즈음 말로 공동묘지로, 왕사성 사람들이 죽으면 이 숲 시타바나(시다림)에 버려졌다. 이로 인해 시다림은 공포의 장소였으며,173 이 시신에서 나온 세균으

---

172 『대지도론』에서는 왕사성 남쪽에 있다고 하였다.(復次王舍城南屍陀林中多諸 死人 대정장 25, p.76下)

로 말미암아 이 지역에는 질병이 많았을 것이라 추측할 수 있다. 그래서 후일 나라에서는 이 시다림이라는 곳에 악성 죄인들을 추방시켜 살게 했다고 하기도 하며, 이 시다림은 고행의 장소로도 알려져 있다.174 아무튼 이곳에 시체를 버렸기 때문에 이 숲 가운데 서늘한 기운이 느껴졌으리라 생각되며, 이로 인해 왕사성 사람들은 死屍를 버리는 장소를 이름하여 寒林이라 부르게 되었다고 본다.175 즉 죽은 시체들이 많이 모여 있었기 때문에 그곳을 지나가거나 들어가는 사람은 가히 두려움 속에 그의 머리털이 서고 차가운 기운이 느껴지므로 寒林이라고도 했다.176 이 시다림을 寒林이라고 한 것은 『잡아함경』177과 『대지도론』178에서도 언급하고 있다.

우리나라에서는 이것이 발전하여 임종한 순간부터 殮襲, 入龕, 火葬이나 埋葬 등에 이르는 전체 예식을 시다림이라 하고, 또 이 기간 동안 죽은 사람의 극락왕생을 위해 염불하고, 경전을 읽어 주며, 설법하는 것을 '시다림' 또는 '시다림법문'이라 하고 있다. 그러면 이 시다림을 어떻게 하면 바람직한가를 알아보자.

---

173 이러한 내용은 『사분율』(대정장 22, p.849中)과 『대지도론』(대정장 25, p.76下)에 언급되어 있다.
174 爾時守籠那 往溫水河邊尸陀林中住 勤行精進(대정장 22, p.844中)
175 문정각 저, 「喪葬禮에 나타난 往生 彌陀淨土 行法」(2003년도 정토학회 세미나)을 참고한 것이고 앞으로 논할 문장에도 이 논문을 가끔 참고했음을 밝혀둔다.
176 僧祇律云 謂多死尸凡入者可畏毛寒故名寒林(『釋氏要覽』 대정장 54, p.308下에서 『마하승지율』을 인용하고 있지만 율장에서 아직 발견하지 못했다.)
177 대정장 2, p.157中, p.284 中, 下에서 '佛住王舍城寒林中'라고 언급하고 있다.
178 佛時在寒林中住(대정장 25, p.732中)

첫째, 죽은 망자를 위하여 염불이나 독경 등을 해야 한다.

운명한 사람은 영혼이 육체에서 금방 떠나는 것이 아니고 몇 시간 있다가 나와 자기 방이나 가정 혹은 주위를 맴돌다 떠나기 때문에 염불을 계속하여 이 염불 공덕으로 서방정토에 왕생하기를 바라는 것이 가족과 친지들의 마음 자세이고, 훌륭한 스님이 계시면 모시어 염불과 법을 설하고 망자를 위해 축원하게 하는 것이 바람직하다고 본다. 왜냐하면 망자는 육체적인 작용을 할 수 없지만 의식에 의해 인식하는 작용은 있기 때문에 법문을 하는 것 이상 좋은 것은 없다고 본다. 다시 말하면 가족과 친지나 또는 선지식이 중음신에게 설법하되 "이 세상 모든 것에 미련을 두지 말뿐만 아니라 앞에 어떠한 경계를 오든지 거기에 동요되지 말고 아미타불을 염하여 來迎해 주기를 바라고 서방정토에 왕생하기를 발원하라"고 설법하여 들려주면 망자는 염불하는 소리와 선지식의 독경이나 설법하는 소리를 듣고 부처님의 본원의 힘을 얻어 정토에 왕생할 수 있다.

『灌頂隨願往生十方淨土經』[179]에 나오는 내용 가운데 중요한 것을 요약하면 다음과 같다. "보광보살이 '비구, 비구니, 청신사, 청신녀가 임종할 때 시방국토에 왕생하기 위해서는 어떤 공덕 닦아야 합니까?' 하니 부처님께서 '저 十方佛土에 왕생하기 위해서는 그 국토에 왕생하기 위한 원을 세우면 원에 따라 왕생한다.'고 하면서 다음과 같은 공덕을 닦기를 말씀하였다. 불법승 삼보를 歌詠[180]하고 경전을 독송

---

[179] 대정장 21, pp.528下~530中.
[180] 산스크리트 gita로 부처님이나 보살의 위신력과 공덕, 그리고 깨달음의

하며 … 아미타불 염불을 할 것 같으면 모두 원에 따라 왕생을 이루지 못할 것이 없다."고 하는 내용이다. 이를 보면 망자를 위해 경전을 독송하고 아미타불의 명호를 불러주면 정토에 왕생하는 복이 된다는 것이다. 또 『삼국유사』「金現感虎」條181에서는 "金現이 홍륜사에서 홀로 염불하는데 한 처녀가 따라 염불하다가 서로 눈이 맞아 정을 통하였다. 그 뒤 알고 보니 처녀가 호랑이인데 사람의 몸으로 변한 것이다. 이 호랑이가 죽음을 앞둔 채 '나를 위해 절을 세우고 경전을 강의하면 좋은 보답이 되고 낭군의 은혜가 이보다 큰 것이 없겠다.'고 하여 '虎願寺란 절을 짓고 항상 『범망경』을 강의하여 범의 저승길을 축복'하였다."고 하는 설이 있다. 이러한 것으로 보아 정토에 왕생하기 위한 우리 염불행자는 죽은 사람을 위하여 염불과 정토삼부경의 독송, 그리고 아미타불 본원의 사상과 정토장엄의 공덕에 대한 법문을 해 주는 것이 바람직하다고 본다.

둘째, 망자를 위해 계를 설해 주어야 한다.

계라고 하는 것은 선정을 얻는 지름길이고, 지혜를 얻는데 지키지 않으면 안 되는 것으로 불자라면 누구나 다 마땅히 지켜야 한다는 것은 앞 단원 持戒念佛에서 강조하였다. 이 계의 정신이 중요하기 때문에 망자를 위해서 거기에 맞는 계를 설해 주는 것이 바람직하다. 요즈음 한글로 된 儀式集182에는 삼귀의계와 5계를 망자에게 설하고

경지를 게송으로 音律을 붙여 찬탄하는 노래.
181 『三國遺事』,「金現感虎」條(대정장 49, p.1014上~下)
182 『우리말 불교의식집』(전북사암승가회편, 호암출판사) pp.128~144.

독경해 준 후 발원하는 것으로 편찬되어 있다. 이것은 바람직한 의식이라 생각되며, 반드시 망자를 위하여 청정한 스님을 청하여 계를 설해 주도록 해야 한다. 『梵網經』에서는 "부모·형제·화상 아사리의 운명하는 날이거나 3·7(21)일 또는 7·7일에 응당 大乘經律을 독송하거나 강설하여 齋를 거행하는 모임에 복을 구하고 미래의 생을 다스리게 하라."[183]고 하였으며, 또 같은 경에 "부모 형제의 사망한 날에 마땅히 법사를 청해 菩薩戒經을 강의하면 복이 망자를 도와 모든 부처님을 친견하고 인간이나 천상에 나게 될 것"[184]이라는 내용은 망자를 위해 계를 설해 주어야 한다고 하는 것이기 때문에 『梵網經』을 설하지 않더라도 우리가 근본으로 지키는 삼귀의계와 오계만 설해 주어도 된다고 보며, 망자가 살아생전에 다른 계를 설해 주기를 바라면 거기에 맞게 설해 주는 것이 바람직하다고 생각한다.

우리나라에서 이러한 사례를 살펴보면 『삼국유사』의 「蛇福不信」 條에서 "서라벌 만선북리에 사는 과부가 남편없이 잉태하여 아들을 낳았는데 열두 살이 되어도 말을 못하고 기동을 하지 못했다. 그 이름을 蛇童(蛇福)이라 불렀다. 어느 날 蛇福의 어머니가 죽었다. … 蛇福은 高仙寺에 살고 있는 元曉에게 … '그대와 나의 옛날 경전을

---

183 父母兄弟和上阿闍梨亡滅之日 及三七日乃至七七日 亦應讀誦講說大乘經律 齋會求福行來治生(대정장 24, p.1008中)
184 若父母兄弟死亡之日 應請法師講菩薩戒經福資亡者 得見諸佛生人天上(대정장 24, p.1006中)

실었던 암소가 지금 죽었으니 같이 가서 장사 지냄이 어떤가?'…
원효가 布薩授戒를 주고 그 시체 옆에서 가로되 '나지 말지어다.
그 죽음이 괴롭다. 죽지 말지어다. 그 남이 괴롭다.'고 하였다. 사복이
그 표현이 번거롭다 하여 고쳐 이르되 '死生이 모두 괴롭다' 하고
두 사람이 메고 活里山 동쪽 기슭에 갔다. 云云'[185]고 하였다. 이상으
로 보면 우리나라에서 일찍이 망자를 위한 계를 설하였음을 엿볼
수 있다. 그러기 때문에 이러한 것은 앞으로 우리가 발전시킬 필요가
있다고 본다.

셋째, 망자가 숨이 끊어진 후 바로 시신을 움직이지 말아야 한다.
망자가 숨이 끊어진 뒤에 곧 울거나 옷을 갈아입히거나 손발을
거두거나 몸을 움직이지 말고 身識이 다 떠나간 뒤(약 8시간)에 행해야
한다. 왜냐하면 한 곳이라도 온기가 있으면 身識이 아직 다 떠난
것이 아니기 때문이다. 입으로 말을 못하고 몸을 움직이지 못할
뿐 지각은 아직 남아 있으므로 우는 소리를 들으면 애정이 생기고,
불법의 생각이 식어지므로 세세생생에 해탈할 수 없는 결과를 초래한
다. 그리고 몸을 움직이면 고통이 되어 성내는 마음이 생기고, 부처님
법에 대한 생각이 적어져 나쁜 곳에 떨어지기 쉽기 때문이다. 그러기
에 망자를 위해서는 숨을 거둔 뒤 온기가 없어진 후 대략 8시간
후에 손발을 거두고 옷을 입히면서 염불하는 것이 바람직한 행이라고
생각한다. 여기서 참고로, 망자의 손과 발이 굳어 염할 때 불편하면

---

[185] 대정장 49, p.1007上~中.

수건을 따뜻한 물에 담갔다가 짜서 굳은 곳에 대어두면 부드러워지기 때문에 시신을 오랫동안 그대로 두어 손발이 굳을까 걱정할 필요는 없다.

제3항 장례시와 49재까지 해야 할 일
첫째, 다라니를 관에 넣어줄 것

　우리나라에서 흔히 시체를 염할 때에 금강경탑다라니나 아미타경탑다라니, 또는 천수탑다라니, 수구다라니를 관 속에 넣어서 망인이 좋은 곳에 태어나기를 원하기도 한다. 요즈음 이러한 일은 불교장례를 전문으로 하는 단체가 있어 아주 법답게 하는 것을 볼 수 있는데 이는 바람직한 일이라 생각한다. 이보다 좀 더 좋은 다라니는 광명진언이라 생각한다. 이 광명진언은 20여 자를 넘지 않지만 산스크리트어의 획이 망자의 몸에 닿으면 극락정토에 왕생할 수 있다고 하기 때문이다.

　신라시대 원효대사가 지은 『유심안락도』 마지막 문장의 내용을 간단히 언급하면, 원효는 大灌頂光眞言의 소리를 들으면 곧 업장이 소멸되고 죽은 후 악도에 떨어지지 않는다고 진언의 공덕을 찬탄하면서 시다림할 때 이 진언을 모래 위에서 백팔편 외우고 "모래를 혹 시신 위나 무덤 위에 흩어도 오히려 극락세계에 왕생하여 연꽃 가운데 化生하여 보리를 이루어, 다시는 타락하지 않는데 하물며 주문한 옷을 입히거나 소리를 듣고 글자를 외움이야."[186]라고 한 것은 오래 전부터 입관할 때 다라니를 시신의 몸에 닿게 하거나 관에 넣었던 것 같다. 이러한 것으로 미루어 보아 이를 계승하여 발전시킬 필요가 있다고 본다. 이외 염습의 절차는 『석문의범』에 나타난 의식대로 하면 되리라 보기 때문에 여기에서는 자세하게 언급하지 않기로 한다.

둘째, 망자를 위하여 복을 짓는 행위를 할 것

복을 지어 망자를 천도하는 일은 보시하면서 염불하여 주는 것이 제일이며, 그 가운데서도 망인의 재물이 있으면 이것으로 복을 짓는 것이 가장 바람직한 일이라 생각한다. 『無常經』에서는 "망인의 의복이나 몸에 따라 수용하던 물건을 3분하여 부처님, 법, 승가에 보시하면 그로 인하여 망자의 업장이 가벼워지고 공덕은 깨달음을 얻을 것이니 좋은 의복은 시체에 입혀 보내지 말라."[187]고 하였고, 『우바새계경』에서는 "만일 부모가 죽어서 아귀로 났을 때에 자손이 추모하는 마음으로 복을 지으면 곧 이익을 얻는 것을 마땅히 알라. 만일 망령이 천상에 났으면 인간 세상의 물건을 생각하지 않을 것이다. 왜냐하면 천상의 훌륭한 보물을 성취하였기 때문이다."[188]고 하였다. 또 『우란분경』에서는 목련존자가 지옥에 있는 어머니를 위해 공양을 올려 천도하였다[189]고 하였다. 그리고 『삼국유사』의 「善律還生」조[190]에서 선율이 명부에 갔다가 환생하는 도중 신라의 한 여자로부터 부탁을

---

186 대정장 47, p.119下.
187 대정장 17, p.746下.
188 대정장 24, p.1059下.
189 대정장 16, p.779上~下.
190 대정장 49, pp.1013下~1014上.

받고 여자가 숨겨 두었던 胡麻油로 부처님 전에 등불을 켜고, 배를 팔아 경전을 만드는 비용으로 한 공덕에 의해 천도되었다고 한 것은 망인을 위하여 보시한 공덕에 의해 이루어진 일이다. 그러기 때문에 자손들은 돌아가신 조상을 위하여 공덕을 짓는 것이 중요하다. 이 공덕을 지을 때 망인이 모아 놓은 유산이 있으면 이 유산으로 공덕을 짓고, 유산이 없으면 자손들이 자금을 모아 공덕을 짓는 것이 바람직하다고 본다. 이 공덕을 짓는 것은 여러 가지가 있겠지만 부처님의 좋은 말을 책으로 만들어 法布施하는 것도 좋고, 어떤 불사에 동참한다든가, 가난한 사람을 구원해 주는 것, 죽어 가는 생명을 살려주는 것 이외에도 많은 방법이 있을 수 있다.

셋째, 茶毘式은 如法하게 해야 한다.

시신을 목욕시키고 옷을 입히며, 火葬場이나 葬地까지 가는 절차를 다비식이라 한다. 李能和의 『朝鮮佛敎通史』, 懶菴眞一의 『釋門家禮抄』, 안진호의 『釋門儀範』, 근대에 박세민 스님이 편집하여 발간된 『韓國佛敎儀禮資料叢書』 등에 수록되어 있으므로 여기서는 자세한 언급은 하지 않고, 화장하는 茶毘에 대해서만 살펴보기로 한다.

茶毘란 파리어 jhāpita[191]의 음사어로 사비(闍毘)·사유(耶維)·야유(耶維)·야순(耶旬) 등으로 쓰여지고, 焚燒·燃燒 등으로 意譯된

---

191 『현응음의』 권5에서는 "耶旬 혹은 闍維, 또는 闍毘라 한다. 그 뜻은 같고 정확히는 闍鼻多이다. 뜻은 '불태우다(焚燒)'이다"고 하였는데 이는 '태우다'의 팔리어 jhspeti의 과거수동분사인 jhapita의 음사라고 본다.(『佛敎大辭林』 제3권 828.)

다. 이는 불교 이전부터 인도에서 널리 행해진 葬法 가운데 하나로, 시체를 불태워〔焚燒〕 그 遺骨을 물고기나 새들의 먹이로 주든가 매장하였으며, 혹은 시신 그대로 매장하든가 수장하였다. 불교에서는 시신을 태우고 그 유골을 매장, 또는 모시는 葬法으로 행해왔다. 『유행경』에 보면 "아란이 거듭 부처님께 세 번을 여쭈었다. '부처님이 열반하신 후 葬法은 어떻게 해야 합니까?' 하니 부처님께서 아란에게 이르되 '전륜성왕의 장법을 따르라.' 하니, 아란이 다시 '전륜성왕의 장법은 어떻게 하는 것입니까?' 하니 '성왕의 장법이란 우선 향수로 몸을 씻고 깨끗한 천으로 감싼 후 금관에 넣고 麻油를 붓는다. 철로 만든 곽에 넣고, 전단향으로 만든 관에 다시 넣는다. 여러 가지 향을 쌓아 넣고는 화장하라. 그 후 사리를 수습하여 네 군데 탑을 세우고 패찰을 붙이면 나라의 모든 사람마다 법왕의 탑을 볼 때 사모하는 마음을 내나니 그 유익함이 많으리라."[192]고 한 것을 보면 석가모니 부처님도 인도에 이미 행해지고 있는 葬法을 이용하였음을 알 수 있다. 또 『淨飯王般涅槃經』[193]의 내용을 간단히 요약해 보면 "부왕이 숨을 거두었을 때 세존께서는 미래 사람들이 … 불효할 것으로 생각하여 예법을 베풀어 … 직접 관을 메고 가려 했으나 사천왕이 運柩를 맡았으므로 부처님은 향로를 받쳐 들고 상여 앞에 서서 장례 장소로 갔으며, 장지에 도착한 부처님은 대중과 함께 … 향나무를 쌓아 놓고 그 위에 부왕의 관을 올려놓았다. 향나무에

---

192 대정장 1, p.20上~中.
193 대정장 14, pp.781上~783中.

불을 붙여 태우자 대중은 부처님을 향해 슬피 통곡하였다. 이때 부처님께서는 '세상은 모두가 무상하여 육체도 무상한 것이며, 견고하지 못하여 幻化와 같고, 불꽃과 같으며, 물 속에 비친 달과 같아 목숨이 오래 머물지 못한다. 그대들은 불이 곧 육신을 태워버리는 것을 보지 못했는가? 모든 욕심의 불은 이보다 더욱 심하므로 그대들은 … 부지런히 힘써 생사를 길이 여의고 큰 편안함을 얻도록 하라.'고 하였다 … 불이 꺼진 뒤 유골을 주워 金函에 담고 그 위에 탑을 일으켜 비단 천을 달고 幡蓋와 방울 등 갖가지 장엄으로 塔廟에 공양하였다."고 하여, 부처님께서도 부왕인 淨飯王의 다비를 화장으로 하였음을 알 수 있다. 또한 부처님도 구시라성의 싸라쌍수 아래에서 전단향나무로 화장하였다.

이외 다른 葬法을 살펴보면 다음과 같다. 『중아함경』 권제3[194]에서는 "사람의 목숨이 마칠 때 부모를 쫓아 생긴 四大의 몸은 衣食에 의해 생육되었지만 이것은 파괴되는 법, 滅盡되는 법, 흩어지는 법에 따라 그 목숨이 마치고 난 후 까마귀가 쪼아먹거나, 호랑이가 먹거나, 혹은 태우거나, 매장하여 결국에 粉塵될지라도 저의 意識은 항상하다."라고 하였고, 또 『根本說一切有部毘奈耶雜事』[195] 가운데 있는 내용을 간단히 요약해 보면, 부처님께서 "실라벌성 서다림에 계실 때 … '비구가 죽으면 응당 焚燒로 공양해야 한다.'고 가르치셨다 … (나무가 부족해) 화장할 수 없으면 '강물에 넣도록 해라.' 마땅한

---

194 대정장 1, p.440中~下.
195 대정장 24, p.286下.

강물이 없으면 '땅을 파서 묻어라.' … 땅을 파기 어려울 경우는 '수풀 깊숙한 곳에 시신의 머리를 북쪽에 두고 오른쪽 옆구리를 땅에 닿도록 하여 눕혀 풀 묶음으로 머리를 괴고 풀이나 나뭇잎 등으로 시신 위를 덮도록 하라."고 하였다. 여기서 보면 화장법 이외 鳥葬·虎葬·水葬·埋葬·林葬·鳥葬 등 여러 가지가 석존 이전부터 행해졌고, 불교 교단에서도 이러한 여러 가지 葬法을 사용하였음을 알 수 있다. 그러나 주로 사용한 葬法은 화장제도다. 이 제도는 석존 이전부터 인도에서 일반화된 예식이었고, 이 예식에 의해 석존 자신도 화장을 당부하였고, 이러한 의식은 동남아 불교권에서 행해지고 있는 일반화된 불교 葬法이다.

그러면 이러한 다비의식은 어떤 절차로 하면 좋을까 생각해 보자. 발인할 때에는 법주가 '서방대교주 아미타불'을 連聲念佛하든가, 한 사람이 상여 위에 올라가 서서 '나무아미타불'을 창하면 상여를 메고 가는 사람들이 일시에 하면 좋으리라 본다.[196] 그리고 사찰이나 집을 떠날 때 銘旌을 숙여 불전에 하직하고 꽃을 흩뿌리며 '대성인로왕보살'의 안내로 화장이나 매장하는 곳으로 길을 떠나는데, 이때도 한 사람의 선창에 따라 모든 대중이 "西方敎主 南無阿彌陀佛"을 唱和하면 좋다.[197] 다음 다비소에 도착하면 화장 준비를 할 동안 단을 준비, 아미타 부처님께 불공을 행한[198] 뒤 다비법사는 奉送儀式

---

[196] 『韓國佛敎儀禮資料叢書』2, p.161下~163上.
[197] 『釋門儀範』(下), p.144.
[198] 『釋門儀範』(下), p.145.

을 진행하면서 아미타불 염불을 十念 이상 해야 하는데 이때 대중도 같이 하면 더욱 좋고, 더 좋은 것은 모든 대중이 화장이 다 끝날 때까지 염불하는 것이다.199

그리고 다비가 다 끝나면 拾骨과 碎骨·散骨 등을 하는데, 이때 "습골할 때 나무젓가락으로 뼈를 고르고, 고기들에게 보시할 경우 往生偈를 외우면서 뼈를 절구공이로 빻아 가루로 만들어 참깨와 반죽하여 丸을 만들어 물고기나 새들에게 보시하고, 유골을 모아 탑을 쌓을 경우는 뼈 그대로 수습한 후 탑을 조성하여 그 안에 봉안하면 된다. 물고기나 새들에게 유골을 보시할 경우는 '이 공덕으로 ○○○ 靈駕여 多劫으로 지은 모든 業障을 소멸하고 관세음보살과 대세지보살이 아미타불을 모시고 마중하심을 받아 바로 서방 극락세계에 왕생하시어 무생법인을 증득하여 법계중생에게 廻向하십시요."라고 하면 된다. 이에 대한 자세한 것은 『한국불교의례자료총서』에 나와 있다.200 그리고 오늘날은 불교의례집에 여러 가지가 있으니 이를 참고하여 현실의 감각에 맞게 보충할 것은 보충하고 뺄 것은 빼는 것이 좋으리라 생각되는데, 다만 여기서 없애면 안 되는 것은 모든 의식이 끝날 때마다 아미타불 염불을 하는 행위라고 본다. 왜냐하면 아미타불의 본원이 망자를 정토로 이끌기 위한 것이고, 정토에 이끄는 원동력은 염불이기 때문이다.

넷째, 임종한 49일간은 정성을 다해 奉行해야 한다.

---

199 『韓國佛敎儀禮資料叢書』2, p.164下.
200 『韓國佛敎儀禮資料叢書』2, p.165.

우리의 생을 네 가지로 분류하는데 이것을 四有라 한다. 이것을 산스크리트로는 catvāra-bhavāḥ라고 하는데, 이 가운데 '有'란 bhava 의 번역으로 중생의 생존을 말한다. 즉 중생이 미혹의 세계에서 생사를 거듭하면서 윤회하는 한 기간의 생존인데, 이것을 네 가지로 나눈 것이 四有다. 즉 죽은 뒤부터 다음 생을 받을 때까지의 사이가 中有이고, 각각의 세계에서 생을 받는 순간을 託胎 또는 結生의 한 찰나를 生有라 하며, 태어나서 죽을 때까지를 本有라 하고, 목숨을 마치는 순간을 死有라 한다. 이 死有에서 生有까지의 기간이 中有인데 이것을 흔히들 中陰神의 기간이라고 한다. 이 중음신으로 있는 기간이 보통 49일이다. 그런데 49일간을 거치지 않는 중음신도 있다. 어떤 경우냐 하면 아주 지극하게 염불을 많이 한 사람이다. 염불을 열심히 한 사람은 임종한 후 바로 아미타불이 모든 보살과 같이 와 마중하여 가고, 혹은 생과 사를 自由自在하는 도인은 자기 의지대로 왔다갔다하기 때문에 이에 저촉을 받지 않는다. 이와 반대로 지독한 악을 지은 사람, 즉 五逆罪를 지은 사람은 죽은 즉시 無間地獄에 떨어지기 때문에 49일의 중음신 기간이 없지만 이외 다른 중음신들은 49일 기간 안에 다른 곳에 태어난다고 한다.

그러면 이 49일간 망자를 위한 행위는 어떻게 하면 좋은가? 이 49일에 대해 『梵網經』[201]에서는 부모·형제·화상 아사리의 운명하는 날이나 운명한지 21일이나 또는 49일 되는 날에 大乘經律을 독송하거

---

201 父母兄弟和上阿闍梨亡滅之日 及三七日乃至七七日 亦應讀誦講說大乘經律 齋會求福行來治生(대정장 24, p.1008中)

나 강설하는 천도재를 거행하여 미래 생의 복을 구하라고 하였다. 이것은 49일재를 중요시한 것으로 이 기간 동안 부모 형제는 영단 앞에서 염불을 계속하든가 독경을 해 주는 것이 좋으며, 이 기간 동안 산 생명을 죽이는 살생하는 업을 짓지 말고 방생을 하며, 제사상에다 고기나 생선을 올리지 말고 신선한 과일과 야채나물, 그리고 떡 등을 정성을 다해 올리는 것이 바람직하다. 그리고 자식들은 돌아가신 부모의 은혜를 생각하면서 남에게 화를 내거나 다투지 말고, 좋은 일을 하는 마음으로 임해야 할 것이다. 유교에서는 3년간 자식이 돌아가신 부모를 생각하며 무덤 옆에서 侍墓살이를 하는데, 우리 불교에서는 이 49일간 父母를 위해 신구의 三業을 깨끗이 하여 부모의 은혜에 보답하려는 마음을 갖고 염불과 독경, 그리고 다른 선행을 마땅히 행해야 한다고 본다.

제7절 맺는 말

이상의 것을 보면 몇 가지로 결론을 내릴 수 있을 것 같다. 첫째, 염불 수행법은 시간적인 염불과 공간적인 염불이 나눌 수 있다. 즉 시간적인 염불은 날짜를 정해 놓고 하는 기일염불과 시간을 정해 놓고 하는 시간염불이고, 공간염불은 숫자를 헤아리면서 하는 수량염불이다. 이러한 방법은 『아미타경』과 『반주삼매경』을 비롯하여 『지장보살본원경』 등 많은 경전에 언급되어 있으며, 도작을 비롯하여 가재와 선도 등 많은 사람들이 이 방법을 실천한 것은 이 방법이 좋기 때문이다.

둘째, 염불하는 사람이 갖추어야 할 마음의 자세는 신심과 서원, 지계, 그리고 定心이다. 신심은 정토경전을 비롯하여『화엄경』등 많은 경전에 언급되어 있는 것으로 믿음 없는 염불은 있을 수 없으며, 서원은 바다에 있는 배가 목적을 가지고 항해해야 하듯이 염불 수행자가 반드시 가져야 하는 하나의 항목이다. 이 서원을 초기 정토경전에서는 '欲生心'이라 하여 왕생의 원인으로 취급하였으며, 후기 정토경전에서는 廻向發願心으로 발전한 것에서 서원이 얼마나 중요한지를 알 수 있다. 그리고 지계는 몸과 입, 그리고 생각을 어떻게 가져야 할 것인지를 정토경전을 중심으로 하여 살펴보았다. 마지막으로 염불하는 사람이 마땅히 갖추어야 할 定心에 대해서는 담란의 사상을 중심으로 논하였다. 즉 담란은 淳心·決定心·相續心을 갖추어 염불하면 定心이 된다고 하였다. 다시 말하면 이 세 가지 뜻이 구족된 것이야말로 散心의 염불이 아닌 定心의 염불이라는 것이다. 이 세 가지가 서로 전전하여 이루는 것으로 信心不淳 → 不決定 → 念不相續 되는 것이며, 또 반대로 念不相續 → 不得決定信 → 信心不淳이 되는 것이다. 이것을 반대로 말하면 淳 → 決定 → 相續으로 이어지는 것이고, 반대로 相續 → 決定 → 淳 등 연속적으로 이어진다. 즉 신심이 두터우면 능히 신심이 결정되며, 신심이 결정된 경우 신심이 필연적으로 상속하게 되는 것이며, 또한 신심이 능히 상속되는 경우 신심이 그대로 결정되고, 신심이 결정되기 때문에 신심이 능히 돈독하게 될 수 있다. 또 담란이 이 한결같이 결정된 마음으로 염불하느냐

안 하느냐에 대해 有後心과 有間心, 반대로 無後心과 無間心으로 나누어 논하고 있는 것은 정토경전에서 말한 一念, 十念, 至誠心을 구체화하였다고 볼 수 있다.

　셋째, 예참은 예배하면서 부처님의 공덕과 장엄을 찬탄하면서 참회하는 하나의 의식으로 발전한 것이다. 이는 경전 속에 나타난 예배, 찬탄, 참회의 수행법으로 이를 언급한 사람은 용수와 천친이다. 용수는 『십주비바사론』에서 禮拜・懺悔・勸請・隨喜・廻向・念佛을 하루에 여섯 때에 하라고 하였고, 천친이 『왕생론』에서 주장한 다섯 가지 수행문 가운데 첫째가 禮拜門이다. 담란이 용수를 존경한 것은 그의 의식집에서 용수보살을 찬탄하면서 아미타불에게 예배하는 것이 2배가 있는 것에서 알 수 있으며, 또한 그가 정토에 귀의하기 전에 4론을 연찬하였는데 이 가운데 제바의 『백론』을 제외하면 다 용수보살의 저술이기에 그의 근본정신은 용수보살의 사상을 이어 받았다고 할 수 있다. 그리고 담란의 저술 가운데 가장 큰 저술은 『왕생론주』인데 이 책은 천친이 쓴 『왕생론』에 주석을 한 것이다. 따라서 담란은 이 두 사람의 영향을 받아 의식집을 만들어 구체화했다고 보아야 할 것이다. 이 의식집은 『無量壽經』을 근본으로 『찬아미타불게』를 지어 찬탄 195, 예배 59로 구성되어 있는데, 여기서 찬탄하면서 예배하는 것은 왕생에 목적을 두고 있다.

　담란의 영향을 받은 선도는 『왕생예찬』을 지었는데, 이는 담란의 예참을 구체화하였다고 단적으로 말할 수 있다. 담란이 막연히 육시에 하라고 한 것에 대해 선도는 육시의 한 때 한 때에 무엇을 어떻게 할 것인가를 분류하여 논하였다. 즉 무슨 경론에 의한 게송으로 몇 번 예배하는가를 구체적으로 언급하였으며, 한 가지 특색은 담란 대사가 아미타불, 보살, 정토, 수행공덕, 용수보살 등 정토에 치중해 예배한 것과는 달리 선도는 석가모니불과 일체 賢聖과 시방세계 虛空界에 두루한 일체 삼보에게 먼저 예배하고 나서 서방의 아미타 부처님과 정토의 공덕, 보살, 수행공덕 등에 대해 본격적으로 찬탄하면서 예배하는 것이고, 그 순서는 마음속 깊이 참회하고 난 후 예배하는 것이다. 간략하게 말하면 용수는 대승사상을 대성시킨 사람답게 시방제불에 대한 예참이라 할 수 있고, 담란은 순수하게 아미타불 한 분과 정토의 대중에 대한 예참이고, 선도는 하루 6時를 분명하게 정하여 석가모니불과 일체 삼보에 대한 예배를 먼저 하고 집중적으로 아미타불에 대한 예배를 한 후 정토의 보살들의 명호를 거론하면서 예배하는 특색이 있다.

　근대의 자운율사는 한국불교계의 영향을 받아 시방법계에 상주한 불법승을 언급하여 예배하면서 집중적으로 아미타불에 대한 예배를 하였고, 담란대사나 선도대사가 언급하지 않은 극락세계의 25보살 명호와 문수보살, 미륵보살, 그리고 이 세계에 현존했던 용수보살, 마명보살, 천친보살의 명호를 거론하였으며, 석가모니불의 제자인 가섭존자, 아난타존자, 사리불존자 등 여러 제자의 명호를 거론하면서 예배한 것이 특색이라 할 수 있다.

　그리고 염불할 때의 주의할 점과 임종하는 사람의 자세와 시다림, 장례 및 49일재를 논하였는데, 이는 이러한 내용이 오늘날 우리

불자에게 필요한 것이라는 생각에서이다. 즉 高聲念佛, 低音念佛, 金剛念佛, 默念念佛 등은 주위환경을 감안하면서 다른 사람에게 피해가 가지 않는 염불을 해야 한다는 것이고, 임종하는 사람의 주위에 세 분의 불보살을 모시는 문제와 助念의 염불은 임종하는 사람이 바른 정념을 갖게 하는 것이다. 시다림이나 장례시, 49일재에는 망자를 위해 수계나 독경, 염불, 보시가 필수적이라는 것을 경과 논, 그리고 조사들의 견해에 의해 환기시켰다.

(중앙승가대학교 『논문집』 제10호 「念佛修行 方法論에 대한 一考察」와 『淨土學 硏究』 제6집 「淨土 諸師의 禮懺에 간한 小考」, 그리고 조계종 교육원에 발간(2005년)한 『수행법 연구』 염불 부분의 내용을 합해 수정 보완한 것이다.)

제5장 정토 왕생자의 마음가짐

제1절 서론

우리는 이 세상을 살아가면서 어떤 목적을 설정하고 그 일을 성취하기 위해 노력하고 있다. 그리고 자기가 설정한 목을 달성하느냐 못하느냐 하는 것은 그 사람이 어떤 마음을 가지고 얼마나 꾸준히 노력하느냐가 중요하다. 불교의 수행자 가운데 특히 대승 불교권에서는 누구나 진리를 깨달아 성불하려고 하는 목적을 가지고 있지만 이 목적을 향하는 자세가 어떠하느냐에 성패가 달려 있다고 보아도 무리는 아니다. 어떤 사람은 자기가 처해 있는 상황을 잘 판단하지 못할 뿐만 아니라 능력과 소질을 모르고 남이 하니까 따라 하다가 나이 70이 넘어서도 방황하는 경우가 있는가 하면, 이와 반대로 어떤 사람은 자기의 능력과 소질, 지금의 상황을 잘 판단하여 여기에 맞는 방법을 강구하고 정진하여 후회 없는 삶을 영위하는 경우도 있다. 다시 말하면 사회에서 자기 실력과 업무처리 능력이 낮은 사람이 고질의 업무에 임하면 일을 제대로 처리하지 못할 뿐만 아니라 과중한 업무와 스트레스로 몸을 잃는 경우가 있고, 경제력이 적은 사람이 돈 많은 사람과 같이 사치하면서 생활하려고 하면 가산이 탕진되어 길거리에 나 앉게 되어 실패한 사회인이 되고 마는 것과 같다. 불교의 수행자 가운데서도 자기의 능력은 下根機로 부처님의 本願力을 입지 않으면 안 될 사람이 자기 스스로 도를 깨달아 보겠다고 정진하다가 도의 근처에도 가지 못하고 나이 들어 죽음의 문턱에 와서야 후회하는 사람도 있고, 지금의 나는 어떠한 고통을 받고 있는지를 망각하고, 지금 받고 있는 오욕을 진정한 즐거움으로 착각하고 세속인처럼 권력이나 경제력을 좇아 불나비가 불꽃이 좋아 불에 다가가다 불행을 자초하듯이 사는 사람도 있다.

 이러한 불행한 삶을 살지 않기 위해서는 지금까지 살아오면서 쌓아온 모든 것을 잘 판단하는 것도 중요하고, 앞으로 어떤 마음을 갖고 어떤 방법으로 노력하느냐가 중요하다. 그래서 이 단원에서는 극락세계에 왕생하려고 하는 사람이 어떤 마음을 가지면 좋은가를 생각해 볼까 한다. 즉 지금까지 살아온 내 자신은 어떤 사람인가 되돌아보고 잘못된 점이 있으면 자각하고 법답게 참회하고, 앞으로 어떤 마음을 갖고 정진할 것인가를 논하고자 한다. 이 단원에서 논할 문제는 범부의 자각과 참회, 그리고 發心과 신심 등 여러 가지로, 이 중 몇 문제는 앞 단원에서 언급한 것으로 중복되는 감이 있지만 중요하기 때문에 각도를 달리하여 논하고자 한다.

제2절 凡夫라는 自覺

제1항 범부의 意義

정토교에서 아미타불이 구제대상으로 삼고 있는 것은 인간인데, 여기서 인간은 범부이다. 범부란 일반적으로 凡庸한 士夫, 평범한 일반 사람들을 가리키며, 산스크리트 말로 pṛthag-jana를 번역한 것이다. pṛthag-jana는 한문 音譯으로 必栗託仡那, 또는 婆羅必栗託仡那라 하여 小兒凡夫, 嬰兒凡夫, 愚凡夫라 하고, 意譯의 舊譯으로는 凡夫라 하고, 新譯으로는 異生이라 한다. 이는 성인에 대비하여 붙인 이름으로 미혹을 끊지 못하고 진리를 증득하지 못하였기 때문에 범부니 이생이니 한다. 여기서 異生이란 여러 가지 각기 다른 세계에 변하여 태어난다고 하는 것으로, 번뇌에 의해 업을 일으키고 그 때문에 변하여 각기 다른 세계에 태어난다는 의미이다. 각기 다른 세계란 보통 6도라고 하는 것으로 지옥·아귀·축생·수라·인간·천상 등을 말하는데, 우리들이 가지고 있는 번뇌에 의해 이 여섯 가지 세계를 윤회하면서 각기 다르게 태어나기 때문에 이생이라고 한다. 이에 대해 『法華經』에서는 "凡夫란 淺識하여 五欲[1]을 깊이 집착한다."[2]고 하였고, 『大威德陀羅尼經』에서는 "미혹하여 끊임없이 生死를 流轉하면서 不正道에 머물기 때문에 凡夫라 한다."[3]라고 범부에

---

[1] 재물에 대한 욕심, 이성에 대한 욕심, 음식에 대한 욕심, 명예에 대한 욕심, 수면에 대한 욕심이다.
[2] 대정장 9, p.15上.

대해 규정한 후 "이러한 범부들은 바른 생각을 내지 않고 물질에 대한 생각을 내면서 업과 번뇌, 그리고 무명에 덮여 있다."4고 하였다. 『佛性論』에서는 "凡夫의 근본은 몸에 대한 애착에서 비롯된다."5고 하였다. 즉 범부가 된 원인은 지혜를 얻지 못하여 아는 것이 적기 때문으로, 이로 말미암아 고통을 불러오는 다섯 가지 욕심에 집착하고 我慢心에 빠져 항상 생사를 되풀이하는 것이다. 이에 반해 범부에서 벗어나 성인이 되기 위해서는 지혜를 증득하여 오욕에 빠지지 않고 생사를 되풀이하면서 윤회하지 않는 것이다. 그렇기 때문에 『梵網經』에서는 "내가 과거 百阿僧祇劫에 心地를 수행한 것이 원인이 되어 비로소 범부를 버리고 等正覺을 이루어 호를 盧舍那라 하고 蓮花臺藏世界海에 머물고 있다."6고 하였다. 이 문장을 보면 우리 불자가 해야 할 일은 지금의 나 자신이 범부임을 자각하고 여기서 벗어나기 위해 열심히 수행하여 보리를 증득하여 성인이 되는 것이다.

　불교의 수행 지위 가운데 범부와 성자를 구분해 보자. 대승불교에서는 불도수행을 열심히 정진하는 이를 대승보살이라 하는데, 이 보살은 다 菩提心을 일으켜 수행을 쌓아 깨달음에 다다른다. 이 깨달음에 이르는 계단을 十信・十住・十行・十廻向・十地・等覺・妙

---

3 以於生死迷惑流轉 住不正道故名(대정장 21, p.811下)
4 대정장 21, p.767下.
5 대정장 31, p.803上.
6 我已百阿僧祇劫修行心地 以之爲因初捨凡夫成等正覺號爲盧舍那 住蓮花臺藏世界海(대정장 24, p.997下)

覺 등 52位로 나누는데, 일반적으로 初地 이상을 성자로 보는 것에 반해 初地 이하를 범부로 총칭한다. 不退轉에 대한 여러 가지 설이 있지만 이 十地 가운데 초지, 즉 歡喜地에 이르는 사람을 말한다. 왜냐하면 초지 단계에 오른 보살은 다시 초지 이하의 지위인 십회향이나 십행의 지위에 떨어지지 않고 앞으로만 전진하여 결국에는 부처님과 같은 지위에 오르기 때문이고, 이로 인해 초지 이상을 성자라고 부른다. 초지에 들어간 보살은 처음으로 無漏智를 얻고 불성을 볼 수가 있을 뿐만 아니라 부처님의 지혜에 향해 나아가고 모든 중생을 구원하기 때문에 十聖, 地上菩薩이라 한다. 이에 반해 아직 初地에 이르지 못한 十廻向이나 十行, 그리고 十住, 十信의 지위에 있는 사람은 떨어지기도 하고 올라가기도 하면서 윤회하기 때문에 총칭하여 범부라 한다. 이 범부를 다시 분류하면 처음 十信의 지위에 이른 이를 外凡이라 하고, 十住·十行·十廻向의 지위에 있는 이를 內凡이라 하며, 아직 十信의 지위에 오르지 못한 이를 低下의 범부, 또는 信外의 범부라 부른다.

범부는 부처님의 진리를 멀리 여의고 자기의 몸과 견해 등에 집착하며, 五濁에 빠져 있다. 즉 부처님의 진리를 멀리 여의고 실천하지 않으며 我慢과 독선, 그리고 이기심과 편협한 마음에 사로잡히고 번뇌에 의해 나라고 하는 我見을 일으키는 이를 범부라 한 것이다. 『법화경』「비유품」에서 "사리불아, 교만하고 게을러서 我見에 집착하는 사람에게는 이 경을 설할 수가 없다. 범부는 아는 것이 적고 다섯 가지 욕심에 집착하여 들을 수도 이해할 수도 없다."[7]라 하여 범부는 아는 것이 적을 뿐만 아니라 오욕에 집착하는 것이 깊기 때문에 진리를 이해하려고 하지 않고 이해할 수도 없다고 하였다. 또「방편품」에서 "사리불아, 마땅히 알라. 내가 부처의 눈으로 6도 중생을 관하여 보니 빈궁하고 복과 지혜가 없어 생사의 험한 길에 들어가 끊임없이 고통을 받으며 5욕에 깊이 집착함이 마치 물소가 자기 꼬리를 사랑함과 같으며, 탐내고 애착으로 자기를 덮어 맹인이 보지 못한 것과 같음이라. 큰 위력의 부처님과 고통을 끊는 법을 구하지 않고 깊이 사견에 빠져 있어 고통으로 고통을 버리고자 하니 이러한 중생을 위해 더욱 대비심을 일으키니라."8라 하여 어떤 것이 범부인가를 말하고, 이 범부를 구원하기 위해 부처님이 자비심을 일으킴을 알 수가 있다. 즉 범부는 지혜가 옅고 오욕에 집착하기 때문에 부처님의 진리를 들을 수도 없고, 이해할 수도 없다고 하여 범부를 면하고 성인의 지위에 오르고자 하면 반드시『법화경』의 진리를 알아야 하고 부처님의 자비심을 입어야 한다는 것이다. 따라서『법화경』을 중요시 여기는 천태종에서는『법화경』이외의 다른 경의 가르침에 의해서도 정토에 왕생할 수 있지만 그 정토는 낮은 정토로 범부와 성인이 같이 있는 '凡聖同居土'이고, 劣應身의 부처가 머무르는 세계로서 진실한 최고의 寂光淨土에 왕생할 수가 없다9는

---

7 又舍利弗 憍慢懈怠 計我見者 莫說此經 凡夫淺識 深著五欲 聞不能解(대정장 9, p.15中)
8 대정장 9, p.9中.
9 坪井俊映 著,『淨土學槪論』p.220.

설이 나왔는지 모른다. 아무튼 범부란 지혜가 옅은 사람이고, 오욕에 집착하는 사람이며, 我見에 빠져 있는 이로 구제하기 어렵다고 하였다. 하지만 중국의 선도대사는 이와 같은 범부라도 아미타불의 眞實報土에 왕생할 수 있다고 전재하여 本願念佛을 주장하였다. 본원염불이란 아미타불은 범부니 성인이니, 지혜가 없고 있고, 죄악과 번뇌가 있고 없고, 남자 여자를 가리지 않고 누구나 아미타불을 마음속에 간직하면 극락정토에 왕생시킨다는 것이 아미타불의 본원이라는 것이다.

제2항 죄악의 범부

죄악은 죄와 악이 합쳐진 단어로 죄와 악은 근본적인 의미가 다르다고 볼 수 있다. 악이란 일반적으로 不善의 의미로 도리를 등지고, 자신과 타인에게 손해를 입히고 현재나 다가오는 미래에 괴로움을 불러오는 원인이 되는 것을 말한다. 唯識學에서는 善·惡·無記 등 세 가지 가운데 하나이고, 殺生·偸盜·邪淫·妄語·飮酒 등을 5惡이라고 하고 있다. 이것은 불교에서 궁극적으로 지향하고 정진하는 깨달음에 장애를 주고 있기 때문에 악이라 한다.

이것에 비해 죄란 범죄 또는 죄업이라고 불리어지는 숙어로 부처님이 설하신 敎誡, 律儀를 범하고 등지는 행위를 말하며, 이것 때문에 고통의 果報를 받는 惡業을 말한다. 아무튼 여기에는 몸과 입, 그리고 생각 등 세 가지로 나쁜 행위를 짓는 것이 있고, 이 행위가 깨달음에 이르는데 장애가 되기 때문에 악업이라 하고 이러한 점에서 죄악이라고 한다. 다시 말하면 악이란 깨달음을 얻어 성불하는데 장애가 되는 것을 말하고, 죄란 이와 같은 궁극적인 목적을 달성하기 위해 설한 부처님 敎誡와 율을 등지는 행위를 말한다. 그러나 죄와 악의 개념적인 내용은 유사하기 때문에 죄악이라고 붙여 같은 의미로 사용하는 경우가 많다.

 죄란 관념은 사회적인 통념으로 보면 나쁘지만 다른 한편에서 보면 착한 죄가 있을 수 있다. 즉 개인적으로는 죄악이지만 사회적으로는 선행으로 인정되는 경우가 있고, 반대로 사회적으로는 죄악이지만 개인적으로는 선업이 되는 경우도 있다. 2003년 3월에 미국이 이라크를 침략하면서 많은 사람을 살해한 경우는 개인적으로 이것은 살인에 해당하는 무서운 악행이지만 미국 사회에서나 이라크를 행방시키기 위한 사람들이 보면 선행으로 보고 영웅으로 인정받을 수 있는 경우가 있고, 여름철에 많은 모기가 있어 밤잠을 못 이루는 경우에 보건소에서 모기를 죽이는 방역을 하면 모기를 죽이는 개인적인 행위는 殺生業을 짓는 악행이지만 그 주위의 사람들에게는 선행으로 인정받는 경우가 있다. 이와 반대로 죽어야 할 적군과 모기를 살려주는 행위를 하면 개인적으로는 선행이지만 사회적으로 역적이 되고 칭찬 받지 못하는 행위가 되기도 한다. 그렇기 때문에 이 죄악이란 시대적인 상황과 통념에 의해 척도가 달라 정 반대적인 평가가 있지만 불교에서는 너와 나, 사람과 축생 등 모든 중생이 똑 같이 생존할 권리가 있다고 인정하기 때문에 자기 개인이나 사회적인 통념에 의해 다른 생명을 해치고 죽이는 행위를 정당화할 수 없는 것이다.

　오늘날 이슬람교나 기독교에서는 자기의 종교를 위해 열차나 비행기를 폭발시키거나 도로에 폭발물을 매설하여 많은 사람을 죽이고, 몸에 폭발물을 장치하고 사람들 속에서 자폭하여 많은 희생자를 내는 경우를 순교자라 하여 자기 종교에서 아주 훌륭한 행위로 인정받고 있지만 일반 사회에서는 죄악시하고 있다. 진정한 종교란 각 개인의 삶을 보장하고 윤택하게 살 수 있게 역할을 다 해야 하고, 이보다 더 나아가서 자기 자신뿐만 아니라 자기 종교를 버리면서 상대방의 행복한 삶을 유지시켜 주어야 한다고 본다. 그런데 자기 종교를 위한다는 발상에서 한 사회를 초토화해서는 안 될 것이다. 아무튼 불교에서 남을 해치는 행위, 못 살게 하는 행위, 속이는 행위, 자기 자신을 위해 욕심을 부리고 화를 내며 어리석게 생활하는 행위를 하는 사람을 범부라 하고, 이러한 짓을 하는 것은 악행이며, 이 악행에 의해 죄를 받는다고 하는 것이다.

　아미타불의 구원을 받아야 하는 정토교에서는 범부를 어떻게 보는지 알아보자. 중국에서 정토교를 대성시켰다고 하는 선도대사는 『觀經疏』「散善義」에서 깊이 믿어야 할 신심 두 가지를 말하는 가운데 첫째 항목에서 "決定深信自身現是罪惡生死凡夫 曠劫已來常沒常流轉 無有出離之緣"[10], 즉 죄악이 있고 생사하는 범부로 이는 아주 오랜 세월부터 항상 윤회하면서 여기에서 벗어날 攀緣을 찾지 못한

---

10 대정장 37, p.271上.

이라 하였다. 다시 말하면 선도는 항상 정도를 실천하지 않고 그릇된 길을 택하여 행하면서 나쁜 업을 지어 죄악이 있는 범부이기 때문에 태어났다가 죽을 수밖에 없고, 이 생사를 끊임없이 반복하면서 여기에서 벗어날 정도를 찾지 못한 것을 범부라고 본 것이다. 나아가 자기 자신의 내면의 세계를 관조해 보면 선보다 악이 많아 항상 고통을 받으며 얼마간 살다가 죽음을 맞이해야 할 운명이라는 것을 깊이 자각해야 한다는 것이다. 이 자각으로 말미암아 지향해야 할 것은 생사를 벗어나야 할 인연을 만나는 것이다. 선도의 이러한 사상은 그의 스승인 도작이 말한 '約時被機'[11]의 영향이라 본다. 이 '約時被機' 가운데 '約時'란 자기가 처한 시대상황이 어떤 것인지를 알아야 한다는 것이다. 즉 21세기가 산업정보화의 사회인지, 주위 사람들이 어떤 생각을 갖고 무엇을 추구하는지, 자연환경은 잘 지켜지고 있는지 등 여러 가지 정보를 입수하여 분석하는 것이고, '被機'란 자기 자신이 가지고 능력과 소질을 알아내는 것이라고 볼 수 있다. 이 두 가지를 잘 분석한 후 여기에 맞는 좋은 방법이 무엇일까를 선택하는 것이 중요한 것이다.

　우리가 이 세상을 살아가면서 자기 자신의 능력을 아는 것이 참으로 중요하다고 할 수 있다. 자기 자신의 능력과 소질을 잘 관찰하여 발전시킨다면 인생의 참된 삶을 성공할 수 있을 것이며, 이에 반해 자기의 능력과 소질을 모르고 과욕을 부린다면 실패한 인간으로

---

11 道綽의 『안락집』 서문에 있는 말이다.(대정장 47, p.4上)

전락하고 말 것이다. 또한 자기의 능력이 부족하면 능력이 있는 사람이나 기계의 힘을 빌리는 것이 현명하지, 자기 힘으로 무리하게 해결하려고 하면 불상사를 초래할 것이 분명하다.

제3절 번뇌가 가득한 범부

정토교에서는 선도대사가 언급하였듯이 지구상에 존재하고 있는 모든 인간은 번뇌로 얽혀져 있는 범부, 또는 죄악이 많은 범부라고 하였다. 즉 자기 자신의 내면을 깊숙이 관찰해 보면 번뇌가 가득히 차 있고, 나 이외 남도 마찬가지로 번뇌에 얽혀 있어 많은 고통을 받는다는 것을 자각한 것이다. 이 자각에 의해 자신이 번뇌의 속박에서 벗어나야겠다는 마음을 가지게 되며, 벗어날 수 방법이 무엇이고 이 방법을 어떻게 실천할 것인가를 窮究하고 정진하며 나아가 해탈하는 것이 불교의 목적이다. 이와 반대로 자신은 번뇌가 없는 사람으로 알고 있다면 벗어나야겠다는 생각도 없을 뿐만 아니라 방법도 찾지 않아 다가오는 수 없는 생을 煩悶에 얽혀 삼계를 윤회하면서 많은 고통을 받으며 살아야 한다는 것은 자명한 일이다.

그럼 먼저 번뇌가 많은 범부에 대해서 논해 보고자 한다. 번뇌란 산스크리트 kleśa의 의역이고, 음역으로는 吉隸舍로 중생들의 마음을 번거롭게 하고 괴롭히고 어지럽히고 미혹하게 하여 더럽히는 정진작용이다. 이 번뇌의 작용에 따라 惑, 睡眠, 染, 漏, 結, 纒, 蓋, 縛, 取, 繫, 使, 暴漏, 塵垢, 客塵 등으로 다양하게 전개되는데,

이것은 불교사상 가운데 번뇌란 술어가 중요한 위치를 차지하고 있기 때문이 아닌가 생각된다. 먼저 '惑'이라 번역한 것은 진리에 대해 미혹하여 알지 못하는 것으로, 중생들의 악의 근원으로 불교의 궁극적인 목적인 깨달음을 달성하기 위해 정진하는데 장애가 되는 정신적인 작용이다. 이것은 인간들의 몸과 마음을 번거롭게 하고, 교란시키며, 혼란하게 하고, 더럽히는 등 不善한 것이다. 즉 이는 업을 일으키고, 고통의 과보를 받게 하고, 한없이 중생으로 하여금 迷한 세계에 있게 하는 원동력이다. 그렇기 때문에 이 번뇌를 제거하지 않는 한 우리가 추구하는 깨달음에서 멀어지고 만다. 그래서 불교의 수행은 번뇌를 제거하느냐 못하느냐가 최상의 명제일 수밖에 없다.

다음 睡眠은 산스크리트어로 anuśaya이며 번뇌의 다른 이름이다. 번뇌는 우리를 궁지에 몰아넣어서 身心을 잠들게 하기 때문에 붙여진 이름이다. 이것은 활동하는 상태가 아주 미세하여 알기 어려우며 또 對境이나 相應心·心所와 서로 영향을 가지고 더욱 강하게 된다(隨增). 사람을 번뇌로 묶어 버리므로(隨縛) 隨眠이라고도 한다. 여기에 貪·瞋·慢·無明(癡)·見(惡見)·疑의 여섯 가지가 있어 6隨眠이라고도 한다. 唯識宗에서는 번뇌를 곧 隨眠이라고 하지 않고 이것이 번뇌의 習氣, 곧 種子를 가리키며, 이 번뇌의 종자가 우리의 아뢰야식에 가만히 들어와서 잠재하고 있다고 한다.

漏는 산스크리트어 āsrava의 번역으로 이것 역시 번뇌의 異名이다. 여기에 流와 住의 두 가지 의미가 있는데 流란 번뇌로 인하여 6瘡門에서 항상 不淨한 물질을 흘러낸다는 뜻과 또한 번뇌에 의해서 생사의 세계에 유전된다는 뜻이 있다. 住란 중생으로 하여금 三界에 머물게 한다는 의미가 있고, 業의 종자를 번뇌의 그릇에 담아서 저장해 두면 後有를 낸다는 의미가 담겨져 있다. 여기에 欲漏·有漏·無明漏 등을 3漏라 하고, 여기에다 見漏를 더해서 4漏라 하기도 한다.

結은 산스크리트어 bandhana, 또는 saṁyojana의 번역이며 이것도 번뇌의 다른 이름으로 중생을 미혹의 경계에 결박한다는 뜻이다. 여기에 '우리'나 '우리의 것'이란 관념을 여의지 못한 我執, 5蘊의 화합인 신체에 집착하여 我가 있고, 또 몸을 我所라고 집착하는 것을 간략하게 身見이라고 하는데, 我見과 我所見으로 이루어진 번뇌를 有身見結, 戒禁에 일어나는 그릇된 소견으로 곧 因 아닌 것을 因이라 하고, 道 아닌 것을 道라 하는 아득한 소견인 戒禁取見結, 진실한 도리나 불교의 진리인 4聖諦, 因果의 도리를 의심하므로 갖가지 妄業을 지어 三界에 결박되어 나오지 못하므로 말하는 疑結 등 3結이 있다. 여기에 5見 및 疑가 더해져 6번뇌가 이 가운데 포함되기도 한다.

纏은 산스크리트어 paryavasthāna의 번역으로 마음을 얽어서 선을 수행할 수 없도록 방해하는 것을 말하는데, 無慚·無愧·嫉·慳·悔·睡眠·悼擧·惛沈 등 여덟 가지 隨煩惱를 8전이라 하기도 한다.

이와 같이 번뇌를 다양하게 표현하지만 唯識宗이나 俱舍宗에서는 이를 根本煩惱와 枝末煩惱로 나눈다. 근본번뇌란 번뇌의 體, 즉 모든 번뇌의 근본이 되는 것으로 이를 本惑, 根本惑, 隨眠이라 하며,

지말번뇌는 근본번뇌에 수반하여 일어나는 종속적인 번뇌로 이를 隨惑, 枝末惑, 隨煩惱라 한다. 이 지말번뇌를 구사종에서는 放逸·懈怠·不信·昏沈·掉擧·無慚·無愧·忿·覆·慳·嫉·惱·害·恨·諂·誑·憍·睡眠·惡作 등 19종으로 말하고, 유식종에서는 睡眠·惡作을 버리고 失念·散亂·不正知를 더하여 20종으로 세분하기도 한다. 일반적으로는 貪欲, 瞋恚, 愚癡 등을 三毒煩惱라 하고, 여기에다 高慢, 虛僞, 惡見 등 세 가지를 더해 六煩惱라 하는 견해도 있으며, 또 삼세의 도리를 알지 못하여 미혹한 見思, 티끌이나 모래와 같이 많이 미혹한 塵沙, 무지하고 미혹한 無明을 말할 수도 있으며, 더 나아가서 세분하면 108번뇌[12]나 팔만사천 가지 번뇌를 이야기할 수도 있다.

이 번뇌를 어떻게 번역을 하든 번뇌가 중생들을 미혹한 세계에 머물게 하고, 깨달음으로 나아가려고 하는 正道에 장애를 준다고 하는 것에는 이론이 있을 수 없다. 따라서 번뇌를 제거하지 않는 한 깨달음은 있을 수 없기 때문에 불교 수행의 중심은 이 번뇌를

---

12 이 백팔번뇌에 대해서는 여러 가지 설이 있지만, 그 가운데 한 가지를 소개하면 우리들이 가지고 있는 6根(眼·耳·鼻·舌·身·意)의 감각기관에서 괴롭다고 하는 苦, 즐거워하는 樂, 즐겁지도 않고 괴롭지도 않는 무관심한 捨 등 세 가지 작용이 있기 때문에 6근에다 3을 곱하면 18이라는 숫자가 생긴다. 그리고 앞 6根의 감각기관에서 좋아하는 好, 싫어하는 惡, 보통인 平 등 세 가지 감정이 작용하기 때문에 여기에서도 18이라는 숫자가 나온다. 앞 18과 뒤 18을 합치면 36이 되는데 여기에는 과거·현재·미래 등 三世에 거쳐서 작용하기 때문에 36에다 3을 곱하면 총 108이라는 숫자가 나오게 된다. 이것이 백팔번뇌다.

어떻게 제거하느냐 하는 것에 의해 소승불교에서는 見道所斷[13], 修道所斷[14]이라 하고, 대승불교에서는 頓斷[15]이니 漸斷[16]이니 하는 술어를 사용하고 있다.

이에 대해 정토교에서는 이 생에서 번뇌를 완전히 제거하는 것은 불가능하기 때문에 극락세계에 왕생한 후 정토에서 끊는다는 것이다. 이에 대해 담란은 천친이 정토의 장엄을 설명한 가운데 첫 번째인, 아미타불이 극락세계의 본질을 청정하게 한 이유에 대해 『왕생론주』 상권에서 "부처님이 因行時에 이 莊嚴淸淨功德을 일으키신 이유는 三界를 보시니 거짓된 모습이고, 변하는 모습이며, 끝없이 미혹한 모습이기 때문이다. 마치 자벌레가 순환하는 것과 같고,[17] 누에고치가 스스로 속박되어 있는 것과 같다.[18] 중생들이 이 삼계에 속박되어

---

13 見道에서 끊는 것으로 소승에서 88使의 隨眠煩惱와 이 惑에 따라 또는 惑으로부터 일어나는 有漏法이고, 대승에서는 邪師, 邪敎, 邪思惟로 일어나는 後天的인 煩惱障과 所知障을 말하는데 여기서는 소승의 見道를 말한다.
14 修道에서 끊는 것으로 소승에서는 88종의 번뇌와 이 惑에 따라 또한 이 惑에 의하여 일어나는 有漏法이고, 대승에서는 본능적으로 자연히 일어나는 煩惱障과 所知障을 말하는데 여기서 소승의 修道所斷이다.
15 번뇌를 점차로 끊는 것이 아니고 한 번에 끊는 것으로, 이를테면 우주의 진리를 알지 못하는 迷한 見惑은 한 번 깨닫는 知見을 증득하면 단번에 이를 끊을 수 있는 것을 말한다. 『구사론』에서는 "見道位에서 속히 3界를 대치하고 見道位의 9品惑을 단번에 끊어버린다. 세간의 道로써는 이러한 것을 능히 할 수 없고 見道位 중의 도만이 無漏인 것이다."(대정장 29, p.113下)라고 하였다. 아무튼 지혜를 얻으면 한 번에 미혹을 끊을 수 있는 것을 말한다.
16 이것은 頓斷의 반대말로 점차로 하나하나 미혹을 끊는 것을 말한다.
17 누에와 같은 유충이 되었다가 다시 나방이 되는 것을 반복하는 윤회를 의미한다.

있고, 전도되어 깨끗하지 못한 것이 슬프다. 중생이 거짓되지 않은 곳, 윤회하지 않는 곳, 끝없는 미혹이 없는 곳에 있어 필경에는 안락과 크게 청정한 곳을 얻게 하고자 하기 때문에 청정장엄을 일으킨 것이다."19라고 하였다. 즉 우리가 윤회하고 있는 삼계는 하나도 진실된 모습이 없고 다 허망하고 거짓된 모습으로 진리를 모르는 미혹한 중생들이 끊임없이 죽음과 태어남을 반복하는 세계임을 법장비구는 자각하고 부처가 되면 거짓되지 않고 진실된 곳, 중생들이 끝없는 미혹이 없이 생과 사를 되풀이하지 않으며 필경에는 깨달음을 얻게 하고자 하면 얻게 하기 위하여 정토를 청정하게 장엄하겠다는 원을 세워 장엄한 것이다. 그리고 하권에서 담란은 정토의 불가사의 한 점에 대해 "胎生・卵生・濕生을 멀리 여의고, 오랫동안 업으로 속박된 것을 이로 인해 영원히 끊는다."20고 하였다. 즉 이 세상은 어머니 태에서 태어난 胎生과 알에서 태어나는 卵生, 그리고 습기가 있는 곳에서 태어나는 濕生, 업력의 힘에 의해 태어나는 化生이 있는데 앞 세 가지는 일반적으로 생물이 태어나는 방법이다. 극락정토에 태어나면 이렇게 태어나는 자체를 영원히 여읠 뿐만 아니라, 다겁 동안 많은 업을 지어 속박된 것도 정토에 태어나면 모두 다

---

18 용수보살은 『대지도론』에서 "중생들은 전도된 인연으로 많은 번뇌를 일으켜 나쁜 죄업을 짓고, 5道를 윤회하면서 생사를 받는 것이 마치 누에가 실을 내어 스스로 얽어매는 것과 같이 범부중생들 스스로 화염에 싸인 불구덩이에 들어간다."고 하였다.(대정장 25권 p.697a)
19 이태원 저, 『왕생론주 강설』 p.91.
20 이태원 저, 『왕생론주 강설』 p.94.

끊는 것이다. 이를 더 강조하기 위해 담란은 "번뇌에 싸인 어떤 범부라도 저 정토에 태어나기만 한다면 삼계에 얽힌 업에 결국 이끌리지 않게 된다."21라고 하여 정토에 태어나기만 하면 그 세계의 청정한 힘에 의해 아무리 더러운 것이라도 깨끗하게 해준다고 하였다. 즉 아무리 더럽고 오염된 업이 있어 많은 생을 거쳐 감수하기 힘든 고통을 받지 않으면 안 될 사람이라도 정토에 태어나기만 하면 오염된 업, 즉 번뇌가 소멸되어 고통을 받지 않을 뿐만 아니라 열반의 경계에 들어가 법의 즐거움을 누린다. 왜 이렇게 되는가 하면, 정토의 본질이 청정하여 이 청정이 惡業뿐만 아니라 모든 번뇌를 없애주는 불가사의 한 힘이 있기 때문이다. 예를 들면 우리가 입는 옷에 오물이 있어 더러울 때 이것을 제거할 수 있는 세제를 사용하면 이 오물이 제거되어 깨끗해지는 것과 같고, 하얀 옷을 물감을 들일 때 색깔을 물에 타 물을 들이면 한 번에 물감이 들듯이 정토에 태어나기만 하면 한 번에 번뇌가 제거되기 때문에 頓斷이며, 단번에 不退轉의 지위에 오르기에 頓敎이다. 그래서 정토의 正報와 依報의 본질을 청정으로 장엄된 것이다. 이 청정으로 장엄된 정보와 의보의 모든 역할은 사람들로 하여금 업의 속박, 번뇌의 속박으로부터 벗어나 고통을 받지 않게 하며, 無生法忍을 證得하여 즐거움을 누리게 하는 역할을 한다.22

---

21 此云何不思議 有凡夫人煩惱成就 亦得生彼淨土 三界繫業畢竟不牽 則是不斷煩惱 得涅槃分 焉可思議(이태원 저, 『왕생론주 강설』 p.306)
22 이태원 저, 『왕생론주 강설』 pp.306~307.

그러기 때문에 末法世界에 태어나 根機가 下劣하고 지혜가 없어 번뇌에 가득한 범부로 이 세계에서는 도저히 깨달을 수 없는 사람이라도 정토에 태어나기만 하면 번뇌를 단번에 끊고 청정을 얻어 깨달음에 이르는 것이다.

제4절 죄악 자각과 持戒, 참회하는 범부

앞 2절에서 죄와 악에 대해 잠시 언급하였듯이 범부는 죄악을 가지고 있다. 이 죄악은 번뇌에 의해 짓는 것이기 때문에 번뇌가 다하면 죄악을 짓지 않을 뿐만 아니라 죄악은 존재하지 않는다. 그러나 현실적으로 지금 내가 받고 있는 고통은 죄악의 과보다. 죄라고 하는 것은 불교에서는 석존이 설하신 교계와 율의를 범하고 등지는 행위이고, 일반 사회에서는 윤리와 도덕을 지키지 않으면서 남에게 피해를 주는 것을 말하며, 기독교와 회교에서 말하는 죄악도 각기 다르다. 이 죄악의 척도는 하나의 종교, 한 국가의 이념, 한 사회의 문화가 형성되는 관념 등에 의해 각기 다르기 때문에 일정하지 않다고 본다. 여기에서는 불교에서 말하는 죄악을 논하고자 한다. 석존은 죄악을 짓지 않게 하기 위해 어떤 것을 행하고 어떤 것은 하지 말라고 하는 계율을 제정하셨다. 이 계율을 실천하면 선행이 되고 어기면 악행이 된다. 그래서 이 계율에 대해 간단히 살펴보겠다. 그리고 죄악을 멸하는 법을 참회라고 하는데, 이 참회는 포살의식을 거행할 때나 승자자일에 대중 앞에 나아가 하면 무거운 죄 이외는 소멸되는

데, 이에 대해서 살펴보고자 한다.

제1항 持戒의 의의

먼저 律과 戒의 의미에 대해서 알아보자. 律이란 범어 Vinaya로 한문 音譯으로는 毘那耶・毘尼・比尼이며, 意譯으로는 調伏・滅・離行・善法・志眞 등으로 惡業을 調伏하여 善法을 증장시키는 것을 말한다. 이것은 出家者를 중심으로 하여 이루어진 것으로 隨犯隨制(隨緣制戒)에 의해 성립된 것이다. 즉 출가자가 罪惡의 잘못을 저지르기 때문에 석존이 "다음에 누구든지 이 같은 행위를 저지르면 이러이러한 벌칙에 해당한다."고 경고함으로써 비로소 출가교단의 규정이 생기게 되었다. 그러기 때문에 율을 범하는 비구가 있으면 당연히 罰則이 따르기 마련이다. 이것은 사회에서 말하는 法律과 같은 것으로 他律的이며, 불교교단의 규칙과 단체생활의 질서를 유지시키는데 필요하다. 처음에는 戒와 분리되어 사용하였지만 뒤에 律과 혼용하여 사용하였다. 즉『구사론』을 보면 戒를 설하면서 身・口・意 등 세 가지 악을 막고 그치게 하는 것을 분별하여 身律儀・口律儀・意律儀 등으로 나누어 이 세 가지를 遍律儀라 하였고, 6根을 보호하는 것을 根律儀[23]라고 하여 율에 대해 설명한 것을 보면 계와 율을 같이 취급하였다고 본다. 아무튼 여기서 율의 역할은 身・口・意 등 三業으로 짓는 惡行을 막고 6근을 보호하는 것이라 볼 수가 있다. 律을

---

[23] 若爾世尊所說略戒 身律儀善哉 善哉語律儀 意律儀善哉 善哉根律儀 又契經說 應善守護應善眼住眼根律儀 此意根律儀云云(대정장 29, p.73中)

단적으로 말하면, 비구·비구니계의 행위와 조문, 교단의 벌칙 등에 대해서 논하여져 있고, 금하게 된 이유와 因緣, 그리고 죄의 輕重, 교단의 儀式·作法·僧衆生活·禮儀, 起居動作 등 모든 규정을 정한 것으로 犍度部에 해당한다고 볼 수 있다.

다음으로 戒는 범어 Sila로서 의미는 行爲·慣習·性格·道德·敬虔 등이라고 하는데 이를 『보리자량론』에서는 習近·本性·淸涼·安隱·安靜·寂滅·端嚴·淨潔·頭數·讚歎 등 열 가지로 해석하고 있다.24 이 戒는 出家者나 在家者에게 해당되며, 넓은 뜻으로 좋은 습관과 나쁜 습관을 통틀어 말한다. 이것은 自發的이며 道德的인 것으로 이 계를 범했을 경우 교단으로부터 주는 罰이 없는 것이 특징이다. 그러나 악업을 짓는 것이기 때문에 자기 스스로 惡業에 의한 죄업은 받는다고 보아야 할 것이다. 이 戒는 출가자와 재가자가 부처님 말씀을 실천하는데 기초가 되는 것으로 戒·定·慧 三學 가운데 첫 번째인 戒學, 六波羅密 가운데 두 번째인 持戒波羅密, 五分法身25 가운데서는 첫 번째인 戒身에 둔 것은 생활하고 수행하는데 중요하기 때문이다. 이러한 것으로 보아 계는 수행하는 사람이 마땅히 갖추어야 하는 것으로 큰 비중을 차지하고 있는데, 이는 惡行을

---

24 言尸羅者爲習近也 此是體相 又本性義 如世間有樂戒苦戒等 又淸涼義 爲不悔因離心熱憂惱故 又安隱義 能爲他世樂因故 又安靜義 能建立止觀故 又寂滅義 得涅槃樂因故 又端嚴義 以能莊飾故 又淨潔義 能洗惡戒垢故 又頭數義 能爲入衆無怯弱因故 又讚歎義 能生名稱故 此戒是身口意善行所轉生(대정장 32, p.520 上~中)

25 戒·定·慧·解脫·解脫知見 등을 말한다.

방지하는 데 목적을 두고 있다. 석존이 불교도 이외의 宗敎家, 특히 外道들의 행하는 비행을 보고 불교도들에게 내린 교훈이다.

　이 계의 본질을 보면 좋은 습관을 익히는 것을 善戒, 나쁜 습관을 익히는 것을 惡戒라고 하지만, 일반적으로 청정한 뜻을 갖추고 있다는 뜻으로 淨戒, 또는 善戒라는 뜻으로 한정하여 사용하고 있다. 이 계의 역할은 율과 마찬가지로 身口意 三業으로 나쁜 업을 짓는 것을 방지하고 6根을 보호하여 善根을 增長시킨다. 반면에 惡戒는 그릇된 습관에서 나온 행동으로 6根으로 惡業을 지어 결국은 죄업을 받게 된다. 이것을 도표로 하면 다음과 같다.

　善戒(善律儀戒) → 淨戒 → 防非止惡(三業), 諸善增長(六根保護)
　惡戒(惡律儀戒) → 染戒 → 作惡業 → 報罪業

　이를 다른 각도에서 보면, 부처님이 계를 제정하지 않았더라도 죄의 본래 성질이 罪惡(殺生·偸盜·淫行·妄語)인 것을 막기 위해 제정하신 것을 性戒, 또는 舊戒, 主戒라고 하고, 이것과 반대로 그 자체는 죄가 아니지만 세상사람들에게 비난을 받기 쉽고, 또는 다른 사람으로 하여금 본질적인 죄악을 짓도록 유발시키는 것을 막기 위하여 특별히 제정한 것을 遮戒라 한다. 즉 행위 그 자체는 죄악은 아니지만 세간의 비난을 막고 혹은 性戒를 유발하지 않게 하기 위하여 부처님이 따로 제정한 것이 遮戒다. 그리고 性重戒란 性戒 중에서 특히 殺生·偸盜·淫行·妄語로 행위 그 자체가 罪惡이 되는 것으로, 또 이것은 죄가 무겁기 때문에 四重禁戒라고도 한다. 다음 遮戒를 息世譏嫌戒라고도 하는데, 죄가 가벼운 것으로 四重禁

戒 이외의 계로 不飮戒와 같은 것이다. 즉 술을 마시는 것은 죄악이 아니나 술을 마심으로 인해 다른 계인 殺生·偸盜·淫行·妄語를 지을 수 있다. 이것을 막기 위해 술을 마시지 못하게 한 것이다. 이 性戒를 범하면 性罪가 되고 遮戒를 범하고 遮罪가 된다. 이를 도표로 하면 다음과 같다.

二戒 ┌ 性戒 - 舊戒 - 主戒 - 性重戒 - 性戒
　　 └ 遮戒 - 新戒 - 客戒 - 息世譏嫌戒 - 離惡戒 - 離戒

다음 외형적으로 나타난 戒의 종류로는 小乘戒와 大乘戒가 있다. 소승계에는 在家者가 근본적으로 지켜야 할 五戒와 청신사와 청신녀가 하루 동안(一日一夜)에 지키는 八齋戒, 사미와 사미니가 지켜야 할 十戒가 있고, 이 계를 받아야만 비구와 비구니가 되는 具足戒가 있는데 이것을 聲聞戒라고도 한다. 그리고 대승계는 따로 大乘菩薩들을 위해 『범망경』에서 말한 菩薩戒를 말한다.

먼저 五戒를 보면 이 계는 在家者인 優婆塞과 優婆夷들이 지켜야 할 계로써 율에서는 이것을 近事男律儀·近事女律儀[26]에 해당된다고 할 수가 있다. 여기에는 다섯 가지가 있는데 그 내용을 보면, 살아 있는 모든 有情의 생명을 죽이지 말라는 不殺生戒, 주지 않는 남의

---

[26] 律儀를 別解脫律儀·靜慮律儀·無漏律儀·斷律儀 등 네 가지로 분류하는데 別解脫律儀 가운데서 比丘律儀·比丘尼律儀·定學律儀·勤策律儀·勤策女律儀·近事南律儀·近事女律儀·近住律儀 등 여덟 가지로 분류한다.

물건을 갖지 말라는 不偸盜戒, 자기 부인이나 남편이 아니면 性的인 행위를 하지 말라는 不邪淫戒, 자기의 이익을 위해 남을 속이지 말라는 不妄語戒, 술을 마시지 말라는 不飮酒戒 등이다.

八齋戒는 석존의 교법을 믿는 일반 在家者들이 비구나 비구니처럼 출가는 안 하였지만 매월 8일·14일·15일·23일·29일·30일 등 여섯 번에 걸쳐 하루 동안 여덟 가지 계를 지키며 제한된 시간 동안 출가한 기분으로 사찰에서 수행하는 것이기 때문에 律儀 가운데 近住律儀에 해당된다고 볼 수 있다. 이 여덟 가지 계는 앞에서 말한 5계에다 여섯 번째 꽃다발을 쓰거나 향을 바르고 노래하지 말고 가서 구경하지 말며, 일곱 번째 높고 넓은 평상에 앉지 말고, 여덟 번째 때 아닌 때 먹지 말라는 등이다. 이것은 일반신자들이 생업에 종사하는 일은 쉬고 사찰에 가서 부처님 법을 듣고 나서 명상하고 참회하기도 하며, 八關齋戒를 받아 惡을 짓지 아니하고 善을 행하며 정진하는 것으로 음식·사치·不淨行·日常俗事 등을 여의는 것이다. 이외 소승계 가운데 사미·사미니의 10계와 삼귀의계가 있고, 비구·비구니의 구족계가 있으며,『범망경』에서 말한 대승계[27]가 있다.

---

[27] 이 계는 남의 목숨을 죽이는 殺戒, 남의 것을 훔치는 盜戒, 재가자는 邪淫을 하고, 출가자는 음행을 하는 婬戒, 남을 속이는 妄語戒, 남에게 술을 파는 酤酒戒, 재가자와 출가자 즉 사부대중의 허물을 말하는 說四衆過戒, 자신을 칭찬하고 남을 비방하는 自讚毁他戒, 법이나 재물 아까워 보시하지 않으며 심지어 남을 꺼리고 해치는 행위를 하는 慳惜加毁戒, 남이 잘못하여 참회하는 것을 물리치는 瞋心不受悔戒, 三寶를 비방하는 謗三寶戒 등 열 가지 죄가 무거운 10重大戒와 죄가 가벼운 48輕垢戒 등 총 58戒로 되어 있다.

이러한 계에는 네 가지 구별이 있는데 道宣(596~667)은 『四分律行事鈔』28에서 戒를 戒法·戒體·戒行·戒相 등 네 가지로 구분하여 설명하고 있다. 첫째 戒法이란 부처님이 제정하신 계의 법칙으로 不殺生·不偸盜·不淫行·不妄語 등이며, 둘째 戒體는 계법을 받은 후 신심에서 계의 본체를 발휘하는 것으로 모든 행을 발생시키는 근본, 즉 非와 惡을 막는 근본적인 역할을 體라고 말한다. 예를 들면 不飮戒를 받으면 뒤에 술을 마시는 것을 억제하기 때문에 이것을 戒體라고 한다. 셋째 戒行은 계를 보존하고 실천하는 것으로 계를 받은 사람이 계법의 조목에 따라 널리 방편을 닦으면서 身·口·意의 三業에 따라 이를 지키며 수행하는 것이고, 넷째 戒相은 계의 내용과 차별로 5戒나 10戒, 250戒 등을 말한다. 이것을 元照(1048~1116)는 『四分律行事鈔資持記』에서 "聖人이 敎를 제정한 가르침을 戒法이라 하고, 戒法을 받아 업을 이루는 것을 戒體라고 하며, 體에 따라 행위를 일켜 지키는 것을 戒行이라 하고, 戒行을 행함에 차별의 양상이 있는 것을 戒相이라."29고 하여 자기 나름대로 주석을 붙었다.

다음은 계의 역할에 대해 살펴보면, 계를 지킴으로 인해 선행을 하기 때문에 『남전대장경』에서는 "모든 善法의 처음이고, 얼굴이며, 上首이다."30고 하였고, 『五分律』에서는 "계로서 모든 根을 防護하고

---

28 略分四別 一者戒法 此卽體 通出離之道 二者戒體 卽謂出生衆行之本 三者戒行 謂方便修成順本受體 四者戒相 卽此篇所明(대정장 40, p.50上~中)
29 聖人制敎名法 納法成業名體 依體起護名行 爲行有儀名相(대정장 40, p.180中)
30 남전대장경 3, p.183(일본판)

善法을 증장시키는 것으로 모든 善法의 初門이다."31고 하였으며, 『四分律』에서는 "威儀를 攝持하고, 住處·行根·面首로서 여러 가지 善法을 모아 삼매를 성취하기에 나는 마땅히 설한다."32고 하였다. 이상으로 보면 계는 선근을 심는데 처음의 문이고, 계를 가지고 지키는 사람은 죄악을 짓지 않을 뿐만 아니라 善根을 모아 번뇌를 제거하고 불교의 궁극적인 목표인 삼매를 성취한다고 강조하였다.

이 계의 역할에 대해 단적으로 말한 것은 七佛通戒偈다. 이 계송을 『出要經』제25에 보면 "모든 여러 가지 악한 행 짓지 말고 모든 착한 선을 받들어 행하며, 스스로 그의 뜻을 깨끗이 하면 이것이 모든 부처님의 가르침이니라."33이라 하였다. 여기서 악을 짓지 않고 선근을 행하는 것은 일반적인 윤리관이며 도덕관이다. 그러나 세 번째 구인 자기의 뜻을 깨끗이 하는 것은 불교만이 가질 수 있는 戒律觀이라 생각한다. 즉 과거 七佛의 한결같은 가르침은 악을 짓지 않고 선근을 행하여 생각을 깨끗이 하는 것이 계라고 하는 것이다.

다음으로 계율을 지킴으로써 받는 이익과 지키지 않아 생기는 재앙을 살펴보면, 파리율에서는 일반 재가신자인 거사들에게 계율을 어기는 사람이 받는 다섯 가지 환난과 지키는 사람이 받는 다섯 가지 공덕에 대해서 말씀하시였다. 먼저 다섯 가지 환난을 보면,

---

31 是中波羅提木叉者 以此戒防護諸根 增長善法 於諸善法 最爲初門故 名爲波羅提木叉 (대정장 22, p.122上)
32 波羅提木叉者戒也 自攝持威儀住處行根面首集衆善法三昧成就 我當說當結當發起演布開現反復分別 是故諸大德 我今當說戒 (대정장 22, p.817下)
33 諸惡莫作 諸善奉行 自淨其意 是諸佛教 (대정장 4, p.741中)

거사들아, 계율을 준수하지 않고 어긴 사람은 게으름 때문에 커다란 재산의 손실을 겪게 된다. 이것이 계율을 준수하지 않고 어긴 사람에게 생기는 첫 번째 환난이다.

거사들아, 계율을 준수하지 않고 어긴 사람에게는 나쁜 소문이 일게 된다. 이것이 …… 두 번째 환난이다.

거사들아, 또한 계율을 준수하지 않고 어긴 사람은 어떤 모임에 가더라도 주저하고 자신이 없으니, 왕족의 모임, 바라문의 모임, 거사의 모임, 사문의 모임 등에 가더라도 확신이 없어 주저하게 된다. 이것이 …… 세 번째 환난이다.

거사들아, 계율을 준수하지 않고 어긴 사람은 죽을 때 마음이 어지러워진다. 이것이 …… 네 번째 환난이다.

거사들아, 계율을 준수하지 않고 어긴 사람은 몸이 부서져 죽은 뒤에 나쁜 곳[惡處], 나쁜 길[惡趣], 지옥에 태어난다. 이것이 …… 다섯 번째 환난이다.[34]

라고 하였다.

계율을 지킴으로써 얻는 다섯 가지 공덕은, 재산을 많이 얻게 되고, 좋은 명성을 얻으며, 어떠한 모임에 가더라도 주저함이 없고 확신이 서고, 죽을 때에 우둔한 상태로 죽지 않으며, 죽은 뒤에 하늘에 태어난다[35]고 하여 위 다섯 가지 환난을 겪지 않고 받는

---

34 남전대장경 3, p.399, 『마하박가』 3권 pp.75~76.
35 남전대장경 3, pp.399~400, 『마하박가』 2권 p.76.

것을 말씀하시었다. 이렇게 석존은 출가자나 재가자에게 계율의 필요성에 대해 말씀하시었다. 다시 말하면 계율이란 불자라고 하면 마땅히 지켜야 할 初門으로서 모든 수행의 근본 바탕이다. 출가자가 계율을 지키지 않고 무슨 證果가 있을 수 있으며, 재가신자가 계율을 지키지 않고 어찌 사회에서 잘 살 수 있는 것을 바라겠는가? 출가자나 재가신자는 계율을 잘 지킴으로 인해 현세에서는 보람된 인생의 삶을 영위할 수 있고, 임종시에는 운명을 맑은 정신으로 맞이하여 來世에 좋은 곳에 태어날 수 있다고 본다.36 만약 이 계율을 어기고 죄악을 지었을 때는 참회를 해야 하는데 이 참회는 포살일과 자자일에 해야 한다. 먼저 포살에 대해 살펴보자.

제2항 참회하는 법

포살은 범어로는 upavasatha라고 하고 파-리어로는 uposatha라고 하는데, veda의 축제인 소-마祭를 준비하는 날이다. 이것이 발전하여 불교가 일어날 시대에는 중요한 행동을 위해 준비하는 것을 upavasatha라 불렀다. 즉 소를 기르는 사람들에게 upavasatha란 다음 날 방목하는 방법을 熟考하고 準備하는 것을 말한다. 자이나교도들은 비폭력의 실천을 upavasatha라고 생각한다.37 또 『잡아함경』에서는 바라문교에서 행하는 의식이라 하였고,38 파-리율39과 『사분율』40

---

36 자세한 내용은 이태원 저,『초기불교 교단생활』 pp.187~197을 참조할 것.
37 나까무라 하지매 저,『佛敎語大辭典』 p.1145.
38 대정장 2, p.321中.『別譯雜阿含經』 대정장 2, p.408下에도 있음.

에서는 外道梵志들이 반달 중 8일, 14일, 15일에 하는 행사라고 말하고 있다. 따라서 포살은 세존이 새롭게 만든 제도가 아니고 불교 이전에 있었던 하나의 행사를 도입한 것이다. 이러한 내용은 파-리율의 布薩犍度와 『사분율』의 說戒犍度에 열거되어 있다. 즉 Bimbisāra왕이 外道梵志들이 8일, 14일, 15일에 함께 모여 법을 설하는 행사를 보고 석존께 건의하자 석존께서는 "비구들아, 반달 중 8일, 14일, 15일에 모두 모여야 하느니라."고 하여 포살이라고 하는 의식이 거행되게 되었다. 이렇게 하여 이 행사가 불교에서도 布薩會라 하는 敎團行事로 채용된 것이다. 처음에는 이 행사가 신자와 승려들이 모여 단순히 음식을 먹고 서로간의 우대를 쌓으면서 출가수행자와 재가신자 사이에 교섭이 친밀하게 되는 등 佛敎徒가 이 행사를 통하여 조직화하는데 그치고 특별한 행사는 없었던 것 같다. 뒤에 신자들이 법을 설하여 주기를 청하여 석존께서는 법을 설하게 되었고, 이어서 이것이 발전하여 뒤에 prātimokṣa를 비구들에게 암송하도록 규정하고 布薩羯磨를 실시하게 하여 명색이 불교 특유의 행사로 정착된 것이라고 본다. 석존께서는 "비구들이여! 半月에 한 번, 14일 혹은 15일에 바라제목차를 외울 것을 허락한다."[41]고 하여 이러한 것이 오늘날까지 이어 내려오면서 정착되었다.

이렇게 정착된 포살행사가 오늘날에는 두 가지가 있는데, 첫 번째

---

39 남전대장경 3, p.180
40 대정장 22, p.814下.
41 남전대장경 3, pp.185~186.

는 출가자인 비구·비구니 등에 대한 포살이다. 이것은 매월 두 번, 즉 14일(혹은 15일)과 29일(혹은 30일)로써 白日과 黑日에 걸쳐 시행하는데, 이 날은 총명하고 계행을 잘 지키는 長老가 prātimokṣa의 條文을 하나하나 읽으면서 조문에 위배되었는가 안 되었는가를 마땅히 물어 檢問하는 의식이다. 이 행사는 모든 비구가 참석해야 하고 재가자의 참석은 허용되지 않는 것이 특징이다. 또한 비구니는 半月마다 비구승중에 가서 敎授를 청해서 布薩하지 않으면 안 된다.[42] 두 번째는 在家者들의 포살로써 매월 8일·14일·15일·23일·29일·30일 등 여섯 번에 걸쳐 실시하는데, 이들은 생업에 종사하는 일을 쉬고 사찰에 가서 부처님 법을 듣고 나서 명상하고 참회하기도 하며, 八關齋戒를 받아 惡을 짓지 아니하고 善을 행하며 정진하는 것이다. 즉 재가신자들이 음식·사치·不淨行·日常俗事 등을 여의고 법을 듣고 청정한 몸과 마음으로 정진하는 날이라 할 수 있다. 그래서 불교에서는 포살을 精進日·長養·善宿·淨住·說戒 등 여러 가지로 해석하고 있다.

포살의 목적은 불자들로 하여금 계율을 파하지 않고, 교단의 구성원들이 서로 돕고 梵行을 지키면서 화합 속에서 보리를 증득하는 데 있다고 생각한다. 여기서 여법한 포살이란 화합한 대중을 모아 놓고 여법하게 prātimokṣa를 誦出하는 것이다. 왜 석존께서 포살일에 prātimokṣa를 誦出하게 하였는가를 생각해 보자. 부처님께 귀의하여

---

42 『사분율』 비구니 波逸提 제141조(대정장 22, p.765上~下), 파리율 비구니 波逸提 제59조(남전대장경 2, pp.508~509)이다.

성자의 길로 가는 교단의 구성원들이라 할지라도 多劫 동안 쌓아온 業 때문에 梵行을 지키고 화합하기란 그리 쉬운 일이 아니다. 그러기에 교단의 구성원들이 포살일을 맞아 prātimokṣa를 경청함으로써 자기의 마음을 조절할 수 있는 능력이 생기고, 또 자기의 독선과 아집을 버리고 화합할 수 있기 때문이다. 이 포살에는 두 가지 의미가 있다고 본다. 첫째는 布薩日에 계율의 여러 가지 항목을 들음으로써 계를 어기지 말아야겠다는 다짐이 있어 죄악을 짓는 것을 미연에 방지하는 것이고, 둘째는 죄악을 지은 사람이 대중 앞에 참회하여 죄업을 소멸시키는 것으로 불교에서 중요한 의미를 갖는다고 하지 않을 수 없다. 다시 말하면 포살에 참석함으로 인해 다가오는 미래에는 계를 범하지 말아야 되겠다는 다짐이 생기어 미래 지향적이고, 만약 죄를 지었다면 대중들 앞에 참회함으로써 과거에 지은 죄를 소멸하여 청정하게 되어 청정한 대중을 만드는 데 있다고 본다. 즉 布薩에 의해 계율을 다시 한 번 재인식하게 되고, 계를 범한 사람은 참회할 수 있게 되어 청정한 불자가 되리라 본다.[43]

다음으로 自恣에 대해 알아보자. 자자란 범어로는 pravāraṇā이고 파―리어로는 pavāraṇā라고 하는데 漢譯으로는 請, 自恣請, 廣恣, 自恣食이다.[44] 승가의 생활 가운데 안거[45]라고 하는 수행기간이 있는

---

[43] 자세한 내용은 이태원 저, 『초기불교 교단생활』 pp.75~88을 참조할 것.
[44] 荻原雲來 編纂, 『梵和大辭典』 p.871, 全在星 編著, 『빠알리語辭典』 p.488
[45] 安居는 범어 varṣa로서 비(雨)라는 의미에서 붙여진 말이다. vārṣka는 夏行·夏書·夏經·夏斷·夏籠·坐夏·夏臘이라고 하여 雨期 한철 동안 밖을 다니지 않고 한곳에 머물면서 수행하는 것이다. 인도라는 나라는 옛날이나 지금이나

것도 중요하지만 이 수행기간 동안에 생활하면서 본 것, 들은 것, 의심한 것을 안거가 끝나는 最終日에 수행승들이 마음대로 말하면서[46] 최종적인 자기 반성을 하는 것도 무엇보다 중요하지 않을 수 없다. 왜냐하면 안거의 마지막 날에 自恣라고 하는 의식을 통하여 3개월 동안 자기가 실천한 생활에 대해서 남으로부터 지적을 당하여 스스로 반성한다는 것은 앞으로의 행동을 결정하는 계기가 되고 화합된 승가 생활에 보다 더 충실할 수 있을 뿐만 아니라 자기를 발전시키는 데 원동력이 되기 때문이다. 자자는 하안거가 끝나는 7월 15일이나 동안거의 마지막 날인 1월 15일에 한다. 자자하는 의식은 한 사람씩 대중들 앞에 나아가 묻고 여기서 대중들로부터 지적을 당하면 참회하고, 다시 다음 사람으로 넘어가 똑 같이 진행한

기후의 특정상 여름철에는 비가 풍부하게 와 모든 생명이 성장하는 많은 도움을 준다. 따라서 이 雨期철에 돌아다니며 무성한 풀과 여러 가지 미세한 벌레의 생명에 피해를 주지 않는 것이 인도 고대 종교계의 풍습이었다. 석존은 이러한 사상을 받아들여 雨期에 遊行을 금지시켜 안거제도를 만들었는데, 전안거는 4월 15일부터 3개월간이고, 후안거는 5월 15일부터 3개월간이다. 이것은 안거가 한해에 두 번 하는 것이 아니고 전안거 날짜를 어겨 안거를 하지 못한 사람을 위하여 후안거 제도가 생긴 것이다. 이러한 제도가 北方佛敎에 들어와서 안거의 횟수가 변하여 우리나라에서는 夏安居 4월 15일부터 7월 15일까지, 冬安居 10월 15일부터 다음해 1월 15일까지로 하여 더운 여름과 추운 겨울을 다니지 않고 일년에 두 번 안거하는 제도가 생겨 오늘날까지 행해지고 있다.(자세한 것은 이태원 저, 『초기불교 교단생활』 pp.67~75를 참조할 것.)

46 파리율 남전대장경 3권 p.285, 최봉수 역, 『마하박가』 2권 p.167, 『사분율』 대정장 22, p.766上.

다. 이렇게 하는 것이 자자의 근본 의식이다. 이러한 자자 의식은 불교만이 가지고 있는 제도로서 上下 누구를 막론하고 대중들 앞에 나와 무릎을 꿇고 묻는다는 것은 다른 종교에서는 볼 수 없는 것이다. 지위가 낮은 사람이 지위가 높은 사람에게 지적 당하는 것은 당연한 일로 흔히 우리 주위에 볼 수 있는 일이지만, 높은 지위에 있는 사람을 낮은 지위에 있는 사람이 충고한다는 것은 흔한 일이 아니다. 그런데 불교의 자자는 아무리 높은 장로라 할지라도 자기보다 낮은 비구에게 자자를 하고 잘못된 점이 있으면 지적을 받아 시정하지 않으면 안 된다. 이러한 것은 아무리 높은 비구라도 한 인간으로서 수행하기 때문에 잘못할 수 있기 마련이고, 그리고 다른 사람이 보기에 좀 고쳤으면 하는 것이 있을 수 있기 때문에 많은 대중 앞에 자자를 하는 것으로, 이것은 수행하는 사람에게는 아주 좋은 경책이고, 아울러 자기에게 죄악이 있으면 참회하여 청정해지기 때문에 불교 수행 가운데 없어서는 안 된다고 본다.[47]

제3항 자각에 의한 참회

지금까지 이야기한 것은 계율을 어기고 죄악을 지은 사람이 포살과 자자하는 날의 참회에 대한 것으로, 이는 본인 자신이 내가 죄업을 지었구나 하고 자각하는 것에 의해 나온다. 다시 말하면 자기 스스로 알아차리거나 남으로부터 지적을 당하여 알아차리는 자각에서 이

---

[47] 자세한 내용은 이태원 저, 『초기불교 교단생활』 pp.88~98을 참조할 것.

나쁜 업을 제거해야 한다는 절실한 마음의 자세가 수반되어야 한다. 죄업을 짓고도 지은 줄 모른다든가 남으로부터 지적을 당하고도 회피하려고 하면 이는 영원히 죄업을 없앨 수 없을 뿐만 아니라 이로 인한 과보에 의해 고통을 받을 것이다.

이 참회정신은 자각에서 비롯되는데, 이에 대해 선도대사는 『왕생예찬』에서 "비롯함이 없는 옛날부터 이 몸을 받은 후 항상 열 가지 악으로 중생이 되어 부모에게는 효도하지 않고, 삼보를 비방하며, 오역죄 등 착하지 못한 업을 지어 이 여러 가지 죄로 인해 妄想顚倒되고 속박된 생으로 태어나 한량없는 생사의 고통을 받아야 했다."[48]고 자각하였고, 또 "비롯함이 없는 그 옛날부터 오늘날에 이르기까지 모든 삼보, 스승, 스님, 부모, 6親眷屬, 선지식, 법계의 중생들을 살해한 숫자를 헤아릴 수가 없다."[49]고 살생의 악업을 자각하였고, 이어서 偸盜나 妄語 이외 여러 가지 업을 자각하였다. 그리고 『관무량수불경소』에서 "꼭 자신이 현재 이 罪惡과 生死의 범부로 오랜 세월 이전부터 온 이래 항상 〔생사에〕 빠지고, 항상 윤회하여 벗어날 반연이 없었음을 깊이 믿어야 한다."[50]고 하여 생사의 범부로 있게 된 것과 여기에서 벗어날 법을 못 만난 것을 깊이 자각하였음을 알 수 있다.

이러한 사상은 선도의 스승인 도작의 영향을 받았다고 할 수 있다.

---

48 自從無始受身來 恆以十惡加衆生 不孝父母謗三寶 造作五逆不善業 以是衆罪因緣故 妄想顚倒生纏縛 應受無量生死苦 頂禮懺悔願滅除(대정장 47, p.443上)
49 從無始已來乃至今身 殺害一切三寶師僧父母六親眷屬善知識法界衆生 不可知數(대정장 47, p.447上~中)
50 대정장 37 p.271上

도작은 『안락집』[51]에서 "일체 중생이 다 불성이 있어 머나 먼 세월부터 지금까지 마땅히 많은 부처님을 만났을 것인데 어찌하여 오늘날까지 생사를 윤회하면서 火宅을 벗어나지 못하는가?"라는 물음에 대해 『대집월장경』의 말을 인용하여 "말법시대에 수많은 중생들이 도를 수행하지만 아직 한 사람도 얻지 못하는 것은 지금이 말법이고, 현재가 五濁惡世이기 때문이다. 오직 정토의 한 문이 있어 가히 통할 수 있고 들어가는 길이다."고 하였다. 즉 도작은 첫째, 지금 우리들이 불타는 집 속에서 고통을 받는 것처럼 생사를 윤회하면서 수많은 고통을 받으면서 살고 있다는 것을 자각하였고, 둘째, 우리는 부처님이 될 수 있는 종자를 가지고 多劫 동안 살아오면서 여러 부처님을 친견하였을 것인데 왜 생사를 벗어나지 못하였을까 하는 의문을 제기하여 자기의 능력과 시대적인 요소를 자각하였으며, 셋째, 지금 우리가 처한 현실에서 생사의 고통을 벗어나 깨달음을 이를 수 있는 법이 무엇인가를 자각하였다. 이와 같이 자기 자신은 죄업의 몸, 악업의 몸, 번뇌의 몸, 우매한 사람으로 끊임없이 생사의 고통을 받았다고 자각하여 여기에서 벗어날 수 있는 길은 정토 한 문이라고 믿는 것은 진실한 염불자라고 할 수 있다. 이 21세기에 살고 있는 우리 불자들도 과연 자기의 근기에 맞게 생사를 벗어날 수 있는 법을 수행하고 있는가를 절실히 생각해야 된다고 본다. 세월은 흘러 나이는 많아지고 기력은 쇠약하여 죽음의 문턱은 다가오

---

51 대정장 47, p.13 下.

는데 부처님의 本願力을 입지 않는 수행법을 고집하여 다시 생사의 고해에서 헤매일 것인가, 그렇지 않으면 본원력을 입어 생사가 없는 세계에 가서 깨달음을 얻을 것인가를 선택하는 것이 아주 중요하지 않을 수 없다. 이러한 도작의 사상을 이어받은 선도는 생사윤회에서 벗어날 수 있는 법은 바로 염불하여 정토에 왕생하는 것이라는 것을 재삼 강조한 것이다.

선도의 죄악 참회법을 앞 단원에서 한번 언급했지만 다시 살펴보면, 그는 『관념법문』에서 "네 가지 根本52과 열 가지 악 등의 죄, 오역죄 및 대승을 비방하는 것을 범하였으면 이와 같은 모든 사람은 만약 능히 참회하기를 낮과 밤 六時에 몸과 마음을 쉬지 않고 五體投地 하는데 큰 산이 무너지는 것과 같이 하고, 슬피 울며 눈물을 흘리면 云云"53 해야 한다고 하였으며, 또 참회할 때는 몸의 털구멍 가운데서 피가 나오고, 눈 가운데서 피가 나오도록 해야 하며, 마음에 사무치고 골수에 사무치도록 행해야 한다54고 한 것에서 선도가 얼마나 참회에 역점을 두었는지 알 수 있다.

선도는 자기 자신이 지은 악업의 자각에 대해 『법사찬』에서 "제자는 이 몸이 형성되었든 안 되었든, 識이 형성되었든 안 되었든 지금에 이르기까지 身口意로 열 가지 악업을 한없이 지었습니다."55라고

---

52 네 가지 根本이란 不婬・不盜・不殺・不虛誑語를 말한다.
53 대정장 47, p.29中.
54 身毛孔中血流眼中血出者名上品懺悔(대정장 47, p.447上)
55 대정장 47, p.435下.

하였고, 무엇을 참회하는가에 대해 구체적으로 身業으로 지은 殺生, 偸盜, 邪淫과 口業으로 지은 虛誑罪, 調戱罪, 惡口罪, 兩舌罪, 그리고 意業으로 지은 邪貪惡貪, 邪瞋, 邪痴顚倒惡見 등[56]을 열거하고 있다. 즉 자기가 지은 악업에 대대 진실한 자각에 의해 참회하는 것이 바람직한 참회이며, 이것이 불교에서 말한 發露懺悔다. 그렇기 때문에 수행자 스스로 '無善凡夫'·'罪惡生死凡夫'·'一切罪障凡夫'·'五濁惡時 惡世界 惡衆生 惡見 惡煩惱 惡邪 無信' 등을 자각해야 하고, 이 자각에 의해 참회하면서 생사를 벗어날 지름길이 무엇인가를 알아야 한다. 이 지름길은 다름 아닌 정토에 왕생하는 길이기 때문에 선도의 수행은 罪業自覺 → 懺悔 → 滅罪 → 念佛 → 往生라고 볼 수 있다.

제5절 일으켜야 할 보리심

앞 단원까지의 일이 정토 왕생자의 과거 마음을 어떻게 정리하느냐였다면, 지금부터는 앞으로 마음을 어떻게 가지고 수행하느냐 하는 미래 지향적이기 때문에 더욱 중요하다고 할 수 있다. 부처님의 진리를 믿고 실천하는 사람의 목적은 깨달음이라 본다. 이 깨달음은 모든 불자가 지향하는 것이고 성불하는 길이기에 불교 가운데 어떤 수행을 하든 누구나 이 깨달으려고 하는 마음 곧 보리심을 내지

---

[56] 대정장 47, p.435中~436下.

않으면 안 된다. 이 마음을 일으켜 많은 수행을 쌓아 佛果를 이루게 되는 것이므로 보리심은 처음부터 가져야 하는 기본적인 마음이다. 정토에 왕생하려는 사람도 깨닫기 위해 왕생하는 것이기 때문에 보리심이 없으면 안 된다. 따라서 보리심에 대해 살펴보도록 하겠다.57 보리심은 산스크리트어로 bodhi-citta라 하는데, 상세히는 anuttara-samyak-saṁbodhi-citta로 음역은 阿耨多羅三藐三菩提心이다. 이것을 약칭하여 阿耨菩提心라 하며, 의역으로는 無上正等正覺意, 無上正眞道意, 無上正徧知라 하고, 이를 道心, 道意, 道念, 覺意라고 간략하게 부르기도 한다. 이것은 부처님의 지위에 이르러 깨달음의 지혜를 얻으려고 하는 마음이기에 불교의 수행자는 내지 않으면 안 되는 것이다. 즉 부처님 제자가 위없는 바른 깨달음에 향하는 마음을 일으키는 것을 發菩提心이라 하고, 이것을 약칭하여 發心이라고 한다.

하지만 이 菩提心(bodhi-citta)이란 용어는 원시경전의 문헌과 부파불교의 문헌, 특히 대승불교가 일어나기 이전의 문헌에서는 나타나 있지 않다.58 그러나 비록 bodhi-citta란 용어는 없지만 이것과 對等한 사상은 있었다고 생각된다. 그 이유는 또 이 菩提心의 정의를 옛날부터 上求菩提 下化衆生의 마음이라고 하였기 때문이다. 이 글이 언제부터 어느 문헌에 의해 알려졌는지는 분명히 알 수는 없지만 석가모니 부처님 자신의 깨달음은 上求菩提 下化衆生이란 誓願을 근본으로

---

57 이태원 저, 『念佛의 源流와 展開史』 pp.44~61에 자세히 논하였다.
58 다가미 다이슈, 『菩提心の硏究』 pp.12~18

하여 달성하였다고 하는 것이 일반적인 견해다. 실제 석가모니 부처님이 上求菩提 下化衆生의 실현을 목적으로 하여 출가하셨고 수행하셨다는 것이 문헌상으로는 분명히 나타나 있지 않지만, 석존 자신의 內面에는 上求菩提 下化衆生을 실현할 목적으로 출가 수행하셨다고 할 수 있다. 왜냐하면 석존 자신이 自利利他를 행하였기 때문이다. 즉 35세에 成道하기 이전은 自利이고, 그 후로부터 80세에 入滅할 때까지는 利他의 행으로 보살도를 실천하였기 때문이다. 대승경전에서 이야기한 보살사상과는 다르지만 소승경전인 『장아함경』 등 여러 곳에서 석존이 下生하신 것을 '菩薩生時'[59]라 말하여 보살이란 명칭을 사용하고 있다. 또 『증일아함경』 가운데는 '菩薩心',[60] '菩薩意'[61] 등은 上求菩提 下化衆生의 내용이 포함되어 있기 때문에 bodhi-citta의 사상이 담겨 있지 않나 생각된다.[62] 이 上求菩提 下化衆生은

---

59 菩薩生時 其聲淸徹柔軟和雅 如迦羅頻伽鳥聲(대정장 1, p.6上)
   復次阿難 若如菩薩從兜率天降神母胎 專念不亂 地爲大動(대정장 1, p.16上)
60 長者 如乃以菩薩心 專精一意而廣惠施 然此衆生由食得濟無食便喪(대정장 2, p.556上)
   如來出現世時 必當爲五事 云何爲五……四者未發菩薩意使發菩薩心(대정장 2, p.696上)
61 未發菩薩心令發菩薩意(대정장 2, p.703中)
62 다가미다이슈, 앞의 책, pp.31~33 가운데 bodhi-citta에 대해서 자세하게 논하져 있다. 또 『증일아함경』에 대해서는 여러 가지 학설이 있지만, 가가와다까오 박사의 『淨土敎の成立史的硏究』 pp.393~398 가운데서는 林五邦의 『國譯一切藏經』 解題 「아함부」 p.8~7, 赤沼智善 『佛敎經典史論』 pp.38~39, 희까다리류쑈 『本生經類の思想史的硏究』 pp.36~37, 희라가와아끼라 『初期大乘佛敎の硏究』 pp.45-46 등의 설을 인용하여 bodhicitta는 初期大乘보다도

석존뿐만 아니라 모든 부처님과 보살들이 가지고 있는 내면적인 서원으로 이것이 '發菩提心' 사상이다. 정토에 왕생하는 목적은 깨달음을 얻기 위한 上求菩提이고, 이 깨달음을 얻는 목적은 중생을 구원하기 위한 下化衆生이며, 이 두 가지 목적을 달성하는 근본적인 원동력은 발보리심이기 때문에 정토사상 가운데서도 이 발보리심은 없어서는 안 될 중요한 위치를 차지하고 있다.

그러기 때문에 신라시대 원효대사(617~686)는 그가 지은 『무량수경종요』[63] 가운데서 정토에 왕생하는 원인에 대해서 發心이 正因이고 염불이 助因이라고 하여 발심을 염불보다 중요한 위치에 둔 것이다. 이와 같은 보리심사상은 대승불교가 발전하면 할수록 대승경론 가운데 자주 사용되어지고 있다. 그 가운데 보리심의 정의를 조금만 살펴보면 다음과 같다.

『大集大虛空藏所聞經』에서는

선남자야, 一切法性은 오직 허공과 같아 보살의 마음을 가지고 종자를 삼고, 닦은 바 복은 모두 보리심을 여의지 않는다.[64]

고 하였고, 또 80권 『화엄경』에서는

오히려 늦게 성립되었고, 대승불교의 영향을 많이 포함하고 있다고 하였다. 또 보살심의 本願 쪽이라고 하였다.

63 元曉 述, 『兩卷無量壽經宗要』 대정장 37, 128下~129上.
64 대정장 13, 620上~中.

선남자야, 보리심은 오직 종자와 같아 능히 일체 모든 佛法을 내고, 보리심은 좋은 밭과 같아 능히 중생의 白淨法을 기르며, 보리심은 대지와 같아 능히 일체 모든 세간을 지니고 있고, 보리심은 깨끗한 물과 같아 능히 일체 번뇌의 더러움을 씻는다.[65]

고 하였다. 즉 보리심은 일체 佛法의 종자이기 때문에 보리심 없이는 佛果를 증득할 수가 없다고 하였다. 특히 『화엄경』에서는 보리심의 역할에 대해서 78종류를 열거하고 있을 뿐만 아니라 『화엄경』의 여러 곳에서 보리심을 강조하고 있는 것은[66] 대승불교 가운데 '보리심' 사상이 중요한 위치를 차지하고 있음을 말하여 주는 것이다. 이 가운데 보살이 발심하는 것이야말로 일체 여래의 種性을 끊지 않으려 하는 것이며, 일체 중생을 제도하려고 하는 것으로[67] 自利利他의 근본이라고 말할 수 있다.

이상에서 본 바와 같이 발심한 후에 자리이타의 행이 일어나기 때문에 이 발심이 보살의 근본이라고 말할 수 있다.

그러면 정토경전 가운데 보리심이란 언어가 어떻게 표현되었는가를 한역경전에서 살펴보기로 하자. 『무량수경』에서는 發無上正眞道意[68]·發無上正覺之心[69]·發菩提心[70]·發無上菩提之心[71]·當發

---

65 대정장 10, pp.429中~430下.
66 대정장 10, pp.72下~73中, p.89上, pp.430下~434下, p.639上~中 등
67 何以故 以菩薩 爲不斷一切如來種性故 發心 爲充遍一切世界故 發心 爲度脫一切世界衆生故 發心爲悉知一切衆生垢淨故 云云(대정장 10, p.91上~下)
68 대정장 12, p.267上.

意72·發無量心73·發心74이라고 하는 용어가 총 12회나 사용되고 표현되어 있다. 또 『여래회』에서는 發菩提心75·發心76 등 총 5회, 『장엄경』에서는 發阿耨多羅三藐三菩提心77·發菩提心78·發大道心79·發菩提芽80·發勝心81 등 총 12회에 걸쳐 설하고 있다. 이밖에 『관무량수경』에서는 發菩提心82·發無上道心83·發阿耨多羅三藐三菩提心84 등 9회에 걸쳐 사용되어 있다. 그런데 『아미타경』과 『칭찬정토경』에서는 '發心'이란 말 대신 皆得不退轉於阿耨多羅三藐三菩提85·速證無上正等菩提86라는 용어를 사용하고 있다. 이상으로 보는 것처럼 정토 삼부경에서 발보리심이란 용어를 많이 사용하고

---

69 대정장 12, p.267中, 279上.
70 대정장 12, p.267上, 268下, 272中.
71 대정장 12, p.272中·下.
72 대정장 12, p.272 中.
73 대정장 12, p.273上.
74 대정장 12, p.278中.
75 대정장 11, p.93下, 94中, 97下.
76 대정장 11, p.97下, 100中.
77 대정장 12, p.319上, 321中·下, 326中.
78 대정장 12, p.319下, 321下, 322中, 324上.
79 대정장 12, p.320上.
80 대정장 12, p.324下.
81 대정장 12, p.323下.
82 대정장 12, p.341下, 346上.
83 대정장 12, p.345上, 345下, 346上·中.
84 대정장 12, p.346中.
85 대정장 12, p.348上.
86 『칭찬정토경』(대정장 12, p.349上, 350上, 351中)

있는 것은 정토왕생에 보리심이 근본이 되기 때문이다.

여러 가지 정토경전 가운데 한국에서 많이 사용하고 있는 『무량수경』을 보면, 이 경에서는 "세존이시여! 저는 無上正覺의 마음을 일으켰습니다. 원컨대 부처님은 저를 위해 널리 진리를 설하여 주십시오. 저는 마땅히 수행하여 청정한 불국토, 장엄이 한량없는 묘한 국토를 선택하겠사오니 云云"[87]이라고 하여 '發無上正覺之心'이 근본이 되어 아미타불이 되어 정토를 건설하여 중생을 구원하고 있음을 알 수 있다. 또 제19원인 來迎願에서는

> 가령 내가 부처가 되었을 때 시방에 있는 중생이 보리심을 발하여 〔發菩提心〕 모든 공덕을 닦아 지극한 마음으로 나의 국토에 태어나기를 원하면 임종할 때에 가령 대중과 더불어 圍繞하여 그 사람 앞에 나타나지 못하면 성불하지 않겠습니다.[88]

라고 하여 '발보리심'이 근본이 되어 공덕을 닦아 아미타불의 영접을 받아 왕생함을 알 수 있고, 女人往生願에서는

> 만약 제가 부처가 되어서도, 시방세계의 헤아릴 수 없이 많은 모든 부처님 세계의 여인들이 저의 이름을 듣고 환희심을 내어 믿고 원해서 보리심을 일으켜 여자의 몸을 싫어한 사람이 목숨을

---

[87] 坪井俊映 著, 李太元 譯, 『정토삼부경개설』 pp.161~162.(대정장 12, p.267中)
[88] 坪井俊映 著, 李太元 譯, 『정토삼부경개설』 p.175.(대정장 12, p.268上)

마친 후 다시 여인이 된다면 저는 부처가 되지 않겠습니다."[89]

라고 하여 보리심에 의해 다시는 여인의 몸을 받지 않는다고 하였다.

다음으로 三輩往生의 上輩에서는 "상품이란 집을 버리고 욕심을 버리고 승려가 되어 보리심을 발하여 한결같이 무량수불을 생각하며 여러 가지 공덕을 닦아 저 국토에 태어나고 원하는 사람들이다."[90]라고 하였고, 中輩에서는 "중품이란 시방세계 모든 천인과 사람들이 지극한 마음으로 저 국토에 태어나고자 원을 세우고 비록 승려가 되어 큰 공덕을 닦지 못하더라도 마땅히 위없는 보리심을 내어 오로지 무량수불을 염해야 한다."[91]고 하였으며, 下輩에서는 "하품이란 시방세계의 모든 천신과 사람들이 지극한 마음으로 저 국토에 태어나려고 원을 세워 가령 여러 가지 공덕을 짓지는 못하지만 마땅히 위없는 보리심을 내어 오로지 뜻을 한결같이 하여 乃至十念이라도 무량수불을 생각하며 그 국토에 태어나려고 원해야 한다."[92]고 하여 '보리심'을 강조하고 있다. 이상의 것을 도표로 하여 보면

來迎引接願에서는　發心→作善→願往生→來迎

女人往生願에서는　聞名→發心→厭女

上輩에서는　　　沙門→發心→念佛→作善→來迎→往生

89　坪井俊映 著, 李太元 譯, 『정토삼부경개설』 p.185.(대정장 12, p.268下)
90　坪井俊映 著, 李太元 譯, 『정토삼부경개설』 p.233.
91　坪井俊映 著, 李太元 譯, 『정토삼부경개설』 p.235.
92　坪井俊映 著, 李太元 譯, 『정토삼부경개설』 p.236.

中輩에서는　　願往生 → 發心 → 念佛 → 作善 → 廻向 → 來迎 → 往生

下輩에서는 ┌ 願往生 → 發心 → 乃至十念念佛
　　　　　 └ 聞法 → 信樂 → 乃至一念念佛 → 來迎 → 往生

의 순으로 되어 있다. 이 來迎引接願에서는 발심이 근본이 되어 선근을 지어 아미타불의 來迎을 받아 왕생하고, 女人往生願에서는 법문을 듣고 발심하여 여자의 몸을 받지 않으며, 삼배에서는 모두가 발심하고 난 후 염불함에 의해서 왕생이라고 하는 결과가 있음을 알 수 있기 때문에 정토에 왕생하려고 하는 사람은 반드시 발심하지 않으면 안 된다. 이러한 것으로 보아 『무량수경』에서는 발심에 의해 모든 수행을 하게 되는 것이며, 이 수행에 의해 어떤 결과를 가져오게 되는 것이다.

다음은 『관무량수경』의 세속 계행의 삼복 가운데

저 국토에 태어나고자 하는 사람은 마땅히 세 가지 복을 닦아야 하느니라. 첫째는 부모에 효도하고 스승과 어른을 받들어 모시며 자비심으로 살생하지 말고, 열 가지 착한 업을 지니라. 둘째는 삼귀의계를 받아 지니며 여러 가지 계를 지키며, 위의를 범하지 말지니라. 셋째는 보리심을 내어서 깊이 인과를 믿고, 대승경전을 믿고 다른 수행자에게도 전할지니라. 이와 같이 세 가지 일을 淨業이라 하느니라.[93]

---

[93] 坪井俊映 著, 李太元 譯, 『정토삼부경개설』 p.428.

라 하여 삼복의 하나로 보리심을 발할 것을 강조하였고, 9품왕생 가운데 상품하생에서는 "상품하생이란 것은 역시 인과를 믿고 대승을 비방하지 않으며, 다만 위없는 도의 마음을 일으키고〔但發無上道心〕 이러한 공덕을 회향하여 극락국토에 태어나고자 원하는 것이니라."[94] 고 하여 '발보리심'을 수행의 하나로 취급하였다. 이러한 것은 정토사상 외 다른 사상에서도 엿볼 수 있다. 『화엄경』에서는

> 모든 부처님께서는 大悲心으로서 體를 삼기 때문에 중생으로 말미암아 大悲를 일으키고 大悲로 말미암아 보리심을 일으키며 보리심에 의해 等正覺을 이루신다.[95]

라고 하여 大悲 → 發心 → 成等正覺의 순으로 수행의 行道를 말하고 있다. 또 『마하반야바라밀경』에서는

> 선남자 선여인이 阿耨多羅三藐三菩提心을 발하고 六波羅蜜을 행하여 중생을 성취시키며, 불국토를 깨끗이 한다.[96]

라고 하여 發菩提心 → 行六道 → 成就衆生 → 淨佛國土로 되어 있고, 『대집경』에서는

---

94 坪井俊映 著, 李太元 譯, 『정토삼부경개설』 p.469.
95 대정장 10, p.846上.
96 대정장 8, p.318中.

선남자야, 보살이 처음 발심하고 나서 착한 법을 닦아 쌓으며, 많은 법문을 듣고 사유하여 法界를 관찰하며 처음의 마음을 깨끗이 하라. 처음 마음이 이미 깨끗하면 모든 부처님과 보살들이 공경하는 생각을 지으며, 곧 淨印三昧를 획득할 것이다.97

라고 하여 發心 → 作善 → 觀法界 → 淨心 → 得三昧의 수행 行道로 되어 있다. 그리고 『대지도론』에서는 보살의 정의를

처음 발심하여 원을 세워 "나는 마땅히 부처가 되어 일체 중생을 제도할 것이다."고 하였다. 이러한 이유로 菩提薩埵라고 이름한다.98

부처님의 도를 구하는 사람은 처음 발심하고 나서 원을 세워 "원컨대 나는 부처가 되어 중생을 제도하고 一切佛性을 얻고 六波羅蜜을 행할 것입니다."고 하였다.99

라고 서술하였다. 이 두 문장 모두 發心 → 作願 → 作佛 → 度衆生하는 行道로 되어 있다. 즉 정토경전 이외의 경전에서는 正覺·淨佛國土·三昧·度衆生을 목적으로 한 發心이었지만, 정토경전의 발심은 왕생

---

97 대정장 13, p.47下.
98 대정장 25, p.86中.
99 대정장 25, p.191上.

을 목적으로 하였다. 즉 정토경전에서는 정토에 왕생한 후에 여러 가지 證果가 뒤따르지만 發心이 근본이 되어 왕생한다. 이 '발보리심'이란 대승불교가 일어나면서 강조되어 온 사상으로 보살도의 근본이다. 그렇기 때문에 보리심 그 자체가 菩薩心의 종자이고, 일체 모든 법을 出生하는 要件이라 할 수 있다. 다시 말하면 보리심을 낸 후에만 어떠한 果를 증득할 수 있는 것이다. 그러기 때문에 정토에 왕생하려는 사람은 보리심을 일으키지 않으면 안 되고, 이 발심에 의해 정토수행을 해야 한다.

제6절 갖추어야 할 신심

보리심에 못지않게 중요한 것은 신심이다.[100] 왜냐하면 불교란 부처님이 설하신 진리인데 이 진리를 수행자가 믿지 않고 수행할 수는 없기 때문이다. 다시 말하여 불교란 석존이 말씀하신 敎說을 일컫는다. 이런 불교가 유지되기 위해선 그 신앙의 대상인 부처님과 부처님이 설하신 진리의 말씀과 이것을 믿고 따르는 승가(saṃgha)가 있어야 할 것이다. 이 승가가 얼마만큼 부처님과 부처님의 진리를 信하고 실천하느냐에 따라 敎團(gaṇa)의 발전과 자기의 證果가 있을 것이다. 그러나 여기에 믿어야 할 대상에 대해서 의심이 있다면 이 종교는 퇴보하여 敎團이 사라지게 될 것은 자명한 일이다. 그러기 때문에

---

[100] 이 신심에 대한 것은 이태원 저, 『念佛의 源流와 展開史』 pp.21~43에 자세히 논하였다.

이 信은 원시불교와 대승불교를 총망라하여 중요한 위치를 차지하고 있다. 대승불교 중 한 부파인 정토교도 예외일 수 없다. 淨土思想 가운데서도 信이 없는 念佛은 공덕이 없고 往生할 수 없다. 왜냐하면 淨土敎란 그 내용은 석가모니 부처님이 중심이 되어 설해진 것으로 아미타불의 本願 및 淨土의 장엄을 믿고 실천하여 왕생하는 데 목적을 두기 때문이다. 그러기에 정토교에서도 信 없이는 목적을 달성할 수 없다.

이 信에 대해 나까무라 하지매 박사[101]는 "인도에서 일반적으로 열렬한 신앙을 표현한 말은 bhakti(信受)이지만 이 관념이 경전 가운데서는 보이지 않고 있다."고 하였다. 그러나 bhakti 이외 다른 原語가 번역된 것을 세 종류, 또는 다섯 종류[102]를 들어 많은 학자들이 발표하고 있다. 이 가운데 세 종류만을 열거하면 다음과 같다.

제1 śraddhā(P, saddhā)은 信, 信心, 有信, 有淨信 등으로 번역되어 있다. 이것은 부처님의 가르침을 듣고 믿는다는 의미의 말이다. 이 śraddhā는 단순히 존경하는 심정이 아니고, 부처님의 설법을 듣고 그 내용을 이해하고 믿는 마음의 작용을 의미한다.

제2 prasāda(P, pasāda)은 '가라앉히다', '淨化하다', '기뻐하다', '만족하다'는 의미다. 즉 한자어로는 澄淨, 心善, 明淨, 淨心, 淨信

---

101 나까무라 하지매, 「極樂國土のインド學的解明とチベット變容」(『印度學佛教學研究』 제11-2호, p.143), 가나오까슈유 「密教における信構造の特色とその變化」(『佛教における信の問題』 p.63에서도 같은 내용이 엿보인다.)
102 註 1, 2, 3에서는 śraddhā 聞信, prasāda 淨信, adhimukti 信解, avakalpayati 信賴, pratiyati 信受로 되어있다.

등으로 번역되어 있다. 이것은 의심이 없이 청정한 것에 대해서 기뻐한 나머지 자기 모든 것을 맡긴다는 태도를 표현한 말이라 할 수 있다.

제3 adhimukti(adhimutti)는 '놓아 버리다', '해방되다'는 의미인데 漢字로는 信, 信解, 勝解 등으로 번역되어 있다. 이것은 마음을 기울여 믿는다는 의미로 마음 가운데 한 점의 의심 없이 깨끗이 믿는 마음의 작용을 말한다.

여기에서 信이라 하는 한문을 조사해서 비교해 보면 '믿는다〔不疑〕', '참되다〔眞也〕', '밝히다〔明也〕'라고 하였고, 또 '맡긴다〔任也〕'[103] 란 의미로 풀이되어 있다. 이것은 상대에게 몸과 마음을 거짓과 의심이 없이 깨끗한 모습으로 맡긴다는 마음의 작용을 의미한 것으로 볼 수 있다. 이 漢字의 내용에는 구체적으로 어떻게 하면 마음이 진실하게 되고 성실하며, 어떻게 상대에게 마음을 의지하여 맡길 것인가에 대하여 설해져 있지 않다. 그러나 이 내용의 이면에는 상대의 좋은 점을 발견하여 신뢰하기 때문에 이런 마음의 작용이 있으리라 본다. 한편 산스크리트어에서 이야기한 세 종류의 信의 내용을 보면 어떠한 대상과 그 설법에 대해 의심이 없을 뿐만 아니라 그 깊은 이치를 이해하여 깨끗한 마음으로 믿고 의지하는 마음의 작용을 말하고 있는 것을 공통점으로 볼 수 있다. 그래서 한자의 信과 산스크리트의 원어는 같은 의미를 내포하고 있음을 알 수 있다.

---

[103] 『大漢韓辭典』 p.89.

그러면 경전과 논에서 이야기한 信에 대해 살펴보면 『大般若經』에서는

선남자 선여인 등이 반야바라밀다를 들음에 의해 깊은 淨信이 생긴다. 점점 이어서 不動佛의 처소나 모든 보살 마하살의 처소에서 널리 반야바라밀다를 듣고 그 義趣에 있어서 깊은 信解가 생긴다. 그 信解가 일어나고 나서 마땅히 불퇴전의 지위에 머물며, 이 지위에 머물고 나서는 빨리 무상정등보리를 증득한다.[104]

고 하여 聞法 → 淨信 → 信解 → 得不退轉 → 證無上正等菩提로 되어 있다. 즉 여기서는 부처님의 진리의 말씀을 듣고 이 진리에 대해 조금도 의심하지 않는 깨끗한 믿음에 의해 깨달음을 얻게 되므로 믿음이 중요하다. 이 믿음은 無惑・無疑・不迷・不悶한 상태로[105] 모든 장애가 없을 뿐 아니라 전도되지 않는 마음일 것이다. 이 처음의 信이 근본이 되어 證果가 생긴다. 다시 말하면 법문을 들음에 의해 信이 일어나 善果가 증득되어지기 때문에 이 「信心」 자체가 種子라고 『雜阿含經』[106]에서 표현하고 있다. 이것을 명확하게 뒷받침하고 있

---

104 대정장 7, p.309中, 또 『大般若經』(대정장 7, p.887下, 919下), 『佛母出生經』 등에도 般若波羅密多를 信解하기 때문에 不退轉의 지위를 얻음을 강조하고 있다.
105 若諸菩薩聞說般若波羅蜜多 所有義趣 深生信解 無惑無疑 不迷不悶但作是念 如佛所說理趣 必然定非顚倒(『大般若經』 대정장 7, p.916下)
106 信心爲種子(대정장 2, p.27上)

는 것이 『華嚴經』의 「현수보살품」이다.

> 信이란 道를 이룬 공덕의 어머니이고, 일체 모든 선법을 증장시키며, 일체 모든 의혹을 제거하여 위없는 도를 보여 개발한다. 淨信이란 더러움을 여의고 마음이 견고하며 교만한 마음이 제거된 공경의 근본이다. 信은 寶藏 가운데 제일 법이며, 청정한 손이 되어 여러 가지 수행을 받든다.107

라고 하여 信은 진실로 道를 깨달은 근본이고, 복덕의 어머니이며, 이러한 것을 지니고 있기 때문에 무한한 공덕이 생길 수 있다고 『華嚴經』에서는 우리에게 가르쳐주고 있다. 즉 信 자체가 始原이 되어 선근을 증장시키며 무상도를 증장시키기 때문에 信 자체가 보배창고이며 제일의 법이라 하였다. 『金剛經』108에서도 淨信이 있는 사람은 무량한 복을 얻는다고 하여 여기서도 信이 근원임을 알 수 있다. Nāgārjuna도 『대지도론』에서

> 佛法의 큰 바다에는 信으로 능히 들어갈 수 있으며 지혜로 능히 제도할 수 있다. 이와 같은 것은 곧 信이다. 만약 어떤 사람이 마음 가운데 信이 청정함이 있을 것 같으면 이 사람은 능히 佛法에

---

107 대정장 10, p.72中, 대정장 9, p.433上.
108 聞是章句乃至一念生淨信者 須菩提 如來悉知悉見是諸衆生得如是無量福德 (대정장 8, p.749上)

들어갈 수 있다. 만약 信이 없으면 이 사람은 가히 佛法에 들어갈 수 없다.109

라 하여 信이 佛法에 들어가는 第一步로서 근원이 됨을 알 수 있다. 이 信 자체는 의심이 없는 깨끗한 것이어야 한다. 그리고 이 깨끗한 믿음에 의해 마음이 깨끗해진다. 그래서 『俱舍論』에서는 "信者令心澄淨"110라 했고, 또 "不信者爲心不澄淨"111라 하였으며, 『入阿毘達磨論』에서도 "信爲令心於境澄淨"112이라 하여 信이 마음을 깨끗이 한다고 했다. 즉 부처님 법이나 도에 대해 믿음이 깨끗해야 하지만 이 믿음에 의해 마음이 깨끗해지는 것이 신의 작용이고, 이 믿음에 의해 어떤 결과를 가져오게 된다. 그래서 『잡아함경』에서는 "그때 信心으로 三寶에 귀의하는 사람은 곧 人間의 세계나 하늘나라에 태어날 수 있었다."113라 하여 신심으로 귀의하여 생천한다고 하였고, 『아함경』에서는 "저들은 信이 견고함으로써 출가하여 도를 위해 無上梵行을 닦았다."114라고 하였으며, 『칠불경』에서 "과거 비바시불은 찰제리성으로 淨信心을 내어 출가하시어 정각을 이루셨다."115라고 하여 신심에 의해 부처가 되었음을 말했다. 그리고 『別譯雜阿含

---

109 대정장 25, p.63上.
110 대정장 29, p.196中.
111 대정장 29, p.196下.
112 대정장 28, p.982上.
113 대정장 2, p.288中.
114 대정장 1, p.149下.
115 대정장 1, p.158上.

經』을 보면

> 마하남이여, 청신사가 信心이 있기 때문에 능히 戒를 가지는 것이며, 戒를 가지기 때문에 능히 捨心을 갖춘다. 捨心을 갖추었기 때문에 능히 僧坊에 참례하게 되고, 승방에 참례하기 때문에 능히 전심으로 법을 듣는다. 법을 듣기 때문에 능히 법을 受持하고, 능히 수지하기 때문에 그 뜻을 알며, 그 뜻을 잘 이해하여 법답게 수행한다.[116]

라 하여 여기서도 信心이 근본이 됨을 알 수 있다. 즉 信心 → 持戒 → 入僧坊 → 聞法 → 法受持 → 修行 등으로 발전됨을 볼 수 있다. 信心이 歸依儀式인 受戒하는 데 直結되는 동시에 世俗의 욕심을 버리는 捨心이 형성되어 교단에 입단하여 법을 듣고 법을 수지하게 되어 있다. 그러기 때문에 '信'이 승가라고 하는 교단에 들어가게 하는 역할을 하는 것이며, 이 信으로 善果를 얻는다. 또 『中阿含經』[117]에서도 信→正思惟→正念正智 등으로 이어져 해탈하게 되어 있다. 이러한 사상이 발전하여 『妙法蓮華經』[118]에서는 法을 듣고 그것을

---

116 대정장 2, p.432上.
117 若有觀法忍便習信 若有信便習正思惟 若有正思惟便習正念正智 若有正念正智 便習護諸根護戒不悔歡悅喜止樂定見如實知如眞厭無欲解脫(대정장 1, p.490中)
118 佛告諸比丘 是十六菩薩 常樂說是妙法蓮華經一一菩薩所化六百萬億那由他恒河沙等衆生 世世所生與菩薩俱 從其聞法悉皆信解 以此因緣 得值四百萬億

믿음으로 인해 十方世界의 부처님을 친견할 수 있다고 하였다. 따라서 불교를 믿는 불자는 신심을 갖추지 않으면 안 된다.

다음으로 정토경전에서의 信에 대해 살펴보자. 정토경전에서도 信의 위치는 다른 경전에 못지않게 중요하다. 현재 우리가 살고 있는 세계인 예토의 나쁜 점을 直感하고 이상적인 국가인 서방 극락세계를 믿고 염불함으로써 왕생할 수 있다는 믿음 없이는 불가능한 일이다.

정토경전에서는 이 믿음을 '信心歡喜'·'歡喜信樂'·'歡喜信受'·'信受令解'·'慈心歡喜'·'應信受'·'淨信'·'信解'·'信明'·'行信'·'正信'·'極難信'·'至誠忠信'·'誠信'·'當信'·'信心' 등 여러 가지로 표현하고 있는데 이것[119]은 왕생하는데 信을 갖추지 않으면 안 되는 것을 의미한다. 정토경전 가운데 몇 가지 중요한 것을 열거하면 다음과 같다. 『무량수경』 18원에서 "만약 제가 부처가 되어서도 시방의 중생들이 지극한 마음으로 믿고 원해 십념을 해도 云云"[120]이라 하여 십념염불을 하는 사람은 지극한 마음으로 부처님을 믿지 않으면 안 된다고 하였다. 또 『무량수경』 하권에서는 "모든 중생들은 그 명호를 듣고 기쁜 마음으로 신심을 내어 한 생각이라도 지극한 마음으로 저 국토에 태어나기를 원하면 곧 왕생하여 불퇴전의 지위에

諸佛世尊(대정장 9, p.25中)
119 이태원 저, 『염불의 원류와 전개사』 pp.30~31에 자세히 밝혀져 있다.
120 設我得佛 十方衆生 至心信樂欲生我國 乃至十念(坪井俊映 著, 李太元 譯, 『정토삼부경개설』 p.174)

머무른다."121라고 하였고, "만약 심오한 법을 듣고 즐거운 환희심으로 믿어 의혹을 일으키지 아니하고 한 생각이라도 부처님을 생각하여 지극한 마음으로 저 국토에 태어나기를 원하면 이 사람이 임종할 때에 꿈결에 부처님을 뵙고 왕생한다."122라고 하여 일념염불을 할 경우도 신심을 갖추라고 강조하였다.

『관무량수경』의 상품상생에서는 "중생이 저 국토에 태어나고자 원하면, 세 가지 마음을 일으키면 곧 왕생한다. 무엇을 세 가지라 하는가 하면 첫째는 至誠心이요, 둘째는 深心이며, 셋째는 廻向發願心이니라. 이 세 가지 마음을 구족한 사람은 반드시 저 국토에 태어나게 되느니라."123고 하여 정토에 왕생하려고 하는 사람은 반드시 이 세 가지 마음을 내지 않으면 안 된다고 하였다. 이 세 가지 마음이 곧 信心이다. 이 三心을 정토 왕생하는데 중요시한 사람은 중국에서 정토교를 대성시킨 선도인데, 이 부분은 자세히 언급해야 되기 때문에 뒤 三心의 단원에서 논할까 한다.

다음 산스크리트본 『무량수경』 가운데

어떠한 중생이든지 저 무량광여래의 명호를 듣고 나서 가령 겨우 한 번이라도 發心하는데 그 사람이 깨끗한 信[淨信]을 수반하여

---

121 諸有衆生 聞其名號 信心歡喜 乃至一念 至心廻向 願生彼國 即得往生 住不退轉 (坪井俊映 著, 李太元 譯, 『정토삼부경개설』 p.232)
122 若聞深法 歡喜信樂 不生疑惑 乃至一念 念於彼佛 以至誠心 願生其國 此人臨終 夢見彼佛 亦得往生(坪井俊映 著, 李太元 譯, 『정토삼부경개설』 p.236)
123 坪井俊映 著, 李太元 譯, 『정토삼부경개설』 p.464.

마음속 깊은 곳에서 발심한 사람이라면 모두 위없는 깨달음에서 물러나지 않는 위치에 안주한다.[124]

라 하여 신심을 수반하여 발심해야만 無上正覺에 안주한다고 하였고, 같은 책에서 "어떠한 의심도 내지 않고, 미혹을 끊고 '행복과 즐거움이 있는 곳'의 세계에 태어나기 위해서는 여러 가지 선근을 심고 모든 부처님들께 선택받을 수 있는 지혜에 대해서 생각하고 믿으며"[125]라고 하여 부처님의 지혜를 의심 없이 믿어야 한다고 강조하였으며, 『칭찬정토경』에서는

淨信이 있는 선남자·선여인이 이와 같은 일체 세간에서 극히 믿기 어려운 법을 설함을 듣고 능히 信解를 일으켜 受持하고 연설하며, 가르침과 같이 수행한다면 마땅히 알라. 이 사람은 심히 드문 일이며 한량없는 부처님 처소에서 일찍이 善根의 種子를 심은 것으로 이 사람은 목숨을 마치고 반드시 서방 극락세계에 왕생하리라.[126]

라 하여 佛敎 敎団에 들어오는 남자와 여자를 통칭 '淨信'[127]있는

---

124 나까무라 하지매, 『淨土三部經』 上卷 p.78. (1993年 出版)
125 나까무라 하지매, 『淨土三部經』 上卷 p.126.
126 대정장 12, p.351中.
127 이와 같이 淨信이 있는 善男子善女人이라고 한 例는 같은 『稱讚淨土經』(대정장 12, p.350上)에도 나타나 있다.

사람이라고 하고, 이 淨信이 있는 사람이 '極難信法'인 아미타불의 本願과 정토의 장엄을 믿고 알아 실천에 옮기는 것을 '信解'라 하여 신심을 淨信과 信解로 나눈 것은 왕생에 신심이 얼마나 중요한지를 말한 것이라 할 수 있다.

이 신심을 중국의 담란은 신심이 여실한 것과 여실치 못한 것이 있다고 하였다.[128] 이 내용을 보면 "세 가지 상응치 못한 것이 있으니, 첫째는 신심이 돈독하지 아니하여[不淳] 어떤 때는 있고 어떤 때는 없어지기 때문이며, 둘째는 신심이 한결같지 않아[不一] 결정[129]되지 않기 때문이고, 셋째는 신심이 상속되지 않아 다른 생각이 사이에 끼어들기 때문이다. 이 세 가지는 서로서로 연관 관계가 있다. 신심이 돈독하지 않기 때문에 決定心이 없고, 결정심이 없기 때문에 생각이 상속하지 못한다. 또 생각이 상속하지 못하기 때문에 결정된 믿음을 얻을 수 없고, 결정된 믿음을 얻을 수 없기 때문에 마음이 돈독하지 못하다. 이와 반대되는 것을 '여실하게 수행하여 상응한다'고 한다."[130]고 하였다. 여기서 말하는 '如實修行'이란 세 가지 不相應한 마음이 없는 진실한 신심으로 아미타불의 명호를 부르는 것이다. 즉 진실에 맞게 칭명염불로 수행하려면 淳心·決定心·相續心 등 세 가지 전념하는 마음이 있어야 하고, 이 세 가지를 가져야만 상응하

---

128 이에 대해서는 본인의 저서, 『왕생론주 강설』 pp.275~284에 자세히 언급하였다.
129 마음을 굳건히 하는 것으로 여기서는 굳건한 믿음으로 볼 수 있다.
130 이태원 저, 『왕생론주 강설』 pp.277~278.

지 그렇지 않으면 상응하지 않는다고 담란은 강조하고 있다. 다시 말하면 신심이 두텁고 한결같으며, 상속되어야 한다는 것이다. 즉 이 세 가지가 서로 전전하여 이루는 것으로 信心不淳 → 不決定 → 念不相續이 되는 것이며, 또 반대로 念不相續 → 不得決定信 → 信心不淳이 되는 것이다. 이것을 반대로 말하면 淳 → 決定 → 相續으로 이어지는 것이고, 역으로 相續 → 決定 → 淳 등 연속적으로 이어진다. 즉 신심이 돈독하면 능히 신심이 결정되며, 신심이 결정된 경우 신심이 필연적으로 상속하게 되는 것이며, 또한 신심이 능히 상속되는 경우 신심이 그대로 결정되고, 신심이 결정되기 때문에 신심이 능히 돈독하게 될 수 있다. 그렇지만 반대로 신심이 돈독하지 못하면 결정된 신심을 얻지 못하고, 결정된 신심을 얻지 못하면 믿는 마음이 상속되지 않으며, 믿는 마음이 상속되지 못하면 결정된 신심을 얻을 수 없고, 결정된 신심이 없으면 신심이 돈독하지 않는다. 담란은 이렇게 세 가지 뜻이 구족된 신심이야말로 名義와 여실하게 상응한다고 하여 信의 중요성을 강조하고 있다.[131]

이것을 도작은 『안락집』[132]에서 "만약 사람이 단 아미타불의 명호만 부르고 염하여도 능히 시방 중생의 무명과 어둠을 제거하고 왕생할 수 있는데, 어떤 중생이 명호를 부르고 억념하여도 무명이 아직 존재하고 원하는 바가 원만히 이루지 못한 것은 무슨 뜻인가?"라는 물음에 담란의 세 가지 不相應을 가지고 답하면서 "이러한 마음을

---

131 이태원 저, 『염불의 원류와 전개사』 pp.300~301을 참조할 것.
132 대정장 47, p.12上~中.

갖추어서도 만약 왕생하지 못하면 이것은 옳은 것이 아니다."고 단언한 것은 도작이 담란의 설을 그대로 받아들여 신심을 강조한 것이다.[133]

이 세 가지 마음은 불교에서 강조한 신심을 바탕으로 하여 표현한 것이다. 그럼 이 신심 즉 믿어야 할 대상은 무엇인가? 믿어야 할 대상은 거짓이 아닌 참된 진리인데 이 진리란 나무아미타불의 명호다. 이 나무아미타불의 명호에 한량없는 공덕이 있기 때문에 여실하게 부르면서 염하는 사람은 무명의 어두움을 제거하고 원하는 바를 원만하게 성취시켜 준다. 담란이 이것을 "무애광여래의 명호는 중생들의 일체 무명을 능히 제거하고, 중생들의 일체 원하는 바를 능히 만족시킨다."[134]고 한 것은 나무아미타불 명호를 부름에 의해 어둠을 제거하고 원하는 바를 원만하게 성취시키는 공덕이 있다는 것을 강조한 것이다.

아무튼 위 세 가지 믿는 마음으로 아미타불의 명호를 부르면 "여래의 광명지혜 모습과 같이" 되고 "저 이름의 뜻과 같이" 되기 때문에 이것을 여실한 수행이라 한다. 그러기에 정토에 왕생하려고 수행하는 사람은 신심을 갖추어야 한다.

---

133 이태원 著, 『염불의 원류와 전개사』 pp.354~355를 참조하기 바람.
134 대정장 40, p.835中.

제7절 갖추어야 할 三心

이 三心은 신심에 포함된 말이지만 정토사상 가운데 중요한 부분이기 때문에 신심의 단원과 달리 논하고자 한다. 이 三心을 정토왕생하는데 중요시한 사람은 중국에서 정토교를 대성시킨 선도다. 선도는 담란, 도작에 이어서 정토경전을 위주로 하여 본원염불을 제창하였고, 『觀經疏』 4권, 『法事讚』 2권, 『觀念護門』 1권, 『往生禮讚』 1권 등을 저술135하여 중국을 비롯하여 한국과 일본불교에 정토사상을 고취시키는데 많은 영향을 주었다. 이 삼심은 그의 저서 가운데 『觀經疏』와 『往生禮讚』에서 왕생하는데 갖추지 않으면 안 되는 것으로 강조하였다. 그래서 선도의 삼심을 중심으로 하여 논해 볼까 한다. 원래 이 삼심의 시발점은 『관무량수경』이다. 이 경 상품상생에서는 "중생이 저 국토에 태어나고자 원하면 세 가지 마음을 일으키면 곧 왕생한다. 무엇을 세 가지라 하는가 하면 첫째는 至誠心이요, 둘째는 深心이며, 셋째는 廻向發願心이니라. 이 세 가지 마음을 구족한 사람은 반드시 저 국토에 태어나게 되느니라."136고 한 것을 선도가 체계화하여 강조한 것이다.

선도는 『관무량수경』의 설을 인용하여 三心의 정의에 대해 『왕생예찬』에서 "반드시 저 국토에 태어나고자 한 사람은 관경의 설과 같이 이 三心을 구족하면 반드시 왕생한다."137라고 하였으며, 『관무

---

135 이태원 저, 『염불의 원류와 전개사』 p.424에 자세히 논하였다.
136 坪井俊映 著, 李太元 譯, 『정토삼부경개설』 p.464.

량수불경소』에서는 "三心을 밝혀 결정하면 正因이 된다."138고 하여 三心을 왕생의 正因으로 보았다. 이러한 견해는 담란, 정영사 혜원, 가상사 길장, 국청사 지의, 신라의 원효 등이 發菩提心을 가지고 正因으로 하는 것과는 전혀 다르다. 다시 말하면 이 三心에 대해서 정영사 혜원은 '修心往生'139이라 하였고, 길장은 이 三心에 대해서 한마디도 언급하지 않았다.140 가재는 이 三心을 『기신론』'十解位'의 처음인 三心, 『유마경』의 三心과 연관시키고 있다.141 그런데 선도는 이 三心을 가지고 九品에 통하는 安心이라고 하였다.142 선도의 三心 釋을 자세히 검토해 보면 염불이라고 하는 실천과 관련시켜 논하였다. 이것은 선도만이 해낼 수 있는 것으로 그의 크나큰 업적이라고 볼 수 있다. 그는 첫 번째 至誠心에 대해 『왕생예찬』에서

첫째 至誠心을 말하면 身業으로 저 부처님께 예배하며, 口業으로 저 부처님을 찬탄하고 稱揚하며, 意業으로는 저 부처님을 專念으

---

137 必欲生彼國土者 如觀經說者 具三心必得往生(대정장 47, p.438下)
138 辨定三心以爲正因(대정장 37, p.270下)
139 대정장 37, p.183上~中.
140 대정장 37, p.193中.
141 如上品上生人 發三種心 卽得往生 其三種心者 一是至誠心 二者是深心 三是廻向發願心 此之三心依起信論 判在十解初心 如起信論云 信成就發心 在十信終心也 發三種心 始入十解位中 三心者 一是直心 謂正念眞如法故 卽是觀經中至誠心 至誠與直心 義同名異耳 如維摩經明 淨土道場二行之初 並有三心 同觀經也(대정장 47, p.87中)
142 모치쯔끼 신코 著, 이태원 역, 『中國淨土敎理史』 p.197.
　이시다미즈마로 著, 『往生の思想』 p.86

로 관찰하는 것이다. 무릇 三業을 일으키는데 반드시 모름지기 진실해야 하기 때문에 至誠心이라 이름한다.[143]

라고 하여 至誠心으로 해야 할 身業의 禮拜, 口業의 讚歎・稱揚, 意業의 專念觀察을 말하고 있다. 이것은 『왕생론』의 五念門 중에서 作願門과 廻向門이 빠진 나머지 세 가지 문으로 身口意 三業의 門이다. 다음 『관무량수불경소』에서는

첫째 至誠心의 至는 진실한〔眞〕 것이고, 誠은 실다운〔實〕 것이다. 일체 중생이 身口意의 業으로 지은 바 解行[144]은 반드시 진실한 마음 가운데 지어야 한다는 것을 밝혔다.[145]

라고 하여 至誠은 眞實이라고 정의를 내린 다음 眞實의 종류에 대해서

또 眞實에 두 가지가 있는데 첫째는 自利眞實이요, 둘째는 利他眞實이다. 自利眞實을 말하면 다시 두 가지가 있다. 하나는 眞實한 마음 가운데 자기와 남, 모든 악 및 예토 등을 바로 제압하여 버리고, 行住座臥 가운데 일체 보살이 모든 악을 바로 제압하여 버린 것과 같이 나 또한 이와 같이 생각하는 것이다. 둘은 眞實한

---

143 대정장 47, p.438下.
144 理解와 實踐을 말함.
145 대정장 37, p.270下.

마음 가운데 자기와 남, 범부와 성인 등의 善을 부지런히 닦는 것이다.146

고 하여 自利眞實과 利他眞實 등 두 종류가 있음을 밝혔고, 利他眞實을 가지고 至誠心을 삼는다는 뜻을 논하였으며, 또 이 眞實心을 근본으로 하여 讚歎·禮拜·觀察해야 한다는 것임을 알 수 있다. 즉 "眞實心 가운데 口業으로 저 아미타불 및 依報와 正報 등 二報를 찬탄해야 한다."147는 口業讚歎, "또 眞實心 가운데 身業인 합장과 예배, 四事148 등으로 저 아미타불 및 依報와 正報 등 二報에게 공양해야 한다."149는 身業의 合掌禮敬, "또 眞實心 가운데 의업으로 저 아미타불 및 의보와 정보 등 二報을 생각〔思想〕하고 觀察하며 憶念해야 한다."150는 意業의 思想·觀察·憶念 등에 선도는 역점을 두어 강조하였다. 이것은 『왕생예찬』보다 자세하게 논하고 있음을 알 수 있다.

두 번째 深心에 대해서 보면 『왕생예찬』에서

---

146 대정장 37, p.271a
147 眞實心中口業讚歎彼阿彌陀佛及依正二報(대정장 37, p.271上)
148 수행승이 일상생활에서 필요한 네 가지 물건. 즉 飮食·衣服·臥具·湯藥 등이다.
149 又眞實心中身業合掌禮敬四事等供養彼阿彌陀佛及依正二報(대정장 37, p.271上)
150 又眞實心中意業思想觀察憶念彼阿彌陀佛及依正二報(대정장 37, p.271上)

두 번째 深心은 곧 이 眞實信心이다. 자신이 번뇌를 구족한 범부이고, 善根이 적으며, 三界에 윤회하여 火宅[151]을 벗어나지 못함을 진실로 믿고, 아미타불의 本願인 큰 서원 및 명호를 불러 적어도 十聲, 一聲 등에 이르더라도 결정코 왕생할 수 있다는 것을 진실로 믿는 것이다. 내지 한 생각이라도 의심이 없어야 하기 때문에 深心이라 이름한다.[152]

고 하여 두 가지 믿음을 강조하고 있다. 즉 한 가지는 자기 자신이 번뇌를 구족한 범부임을 자각하는 믿음이다. 이것에 대해서 『관무량수불경소』에서는

첫째는 분명히 자신은 현재 罪惡이 있고 生死하는 범부이며, 한량 없는 세월 동안 항상 윤회하여 벗어날 반연이 없는 줄 깊이 믿는 것이다.[153]

라고 말하였다. 이것은 앞 제2절 '범부의 자각'에서 논한 것으로, 자기를 안으로 깊이 반성하고 이대로는 영원히 미혹의 세계를 윤회하

---

151 번뇌와 고통으로 가득한 세상을 불에 비유한 말. 즉 『법화경』에서는 皆是吾子 深著世樂 無有慧心 三界無安 猶如火宅 衆苦充滿 甚可怖畏 常有生死 病死憂患 如是等火 熾然不息 如來已離三界火宅(대정장 9, p.14下)
152 대정장 47, p.438下.
153 一者決定信自身現是罪惡生死凡夫 曠劫以來常沒常流轉 無有出離之緣(대정장 37, p.271上)

여 生死의 고통에서 벗어날 수 있는 반연이 없음을 自覺하는 信機이다. 또 한 가지는 아미타불 한 부처님의 本願力을 깊이 믿고 의지하는 稱名號이다. 특히 稱名往生에 대해서는 한 생각이라도 의심이 없는 진실한 信心을 요청하고 있다. 이렇기 때문에 앞에서 말한 至誠心을 근본으로 한 진실한 信心 위에서 명호를 불러야 하는 것이다. 이것을 『관무량수불경소』에서는

> 둘째는 분명히 깊이 아미타불이 四十八願을 가지고 중생을 攝受하신다는 것에 의심이 없어야 하며, 염려하지 말고 저 원력을 입어 분명히 왕생할 수 있다는 것을 믿는 것이다. 또 분명히 깊이 석가모니불이 이 觀經에서 三福·九品·定善과 散善 등 두 가지 善을 설하시고, 저 부처님의 依報와 正報 등 두 가지 報을 증명하고 찬탄하시어 사람들로 하여금 기뻐하고 사모하게 하신 것을 믿는 것이다. 또 분명히 아미타경 가운데 十方의 항하사와 같은 모든 부처님들께서 일체 범부는 반드시 태어날 수 있다고 증명하고 권한 것을 깊이 믿는 것이다.154

라고 하였다. 즉 여기서는 아미타불의 四十八願은 중생을 구제하기 위한 大慈悲心이기 때문에 여기에 대해 추호도 의심 없이 믿는 것을 信法이라 하였다. 특히 稱名念佛하여 정토에 왕생한다는 것에 대해 한 점의 의혹이 있어서는 안 된다고 하는 것이 선도의 견해다. 즉

---

154 대정장 37, p.271中.

선도의 本意는 아미타불 한 부처님의 명호를 부르는 것만이 本願에 부합하는 법이라고 강조하였다. 그리고 선도의 염불은 禪定의 마음으로 觀念思惟하는 염불이 아니고 阿彌陀佛의 명호를 부르는 오로지 稱名 한 가지 行만을 수행하는 것으로 歸結시켰기 때문에 여기에서의 信法은 稱名이다. 이와 같은 법은 十方諸佛이 證明하시고 권하신 것으로, 이것을 강조하기 위해서 선도는 『아미타경』 證明段의 내용을 다음과 같이 논하고 있다.

> 시방에 각각 항하사와 같은 모든 부처님들이 계시어 똑같이 "석가모니불이 능히 五濁惡時・惡世界・惡衆生・惡見・惡煩惱・惡邪・無信이 무성할 때에 있어서 아미타불의 명호를 가리켜 칭찬하시고, 중생들이 稱念하면 반드시 왕생할 수 있다고 권하신 것"을 찬양하시었다. 곧 이것이 증명이다.[155]

이것은 阿彌陀佛의 名號만을 稱念하면 반드시 서방정토에 왕생할 수 있다는 것을 十方諸佛이 증명하고 계신다는 것으로 선도가 稱名을 위주로 한 해석이라 볼 수 있다. 또 深心을 信機와 信法으로 分類하였는데 이 信法에서의 正行이란 信과 行이 구족되어 있는 稱名念佛이라 할 수 있다.

세 번째 廻向發願心에 대해서 보면 『왕생예찬』에서

---

[155] 대정장 37, p.272上.

세 번째 廻向發願心이란 지은 바 일체 善根 모두 다 회향해서 왕생을 원하기 때문에 회향발원심이라 이름한다.156

고 하여 淨土에 往生하는데는 一切善根을 廻向해야 한다는 것이다. 이것을 『관무량수불경소』에서는

세 번째는 廻向發願心이다. 회향발원심을 말하면 과거 및 금생에 身口意의 業으로 닦은 世間과 出世間의 善根과 및 다른 일체 성인과 범부가 身口意의 業으로 닦은 世間과 出世間의 선근을 隨喜한다. 이 자기와 남이 닦은 선근을 가지고 모두 다 진실하고 깊은 信心〔眞實深信心〕가운데 회향해서 저 국토에 태어나기를 원하기 때문에 회향발원심이라 이름한다.157

고 하여 『왕생예찬』보다 상세하게 논하고 있다. 이 가운데서 말한 眞實深信心이란 과거로부터 금일까지 作善한 선근을 가지고 정토에 왕생하는데 廻向하는 것으로 往相廻向이다. 뒤에 나오는 "또 회향을 말하면 저 국토에 태어나고 나서 도리어 大悲를 일으켜 다시 생사에 돌아와 중생을 교화하는 것을 또한 회향이라 이름한다."158라고 말한 것은 還相廻向이다. 이와 같은 것은 『법사찬』下에서도 "목숨을

---

156 대정장 47, p.438下.
157 대정장 37, p.272中.
158 又言廻向者 生彼國已還起大悲 廻入生死敎化衆生 亦名廻向也(대정장 37, p.273中)

마치고 마음을 기울여 보배 연꽃에 들어가 맹세코 아미타의 安養世界에 도달하고 나서 다시 穢土에 돌아와 人天을 제도하기를 원합니다. 나의 자비는 끝이 없고 오랜 시간, 오랜 겁 동안 慈恩에 보답하겠습니다."159고 하여 往相廻向을 논한 것이다. 이 往相과 還相의 회향은 담란의『왕생론주』사상을 계승한 것이다. 담란160은 회향을 無上菩提心이라고 불렀고, 이것이 정토에 往生하는데 正因이 된다고 하였다. 또한 선도는 이 뜻을 계승하여 三心을 가지고 正因이 된다고 주장하였다.161 그러나 선도의 주장은 어디까지나 往生正因 중에서 아미타불의 本願인 正定業은 稱名念佛이라는 것이다.

그러면 三心 가운데 나타난 五念門을 도표로 해서 보면 다음과 같다.

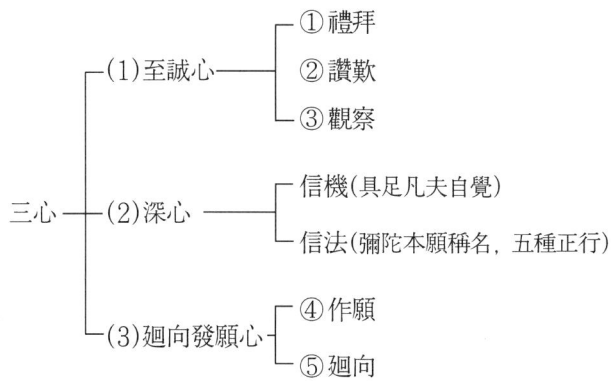

---

159 대정장 37, p.431中.
160 대정장 40, p.842上.
161 모치쯔끼 신코 著, 이태원 역,『中國淨土敎理史』p.199.

이 도표에서는 五念門이 至誠心과 廻向發願心에 들어가 있고, 稱名念佛은 深心의 信法에 있음을 알 수 있다. 信法에서 열거한 五種正行의 ①讀誦, ②觀察, ③禮拜, ④稱名, ⑤讚歎을 五念門과 對比해 보면 作願門, 廻向門을 제외한 나머지 三門이 여기에도 있다. 왜 선도가 至誠心에서 禮拜(身業), 讚歎(口業), 觀察(意業)을 논하고 난 후 다시 深心을 설명하는 가운데 五種正行에서도 禮拜, 觀察, 讚歎을 열거했을까 하는 점이 의문이다. 선도는 아마도 三心과 五念門을 行과 願으로 구분하였다고 본다. 그렇기에 선도는 三心釋의 마지막 부분에서 "三心을 이미 갖추면 行을 이루지 못할 것이 없다. 行과 願을 이미 이루어[願行旣成] 만약 태어나지 못하면 옳지 않다."162라고 하였다.163 즉 願은 三心 가운데 廻向發願心이고, 行은 至誠心의 가운데 禮拜・讚歎・觀察이며, 深心 가운데 五種正行이다.

어떠한 行이라도 至誠心과 深心을 근본으로 하여 실천해야 하기 때문에 深心 중에서도 禮拜・讚歎・觀察을 열거했다고 본다. 다시 말하면 두 가지 深信을 기초로 하여 禮拜・讚歎・觀察 등 여러 行을 行해야 한다는 것이 선도의 本意다. 그렇기 때문에 선도는 여러 논사와 달리 五念門을 열거하면서 稱名과 念佛에 대해서는 전혀 언급하지 않고, 三心의 深心 가운데서 열거하였다고 본다. 왜냐하면 禮拜・讚歎・觀察은 正行 중에서 助業이고, 稱名念佛의 正定業이기

---

162 三心旣具 無行不成 願行旣成 若不生者 無有是處也(대정장 37, p.173中)
163 원효도 『무량수경종요』(대정장 37, p.128 中)에서 往生하는 원인을 설명하는 가운데 '行願和合'을 자주 강조하고 있다.

때문이다. 다시 말하면 여러 논사와 같이 禮拜나 讚歎에 念佛을 삽입시키면 염불 하나만을 선택하여 아미타의 本願이라고 강조하는데 미약하기 때문에 稱名念佛을 五念門에 넣지 않고 三心의 深心 가운데 삽입했다고 볼 수 있다.

『염불경』에서 말하는 삼심을 보면

> 어떤 것이 至誠心인가? 身業으로 오로지 아미타불께 예배하고, 口業으로 오로지 아미타불을 부르며, 意業으로 오로지 아미타불을 信하고, 내지 정토에 왕생하여 성불할 때까지 退轉치 않아야 한다. 그렇기 때문에 至誠心이라 이름한다. 深心이란 곧 이 진실한 信을 일으켜 오로지 부처님의 명호를 염하고, 서원하여 정토에 태어나 성불을 기약하며, 끝까지 의심하지 안 해야 한다. 그렇기 때문에 深心이라 이름한다. 廻向發願心이란 이른 바 예배와 염불한 공덕을 가지고 오직 정토에 왕생하여 속히 무상보리를 이루기를 원하는 것이다. 그렇기 때문에 회향발원심이라 이름한다.[164]

고 하였다. 이것은 善導가 『왕생예찬』[165]에서 논하고 있는 것과 비교하면 조금 다르다. 즉 善導는 至誠心 가운데 口業에 대해서 '讚歎稱揚彼佛'이라고 하여 부처님 찬탄을 말하였고, 『염불경』에서는 '專稱阿彌陀佛'이라고 하여 稱名으로 바꾸어 念佛을 강조하고 있지만, 정토

---

164 대정장 47, p.122上.
165 대정장 47, p.438下.

에 왕생하기 위한 수행에서 이 삼심을 갖추지 않으면 안 된다는 것은 공통된 견해다.

제8절 결론

이상에서 살펴본 바와 같이 지금의 나는 欲界에 태어나 윤회하면서 생사 등 많은 고통을 받는 범부라는 자각이 필요하고, 이 범부는 끝없는 옛적부터 부처님이 설하신 말씀과 律儀를 등지고 많은 악업을 지은 중생임을 자각해야 한다. 그리고 이 죄악을 짓게 된 것은 마음속에 번뇌가 가득 차 있기 때문이다. 즉 이 번뇌의 業力으로 인해 악업을 본인이 의식적으로 지은 것도 있지만 무의식적으로도 지은 결과에 의해 부처님의 정도를 실천하는데 많은 재앙이 생겨 성불의 길은 멀기만 하고, 정토에 왕생하는 길을 수행하는데 등한시하게 된다. 그래서 이 자각으로 인해 악업을 짓지 않으려고 하고, 윤회하지 않으려는 마음이 생겨 수행하게 된다는 것을 조명하였다.

악업을 짓지 않기 위해서는 어떻게 하는 것이 좋은가를 持戒의 입장에서 생각해 보기 위해 계율의 의미를 여러 각도에서 조명해 보았다. 그리고 부처님이 제정하신 계율은 모든 수행의 근본이며, 이 지계가 근본이 되지 않는 수행은 있을 수 없기에 정토에 왕생하기 위해서는 염불하는 수행인도 지계 없이는 안 된다는 것을 논해 보았다. 다음으로는 참회의 의미는 무엇이며, 이 참회는 내가 처해 있는 현실을 자각함에 의해 진실한 참회가 되며, 과거의 나쁜 업을 청정하게 하기 위한 참회는 어떻게 하는 것이 바람직한가를 선도의 견해를 중심으로 살펴보았다. 즉 선도는 하루의 六時懺悔와 發露懺悔, 그리고 큰 산이 무너지는 것과 같이 하며, 슬피 울며 눈물을 흘리면서 해야 하고, 몸의 털구멍과 눈에서 피가 나오고 마음에 사무치고 골수에 사무치도록 참회해야 한다는 등을 인용하여 참회할 때의 간절한 마음의 자세를 논하였다.

그리고 왕생자의 마음가짐에서 자각에 의한 持戒와 참회 못지않게 중요한 것은 발심과 신심이다. 먼저 발심이라는 단어의 근원과 정토경전에서 발심은 어떤 위치에 있는가를 살펴보았다. 발심은 대승불교에 등장하는 단어이지만 원시경전에도 이러한 사상은 있었으며, 대승경전에서는 이 발심이 수행자가 가져야 할 한 면으로 구체화된 것을 살펴보았고, 정토에 왕생하기 위해 염불하는 수행자는 발심이 근본이 되지 않으면 안 된다는 것을 정토경전의 내용을 분석하여 입증하였다. 즉 보리심 그 자체가 菩薩心의 종자이고, 일체 모든 법을 出生하는 要件이라 할 수 있다. 다시 말하면 보리심을 낸 후에만 어떠한 果를 증득할 수 있다. 그러기 때문에 정토에 왕생하려는 사람은 보리심을 일으키지 않으면 안 되고, 이 발심에 의해 정토수행을 하지 않으면 안 된다.

이어서 논한 것은 신심인데, 이것을 일반적인 면에서 보는 신심과 정토사상에 독특하게 나타난 三心으로 나누어 보았다. 이 신심은 원시경전과 대승경전에서 강조한 것이지만 본 논문에서 간단하게 아함경전과 정토경전, 그리고 『대반야경』, 『화엄경』 등을 중심으로 하여 논하였다. 信의 용어가 정토경전 중에서는 śraddhā, Prasāda, Adhimukti라고 하는 原語로 많이 사용되고 있지만 이러한 信은 무상보리를 증득하는데 근본이 된다. 그렇기 때문에 정토에 왕생하여 無上道를 이루기 위한 염불행자는 신심이 없이는 안 된다고 본다. 이어서 논한 三心은 『관무량수경』 상품상생에서 말씀한 것으로 중생이 정토에 태어나고자 원한다면 至誠心과 深心, 그리고 廻向發願心 등 세 가지 마음을 일으켜야 한다166고 한 것을 선도가 『관경소』와 『왕생예찬』에서 강조한 것이다. 첫째 지성심은 진실과 실다움이 근본이 되어 몸으로 부처님께 예배하고, 입으로 부처님을 찬탄하며, 생각으로 부처님을 專念하여 관찰하는 것이다. 둘째 深心은 깊이 믿는 신심으로 여기에는 信機와 信法이 있는데, 信機는 분명히 자신은 현재 罪惡이 있고 生死하는 범부이며 한량없는 세월 동안 항상 윤회하여 벗어날 반연이 없는 줄 깊이 믿는 것이며, 信法은 분명히 아미타불이 48원을 가지고 중생을 구원하신다는 것을 의심 없이 깊이 믿는 것이다. 다시 말하면 이는 석가모니 부처님께서 五濁惡時·惡世界·惡衆生·惡見·惡煩惱·惡邪·無信이 무성할 때에 있어서 아미타불의 명호를 가리켜 칭찬하시고, 중생들이 稱念하면 반드시 왕생할 수 있다고 권하신 것을 아무 의심 없이 깊이 믿는 것이다. 셋째 廻向發願心은 至誠心과 深心에 의해 수행한 일체 善根을 회향하여 정토에 왕생하기를 원하는 것으로, 여기에는 往相廻向과 還相廻

---

166 坪井俊映 著, 李太元 譯, 『정토삼부경개설』 p.464.

向 등 두 가지가 있음을 살펴보았다. 往相廻向이란 과거로부터 오늘날까지 作善한 선근을 가지고 정토에 왕생하는데 廻向하는 것이고, 還相廻向이란 저 국토에 태어나 無生法忍을 證得하여 大悲心으로 다시 생사에 돌아와 중생을 교화하는 것을 말한다. 이를 『법사찬』에서는 한마디로 "목숨을 마치고 마음을 기울여 보배 연꽃에 들어가 맹세코 아미타의 安養世界에 도달하고, 나서 다시 穢土에 돌아와 人天을 제도하기를 원합니다. 나의 자비는 끝이 없고 오랜 시간, 오랜 겁 동안 慈恩에 보답하겠습니다."[167]고 하여 往相과 還相廻向을 합하여 논하였다. 이러한 사상은 담란의 사상을 계승한 것이다.[168] 담란은 회향을 無上菩提心이라고 불렀고, 이것이 정토에 往生하는데 正因이 된다고 하였다.

(『중앙승가대학교 논문집』 제11호에 제출한 논문)

---

167 대정장 37, p.431中.
168 대정장 40, p.842上.

제6장 중국 초기 정토신앙

제1절 중국의 불교전래

중국에서 염불신앙이 이루어진 것을 알려면 먼저 중국의 어느 시대에 불교가 들어왔는가를 알아야 하고, 보다 정확하게는 정토경전이 언제 유입되었는지 알아야 할 것이다. 그리고 어떤 사람들에 의해 어떻게 염불이 행해졌는지 살펴보는 것이 중국 초기 정토신앙에 대한 규명이 될 것이다.

  중국에 불교가 처음 전래된 것에 대해서는 여러 가지 설이 있다. 그 가운데 釋慧皎가 찬술한 『양고승전』 제1권 「攝摩騰」條[1]를 보면 明皇帝가 꿈을 꾸고 나서 사신을 인도에 보내 法을 구해 오도록 하였다. 사신은 인도에 가서 摩騰을 모시고 洛陽으로 와 白馬寺라는

---

[1] 대정장 50, pp.322下~323上.

精舍를 짓고 거기에 거주하면서 『四十二章經』을 번역하였다고 하는 설로써, 이것이 중국에 처음 승려가 있게 된 계기다. 또 「竺法蘭」條2에 보면 摩騰과 같이 五部를 飜譯하였지만 『四十二章經』만이 현존한다고 하였다. 이것이 중국에 최초로 경전이 있게 된 계기라고 할 수 있다. 여기서는 「摩騰」條에 보이지 않는 부처님의 畵像이 傳來되었다고 한 문장이 있는 것으로 보아 漢나라 永平의 해에는 經과 어떤 부처님의 畵像인지는 알 수 없지만 부처님의 畵像이 최초로 전래되었음을 알 수 있다. 그런데 『양고승전』에서는 '漢永平中明皇帝'라고만 하여 분명치 않다. 그러나 隋나라 費長房이 찬술한 『역대삼보기』 제23를 보면 後漢 永平7년인 甲子年에 金人을 꿈꾸고 佛經을 구하기 위해 사신을 인도에 보냈으며, 永平10년(64년) 丁卯年에 迦葉과 摩騰이 와 『四十二藏經』을 번역하였다고 기록하고 있다.4 그리고 영평11년 戊戌年에 竺法蘭이 『佛本行經』 등 5권을 번역하였다는 기록5으로 보아 불교가 처음 전래된 것은 영평10년인 64년으로

---

2 旣達雒陽與勝同止 少時便善漢言 愔於西域獲經卽爲飜譯 十地斷結佛本生法海藏佛本行四十二章等五部 移都寇亂四部失本不傳 江左唯四十二章經 今見在 可二千餘言 漢地見存諸經 唯此爲始也 愔 又於西域得畫釋迦倚像 是優田王栴檀像師第四作也 旣地雒陽 明帝卽令畫工圖寫置淸凉臺中及顯節陵上 舊像今不復存焉(대정장 50, p.323上)

3 甲子 七 是年帝夢金人飛來殿庭 卽佛像經法應也 命使西行尋求佛經(대정장 49, p.32)

4 丁卯 十 使還 得迦葉摩騰來到雒陽卽飜四十二章經 以白馬馱經來 卽起白馬寺(대정장 49, p.32)

5 대정장 49, p.33.

볼 수 있다. 이러한 일들은 摩騰과 法蘭이 같이 번역하였다는 『四十二 藏經』序6에 기록되어 있는 것으로 보아 『사십이장경』 서문에서 비롯된 것이 아닌가 생각된다. 그러나 모치쯔끼 신코 박사7는 『사십이장경』이 후대 중국에서 僞撰되었기 때문에 迦葉과 摩騰이 중국에 온 것을 믿을 수 없다고 하여 의문을 제기하였다. 이 『사십이장경』의 중국찬술 문제는 佛典成立史的인 측면에서 연구 검토할 문제로 간단히 논할 수 없기 때문에 다음 기회로 미루기로 한다.

이밖에 『역대삼보기』 제1권8에 BC. 246~210년에 나라를 다스린 진시황제 시대에 釋利防 등 18賢者가 경을 가지고 중국에 와서 교화하려고 하였다는 것은 摩騰이 낙양에 온 기원 후 64년보다 270여 년 이전의 일이다. 진시황제의 시대는 부처님께서 入滅하신 후 200여 년 이후로 部派佛敎가 시작된 시기이기 때문에 중국에 불교가 전래되기에는 너무 빠른 시기가 아닌가 생각된다. 그렇기 때문에 불교가 後漢時代에 전래되었다고 보는 것이 타당성이 있지 않나 본다. 왜냐하면 『後漢記』, 『後漢書』에는 부처님을 黃老와 같은 神仙的인 敎祖로 하였고, 또 승려를 方術士와 같이 神靈界와 交感하는 神仙的인

---

6 昔漢孝明皇帝 夜夢見神人 身體有金色 項有日光 飛在殿前 意中欣然 甚悅之 明日問君臣 此爲何神也 有通人傅毅曰 臣問天竺 有得道者 號曰佛 輕擧能飛 殆將其神也 於是上悟 卽遣使者張騫羽林中郎將秦博士弟子王遵等十二人 至大月至國 寫取佛經四十二章 在第十四石函中(대정장 17, p.722上)

7 모치쯔끼신코 著, 이태원 譯, 『中國淨土敎理史』 p.18.
  모치쯔끼신코 著, 『佛敎經典成立史論』 pp.360~392.

8 대정장 49, p.23下.

수행자로 취급하였으며, 이들을 받들어 모시고 공경하며 공양하였다는 내용이 나와 있기 때문이다.[9]

또한 漢나라에 살고 있는 多數의 商人이나 移民者들이 실크로드를 통해서 西域에 왔다 갔다 하였을 뿐만 아니라 西域人들도 漢나라에 올 수 있는 기회가 있었을 것이다. 이들 商人이나 移民者들 사이에는 불교를 믿는 신자나 승려가 포함되어 오고 갈 수 있으므로 이들이 漢나라에 와서 불교를 전파했지 않나 생각되기 때문에 漢나라 시대에 불교가 전래되었다고 보는 것이 타당하다고 생각된다. 처음 불교를 漢나라에 전하는 과정에는 사상적인 혼돈, 民族的인 갈등, 文化的인 면에서 맞지 않는 일이 일어났을 것이라는 것은 추측 가능한 일이다. 그렇기 때문에 明帝의 꿈에 金人이 나타났다고 하는 것을 하나의 說話로만 넘길 수 없다고 본다. 왜냐하면 무수한 역경을 딛고 佛敎를 한나라에 토착화시키기 위해서는 이러한 神秘的인 일이 나타날 수 있고, 가상으로 만들어 전파할 수 있기 때문이다.

제2절 정토경전 번역

앞에서 살펴본 바와 같이 漢나라와 西域의 通商이 빈번해짐에 의해 經과 佛畵가 전래될 수 있는 가능성은 있었다고 보며, 이 시기는 紀元後 백년 이내라 생각된다. 이러한 근거는 확실치는 않지만 다음

---

[9] 쯔카모도젠류『中國淨土敎理史硏究』의 pp.2~8에『後漢書』와『後漢記』등을 인용하면서 자세하게 설하여져 있다.

에서 추측해 볼 수는 있다. 중국에서 본격적인 경전을 번역하게 된 것은 後漢 桓帝시대 建和2년(147)에 安世高가 중국에 와서 그 이듬해에 『無量壽經』2卷10을 번역하였고, 이외 『安般守意經』등 30여 부를 20여 년간 번역하였고11, 또 支婁迦讖12은 漢나라 靈帝시대13에 낙양에서 光和2년(179)에 『道行般若經』·『般舟三昧經』·『首楞嚴經』등을 번역하였다.14 이것에 이어 靈帝시대 支曜·安玄15·嚴佛調 등이 『成具光明三昧經』·『法鏡經』등을 번역해 냈다.16 이와

---

10 後漢時代 建和2年 148년에 번역하였다고 한다.
11 安世高以漢桓帝建和二年至靈帝建寧中二十餘年譯出三十餘部經(대정장 50, p.324上)
12 중국 後漢시대의 승려이며, 월지국 사람이다. 후한 永康1년(167)에 중국에 낙양에 와서 靈帝 때까지 『반주삼매경』등 23부 67권을 번역하였다고 한다.
13 모치쯔끼 신코의 『佛敎經典成立史論』p.75에서는 '竺佛朔 및 至讖은 桓帝 말년(AD. 167)에 낙양에 왔다.'고 되어 있지만, 『出三藏記集』제7(대정장 55, p.49上)과 『양고승전』(대정장 55, p.324中)에서는 漢靈帝時라고 되어 있는 것을 인용하여 논하였다.
14 支婁迦讖 亦直云支讖 本月支人 操行純深性度開敏 稟持法戒以精懃著稱 諷誦郡經志存宣法 漢靈帝時遊于雒陽以光和中平之間 傳譯梵文 出般若道行般舟首楞嚴等三經 又有阿闍世王寶積等十餘部經……中略……時有天竺沙門竺佛朔 亦以漢靈之時 齎道行經 來適雒陽 卽轉梵爲漢 譯人滯雖有失旨 然棄文存質 深得經意 朔又以光和二年 於雒陽出般舟三昧 讖爲傳言 河南雒陽孟福張蓮筆受(대정장 50, p.324中)
安世高는 소승경전을 번역하였고, 지루가참은 대승경전을 번역하였다.(모치쯔끼 신코, 『佛敎經典成立史論』p.75참조)
15 安息國 사람으로 후한 영제때에 낙양에 와서 중국말을 배우고 불교를 강설하였다. 光和4년(181)에 嚴佛調와 함께 『法鏡經』2권을 번역하고 후에 『阿含口解』12권, 『因緣經』1권을 번역하였다고 한다.(모치쯔끼 신코 著, 『佛敎經典成立史論』p.90)

같이 본격적으로 經을 번역하여 많은 경전이 나올 수 있는 것은 漢나라 사람들이 경전을 필요로 하였기 때문이며, 또 받아들일 수 있는 분위기가 되었기 때문이라 생각된다. 즉 불교 經典을 받아들일 수 있는 분위기가 조성되려면 10년 또는 20년으로는 되지 않고, 半世紀 이상의 기간이 필요하기 때문에 紀元後 백년 이내에 불교가 漢나라에 전래되어 어느 정도 土着化된 후 본격적인 譯經이 이루어졌다고 볼 수 있다.

한편 불교가 중국에 전래된 후 정토경전이 流入된 것은 백년 이후로 추정할 수 있을 것 같다. 왜냐하면 摩騰이 64년에 낙양에 왔다면 後漢 桓帝시대 建和2년(147)에 安世高가 중국에 와서 그 이듬해인 148년에 『無量壽經』2卷을 번역하였는가 하면 支樓迦讖은 光和3년(179) 洛陽에 와서 『반주삼매경』을 번역하였고, 『대아미타경』[17]을 178~189년 사이에 번역했기 때문이다. 이렇게 정토경전이 중국어로 번역되어 중국 사람들이 경전을 보고 정토사상을 이해하게 됨으로써 본격적인 정토 수행을 하였으리라 생각된다. 즉 정토경전이 중국에 유입됨으로써 중국인들이 경전을 보고 정토 사상을 이해하고 정토수행을 적극적으로 하였으리라 짐작한다. 그럼 정토삼부경이 중국어로 번역된 것을 살펴보자. 먼저 『무량수경』을 보면 이 경전이 중국어로

---

16 모치쯔끼 신코 著, 『佛敎經典成立史論』 p.75.
17 『대아미타경』의 번역자에 대해 여러 가지 설이 있다. 근대 학자 가운데 후지다코다쯔의 『原始淨土思想の硏究』 p.61에서는 第一에서는 支謙설을 지지하였고, 第二에서는 支婁迦讖으로 보았다. 본고에서는 가가와다까오의 『淨土敎の成立史的硏究』 pp.83을 참조하여 논하였다.

번역된 것만 해도 무려 열두 가지나 된다. 이것을 흔히 5存7缺이라 하여 이 가운데 다섯 가지는 현존하고 일곱 가지는 散失되어 전해지지 않고 있다. 이것을 하나하나 열거하면 다음과 같다.

① 『無量壽經』 2卷 : 後漢時代 建和2年(148)에 安世高가 번역하였지만 현존하지 않는다.

② 『無量淸淨平等覺經』 4卷 : 後漢時代 支婁迦讖(147~186)이 번역하여 지금은 大正藏 12卷18에 수록되어 있다.

③ 『佛說阿彌陀三耶三佛薩樓佛檀過度人道經』19 2卷 : 吳나라 黃武 (223~228)年中에 支謙이 번역하여 이것도 大正藏 12卷20에 수록되어 있다.

④ 『無量壽經』 2卷 : 曹魏時代 嘉平4年(252)에 康僧鎧가 번역하여 지금은 大正藏 12卷21에 수록되어 있다.

⑤ 『無量淸淨平等覺經』 2卷 : 曹魏時代 甘露 3年(258)에 白延이 번역하였지만 현존하지 않는다.

⑥ 『無量壽經』 2卷 : 西晋時代 永嘉2年(308)에 竺法護가 번역하였지만 현존하지 않는다.

⑦ 『無量壽至眞等正覺經』 2卷 : 元熙元年(419)에 竺法力이 번역하였지만 현존하지 않는다.

---

18 대정장 12, pp.279中~299下.
19 일명 『대아미타경』이라고도 한다.
20 대정장 12, pp.300上~317下.
21 대정장 12, pp.265下~279上.

⑧『新無量壽經』2卷 : 東晉時代 永初2年(421)에 覺賢이 번역하였지만 현존하지 않는다.

⑨『新無量壽經』2卷 : 東晉時代 永初2年(421)에 寶雲이 번역하였지만 현존하지 않는다.

⑩『新無量壽經』2卷 : 劉宋時代 曇摩密多(424~441)가 번역하였지만 현존하지 않는다.

⑪『無量壽經如來會』2卷 : 唐나라 시대 菩提流支(706~713)가 번역한 것으로 大正藏 11권『大寶積經』가운데 다섯 번째22에 수록되어 있다.

⑫『大乘無量壽莊嚴經』3卷 : 趙宋時代 淳化2年(991)에 法賢이 번역한 것으로 大正藏 12권23에 수록되어 있다.24

이『무량수경』異譯을 번역한 사람에 대해서는 학자들의 견해가 다르지만25 여기서는 필자가 번역한『淨土三部經槪說』을 주로 하여 열거하였다.

이상으로 보면『무량수경』은 148년에 安世高가 번역한 이후 법현이『大乘無量壽莊嚴經』3卷을 991년에 번역할 때까지 843년 동안

---

22 대정장 11, pp.91下~101下.
23 대정장 12, pp.318上~326下.
24 이 5存7缺에 대한 내용은 坪井俊映의 저술을 필자가 번역한『정토삼부경개설』pp.33~41에 자세히 언급되어 있으니 참고하기 바란다.(이하는 이태원 역,『정토삼부경개설』은 坪井俊映의 저술을 말한다)
25 앞의 책, p.41과 香川孝雄 著,『淨土敎の成立史的硏究』pp.17~84에 자세하게 검토되어 있다.

대대로 이어진 역경사들에 의해 중국어로 총 12종이 번역되었다. 그 가운데 다섯 종류는 현존하여 우리가 볼 수 있으나, 일곱 종류는 散失되어 볼 수 없게 된 것은 유감스런 일이다. 그리고 번역된 이들의 원본인 산스크리트본도 한결같이 없어져 그 흔적을 찾아볼 수 없는 것은 많은 정토 학자에게는 애통한 일이다. 그러나 다행히도 오늘날 산스크리트본인 Sukhā-Vatīvyūha sūtras라고 하는 『樂有莊嚴經』과 티베트본인 S.m. Ārya Amitabhāvyūha Nāma Mahayāna sūtra라고 하는 『聖無量光莊嚴大乘經』, 그리고 英文本인 *THE LARGER SUKHAVATI-VYUHA* 등 세 권의 책은 일본 淨土宗의 淨土宗開宗八百年記念慶讚準備局에서 1972년에 발행한 『淨土宗全書』第23卷에 수록되어 있고, 또 1983년에는 香川孝雄이라는 학자가 『無量壽經の諸本對照研究』에서 산스크리트본과 티베트본을 비롯한 漢譯本을 비교하였고, 稻垣久雄은 산스크리트본과 티베트본 漢譯本을 1985년에 索引을 출판하여 『무량수경』의 폭넓은 사상을 직접 엿볼 수 있게 하였다.26

현존하는 『무량수경』 가운데 초기의 것은 『無量淸淨平等覺經』과 『佛說阿彌陀三耶三佛薩樓佛檀過度人道經』으로 본원이 24원이며, 후기 무량수경은 『무량수경』・『무량수여래회』・『대승무량수장엄경』・산스크리트본 Sukhā-Vatīvyūha sūtras(樂有莊嚴經)・티베트본 S.m. Ārya Amitabhāvyūha Nāma Mahayāna sūtra(聖無量光莊嚴大乘

---

26 이 세 권의 책에 대한 자세한 언급은 이태원 역, 『정토삼부경개설』 pp.41~44 에 언급되어 있다.

經)이며, 본원이 각기 다르다. 즉 『무량수경』과 『무량수여래회』는 48원이고, 『대승무량수장엄경』은 36원이며, 산스크리트본 Sukhā-Vatīvyūha sūtras(樂有莊嚴經)은 46원이고, 티베트본 S.m. Ārya Amitabhāvyūha Nāma Mahayāna sūtra(聖無量光莊嚴大乘經)은 49원 등으로 되어 있어 초기 무량수경보다 많고 구체적이다.

또 『무량수경』 異譯本에 나타난 往生行道도 각기 다르다. 초기 무량수경은 지금까지 수행한 선근공덕을 가지고 마음속으로 정토에 태어나고 싶다는 '欲生心'이 있으면 성취된다. 즉 上輩段에서는 출가한 사문이 菩薩道와 持戒를 실천하는 공덕을 가지고 왕생하고 싶다면 성취되고, 中輩와 下輩에서는 在家者가 菩薩道를 실천하지 못하더라도 왕생을 念願하면 왕생이 성취된다고 하여 초기 무량수경에서는 '欲生心'이 근본이다. 반면 후기 무량수경에서는 왕생하는 수행이 모두 아미타불의 명호를 듣는 聞名과 '發菩提心', 그리고 一念과 十念에 이르는 염불이 나타나 아미타불의 명호 자체에 역점을 두고 있는 점이 다르다.[27]

이러한 『무량수경』을 인도 논사들이 인용한 것을 보면 용수가 『대지도론』과 『십주비바사론』에서 많은 영향을 받아 聞名과 염불에 대해 논하였고,[28] 천친은 『無量壽經優婆提舍願生偈』라는 논을 지어 五念門으로 나누어 자세히 논하였다.[29] 천친보살이 이 책을 지으면서

---

27 이태원 저, 『염불의 원류와 전개사』 pp.123~125에 자세하게 언급하였으니 참고하기 바람.
28 이태원 저, 앞의 책, pp.183~216에서 자세히 논하였다.

어떤 무량수경을 底本으로 하였는지는 알 수 없으나 이것이 『무량수경』에 대한 최초의 주석서가 아닌가 생각한다. 그리고 중국에서는 曇鸞(467~532)이 천친의 『왕생론』을 주석한 『왕생론주』를 비롯하여 『무량수경』에 대한 주석서를 쓴 것을 보면 淨影寺 慧遠의 『無量壽經義疏』 2권, 嘉祥寺 吉藏의 『無量壽經義疏』, 누가 쓴 것인지는 확실히 알 수가 없지만 돈황에서 발견된 『無量壽經義記』가 현존하고 있으며, 한국에서는 신라시대 玄一의 『無量壽經記』가 상권은 산실되고 하권만 남아 있으며, 元曉의 『兩卷無量壽經宗要』 1권, 璟興의 『無量壽經連義述文贊』 3권이 있다. 그리고 이웃 일본에는 源空의 『無量壽經釋』 1권·了慧의 『無量壽經鈔』 7권·聖聰의 『大經直談要註記』 24권·義山의 『無量壽經隨聞講錄』 6권 등과 이외에 많은 사람들에 의해 주석서가 나왔다.30 이것으로서 『무량수경』에 의한 정토신앙의 발전사를 엿볼 수가 있다.

다음 『관무량수경』에 대한 기록을 『開元釋敎錄』에서 찾아보면, 畺良耶舍는 2部 2卷을 번역하였는데 그 가운데 한 가지가 『관무량수경』이다. 이 경에 대해 "觀無量壽經 1卷을 또한 『無量壽觀經』이라고도 하며, 처음 道惠의 宋齊錄 및 高僧傳에서 발견된다."31고 하여 『고승전』에도 기록되어 있다고 하였다. 『고승전』 권제3,32 畺良耶舍

---

29 이태원 저, 앞의 책, pp.231~251에서 자세히 논하였다.
30 이태원 역, 『정토삼부경개설』 pp.61~63을 참조하기 바람.
31 『觀無量壽經』 一卷 亦云無量壽觀經初出見道惠宋齊錄及高僧傳 (대정장 55, p.523下)
32 대정장 50, p.343下.

條에 보면 『관무량수경』에 대해서 언급하고 있다. 이러한 것으로 보아 畺良耶舍가 劉宋時代(5세기경)에 『관무량수경』을 번역하였음을 알 수가 있다. 다음 『開元釋敎錄』의 曇摩蜜多條에 보면 담마밀다는 12部 17권을 번역하였다고 하는데, 이 가운데 『관무량수경』이 1권 있는데 이것은 缺本이라고 하면서 "강량야사가 번역한 것과 같은 것이라고 하면서 寶唱錄에 보인다."[33]고 하였다. 이 보창록은 승우의 제자 보창이 571년에 『華林佛殿經目錄』을 모태로 하여 제작한 것으로 지금은 전해지지 않고 있어 어떤 내용이 기록되어 있는지 알 수가 없다. 이밖에 위그르語로 된 한 조각의 『관무량수경』이 있다고 하지만 이것은 중국어로 된 것을 다시 위그르어로 번역한 것이며, 전편이 다 있는 것도 아니고 조그마한 한 조각의 종이만이 남아 있어 전체 내용을 알 수가 없다.[34] 한문의 『관무량수경』을 The Sūtra of the meditation on Amitāyus라 하여 영문으로 번역된 것이 있는데 이 책은 일본 淨土宗의 淨土宗開宗八百年記念慶讚準備局에서 1972년에 발행한 『淨土宗全書』 第23卷에 수록되어 있다. 이 『관무량수경』은 산스크리트本이나 티베트本이 없어 중국의 서쪽 지방에서 찬술된 것이 아닌가 하는 의구심을 일으킨다. 『관무량수경』이 중국어로 번역됨으로써 중국의 정토사상 발전과 신앙에 많은 도움을 주었다. 즉 曇鸞은 보리유지로부터 『관무량수경』을 받고 정토를 신앙하게 되어 『왕생론주』를 지었고, 정영사 혜원은 『觀無量

---

33 觀無量壽經 一卷 第二出畺良耶舍 出者同本見寶唱錄 (대정장 55, p.524中)
34 이태원 역, 『정토삼부경개설』 pp.333~334에서 자세하게 논하였다.

壽經義疏』2권을 지었으며, 삼론종의 길장도『관무량수경의소』1권을 지었고, 地論宗의 南道派인 慧光의 孫弟子 靈裕에게도『觀經疏』가 있다고 한 것이『속고승전』9권35에 기록되어 있다. 도작(562~645)은 현충사에 들어가 담란의 頌德碑를 보고 느낀 바가 있어 그동안 연구하고 강의하던『열반경』을 버리고, 오로지 정토수행을 하면서『관무량수경』을 기본으로『안락집』을 저술하였다. 다음 선도(613~681)는『관경소』4권을 지어 중국불교사 가운데 순수한 정토사상을 대성시켰다. 이후 회감의『관경소』가 있다고 전해지지만 현존하지 않고,36 천태의『관경소』37와 법총의『관무량수경소』1권 등 이밖에 중국에서는『관무량수경』에 대한 많은 주석서가 나왔다. 그리고 한국에서는 의적의『관무량수경강요』1권, 경흥의『관무량수경소』2권, 태현의『관무량수경고적기』3권 등이 있다고 하지만 전해지지 않고 있으며, 일본에서는『관무량수경』에 대한 주석서가 나와 정토신앙 발전에 많은 기여를 하였다.38

정토삼부경 가운데 마지막인『아미타경』에 대해 살펴보면, 중국어로 번역된 것은 姚秦弘始4년(402) 鳩摩羅什이 번역한『불설아미타경』1권이 현존하고, 劉宋時代 求那跋陀羅가 번역한『佛說小無量壽經』1권은 현존하지 않으며,39 당나라 현장이 永徽1년(650) 大慈恩寺

---

35 대정장 50, p.495中.
36 『東域傳燈目錄』, 대정장 55, p.1151上.
37 천태의 관경소는 천태가 지은 것이 아니라는 것이 정설로 되어 있다.(이태원 역,『정토삼부경개설』p.337)
38 이태원 역,『정토삼부경개설』pp.336~338.

역경원에서 번역한 『칭찬정토불섭수경』은 현존하고 있다. 이 가운데 우리 나라에서 많이 독송되고 있는 것은 구마라집이 번역한 『아미타경』이다. 이밖에 Sukhāvati-vyūha(樂有莊嚴經)이라는 산스크리트本과 S.N. Arya-Sukhāvati-vyūha nāma mahāyāna Sūtra(聖大乘樂有莊嚴經)이라는 티베트本, 그리고 The smaller Sukhāvativyūha mahāyāna Sūtra(小樂有莊嚴大乘經)이라는 영문판이 있다. 이 세 가지 역시 일본 淨土宗의 淨土宗開宗八百年記念慶讚準備局에서 1972년에 발행한 『淨土宗全書』第23卷에 수록되어 있다.

이 경의 주석서로는 天台智者의 『아미타경의기』 1권과 자은사 窺基의 『아미타경소』 1권·『아미타경통찬소』 3권이 전해지고 있지만 이것은 천태와 규기가 쓴 것이 아니라는 학자가 많다.40 다음 원조의 『아미타경소』 1권이 있고, 그의 제자 用欽은 『超玄記』 1권을 지어 원조의 『아미타경소』를 해석하였다. 명나라 시대 大祐는 『아미타경약해』를 저술하였고, 주굉은 『아미타경소』 4권을 저술하였으며, 智旭은 『아타경요해』 1권이 있다. 한국에서는 원효의 『아미타경소』 1권이 현존하고 있으며, 경흥의 『阿彌陀經略記』·원측의 『소무량수경소』 1권·太賢의 『阿彌陀經古迹記』 1권·의적의 『칭찬정토경소』 1권·태현의 『칭찬정토경고적기』 1권 등의 저술이 있다고 하지만

---

39 『개원석교록』 권제5(대정장 55, p.528中)
40 당나라 말이나 송나라 초에 정토교가 성행하게 됨과 동시에 누군가가 이들 인사의 이름을 빌려 지은 것이라고 하고, 또는 일본에서 지은 것이라고 하는 등 異說이 많다.(이태원 역, 『정토삼부경개설』 p.495)

오늘날 전해지고 있지 않아 많은 아쉬움을 준다. 일본에서는 永觀의 『아미타경요기』 1권·원심의 『아미타경약기』 1권과 『아미타경대의』 등을 비롯하여 『아미타경』에 대한 주석서가 많이 전해지고 있다.

이상으로 보면 정토삼부경은 인도에서 중국에 전래되어 다시 한국과 일본에 전해져 각국에서 많은 주석서가 나오게 되었으며, 이것을 기초로 하여 일반인들에게는 많은 정토 신앙을 고취시켰고, 정토에 대한 영험담이 속출하였으리라고 짐작한다. 그러면 중국 초기에 정토를 신앙한 사람들을 고승전을 통하여 살펴보자.

제3절 최초로 정토를 신앙한 사람

위에서 논한 바와 같이 148년에 안세고에 의해 정토경전이 번역된 100여 년 후에 역사적으로 정토를 신앙한 사람들이 나왔다고 본다. 중국에서 최초로 정토를 신앙한 사람은 西晉의 武帝시대(265~274)에 죽었다고 하는 闕公則과 그의 제자이다. 이어서 衛士度(323년경) 및 士度의 母親이다.

① 闕公則에 대해서는 『龍舒增廣淨土文』 제5[41], 『念佛三昧宝王論』 卷中[42], 『法苑珠林』 卷42[43] 등에 기록되어 있다. 이 가운데 『법원주

---

41 대정장 47, p.266上.
42 대정장 47, p.140中.
43 대정장 53, p.616中.

림』을 보면 闕公則은 趙나라 사람으로 성질이 담박하고 조용하여 오직 法事에만 정근하였다. 그는 武(帝) 때에 낙양에서 입적하였다. 승려와 속인 등 동지들이 白馬寺에서 법회를 열고 그날 저녁에 경을 읽을 때 밤중 공중에서 찬탄하는 소리가 들려 사람들이 우러러보니 어떤 한 사람이 있었는데 몸은 웅장하고 옷은 단정했다. 그는 곧 말하기를 "나는 闕公則입니다. 지금 서방 안락세계에 태어났는데 여러 다른 보살들과 함께 경을 들으러 왔습니다."고 하니 온 방 사람들이 다 놀라 모두 직접 볼 수가 있었다고 하는 내용이다. 이것으로 보면 闕公則은 출가자가 아닌 재가자로써, 어떠한 修行을 했는지는 알 수 없다. 그러나 서방 안락세계에 왕생하였다고 함은 서방정토를 信하면서 왕생하기 위한 수행을 하였으리라 생각된다. 또 출가자와 재가신자가 함께 백마사에서 경을 읽고 있을 때 闕公則이 공중에서 소리를 냈다고 하였는데 이때의 경전은 아마도 정토 경전을 가지고 說法하는 法會였으리라 생각된다. 이 정토 경전이 어떤 경인지는 알 수 없으나 이 시대에 번역된 경은 支樓迦讖이 낙양에서 번역한 『반주삼매경』(179年譯)과 『대아미타경』(178~189年譯), 그리고 지루가참의 『無量淸淨平等覺經』 등이 있고, 缺本으로는 안세고의 『無量壽經』이 있다. 白馬寺는 낙양에 있기 때문에 이들 경 가운데 하나가 아닌가 생각된다.

② 闕公則의 제자인 衛士度와 그의 어머니에 대한 일이 『법원주림』 제42권 闕公則條[44]에 기록되어 있다. 이것을 보면 "위사도는 給郡[45]

사람으로 苦行을 한 居士다. 그리고 위사도의 어머니는 신심이 돈독하여 승려들에게 정성을 다하여 공양을 올린 在家信者다. 위사도는 문장력이 좋아『八關懺文』을 짓고 晉의 永昌(322)년에 죽었다. 浩像의 聖賢傳中에 서방에 왕생하였다."고 기록하고 있는 것으로 보아 闕公則에 이어 초기에 정토를 신앙한 사람이라 할 수가 있다. 위사도가 晉의 惠帝時(290~306)에『摩訶般若波羅蜜道行經』2卷을 간략히 번역하여 냈다46고 한 것으로 보아 月支系의 佛敎徒로 생각되며47, 반야의 空思想에 精通한 사람으로써 서방 극락세계에 왕생하기 위해 往生行道를 실천한 사람으로 볼 수 있다.

③ 僧顯은 위사도와 같은 시대 사람으로 北地의 中原지방 사람이다. 僧顯에 대한 전기는『고승전』제11권48에 기록되어 있는데, 승현은 持戒精神이 투철하고 蔬食만 하며 禪을 業으로 하여 정진한 사람이다. 그리고 그는 晉의 太興 말년(321)에 劉曜의 戰禍를 피해서 江南으로 와 말년에 병이 들어서 서방정토를 想念하여 무량수불의 眞容을 친견한 사람이다. 왜냐하면 기록에 "명산을 순례하면서 항상할 業을 닦았다. 뒤에 심한 병에 걸려 곧 서방에 대한 관념을 계속하였는데, 마음은 심히 간절하는 데에 이르렀다. (그리하여) 無量壽佛이 강림하

---

44 대정장 53, p.616中.
45 河南省 汲縣
46 대정장 55, p.10上.
47 쯔카모도젠류, 앞의 책, p.16.
48 대정장 50, p.395中~下.

시었고, 그 몸에서 광명이 비치는 것을 보고 아픈 곳이 다 나았다."고 되어 있기 때문이다. 이것으로 보아 僧顯은 처음에는 참선을 하다가 晩年에는 염불을 한 것으로 보이며, 다른 한편으로는 참선과 염불을 같이 수행한 사람이 아닐까 생각된다. 만약 승현이 禪淨雙修한 사람이라면 중국에서 최초의 禪淨兼修者이다. 여기서 西方을 念하여 아미타불을 친견한 것은 般舟三昧的인 것이기 때문에『반주삼매경』에 의한 行道라 생각된다. 지금까지의 闕公則·衛士度·竺僧顯 등은 西晉시대부터 東晉초까지 활약했던 사람이다.

東晉時代에 접어들어서는 불교가 지식인들을 교화하여 갑자기 중국인 사이에 불자가 많아지게 되었다. 이리하여 漢나라 사람 가운데 出家한 사람, 또는 불교를 배우게 되는 사람이 점차 많아졌고, 또 한나라 승려가 계속 배출되어 스스로 불교의 指導者的인 지위에 오른 사람이 나오게 되었다. 그 가운데 支遁을 비롯하여 竺法曠·道安·慧遠 등이 불교 지도자로써 활약하며 정토를 신앙한 사람들이다.

④ 먼저 支遁에 대해서 살펴보면,『양고승전』[49]·『광홍명집』[50]·『염불삼매보왕론』[51] 등에 기록되어 있다. 支遁은 字는 道林이고, 本姓은 関씨로 陳留 사람이다. 그는 25세에 출가하여 경전에 能通하였을 뿐 아니라, 사람들을 위하여 東安寺에서『도행반야경』을 강설하였다

---

49 대정장 50, pp.348中~349下.
50 대정장 52, p.195下~197下.
51 대정장 47, p.140中~下.

고 기록되어 있다. 또 그는 會稽52 地方의 산속에 은거하였으며, 道家的 玄學53이나 方外的 淸遊54를 존중하고 있던 당시의 귀족사회에서 老莊的 佛敎의 大家로써 또는 소위 淸談에 뛰어난 方外의 隱士55로써 존경받고 존중되었던 사람이다.56 지둔은 大和元年(366) 閏4月 4日에 53세로 입적하였다고 기록57되어 있기 때문에 그가 태어난 것은 324년 愍帝1년으로 볼 수 있다. 그가 임종시에 염불하였다는 기록은 보이지 않으나 스스로 匠人에게 부탁하여 阿彌陀佛像을 조성하고「阿彌陀佛像讚幷序」란 찬문58을 지은 것으로 보아 지둔은 일찍이 정토경전을 보았고 정토사상을 믿었음을 알 수 있다. 그런데 그가 본 정토 경전이 어떤 경인지 의심스럽다. 현존하는『대아미타경』59과『평등각경』60에서는 여인은 반드시 轉成男子하여 왕생하는데 지둔의 찬문 가운데「男女各化育於蓮華之中」이라고 하여 남녀가 같이 극락세계에 왕생하여 있는 것처럼 보인다. 이것을 모치쯔끼 신코 박사61는 失譯인『아미타고음성왕다라니경』62에서 설한 "阿彌

---

52 浙江省 紹興縣 지방을 말함.
53 老莊의 학문을 말함.
54 속세의 어떤 격식을 떠난 깨끗한 놀이.
55 세상을 피하여 조용히 살고 있는 사람.
56 쯔카모도젠류, 앞의 책, p.16.
57 대정장 50, p.349下.
58 대정장 52, p.196中.
59 第二願 使某作佛時 令我國中 無有婦人女人 欲來生我國中者 卽作男子(대정장 12, p.301上)
60 其國中悉諸菩薩阿羅漢 無有婦女 壽命極壽 壽亦無央數劫 女人往生者 則化生 皆作男子(대정장 12, p.283上)

陀佛에게 어머니가 있다."고 하는 것을 인용하여 설한 것이라고 하였으며, 이 경이 東晋 이전에 번역되어 支道林이 보았을 것이라 했다. 그러나 여기에는 문제가 있지 않나 생각된다. 첫째,『아미타고음성왕다라니경』은 아미타불 신앙과 多羅尼 신앙이 혼용되어 있다. 즉 이 경은 다라니를 외우면서 왕생을 발원한 경이기 때문에 후대에 편찬되어 늦게 流入되었을 것으로 생각된다. 둘째, 여기서 이야기한 남녀란 이 세계의 남녀이지, 저 세계의 蓮華 가운데 태어난 남녀가 아니다. 다시 말하면 이 세계의 남녀가 저 세계에 태어나면 똑 같은 남자로 태어나기 때문이다. 다음 支道林의 문장과『아미타고음성왕다라니경』을 대조해 보면『아미타고음성왕다라니경』에서는 정토장엄을 설하면서 '其地眞金 七寶蓮花自然踊出'이란 글은 있으나 '化育蓮華之中'이나 '化生蓮華'라는 글은 보이지 않는다. 그러나『대아미타경』[63]과『평등각경』[64]의 三輩段에서 '便於七寶水池蓮華中化生 則自然受身長大'라 하여 '化育於蓮華之中'의 내용이 내포되어 있기 때문에 이 두 경 가운데 하나를 보고 인용한 것이라고 본다. 또 支道林의 찬문[65]을 보면 지도림 자신이 持戒精神이 투철하고『아미타경』[66]을 외웠다는 것을 엿볼 수 있을 뿐 아니라 이 시대 많은 사람들이

---

61 모치쯔끼 신코,『淨土敎之硏究』pp.420~423.
62 대정장 12, p.352中.
63 대정장 12, p.310上, 中, 下.
64 대정장 12, p.291下, 292上, 下.
65 대정장 52, p.196下.
66 모치쯔끼 신코 박사는 支謙譯의『아미타경』이라고 논하고 있고(이태원 譯,

阿彌陀佛像을 만들었고, 阿彌陀佛像 앞에서 귀의하는 의식을 거행하였음을 알 수 있다. 이밖에 지도림이 『염불삼매보왕론』 중권67에서 關公則이 서방에 왕생한 것을 찬양한 것으로 보아 關公則의 영향을 받아 열렬하게 정토를 신앙하는 사람은 아니지만 중국 초기에 정토를 신앙한 사람으로는 볼 수 있을 것이다. 왜냐하면 적극적인 염불수행과 임종염불을 하였다고 하는 기록이 없기 때문이다. 지도림과 같이 궐공즉을 찬양한 虞孝敬68도 같은 시대의 사람으로 정토를 신앙한 사람이 아닌가 생각된다.

⑤ 竺法曠(327~402)의 전기는 『양고승전』 제5권69에 나와 있다. 이것을 참조해 보면, 그는 下邳70 사람으로 일찍이 양친을 잃고 後母를 섬기다가 출가하여 竺曇印을 스승으로 섬기었고, 후에 여러 경전을 보다가 潛靑山 石室에 있으면서 '每以法華爲會三之旨 無量壽爲淨土之因常吟詠二部 有衆則講獨處則諭'했다고 한다. 즉 『법화경』과 『무량수경』71을 대중들에게 강설하였고, 혼자 있을 때는 이 경들을 독송하였다고 한 것은 이 두 경전이 法曠의 所依經典이었음을 알

『中國淨土敎理史』 p.32) 쯔카모도젠류 박사는 『무량수경』이라고 논하고 있다. (앞의 책, p.17)
67 대정장 47, p.140中~下.
68 대정장 47 p.140中~下.
69 대정장 50, pp.356下~357上.
70 江蘇省 邳縣.
71 모치쯔끼 신코 박사는 竺法曠이 본 무량수경은 『평등각경』이라고 하였다.(이태원 譯, 『中國淨土敎理史』 pp.31)

수 있다. 教學的인 면에서는 『법화경』의 '會三歸一'의 뜻을 밝히는 데 역점을 두었고, 신앙적인 면에서는 『무량수경』을 가지고 來世觀을 정립시켜 실천하였다고 생각된다. 그러나 적극적인 염불수행을 한 기록이 보이지 않는 것으로 보아 한 가지 修行法에 치우치지 않고 通佛敎的인 수행생활을 한 것이 아닌가 생각된다. 法曠은 마을 사람들이 병들어 신음할 때 치료하여 주었는 기록을 보면 자비심으로 사회복지에도 관심을 기울였음을 알 수 있다. 또 같은 「竺法曠」條에는 '沙門竺道隣 造無量壽像 曠及率其有緣 起立大殿'[72]이라고 하였다. 여기서 무량수불상을 조성하여 큰 법당을 건립하였다고 함은 한 사찰의 本堂에 主佛이 무량수불이었음을 알 수가 있기 때문에 東晋시대에는 淨土信仰이 뿌리를 깊이 내렸다고 본다.

⑥ 釋道安(314~385)은 扶柳[73] 사람으로 姓은 魏씨이다. 어려서 부모를 잃고 12세에 출가하여 佛圖澄을 스승으로 섬기면서 竺法濟와 支曇 등에게 수학한 후 여산혜원 등 400인과 함께 襄陽에서 법을 전하였다. 『속고승전』 제39권을 보면 '又梁襄陽金像寺大六無量壽瑞像者 東晉孝武寧康三年二月八日 沙門釋道安之所造'[74]라 하여 375년에 무량수불상을 크게 조성하여 신앙하였음을 알 수 있다. 이와 같은 佛像의 내용은 『법원주림』 제13권[75]에도 있는데, 사찰 이름만

---

72 대정장 50, p.357上.
73 河北省 冀縣.
74 대정장 50, p.692下.

檀溪寺로 改名되어져 있을 뿐 다른 것은 같다.76 『고승전』77과 『광홍명집』78에서 道安은 다른 한 면으로는 부처님 제자인 法遇 등을 데리고 彌勒菩薩 앞에서 도솔천에 태어나기를 서원하였다고 한 것은 아미타불 정토와 미륵보살 정토를 신앙하였다고 생각된다. 이러한 영향을 받은 도안의 제자 釋曇戒도 彌勒佛의 이름을 외웠다79고 함은 적극적인 부처님 명호를 부르기 시작하였음을 엿볼 수 있다.

이상으로 여산혜원 이전 도안까지의 정토신앙을 살펴본 바와 같이 순수한 정토신앙은 엿볼 수 없다. 이 시대는 불교가 인도에서 들어와 토착화되는 기간으로써 인도 승려들의 활약이 많았을 것은 自明한 일이다. 이들 중 일부는 정토를 신앙한 사람들로써 반야사상과 법화사상 등을 갖고 있는 사람들도 있었을 것이다. 또 중국인 중 출가하여 정토를 신앙하는 사람들 가운데 인도 승려들과 마찬가지로 반야사상

---

75 대정장 53, p.384中.
76 모치쯔끼 신코 박사는 『광홍명집』의 「晋襄陽丈六金像讚」(대정장 52, p.198中~下) 가운데 열거되어 있는 '偉哉釋迦與世推移'라는 글에 의해 釋迦佛像이라고 논하고 있다.(이태원 譯, 『中國淨土敎理史』 pp.33) 이 문제에 대해서 한 번 생각해 보면, 道世와 道宣은 같은 시대 사람으로 활약하였다. 도세의 『법원주림』과 도선의 『속고승전』에서는 無量壽佛像이라고 명기되어 있다. 그러나 도선의 『광홍명집』에서는 무량수불상이니 석가불상이니에 대해서 아무런 언급이 없다. 다만 모치쯔끼 신코 박사가 '偉哉釋迦'란 글만 보고 석가불상이라고 논하는 것은 무리가 아닌가 생각한다.
77 대정장 50, p.353中.
78 대정장 53, p.407上.
79 伏事安公爲師 博通三藏誦經五十餘萬言 常日禮五百拜佛 晋臨川王甚知重 後篤疾常誦彌勒佛名不輟口(대정장 50, p.356中~下)

등 다른 사상을 갖고 있으면서 정토를 신앙하였기 때문에 이 시대를 여러 가지 수행을 혼합하여 행한 시대라 할 수 있다. 왜냐하면 이 時代에는 支婁迦讖이 『도행반야경』을 번역(179)한 것을 비롯하여 支謙에 의해 그 異譯인 『大明度無極經』(3세기 전반)이 나왔고, 竺法護에 의해서 『光讚經』(286), 無羅叉 등에 의해 그 異譯인 『放光般若經』(291)이 나온 것처럼 연이어서 반야경전이 번역되어 나왔기 때문이다. 이들 경전에 설해져 있는 般若나 空思想의 이해는 초기 中國佛敎徒들에게 커다란 課題가 되었던 것은 당연한 일이다. 즉 格義佛敎[80]가 노자와 장자의 無爲自然思想과 대비하여 이해하려고 노력했던 것처럼[81] 정토신앙도 반야와 공사상 위에서 행해졌다고 볼 수가 있다. 이 通佛敎的인 사상에서 정토를 믿는 중국인들은 道家思想에 물들어 있었기 때문에 정토를 신앙하는 것도 神仙的인 종교로서 수용하여 막연히 취급하였다[82]고 생각된다.

다른 한편 이 시대에 무량수불상이 출현한 것은 稱佛이나 염불을 위한 것이 아니고, 觀念하여 삼매를 성취키 위한 般舟三昧的인 것이며, 禮懺하기 위한 것이라 본다. 즉 불상 앞에서 향을 사르고 예배하며 詠唱[83]하는 儀禮를 위해 있었던 것이라고 생각할 수 있다.

---

80 西晉 이후의 불교는 일면 格義佛敎的인 성격이 있다. 格義란 中國古典의 사상이나 용어를 가지고 불교를 이해하려고 한 한나라 사람들의 노력이다. 예를 들면 『반야경』에 설하여져 있는 空思想과 老莊의 無思想이 近似하고 서로 통하기 때문에 전자를 후자에 의해 알려고 하여 사용된 것이 格義佛敎다.
81 가꾸라베하지매, 「慧遠―念佛門の鼻祖―」(『淨土佛敎の思想』 3, p.296)
82 쯔카모도젠류, 앞의 책, p.15.

제4절 廬山慧遠과 그의 白蓮結社念佛

慧遠에 대해서는 일찍이 많은 학자가 연구해 왔다.[84] 특히 일본 京都大學人文科學硏究所의 기무라에이치 선생이 편집한『慧遠硏究』遺文篇과 硏究篇은 주목할 만한 것이다. 先學者들의 연구를 참고하여 간단히 논할까 한다.

혜원에 대한 전기는『양고승전』제6권[85],『불조통기』제26권[86],『용서증광정토문』제5권[87],『낙방문류』제1권[88]과 제3권[89],『여산연종보감』제4권[90] 등에 기록되어 있다.

① 혜원의 생애를 이들 자료에 의해서 보면, 혜원은 東晉의 제3대 成帝 咸和9년(334)에 雁門[91]의 樓煩에서 태어났다. 姓은 賈氏이고,

---

83 詠唱이란 음률을 붙여 부처님의 德을 찬양하는 것이다.
84 모치쯔끼신코 著, 이태원 譯,『中國淨土敎理史』pp.35~48.
　쯔카모도젠류,『中國淨土敎理史硏究』pp.21~24.
　후지하라류세쯔, 앞의 책, pp.107~115.
　가꾸라배하지매, 앞의 책, pp.285~358.
　야마모도붓꼬쯔,『道綽敎學の硏究』pp.97~100.
85 대정장 50 pp.357下~361中.
86 대정장 49, pp.260下~263上.
87 대정장 47, p.265下.
88 대정장 47, p.149中.
89 대정장 47, p.192中.
90 대정장 47, pp.320中~321上.
91 山西省 북쪽에 있는 郡 이름.

소년 시절에는 河南[92]의 許昌과 洛陽에 유학하였으며, 成年이 될 때까지 六經[93]과 『老子』, 『莊子』 등 古典을 學習하였다. 또한 가족으로 3세 아래의 동생 慧持가 있는데, 이 두 사람은 道安의 문하에 들어가 그 會下에서 줄곧 行動을 같이 하면서 수행하였다.

뒤에 혜원이 여산에 들어가자 혜지도 형을 따라서 함께 들어가 수행하였다. 그 후 혜지는 隆安3년(399)에 혜원의 곁을 떠나 혼자 지방으로 다니면서 佛法을 전파하는 도중에 義熙8년(412) 龍淵寺에서 입적하였다. 혜원은 그의 동생이 죽었다는 소리를 들은 뒤 義熙12년(416), 즉 4년 후인 8월 6일에 입적했다고 기록되어 있다.[94]

② 혜원의 저서에 대한 기록을 보면, 『양고승전』 권제6의 「釋慧遠」條에 '所著論序銘讚詩書 集爲十卷五十餘篇 見重於世'[95]라고 하여 10권 50餘 篇의 저술이 있다고 하였다. 이 내용이 『양고승전』보다 앞서서 찬술된 『출삼장기집』 권제15[96]에도 그대로 나와 있기 때문에 『출삼장기집』의 설을 그대로 인용했다고 생각되어진다. 이러한 것으로 보아 혜원의 저술은 일찍이 양나라 시대에는 10권 50여 편이 전해지고 있었다고 생각된다. 그러나 지금 남아 있는 것은 혜원이 묻고 구마라

---

92 黃河의 中流 以南과 黃河의 북방 일부 지역.
93 易經·書經·詩經·春秋·禮記·樂記 등을 말한다.
94 기무라에이치 編, 『慧遠硏究』 硏究篇 pp.537~543에서는 혜원의 연대를 자세하게 圖表를 만들어 놓았다.
95 대정장 50, p.361中.
96 대정장 55, p.110下.

집이 대답한『大乘大義章』3권을 제외한 다른 것은 斷篇的인 것에 지나지 않는다.『대승대의장』[97]은 주로 혜원이 法性·法身·念佛三昧·四相 등 여러 가지 의문스러운 것을 묻고, 이에 대해 구마라집이 대답하는 내용이다.

  이외는 단편적인 것으로『출삼장기집』제9권, 제10권, 제12권, 제15권 가운데에는 43종류의 題名이 열거되어 있다. 그러나 내용이 수록되어 있는 것은 제9권에「廬山出修行方便禪經統序」[98], 제10권에「阿毘曇心序」[99]·「三法度序」[100]·「大智論抄序」[101], 제15권의「慧遠法師傳」에서는「答王謐書」[102]와「答秦主姚興書」[103] 등이다.『홍명집』가운데서 살펴보면 제5권에서는「沙門不敬王者論」[104]·「沙門袒服論」[105]·「明報應論」[106]·「遠法師答」[107]·「三報論」[108], 제11권에서는「遠法師答」[109], 제12권에서는「與桓太尉論科簡沙門書」[110]·「遠

---

97 대정장 45, pp.122中~143中.
98 대정장 55, p.65中.
99 대정장 55, p.72中~下.
100 대정장 55, p.73上.
101 대정장 55, p.75中.
102 대정장 55, p.110上.
103 대정장 55, p.110中.
104 대정장 52, pp.29下~32中.
105 대정장 52, p.32中~下.
106 대정장 52, pp.32中~34中.
107 대정장 52, pp.32下~33中.
108 대정장 52, p.34中~下.
109 대정장 52, p.75上~中.
110 대정장 52, p.85上~下.

法師答」111 등 8종류가 나와 있다. 이밖에『광홍명집』제15권과 제18권에 단편의 저서가 있고, 제30권에는「念佛三昧詩集序」112 등 다섯 종류가 나와 있다. 또『양고승전』제2권과 제6권 등에도 여러 단편의 저서가 있다. 이외『廬山記』113에 나오는「遊廬山詩」·「廬山略記」와 「遊山記」114 ·「答廬循書」115 등이 있다. 또『출삼장기집』제12권116과『역대삼보기』제7권117 등에서 열거하고 있는 題名을 합하면 총 57종류가 되지만 중복된 것도 있다. 이 중복된 것을 제외시키고 보면 43종류118가 된다. 일부 아니면 全文이 남아 있는 것은 위에서 본 바와 같이 30종류이고, 題名만 있고 글이 아직 발견되지 않는 것은 13종류119다. 혜원의 저서 가운데『沙門不敬王者論』은 우리나라에 큰 영향을 준 것으로 지금도 출가한 비구는 왕과 父母에게 禮拜하면 안 된다는 풍습이 이어져 오고 있다.

---

111 대정장 52, pp.83下~84中.
112 대정장 52, p.351中~下.
113 기무라에이치, 앞의 책, 遺文篇 p.72
114 기무라에이치, 앞의 책, 遺文篇 p.74
115 기무라에이치, 앞의 책, p.92
116 대정장 55, pp.83上~93下.
117 대정장 49, p.72上~中.
118 가꾸라베하지매, 앞의 책, pp.322~327에서는「釋慧遠に書を与えて眞人の至極を論ず, 釋慧遠答う」가 들어가 44종류로 되어 있다.
119「禪經序」·「妙法蓮華經序」·「般若經問論序」·「節度序」·「法社節度序」·「外寺僧節度序」·「比丘尼節度序」·「釋神足」·「弁心意識」(弁心識論)·「釋神名」·「驗寄名」·「問論神」·「無三乘統略」등이 題名만이 열거되어 있다.

③ 혜원의 염불사상은 『대승대의장』 및 『광홍명집』 제3권에 실려진 「念佛三昧詩集序」와 劉遺民의 「廬山白蓮社誓文」[120], 그리고 王喬之의 「念佛三昧詩」[121] 등 여기저기에 나타나 그 단면만을 추측하여 알 수가 있다.

이상의 글에서 보이는 혜원의 염불사상은 그가 남긴 글 전체에서 보면 극히 적은 것에 불과하다. 『불조통기』 제26권[122], 『여산연종보감』 제4권[123]과 『양고승전』 제6권[124]을 보면 혜원은 어려서 道安의 문하에서 『般若經』 강설하는 것을 듣고 크게 깨달아 儒敎와 道敎 등 九流[125]는 모두 보잘것없는 것일 뿐이라고 한탄하고 이것을 버리고 道安의 弟子가 되어 뼈를 깎는 고통을 참아 가면서 밤과 낮을 가리지 않고 부지런히 수행하였다. 이러한 것을 보고 道安은 "道를 東國에 流布할 사람은 慧遠뿐인가 한다."라고 감탄하였을 정도였다. 후에 廬山이 깨끗하고 조용함을 알고 이곳이 거주처라고 생각하여 여기에 들어가 불법으로 사람들을 교화하는 것을 끊어지지 않게 하였다.

廬山의 행적 가운데 가장 중요한 것은 元興元年(402) 7월에 同志와

---

120 대정장 47, p.176上.
121 대정장 47, p.221中.
122 時沙門釋道安 建利於太行常山 一面盡敬以爲眞吾師也 初聞安師講般若經 豁然開悟 歎曰九流異議皆糠秕耳 遂與母弟慧持投簪受業 精思諷誦以夜繼晝(대정장 49, p.261上)
123 대정장 47, p.320中~下.
124 대정장 50, p.358上~下.
125 한나라 시대의 아홉 가지 학파. 즉 儒家·道家·陰陽家·法家·名家·墨家·縱橫家·雜家·農家 등을 말함.

함께 般若精舍의 阿彌陀像 앞에서 壇을 차리어 서원을 세우고 淨土業을 정진 수행하며 서방에 왕생하기를 기약한 結社念佛이다. 거기에 참석한 劉遺民이 그 誓文을 지었다. 이것이 소위 廬山白蓮社로써 結社念佛의 시초라고 말할 수 있다.126 이때의 수행은 아마도 般若思想이 근본이 된 염불 수행을 하였다고 본다. 이러한 것을 뒷받침하는 것은 廬山에서의 結社念佛을 한 精舍의 이름이 般若精舍이기 때문으로, 반야사상을 근본으로 하였다고 보는 것이 타당할 것이다. 즉 精舍의 이름을 般若라고 한 것을 보면 혜원을 비롯하여 그곳에 모인 대중들이 般若思想을 좋아하였고, 그 사상 위에 염불하였다고 생각할 수 있는 것이다. 또 隱士劉遺民에게 보낸 글에서

意로 말하면 六齋日127에는 마땅히 항상 노력하는데 정성을 다하고 간절히 하여 마음은 空門에 오로지 해야 한다. 그러한 후 생각을 모으는 데 돈독히 하고 來生의 생각을 깊이 하라.128

여기서 六齋日과 專心空門으로 수행해야 한다고 한 것은 般若空的인 것을 근본으로 하여 정진한 것이며,129 이것은 도안의 반야사상을

---

126 후지요시지카이,「慧遠の淨土敎思想」(『慧遠硏究』 硏究篇 p.208)
127 六齋日이란 在家信者가 몸과 마음을 청정하게 갖고 八齋戒를 지키며, 착한 일을 행하는 精進日로 매월 8일·14일·15일·23일·29일·30일 등을 말한다.
128 대정장 52, p.304中.
129 쯔카모도젠류 박사는 『반주삼매경』의 行品에 나오는 空思想이라고 말하였다.(『慧遠硏究』 硏究篇 pp.64~65)

계승하였다고 할 수 있다.

이러한 반야사상을 가진 그가 여산에 들어가 結社念佛을 한 해는 나이 69세로 東晉 元興元年(402) 7월 28일이다.130 이 시기는 혜원의 생애 중 인생의 후반기라고 할 수 있다. 즉 인생의 후반기에 접어들면서 혜원은 내세의 일을 정립시키고자 하는 생각에 結社念佛을 했지 않나 생각한다.

그는 劉遺民이나 雷次宗 등 및 僧俗 123명과 함께 여산의 般若精舍 아미타불상 앞에서 檀을 차리고 서원을 세우는 동시에 西方을 기약하며 念佛三昧를 수행하였다. 그러면 이 念佛三昧에 대한 혜원의 견해를 살펴보면 『念佛三昧詩序』에

> 序에서 말하는 一體, 三昧라고 하는 것은 무엇인가 하면 (그것은) 생각을 專一하게 하여 想을 가라앉히는 것[思專想寂]을 말하는 것이다. 생각이 專一하면 뜻은 하나로 集中되어 分散되지 않는다. 想이 가라앉으면 氣는 虛로 되고 精神은 맑아져 온다. 氣가 虛로 되면 智는 그 작용을 安靜하게 되고, 精神이 맑아지면 어떠한 道理에도 透徹하다. 이 두 가지[氣가 虛로 되고 精神이 맑아지는 것]는 (人爲를 초월한) 自然의 玄妙한 증거로 兩者가 相合하여 작용을 이루는 것이다.131

---

130 『출삼장기집』 권제15(대정장 55, p.109下)
   『양고승전』 권제6(대정장 50, p.358下)
131 기무라에이치, 앞의 책, 遺文篇 p.347
   序曰 念佛三昧者何 思專想寂之謂 思專則志一不撓 想寂則氣虛神朗 氣虛則智

라고 하였다. 여기서는 '思專想寂'을 念佛三昧라 하였다. 즉 이 '思專想寂'하기 위한 수행이 혜원의 염불이라 할 수 있다. 즉 입으로 부처님 명호를 부르는 것이 아니고, 마음을 하나의 대상에 집중시켜 잡념이 없이 寂靜한 상태의 마음을 가지려고 노력하는 것이 혜원의 염불이라 볼 수 있다. 그러면 이렇게 하기 위한 방법이 어떤 것인가를 『출삼장기집』의 「慧遠法師傳」을 보면

> (혜)원은 곧 精舍 無量壽像 앞에서 단을 차리고 서원을 세워 다 함께 서방을 기약합니다. ……中略…… 동지 息心(出家者)과 在家者 123인 무리를 인도하여 여산의 그늘진 곳 반야정사 아미타불상 앞에 모여 향화를 갖추어 공경히 서원합니다.132

라고 되어 있으며, 또 『낙방문류』에 나오는 劉遺民의 「廬山白蓮社序文」에는

> 이제 다행히 이런저런 생각을 내지 않고 많은 사람이 마음을 하나로 하여 西境에 마음을 두고 篇을 두드리고 信을 열어 밝은 뜻을 發합니다.133

恬其照 神朗則無幽不徹 斯二乃是自然之玄符 會一而致用也(『낙방문류』 대정장 47, p.165下, 또 『광홍명집』 대정장 55, p.351中~下에도 있다.)
132 대정장 55 p.109下.
133 대정장 47, p.176上.

라고 하였다. 이것들을 보면 혜원의 '專心'은 阿彌陀佛에 대하여 마음을 집중한 것이다. 다시 말하면 아미타불에 대한 專心念佛을 하기 위해서 무량불상 앞에 모여 檀을 차리고 香華로 공경의 예를 표하며, 또 西境에 마음을 기울이는 등 여러 가지 방편을 사용한 것이다. 다음 염불삼매의 목적을 어디에 둔 것인가를 보면 『광홍명집』의 『與隱士劉遺民等書』에

> 遺民의 精勤은 두루 이르고, 갖추어 禁戒를 지키는데 宗炳과 張野는 따르지 못하였다. 專念坐禪하는 것 처음부터 반년에 걸쳤다. 定 가운데 부처님 친견하고, 길을 거닐 때 공중에 계신 부처님 형상에서 광명을 나타내어 대지를 비치니 모두 금색으로 되었다.[134]

라고 기록되어 있다. 이 문장을 보면 유유민 등은 定 가운데 항상 부처님을 친견하였으므로 그들의 염불 삼매의 목적은 見佛, 즉 반주삼매라 할 수 있다. 그러기 때문에 혜원의 행적에도 見佛한 사실이 기록되어 있다고 본다. 즉 『불조통기』 제26권에서는

> 師가 산에 거주한 지 30여 년, 자취는 세속에 들어간 적이 없고, 오직 정토에 대한 염을 부지런히 했다. 처음 11년은 마음을 맑히는 생각을 이어가니 세 번이나 聖相을 보았으나 침착하고 진득하게

---

[134] 대정장 52, p.304中.

말하지 않았다. 후 19년 7월 그믐날 저녁 반야대 東龕135에서 바야흐로 定에서 일어나니 아미타불의 몸이 허공에 가득 찼고, 圓光 가운데 모든 化佛이 계시고 관음과 세지 등 두 보살이 좌우에서 모시는 것을 보았다. 또 물의 흐르는 광명을 보니 열네 가지로 나누어지고 상하로 흘러 들어가면서 苦空·無常·無我란 소리를 연설하였다. 부처님께서는 이것을 일러 '나의 본원력을 사용하기 때문에 와서 너를 위하여 安慰한다. 너는 칠일 후에 마땅히 나의 국토에 태어날 것이다.'라 하였다.136

라고 되어 있다. 여기서 세 번이나 聖相을 보았다고 한 것에서 그의 念佛의 目的이 부처님을 친견하는 見佛임을 알 수 있다. 즉 '思專想寂'의 염불은 부처님을 생각하여 見佛하는 것으로 般舟三昧的이라 할 수 있다. 다시 말하면 『念佛三昧詩序』에서의 念佛은 반야의 空思想137에 입각한 無相無念의 理觀, 즉 實相念佛이고, 뒤에 나오는 무량수불 앞에서 하는 염불은 事觀的인 염불이다. 이렇게 보면 혜원은 반야의 空에 근본을 둔 理觀念佛과 般舟三昧에 근본을 둔 事觀念佛을 雙修한 理事兼修念佛이라 할 수 있다. 이제 이 事觀念佛인 반주삼매를 살펴보면, 이 삼매는 『般舟三昧經』에 나오는 설이다. 그의

---

135 동쪽 탑 아래 있는 방을 말한 듯하다.
136 대정장 49, p.262下, 또 『용서증광정토문』(대정장 47, p.265下)에도 기록되어 있다.
137 『반주삼매경』의 근본 입장은 반야경과 같이 "空"에 있다고 쯔카모도젠류 박사는 말하고 있다.(쯔카모도젠류, 앞의 책, p.65)

『대승대의장』 가운데 있는 '念佛三昧'에 대한 問答138을 요약하여 보면 다음과 같다. 먼저 혜원은 구마라집에게 세 가지를 물었다. 첫 번째, 『반주삼매경』에서 '般舟三昧'에 의한 三昧를 얻으려고 實踐하는 사람이 부처님을 친견한다고 설하였는데 이것이 꿈속에서 본 경우와 같다고 한다면 역시 자신의 마음으로 본 것에 지나지 않는 것이 아닌가? 두 번째, 만일 見佛이 神通力에 의한 것이라면 그때 보여지는 부처님은 수행자가 神足通으로 그 부처님이 계신 장소로 가서 그것을 보는 것인가 혹은 부처님께서 수행자가 있는 곳에 온 것[중 하나]이라고 생각되지만 보통 사람 눈으로는 보이지 않으므로 天眼通에 의해서 수행자는 그것을 보는 것일 것이다. 그러나 그 어느 쪽이든 그것은 경에서 설한 것에서 벗어나 있으며, (또 이것은) 三昧에 의한 見佛이라고는 할 수 없을 것이 아닌가? 세 번째, 경에서는 수행자에게 持戒와 功德, 그리고 부처님의 威神[力] 등 셋이 있어서 이 般舟三昧를 가능케 한다고 하였다. 그러나 부처님의 威神이라고 할 때 그 부처님은 '定(三昧) 중의 佛'인지 '밖에서 오는[外來] 佛'인지? 前者라면 '我想之所立'이므로 역시 자신의 마음에서 나온 것에 지나지 않으며, 後者라면 이것은 꿈속에 보는 것 등을 초월한 고귀한 존재라고 할 수 있지 않는가? 이 세 가지 질문에서 혜원이 얼마나 삼매에 대한 깊은 관심을 가지고 있는지 알 수가 있다. 혜원의 이러한 질문에 구마라집은 見佛三昧·般舟三昧·念佛三昧 등 세 가지 삼매를

---

138 대정장 45, pp.134中~135上.

가지고 대답하였다.139 이 세 가지 삼매는 다 見佛의 뜻을 가지고 있어 색다르게 구별하지 않음을 엿볼 수 있다. 아무튼 혜원이『반주삼매경』을 인용하여 묻는 것은『반주삼매경』을 所依經으로 한 것이며, 廬山에서의 結社念佛은『반주삼매경』에 의한 염불이라 볼 수 있다. 이러한 것은 여러 학자들의 견해가 같다.140

혜원은『염불삼매시서』에서 "또 모든 三昧 그 이름 심히 중요하고 무겁다. 功이 높고 앞으로 나아가기 쉬운 행은 염불이 최우선이 된다."141라고 하여 삼매를 이루기 위하여 닦기 쉬운 것은 염불이라 하였다. 이 염불삼매를 얻기 위해서 그는 반야대에서 매일 하루 六時에 염불하면서 서방정토를 향하여 예배하였다고 하는데,142 혜원이 얼마나 열심히 염불을 수행했는지 알 수 있다.

다음은 혜원이 어느 정토 경전을 보았는지 살펴보자. 혜원시대의 정토경전에 대한 번역 관계를 알아보면, 혜원이 입적한 해, 즉 416년까지 번역된 것은 지루가참이 번역(178~189년 낙양)한『대아미타경』과『반주삼매경』(179년 낙양), 축법호가 번역(308년 天水)143한『평등각

---

139 가꾸라베하지매, 앞의 책, pp.334~335의 日語 번역을 인용하였음.
140 모치쯔끼신코 著, 이태원 譯,『中國淨土敎理史』p.39.
　　쯔카모도쨴류,『中國淨土敎理史硏究』p.24.
　　후지하라류세쯔, 앞의 책, p.113.
　　야마모도붓꼬쯔,『道綽敎學の硏究』p.100.
　　가꾸라베하지매, 앞의 책, p.337.
141 대정장 47, p.166上.
142 遠公祖師 東林結社僧俗同修 大智上賢深入禪觀 得念佛三昧中流之士 六時修禮淨土 回向西方(『여산연종보감』, 대정장 47, p.312中)

경』, 구마라집이 번역(402년 장안)한『아미타경』등이다. 稱名을 주로 강조한 경전인『관무량수경』은 강량야사가 424~442년 사이에 陽州에서 번역[144]한 것이기 때문에 혜원이 죽은 후에 이 경이 나왔다고 볼 수 있다. 그렇기 때문에 혜원은 '稱六字名号'의 사상을 알지 못했다고 생각된다. 그런데 여기서 문제가 된 것은 48원을 설한『무량수경』이다.

이『무량수경』을 번역한 사람과 시대에 대해 여러 가지 異說이 있다. 즉 康僧鎧가 252년에 번역했다는 설[145]과 421년에 佛陀跋陀羅와 寶雲이 함께 번역하였다는 설 등이 있다. 전자인 康僧鎧가 252년에 번역한 것이 定說이라면 혜원이 이미 보았을 것이라고 추측할 수 있다. 그렇다고 한다면 혜원의『무량수경』에 대한 언급이 조금은 있을 법하나 전혀 없다.

반면에 후자의 설은 근대에 발표된 가가와다까오 博士[146]와 후지다코다쯔 博士[147]의 설로 가장 유력한 설이다. 이 설로 미루어 보면『무량수경』은 혜원이 입적한 지 7년 후에 번역된 것으로 볼 수 있다. 그런데 후지하라료세쯔는 謝靈運의「淨土永」에 나오는

---

143 가가와다까오,『淨土敎の成立史的硏究』p.83
144 『법경록』권1에는『無量壽觀經一卷 宋元嘉年沙門畺良耶舍於陽州譯』(대정장 55, p.116下)
    후지다코다쯔『原始淨土思想の硏究』p.117
145 이태원 역,『정토삼부경개설』p.36.
146 가가와다까오, 앞의 책, p.83
147 후지다코다쯔, 앞의 책, p.74

法藏 왕궁에서 자라나 道를 품고 나라의 城을 벗어나
원하여 四十八願을 말하고 크게 群生을 濟度할 것을 맹세하였
다.148

를 인용하여 명확하게 48원경을 魏譯의 경전으로 인정하여 혜원시대에 있던 경전이라고 말하고 있다.149 謝靈運이 이 48원경을 본 것은 분명하다. 사령운은 元嘉十年(433)에 처형되었기 때문에 421년에 번역된『무량수경』을 볼 수 있는 기간은 12년이다. 그래서 이 12년 사이에「淨土永」을 지었다고 본다. 그러나 혜원의 경우는 다르다. 혜원은 416년에 입적하였기 때문에 421년에 번역된 경을 볼 수 없었다. 그렇기에 혜원이 남긴 문헌 중에는 48원경의 내용이 보이지 않는 것은 당연하다. 이렇게 보면 혜원 在世時의 정토경전은『대아미타경』·『평등각경』·『반주삼매경』·『아미타경』등인데 왜『반주삼매경』에 의지한 염불을 하였을까 하는 것에 대해서 생각해 볼 필요가 있다.

첫 번째는 혜원은 도안이 열심히 연구한 般若學을 계승하였기 때문에 반야와 염불을 같이 설한 경이 그에게는 흥미를 주었다고 본다.『반주삼매경』의 行品을 보면 "부처님을 친견하고자 하면 곧 부처님을 念하고, 마땅히 有와 無를 염하지 말라. 내가 세운 것은 空을 생각하는 것 같이 하고〔當念有亦無我所立如想空〕마땅히 부처님

---

148 대정장 47, p.221中.
149 후지하라류세쯔, 앞의 책, pp.112~113.

이 서 계신 것처럼 염하는 것, 진귀한 보배가 琉璃 위를 의지한 것처럼 하면 보살은 이와 같이 시방에 계신 한량없는 부처님의 청정한 모습을 친견한다.150"고 하였다. 이 중에서 '當念有亦無我所立如想空'이라는 문장은 般若空的인 사상이다. 또 뒤에 나오는 게송에서도

> 마음은 마음을 알지 못하고, 마음이 있으면 마음을 보지 못한다.
> 마음에 想을 일으키면 곧 어리석음이 되고, 想이 없으면 이 열반이다.
> 이 법은 견고하지 않아 항상 있고 念에 있다.
> 解를 가지고 空을 보는 사람은 일체 想念이 없다.151

라고 되어 있는 것은 반야사상에 입각한 念佛法이다. 이것을 보면 『반주삼매경』은 般若經에서 강조하는 '空'의 敎義와 같은 기반 위에서 설한 경전이라고 본다.152 그렇기 때문에 도안의 般若思想을 계승한 혜원으로써는 『반주삼매경』을 선택하여 수행한 것이 당연한 일이 아닐 수 없다.

두 번째는 초기 정토 경전인 『대아미타경』과 『평등각경』의 行道는 作善·悔過·作菩薩道·欲生心 등이지 염불에 대해서는 구체적으로 설해져 있지 않다. 그러나 『반주삼매경』에서는 "이와 같이 그 비구·비구니·청신사·청신녀가 있어 持戒를 완전히 갖추고, 홀로 한 곳에

---

150 대정장 13, p.905中~下.
151 대정장 13, p.906上.
152 쯔까모도젠류, 「中國初期佛敎史上における慧遠」(『慧遠研究』研究篇 p.65)

멈추어 마음을 서방의 아미타불이 현재 계신 것처럼 염하고, 듣는 바에 따라서 마땅히 염하라."153라고 되어 있다. 이 가운데에는 念佛人이 갖추어야 할 持戒·場所·方向 등 몸의 자세에 대해서 자세히 설하여져 있다. 또 다음 글에서는

> 만약 沙門과 白衣가 西方 아미타불국토에 대한 것을 듣고 마땅히 저곳의 부처님을 염하라. 持戒에 결함이 없이 하고 일심으로 염하는 것을 혹은 一晝夜, 혹은 七日 밤낮을 하면 七日을 지난 후 아미타불을 친견한다.154

라고 하였다. 여기서도 마음의 자세와 期日念佛·見佛 등을 상세하게 설하고 있기 때문에 혜원은 초기 정토 경전을 택하지 않고 이 경을 선택하여 여산의 반야대에서 염불하였다고 생각할 수 있는 것이다.

제5절 결론

중국 초기의 정토신앙을 몇 가지 점으로 나누어 생각할 수 있다. 첫째, 般若와 空思想 위에서 행해졌다고 볼 수가 있다. 다시 말하면 佛敎를 노자와 장자의 無爲自然思想과 대비하여 이해하려고 노력했던 格義佛敎처럼 정토신앙도 반야와 공사상 위에서 행해졌다고 보는

---

153 대정장 13, p.905上.
154 앞 註와 같음.

것이 타당할 것이다. 이 通佛敎的인 사상에서 정토를 믿는 중국인들은 道家思想에 물들어 있기 때문에 정토를 신앙하는 것도 神仙的인 종교로서 수용하여 막연히 취급하였다고 생각된다. 왜냐하면 승현이나 도안은 空思想을 연찬하다가 정토를 信하여 정토업을 닦은 사람이기 때문이다. 여기서 般若의 空과 淨土의 有는 정반대적인 입장이다. 그런데 般若의 空을 硏鑽한 사람이 인생의 마지막에는 有의 淨土에 태어나기를 바란다는 것은 좀 이상하다고 볼 수 있다. 空은 理想的이며, 法身의 자리에서 보는 세계고, 有는 現實的이며 깨닫지 못한 凡夫의 입장에서 보는 세계다. 젊고 패기 넘칠 때는 이상적인 공의 진리를 깨닫기 위하여 정진할 수가 있다. 그러나 공의 진리에 대한 見處가 보이지 않을 뿐만 아니라 이에 대한 확신이 서지 않고 인생의 황혼기에 접어들어 죽음이 가까이 오는 것을 인식할 때는 무언가 來世의 세계를 생각하지 않을 수 없다. 그래서 승현이나 도안, 그리고 혜원은 정토업을 닦았다고 생각한다.

둘째, 초기 중국 정토신앙자는 재가자들 사이에서 많이 행해졌다. 왜냐하면 闕公則과 衛士度와 그의 母親은 초기의 정토신앙자이고, 이 뒤에 나오는 竺僧顯과 支遁, 그리고 竺法曠은 인도의 승려이기 때문이다.

셋째, 所依經典은 승현과 도안, 그리고 혜원은 정토삼부경이 아닌 『반주삼매경』이다. 그리고 이 시대에 무량수불상이 출현한 것은 稱佛이나 염불을 위한 것이 아니고, 觀念하여 삼매를 성취키 위한 般舟三昧的인 것이며, 禮懺하기 위한 것이라 본다.

넷째, 혜원의 염불은 稱名的인 것은 보이지 않고, 理觀的인 念佛, 事觀的인 염불로써 理事兼修的인 염불이라 할 수 있다. 理事兼修念佛로 얻어진 염불삼매는 '思專想寂', '故今入斯定者 昧然忘知'의 경지이다. 즉 그의 사상은 대단히 淸虛하고 조용한 상태에서 염불에 專注하면 모든 번뇌는 자연히 소멸되고, 眞如의 理와 계합하여 자연히 깨끗한 경지에서 노니는데 목적을 둔 것이다. 이것은 반야에 도달하는 實踐的 方便으로써 空三昧를 體得하기 위해 염불을 수행하는 것으로 볼 수 있다.155 그러나 혜원이 임종 칠일 전에 화신 부처님과 관세음보살·대세지보살이 나타나서 내영함을 알았다는 기록이 있는 것156으로 봐 慧遠 스스로의 念佛은 현생에서 반주삼매를 얻는 데도 있겠지만, 극락세계에 왕생하는 데도 목적을 두었다고 생각된다. 다시 말하면 혜원의 염불은 이상적인 면으로는 반야에 도달하기 위한 것이지만, 현실적인 면으로는 정토에 왕생하기 위한 것이라 보지 않을 수 없다.

다섯째, 혜원은 중국 정토교의 시조로써 그 門下에 모여들어 결사 염불한 僧俗 123人이 중국 각지에 다니면서 정토사상을 전파하였다고 본다. 이 사람들의 이름을 다 알 수는 없지만 전기157에 그 일부의 이름이 열거되어 있기에 열거하면 다음과 같다. 123인 가운데 上首가

---

155 야마모도붓꼬쯔, 앞의 책, p.100.
156 대정장 47, p.192下.
157 『출삼장기집』(대정장 55, p.109中)·『양고승전』제6(대정장 50, p.358下)·『염불삼매보왕론』중권(대정장 47, p.140中)·『불조통기』권제26(대정장 49, p.265上~中)

되는 18賢은 慧遠·慧永·慧持·道生·曇順·僧叡·曇恒·道昺·曇詵·道敬·覺明·劉程之·張野·周續之·張銓·宗炳·雷次宗 등이고, 이외는 劉遺民·畢穎之·張來民·李碩·謝靈運·曇翼·曇邕·僧濟·慧恭·法安·法淨·法領·慧寶·慧要·僧徹·慧然·曇威·道泓·曇蘭·法業·慧義·惠嚴·慧觀·曇果·元弼·僧光·慧堪·慧蘭·孟懷玉·王喬之·殷隱·毛脩之·殷蔚·王穆夜·何孝之·范悅之·張文逸·孟常侍·孟司馬·陸修靜 등 59명의 이름을 발견할 수 있다. 이 중에 曇恒은 "단정히 앉아서 합장하고 소리를 내어 염불하다가 입적하였다."158고 하고, 曇詵은 "跏趺坐하고 염불을 백 번 하다가 숨을 멈추고 입적하였다."159고 하며, 道敬은 "단정히 앉아 부처님을 부르다가 입적하였다."160고 기록되어 있는 것을 보면 稱名念佛하였다고 생각된다. 즉 혜원의 門下生들이 稱名念佛을 한 것으로 보아 비록 혜원의 文獻上에는 기록이 없지만 여산의 결사염불도 稱名念佛이 일부에서는 행해졌으리라고 추측할 수 있다.

여섯째, 혜원의 결사염불은 중국 각지에 전파되었고, 특히 남쪽 지방에서 유행하였으며, 이 영향을 받아 省常·導式·知禮·本如·宗賾·道琛 등은 각각 출가자와 재가자를 이끌고 결사염불에 정진하였다. 이것은 멀리 廬山白蓮社의 遺風을 일으킨 것이고, 가깝게는 또한 善導·法照 등의 芳躅을 따른 것이라고 추측하여 알 수 있다.161

---

158 대정장 49, p.266下.
159 앞 註와 같음.
160 대정장 49, p.267上.

또 이와 같은 白蓮結社는 일반 서민들에게 침투되었을 뿐만 아니라 道敎의 사원에서 매년 8월 1일부터 7일까지 白蓮會라고 하는 성대한 法要式이 행해졌던 것162은 혜원의 영향을 중국 사회가 받은 것이다. 또 이 결사염불은 우리나라에까지 영향을 미쳐 고려 시대에는 天台宗 圓妙國師 了世(1152~1245)의 白蓮結社,163 眞靜國師 天　(1200경)의 念佛結社164는 혜원의 영향을 받은 것이다.

아무튼 이러한 중국 초기의 淨土信仰者가 싹이 되어 발전함에 의해 廬山慧遠法師, 北魏時代의 曇鸞, 隋나라와 唐나라 시대에는 道綽禪師・淨影寺慧遠・嘉祥寺吉藏・迦才・善導・懷感 등이 연이어 출현하여 염불 사상을 고취시켰고, 이 정토 사상이 한국과 일본에 전해졌다고 본다.

(『정토학연구』제3집(無碍 徐燉珏博士 八秩頌壽記念論叢)에 수록된 논문)

---

161 모치쯔끼신코, 앞의 책, p.8.
162 쯔카모도젠류, 『中國淨土敎理史硏究』(pp.106~107)에서는 『入蜀記』를 인용하여 설하고 있다.
163 崔滋, 萬德山白蓮社 圓妙國師碑銘 『東文選』 권117(許興植, 『高麗佛敎史硏究』 p.266)
164 許興植, 앞의 책, p.819.

제7장 담란의 정토관

제1절 서문

정토사상은 대체적으로 극락세계가 존재하고 거기에 아미타불이 상주하면서 중생을 제도하는 곳이기 때문에 현세에 있는 우리는 극락세계에 왕생하기 위해 염불을 비롯한 여러 가지를 수행하여 공덕을 쌓아 왕생해야 한다고 한다. 이러한 일은 어떻게 보면 하나의 존재를 인정하는 것이기 때문에 정토사상은 有의 입장이라 할 수 있고, 반면에 대승불교의 반야사상에서 말한 中觀思想이란 空사상이기 때문에 나라는 존재도 無我로 볼 뿐만 아니라 그 어떤 존재도 인정하지 않는다. 그러기에 중관사상에서는 정토가 실존한다는 것도 인정하기 어려울 뿐만 아니라 거기에 태어난다는 왕생이란 명칭도 붙일 수 없다. 이러한 면에서 담란이 中觀的인 입장에서 피력한 정토사상을 고찰한다는 것은 큰 의미가 있지 않나 생각한다.

담란의 中觀的인 淨土觀을 알아보기 전에 정토사상이 중국에 언제 전해졌고 누가 어떻게 신앙하였는가를 간단히 살펴볼까 한다. 불교가 중국에 전래된 후 정토경전이 유입된 것은 백년 이후로 추정할 수 있을 것 같다. 왜냐하면 摩騰이 64년에 낙양에 왔다면 支樓迦讖이 光和3년(179) 洛陽에 와서 『반주삼매경』을 번역하였고, 『대아미타경』[1]을 178~189년 사이에 번역했기 때문이다. 이 이후 西晉의 竺法護와 姚秦의 鳩摩羅什, 劉宋의 宝雲·畺良耶舍 등에 의해 『평등각경』·『아미타경』·『무량수경』·『관무량수경』·『십주비바사론』 등이 번역되어 중국인들이 정토사상을 알게 되었을 것이다. 즉 이러한 정토경전이 번역되어 나옴에 따라 중국인들은 경과 논을 읽고 정토를 신앙하였으리라 본다. 중국에서 최초로 정토를 신앙한 사람은 西晉의 武帝시대(265~274)에 죽었다고 하는 闕公則과 그의 제자인 衛士度(323년경)와 그의 母親으로 본다. 그런데 위사도는 晉의 惠帝時(290~306)에 『마하반야바라밀도행경』 2권을 간략히 번역하여 냈다[2]고 한 것으로 보아 月支系의 불교도로 생각되며,[3] 반야의 空思想에 정통한 사람으로써 서방 극락세계에 왕생하기 위해 往生行道를 실천한 사람으로 볼 수 있어 중관사상에 입각해서 정토수행을 했다고

---

[1] 『대아미타경』의 번역자에 대해 여러 가지 설이 있다. 근대 학자 가운데 후지다 코다쯔는 『原始淨土思想の研究』 p.61 第一에서는 支謙설을 지지하였고, 第二에서는 支婁迦讖으로 보았다. 본고에서는 가가와다까오의 『淨土敎の成立史的硏究』 p.83을 참조하여 논하였다.
[2] 대정장 55, p.10上.
[3] 쯔카모도젠류, 『중국정토교사연구』 p.16.

보인다. 그리고 본격적인 중관적 입장에서 정토수행을 한 사람은 석도안과 여산혜원이 아닌가 생각한다. 다음 釋道安(314~385)은 扶柳[4] 사람으로 어려서 부모를 잃고 12세에 출가하여 佛圖澄[5]을 스승으로 섬기면서 竺法濟와 支曇 등에게 수학한 후 여산혜원 등 400인과 함께 襄陽에서 법을 전하였으며, 반야적인 공관사상에 조예가 깊은 것은 자타가 인정하고 있다. 그런 그가 '又梁襄陽金像寺丈無量壽瑞像者 東晉孝武寧康三年二月八日 沙門釋道安之所造也'라 하여 375년에 무량수불상을 크게 조성하였다는 『속고승전』[6]의 기록을 보면 정토를 신앙하였음을 알 수 있다.

이 시대의 정토신앙은 순수한 정토신앙이 아님을 알 수 있다. 즉 이 시대까지 불교가 인도에서 들어와 토착화되는 기간으로써, 인도 승려들의 활약이 많았던 것은 자명한 일이고, 이들 중 일부는 정토를 신앙한 사람들로써 반야사상과 법화사상 등을 갖고 있는 사람들도 있었을 것이다. 또 중국인으로 출가하여 정토를 신앙한 사람들 가운데 인도 승려들과 마찬가지로 반야사상 등 다른 사상을

---

4 河北省 冀縣.
5 232년부터 348년까지 생존한 인물로 구자국 사람이다. 어려서 출가하여 經文 수백만 자를 외우고 文理에 통달하였으며, 그 후 훌륭한 스승을 만나 가르침을 받고, 310년에 중국 낙양에 왔다. 大法을 널리 전파할 뜻을 세워 神異한 것을 나타내어 사람들을 교화하였고, 後趙의 石勒은 이분에게 귀의하였다. 333년 석륵이 죽은 후 石虎가 임금이 되어 역시 스승으로 섬기었으며, 大殿에 올라와 정사에 참여케 하였다. 建武14년(348) 12월에 鄴宮寺에서 나이 117세로 입적하였다.
6 대정장 50, p.692下.

갖고 있으면서 정토를 신앙한 사람도 있었기 때문에 이 시대를 여러 가지 수행을 혼합하여 행한 시대라고 할 수 있다. 즉 이 시대에는 支婁迦讖이 『도행반야경』을 번역(179)한 것을 비롯하여 支謙에 의해 그 異譯인 『대명도무극경』(3세기 전반)이 나왔고, 竺法護에 의해서 『광찬경』(286), 無羅叉 등에 의해 그 異譯인 『방광반야경』(291)이 나온 것처럼 연이어서 반야경전이 번역되어 나왔다. 이들 경전 가운데 설해져 있는 반야나 空思想의 이해는 초기 中國佛敎者들에겐 커다란 과제가 되었던 것은 당연한 일이다. 즉 格義佛敎가 노자와 장자의 無爲自然思想과 대비하여 이해하려고 노력했던 것처럼[7] 정토신앙도 반야와 공사상 위에서 행해졌다고 볼 수가 있다. 이 通佛敎的인 사상에서 정토를 믿는 중국인들은 道家思想에 물들어 있었기 때문에, 정토를 신앙하는 것도 神仙的인 종교로서 수용하여 막연히 취급하였다[8]고 생각된다.

다른 한편 이 시대에 무량수불상이 출현한 것은 稱佛이나 염불을 위한 것이 아니고, 觀念하여 삼매를 성취하기 위한 般舟三昧的인 것이며, 禮懺하기 위한 것이라 본다. 즉 불상 앞에서 향을 사르고 예배하며 詠唱[9]하는 儀禮를 위해 있었던 것이라고 생각할 수 있다.[10]

---

7 가꾸라베하지메,「慧遠―念佛門の鼻祖―」(『淨土佛敎の思想』 3, p.296)
8 쯔카모도젠류, 앞의 책, p.15.
9 詠唱이란 음률을 붙여 부처님의 德을 찬양하는 것이다.
10 이에 대한 자세한 내용은 졸저 『염불의 원류와 전개사』 pp.255-270에 논했다.

제2절 담란 이전 廬山慧遠의 정토관

원 원고11에는 이 단원이 많이 서술되어 있으나 이 문제는 앞 장 "중국 초기의 정토신앙"에서 다룬 것으로 중복되기 때문에 기술된 내용을 간단히 요약하면 다음과 같다.

혜원이 정토수행을 六齋日과 專心空門으로 수행해야 한다고 한 것은 般若空的인 것을 근본으로 하여 정진한 것이며,12 이것은 도안의 반야사상을 계승하였다고 할 수 있다. 이러한 반야사상을 가진 그는 생애 중 인생의 후반기라고 할 수 있는 나이 69세 東晉 元興元年(402) 7월 28일13에 여산에 들어가 結社念佛을 하게 된다. 즉 인생의 후반기에 접어들면서 혜원은 내세의 일을 정립시키고자 하는 생각에서 결사염불을 했지 않았나 생각된다.

혜원의 염불의 특색은 입으로 부처님 명호를 부르는 것이 아니고, 마음을 하나의 대상에 집중시켜 잡념이 없이 寂靜한 상태의 마음을 가지려고 노력하는 것이다. 즉 '思專想寂'의 염불은 부처님을 생각하여 見佛하는 것으로 般舟三昧的이라 할 수 있다. 그리고 혜원의 염불은 반야의 空에 근본을 둔 理觀念佛과 般舟三昧에 근본을 둔 事觀念佛을 雙修한 理事兼修念佛이라 할 수 있고, 여기에는 稱名的

---

11 『승가』 20호에 수록된 것을 말함.
12 쯔카모도젠류 박사는 『반주삼매경』의 行品에 나오는 空思想이라고 말하였다.(『慧遠硏究』 硏究篇 pp.64-65)
13 『출삼장기집』 권제15(대정장 55, p.109下)
  『양고승전』 권제6(대정장 50, p.358下)

인 것은 보이지 않는다. 이 理事兼修念佛로 얻어진 염불삼매는 '思專想寂', '故今入斯定者 昧然忘知'의 경지이다. 즉 그의 사상은, 대단히 淸虛하고 조용한 상태에서 염불에 專注하면 모든 번뇌는 자연히 소멸되고, 진여의 理와 계합하여 자연히 깨끗한 경지에서 노니는 데 목적을 둔 것이다. 이것은 반야에 도달하는 실천적 방편으로써 空三昧를 체득하기 위해 염불 수행하는 것으로 볼 수 있다. 그러나 혜원이 임종 칠일 전에 화신 부처님과 관세음보살·대세지보살이 나타나서 來迎함을 알았다는 기록이 있는 것14으로 보아 慧遠 스스로의 염불은 현생에서 반주삼매를 얻는 데도 있겠지만, 극락세계에 왕생하는 데도 목적을 두었다고 생각된다. 다시 말하면 혜원의 염불은 이상적인 면으로는 반야에 도달하기 위한 것이지만, 현실적인 면으로는 정토에 왕생하기 위한 것이라 보지 않을 수 없다.

제3절 담란의 정토관

제1항 담란의 自我觀

담란은 자기가 태어난 곳에서 멀지 않은 곳, 즉 문수보살의 성지로 널리 알려진 오대산에 올라가 출가한 후 먼저 四論과 불성을 연구하였다.15 사론이란 용수의 『중론』·『십이문론』·『대지도론』과 용수의 제자 제바의 『백론』을 말한다. 이러한 책들은 중관학파의 空思想을

---

14 대정장 47, p.192下.
15 대정장 50, p.470上.

나타낸 것이기 때문에 담란은 중관사상에 조예가 깊었다고 할 수 있다. 그래서 흔히 담란을 北地 사론종의 종조라 하고, 嘉祥寺 吉藏을 南地 삼론종의 宗祖라고 한다. 여기서 말한 三論이란 사론 가운데 『대지도론』이 빠진 것을 말한다. 아무튼 담란의 저서를 보면 중관사상을 가지고 정토사상을 피력하려고 노력한 부분이 많기 때문에 사론에 조예가 깊었던 것은 사실이다. 또 담란이 佛性을 연구하였다고 본다면 그는 "일체 중생은 다 불성이 있다."고 설한 『열반경』을 연구하지 않았나 생각된다. 이렇게 보면 담란은 사론과 『열반경』을 연구한 대학자로서 중관의 공사상과 불성에 조예가 깊다고 하지 않을 수 없다.16 이런 사상을 가지고 그는 自我에 대해 그의 저서인 『왕생론주』에서

'我一心'이란 천친보살이 스스로 읊은 말이다. 무애광여래를 마음속에 염하면서 안락세계에 태어나기를 원하는 것으로 마음과 마음이 서로 이어져 다른 생각이 사이에 섞이지 않는 것을 말한다. 묻건대 부처님 법 가운데는 나(我)라고 하는 것이 없다고 하였는데 여기에서는 무엇을 가지고 나라고 말하는가?

답하건대 我라는 말에는 세 가지 근본이 있는데 첫째는 邪見語17요, 둘째는 自大語18며, 셋째는 流布語19이다. 이제 여기서 나라고

---

16 이태원 저, 『염불의 원류와 전개사』 pp.287~290에 담란의 생애와 저서에 대해 자세하게 언급하였다.
17 삿된 소견에 국집된 我로, 나라고 하는 실체가 있다고 잘못된 견해에서 나오는 말이다.

말하는 것은 천친보살 스스로를 가리키는 말로써 流布語를 사용한 것이지 邪見語나 自大語가 아니다.[20]

라고 하였다. 여기서 말한 '我一心'이란 천친보살이 『왕생론』에서 한 말인데, 담란은 이 '나'라고 하는 것을 대승불교에서 없다고 하여 無我라고 하는데 내가 없다면 무엇이 극락세계에 왕생하는가 하고 의문을 제시하고 있다. 원래 이 "我"란 산스크리트어로는 ātman이라고 하는데 이것은 리그-베다(B.C 1500) 이래 사용한 말이지만, 브라흐만(B.C 1000~800)에서는 인간의 생명활동의 주체인 식(prāṇa, 氣息)으로 호흡의 뜻으로 사용하였다. 이것이 변하여 생명·자기·신체·다른 사람에 대한 自我·自我의 본질·本質自性으로 보고, 이것은 온갖 것의 근원에 내재해서 개체를 지배하고 통일하며, 독립되어 있는 영원한 주체를 의미하게 되었다. 즉 brahman에서는 언어·시력·청력 등 생명현상은 ātman에 의해서 통괄된다고 하였고, 또 이것을 prajāpati(造物主)와 완전히 동일시하기도 하고, 우파니샤트(B.C 800~600)시대에는 ātman이 우주를 창조하였다고 하였으며, 혹은 ātman은 個人我(小我)인 동시에 우주의 중심원리(大我)라고도 하고, 또 brahman의 梵(宇宙原理)과 ātman이 일체임을 구하거나, brahman

---

18 스스로 자기를 높여 부르는 말로 자만심에서 나오는 말이다.
19 세간 일반인들이 흔히 사용하는 말로 너와 나를 구별할 때 쓴다. 즉 일인칭 단수의 대명사이다.
20 대정장 40, p.827上.

과 ātman을 동일하게 보거나, 또 ātman만이 참된 實在이며 다른 것은 모두 māyā(幻)라고도 하였다. 이것이 대승불교에서는 我의 존재를 부정하여 無我說을 주장하게 되었고, 다른 한편에서는 我를 眞我·仮我·自我·五蘊我[21] 등 여러 가지로 표현하여 복잡하게 사용하게 되었다.

이렇게 '我'가 복잡하지만 『왕생론』에서 말하는 我를 어렵고 복잡하게 생각할 것이 없다. 천친이 말하는 '我'란 대승불교에서 말하는 '無我'가 아니고, 일반적으로 사용하는 상대적인 너와 나의 관계에서 말하는 단순한 나로 일인칭 대명사로 보았다. 즉 담란은 我를 세 가지로 분류하여 설명하고 있는데, 첫째는 '나'라고 하는 실체를 세워 그릇되게 집착하는 邪見語이요, 둘째는 스스로 자기를 높이 부르는 自大語이며, 셋째는 일반적으로 사용하는 流布語로 구분하여 설명하면서 천친이 말하는 "나"란 세 번째 유포어에 해당한다고 하였다.

이렇게 전제한 담란이지만 다음에 논할 왕생에 대한 문제를 보면 '나'라고 하는 존재에 대해 不一不異 空觀思想에 입각하여 천친의 '我'와 '왕생'을 해결하려고 하였음을 알 수 있다. 이제 이 '我'에 대해서 살펴보면 다음과 같다. 불교는 원시불교 후에 부파불교가 형성되면서 윤회의 주체가 각 부파의 중요한 논제로 등장하게 되었고, 대승불교에 들어와서는 無我說을 가지고 반야사상을 형성하여 대승불교의

---

[21] 色·受·想·行·識 등 오온으로 이루어진 나를 말한다.

발전을 이룩하게 되었다. 다시 말하면 無我理論과 輪廻理論은 불교 교리 가운데 없어서는 안 되는 커다란 논제이다. 무아이론을 버릴 때 불교는 더 이상 불교가 아니며, 윤회이론을 제거해 버릴 때 불교의 교리는 무너지고 만다. 그렇기 때문에 상반되는 이 두 이론 가운데 어느 한 가지도 버릴 수가 없다.[22]

먼저 윤회란 산스크리트어로 saṃsāra라고 하는데 이 말은 원래 'saṃ'의 '함께'한다는 말과 'sāra'의 '달리다'는 말이 합친 단어로 자기가 지은 업으로 인해 영혼이 다른 세계로 이동한다는 의미이다. 이것은 인도 고대의 사고방식의 하나로, 태어나는 사람은 반드시 죽어 자기가 지은 업과 함께 다른 세계로 달려가 태어나는 것을 끊임없이 반복한다는 것이다. 즉 이 몸을 버리면 다시 어떤 장소에서 다른 몸을 받는다는 이론으로 인도에서는 불교 이전 우파니사트에서 비롯된 사상인데, 불교에서는 미혹한 세계인 욕계·색계·무색계인 지옥·아귀·축생·아수라·인간·천상 등 6도를 돌아다니면서 생과 사를 반복하는 사상으로 정착되었다. 그렇기 때문에 생사를 되풀이하는 윤회는 고통을 받지 않으면 안 된다. 이 생사를 반복하지 않고, 죽고 태어나는 고통을 받지 않으려면 한 번 태어나 죽지 않고 오래 살면 될 것이다. 이 오래 살려고 하는 데서 세계의 종교는 발생했다고 본다. 즉 기독교에서는 오래 살기를 원하는 사상에서 '永生'이라고 하는 단어가 나왔고, 도교에서는 늙지 않고 오래 사는 '不老長壽'를

---

[22] 윤호진 저,『無我 輪廻問題의 硏究』에서 여러 가지 설을 인용하여 논하고 있다.

추구하며, 불교의 석존도 출가하기 이전 정반왕에게 "나에게 늙지 않고 병들지 않으며 결국 죽지 않는 법을 가르쳐 주면 출가하지 않겠습니다."고 말하였다. 이처럼 종교의 발단은 오래 살려고 하는 데서 비롯되었다고 볼 수 있다. 이것은 불교에서도 큰 명제로써 아함부 경전에서 천상에 태어나기를 바란다든가 대승불교에서 정토에 태어나기를 바라는 것은 다 '무량수'를 원한 것이라고 볼 수가 있다. 그러나 아함부에서 말하는 천상에 태어나는 것은 인간의 세계에서 사는 것보다 오래 살 수는 있지만 수명에 한계가 있으므로 수명이 다하면 죽어 언젠가는 죽는 고통이 따르지만, 정토교에서 말하는 극락세계에 태어나는 것은 영원한 생명을 가지고 죽지 않기 때문에 죽는 고통이 없다. 그래서 정토교에서 말하는 왕생이란 죽지 않고 헤아릴 수 없이 오래 살 수 있는 '無量壽國'에 태어나려고 하는 것이다. 다시 말하면 아함경전에 자주 등장하는 하늘에 태어난다는 生天思想이 발달하여 대승불교에서는 왕생사상이 되었다고 할 수 있다.

그러면 윤회설과 무아설의 관계를 어떻게 생각하면 좋을까? 먼저 윤회의 요소는 불교 이전의 사상에서는 아트만(Ātman), 불교에서는 自我[23]와 카르만(karman)[24]이다. 아트만이나 자아는 윤회하는 주체

---

[23] 베다에서는 아트만은 생의 호흡, 즉 바람을 가리키고 브라흐마나에서는 제사, 또는 제사의 결과에서 생긴 존재를 의미한다. 왜냐하면 제사는 살아있는 모든 존재의 조건이므로 모든 존재의 영혼으로서 아트만이라 하고, 사람들이 올리는 제물이 다른 세계에서 아트만이 되기 때문이다. 그래서 아트만은 불변의 존재가 아니지만, 자아는 실체적이고 항구적인 성질을

이고 카르만, 즉 業은 윤회의 주체를 윤회하게 하는 동력이다. 그러기 때문에 자아는 선업에 의해 좋게 되고 악업에 의해 나쁘게 되는 것으로, 선행을 하면 좋은 곳에 태어나고 악행을 하면 나쁜 곳에 태어나게 된다. 『증일아함경』에서는 "선을 행하면 선의 갚음을 받고, 악을 지으면 악의 갚음을 받는다. 악을 행하거나 선을 행하거나 그 사람의 익힘을 따르나니, 마치 오곡의 종자를 심어 제각기 그 열매를 거두는 것 같네."[25]라고 하였다. 다시 말하면 하나의 씨앗에 의해 열매가 맺게 되고, 이 열매가 다시 씨앗이 되는 것으로 이것을 반복하는 것이 윤회이다. 이러한 원리에서 윤회를 하지 않으려면 두 가지 방법이 나올 수 있을 것 같다.

첫째는 선업이든 악업이든, 아무 업도 짓지 않는 방법이다. 왜냐하면 업을 짓지 않으면 윤회하는 주체를 움직이는 동력이 없어지기 때문에 윤회를 하지 않는다. 그래서 선종를 대성시킨 혜능대사[26]는 "선도 생각하지 말고 악도 생각하지 말라."[27]고 했는지 모른다. 불교에서 추구하고 있는 해탈(mokṣa)[28]이란 이 업에서 벗어나는 것이라고

가진 個的인 영혼을 말하기 때문에 조금 의미를 달리 하고 있다.(윤호진 저, 앞의 책, pp.51~56을 참조할 것)
24 어원은 '하다, 완수하다, 생산하다, 준비하다, 만들다' 등의 의미를 가지고 있지만 중국의 역경사들은 業이라고 하여 '일, 행동, 행위'를 가리킨다.
25 대정장 2, p.826下.
26 중국 당나라 승려(638~713)로, 중국 선종 제6조이다. 중국 선종을 대성시킨 사람으로, 제5조 홍인대사로부터 법을 이어 받아 南頓禪을 선양하였다.
27 不思善不思惡 正與麽時那箇是明上座本來面目(『六祖大師法寶壇經』, 대정장 48, p.349中)

할 수 있다.

둘째는 윤회의 주체인 자아를 부정하는 것이다. 다시 말하면 윤회하는 주체가 없으면 어떠한 행위를 하여 무슨 업을 짓든 윤회라는 것이 있을 수 없기 때문이다. 사실 업을 짓는 것은 아트만이나 자아가 있기 때문이다. 그러므로 이 주체를 부정하면 업을 지을 수가 없다고 보아야 할 것이다. 이러한 맥락에서 보면 대승불교에서 주장한 무아설이 여기에 해당된다고 본다.

현재 존재하고 있는 나란 끊임없이 변하고 있는 물질적인 육체와 정신적인 집합체이다. 즉, 육체는 몇 개의 원소에 의해 이루어진 생물학적인 것으로 모였다가 인연이 다하면 흩어지는 것이고, 정신은 6根[29]이라고 하는 감각기관이 대상인 6境[30]과 접촉하여 6識이 끊임없이 발생하는 것으로 이것들은 나타났다가 사라지고, 사라졌다가 나타나고 하는 현상의 집합체라고 할 수 있다.[31] 그렇기 때문에 여기서 말하는 나인 육체와 정신은 영원히 존재하는 불변의 것이 아니고 있다가 없어지고, 없어졌다가 다시 생기는 것으로 "나(我)"라고 하는 것이 있을 수 없다. 이것이 초기의 無我說이다.

여기서 문제가 되는 것은 내(我)가 없는데 무엇이 윤회하고 하늘에

---

28 놓아주다, 해방되다, ~에서 벗어나다 등의 의미를 지니고 있다.
29 우리 육체에 있는 감각기관으로 불교에서는 감각할 수 있는 대상을 인식하는 근본 뿌리이기 때문에 6根이라 한다. 즉 眼根·耳根·鼻根·舌根·身根·意根 등은 대상인 6境과 접촉하여 6識이 나온다.
30 6근이 인식할 수 있는 대상인 色·聲·香·味·觸·法을 말한다.
31 윤호진 저, 앞의 책, pp.78~79.

태어나며 왕생하는가 하는 점이다. 그래서 無我說을 부정하지 않고 윤회의 주체를 인정하려고 하는 점에서 많은 이론이 나오게 된다. 그 한 예가 기원 후 2세기 중반에 성립된 『미린다왕문경』이다. 이 경전을 보면 "어릴 때의 어린애가 장성하여 어른이 된 사람과 같은가, 다른가? 죄를 범한 자와 죄를 범하여 손발이 잘린 벌을 받은 사람이 같은가, 다른가? 어떤 사람이 등불을 켠다면 그 등불이 밤새도록 탈 것이다. 그런데 초저녁에 타는 불꽃과 한밤에 타는 불꽃이 같은가, 다른가? 소에서 막 짜낸 우유와 이를 정제해서 만든 버터가 같은가, 다른가?[32]"라는 질문에 대해 나가세나는 "인간과 사물의 연속성은 이와 같아 生과 滅은 별개의 것이지만 순서에 따라 지속되고, 이러한 존재는 동일하지도 않고, 또 서로 다르지 않으면서 최종단계의 의식으로 포섭된다."[33]고 결론을 내려 윤회와 무아설이 모순되지 않다고 강조하고 있다. 다시 말하면 초저녁에 타는 불꽃이 새벽에 타는 불꽃과 같다고 볼 수 없기 때문에 이것은 無我說이다. 그러나 초저녁의 불꽃이 연속되어야만 새벽의 불꽃이 있을 수 있기 때문에 윤회설을 부정할 수 없다.

이러한 논리를 바탕으로 하여 唯識學의 입장에서 생각하면 지금 우리가 현재 생각하고 행동하는 나, 즉 앞에서 이야기한 6根과 6境 사이에서 일어나는 일시적인 정신작용의 업이 아뢰야식[34]에 저장되

---

32 대정장 32, p.698中의 내용을 축소하여 인용하였다.
33 대정장 32, p.698中의 내용을 축소하여 인용한 것임.
34 산스크리트어 ālaya의 음역으로 無沒識, 또는 藏識이라 번역하고, 제8식·本

어 있다가 어떠한 인연을 만날 때 연기가 시작된다. 이러한 阿賴耶緣起說35에 의해 보면 우리가 염불하여 왕생하는 것은 수행하는 공덕이 아뢰야식에 저장되어 있다가 임종시에 아미타불과 여러 성현들이 와서 맞이함을 만나 극락세계에 왕생하여 아미타불의 법문을 듣고 무생법인을 증득하게 된다. 무생법인을 증득하면 '生卽無生', '不一不異'의 도리를 깨닫게 되는 것이 중관사상에서 말한 최고의 진리이다. 역설적으로 이야기하면 현재 우리가 사고하고 있는 정신작용으로 수행한 가짜인 내가 왕생하여 영원히 변하지 않는 진짜인 나를 깨닫게 된다. 이것이 有의 입장인 瑜伽思想과 空의 입장인 중관사상을 회통하려고 한 담란의 無我理論이 아닌가 생각한다.

제2항 담란의 왕생관

담란은 왕생에 대해서

識·宅識 등 여러 가지 번역이 있다. 여기서 제8식이란 전6식(眼識·耳識·鼻識·舌識·身識·意識)과 제7末那識의 위에 있는 식이란 뜻이고, 無沒識이란 모든 법을 執持하여 잃어버리지 않는다는 뜻이며, 藏識이란 諸法展開의 의지할 바탕이 되는 근본 마음이라는 뜻이다. 중국에서는 이 아뢰야식이 번뇌에 의해 더럽혀진 妄識인가, 自性으로서 청정한 眞識인가에 대한 논의가 많이 일어났다. 즉 唯識宗에서는 妄識의 입장을 취하고, 地論宗에서는 眞識의 입장을 취하였다.

35 우리의 몸·입·뜻 세 가지에 의해 조작된 업인 선업·악업의 종자가 모두 아뢰야식 가운데 보존되어 있다가 그것이 나타날 인연을 만날 때에는 그로부터 다시 연기한다고 하는 설이다. 즉 我의 주체는 아뢰야식으로서, 이 識으로부터 一切有情인 각자의 자체와 밖의 세계인 器世間을 나타나게 한다는 것이 아뢰야연기설이다.

문기를, 大乘經論36 여러 곳에서 '중생은 필경에는 태어남이 없어 〔無生〕 허공과 같다.'고 설하고 있는데, 어찌하여 천친보살은 '태어나기를 원한다.'고 하는가?

답하기를, '중생이 태어남이 없는 것이〔無生〕37 허공과 같다.'고 말한 것에 두 가지가 있다. 첫째는 범부가 말한 것처럼 실제로 여러 번 태어나는 것〔衆生〕으로, 범부가 현실에서 태어나고 죽는 것을 보는 것과 같다. (그러나) 이 보는 것들은 결국에 있는 것이 아니기에 거북이 털과 같고 허공과 같다. 둘째는 모든 법은 인연38 으로 생겨나기 때문에 곧 이것은 태어나는 것이 아니며, 있는 것이 아니기에 허공과 같다. 천친보살이 '태어나기를 원한다.'는 生은 이 因緣生을 뜻한다. 인연의 뜻이기 때문에 假名으로 生이라 이름한 것이다. 범부가 실제로 여러 번 태어난다거나 생사가 있다고 말한 것과 같지 않다.

문기를, 어떤 뜻에 의해 왕생이라고 하는가?

답하기를, 이 세계에는 거짓으로 이름을 붙인〔假名〕 사람들39 가운

---

36 대승경전과 대승경을 해석한 논들을 말한다. 여기서는 반야경과 『대지도론』을 말하는 것 같다.

37 일체 현상은 그 본질에 있어서 실체가 없고 空하므로 태어나고 없어지는 변화가 없음을 말한다.

38 산스크리트어로는 hetupratyaya라고 하는데 因(hetu)과 緣(prayaya)에 의해 果(phala)가 생기는 것이다. 즉 내적인 직접 원인이 因이고, 외부에서 이를 돕는 간접적인 원인이 緣이다. 이것을 內因·外緣이라 하고, 親因·疏緣이라고도 한다.

39 이 세상 사람들을 말한다. 왜냐하면 이 세상 사람들은 실제로 영원히 존재하지 않고 無常에 의해 잠시 존재했다가 없어지기 때문에 仮名人, 즉 거짓으로

데 5념문을 닦는데 앞의 念은 뒤 염의 원인이 된다. 예토의 假名人과 정토의 假名人이 결코 하나가 될 수 없고, 결코 다르다고 할 수도 없다. 앞 마음과 뒤 마음도 또한 이와 같다. 왜 그런가? 만약 한 가지라고 한다면 곧 인과가 없는 것이고, 만약 다르다고 한다면 곧 상속하는 것이 아니다. 이 뜻은 『觀一異門論』40 가운데 상세하게 설명되어 있다.41

라고 하였다. 이 문답은 담란이 정토에 왕생하는 문제를 四論宗의 종주답게 『중론』과 『십이문론』 등의 설을 인용하여 空觀思想에 근거를 두고 해결하려고 한 것이다. 다시 말하면 정토사상에서는 극락세계에 왕생하는 자체가 有의 입장인데 반하여 공관사상에서는 왕생이 본래 없기 때문에 無의 입장이다. 이 두 가지 측면에서 천친이 왕생을 원하는 입장을 담란은 '生卽無生', 즉 '태어나는 것은 곧 태어나는 것이 아니다.'는 것으로 해결하려고 하였다.

여기서 말하는 '生卽無生' 가운데 태어난다는 生은 어떤 일정한 곳이 존재하고 거기에 태어나려고 하는 것이기 때문에 有에 대한 것이고, 태어나는 것이 아니다는 無生은 이 우주 법계 안에 어떤 세계가 영원히 변하지 않고 일정하게 존재하는 것이 아니기 때문에 마땅히 태어나야 할 곳, 즉 존재의 세계가 없을 뿐만 아니라 태어나야

잠시 이름을 붙인 사람들이라는 의미이다.
40 용수보살이 지은 『십이문론』 가운데 제6 「觀一異門」(대정장 30, p.164上~中)을 말한다.
41 대정장 40, p.827中~下.

할 필요성도 없기 때문에 空이다. 이 有와 空은 반대적인 입장을 가지고 있는데도 담란이 生과 無生을 일치시키려고 한 것은 『십이문론』에서 말하는 有相과 無相[42], 一과 異[43], 有와 無[44]를 空觀에 의해 해결한 용수의 영향을 받은 것이다. 또 여기서 주목해야 할 것은 용수는 空의 사상에 의해 많은 저서를 남긴 中觀의 사람이고, 『왕생론』을 지은 천친은 무착에 이어 有의 입장에서 모든 것을 해결하려 한 瑜伽의 사람이다. 이 천친의 有의 세계를 용수의 空思想으로 문제를 해결하려 한 것은 담란의 독특한 면이라 할 수 있다.

그러면 한 가지 예를 들어 설명해 보자. 여기에 한 물건이 있다고 가정을 하고 생각하면, 이 물건을 분해하여 極微粒子로 만들면 이 물건은 형체가 없기에 공이 될 것이다. 그러나 언젠가는 형체가 없는 공에서 어떠한 반연을 만나면 다시 하나의 물건이 형성되는 것이다. 다시 말하면 물은 수소 원자 두 개와 산소 원자 한 개로 이루어진 有의 존재이며, 이 물은 온도가 0℃이하로 내려가면 고체가 되고, 100℃ 이상 올라가면 수증기가 되며, 모나는 그릇에 담으면 모나게 되고, 둥근 그릇에 담으면 둥글게 되어 한결같이 일정한 모습을 간직하지 못하고 주위 환경에 의해 변할 뿐만 아니라, 인연이 다하여 수소 원자 두 개와 산소 원자 한 개로 분리되면 空이 된다. 그러나 어떤 계기가 되어 수소 원자와 산소 원자가 합하면 물이

---

42 第五 有相無相門(대정장 30, pp.163下~164上)
43 第六 觀一異門(대정장 30, p.164上~中)
44 第七 觀有無門(대정장 30, pp.164中~165上)

되기 때문에, 有가 空이 되고 空이 有가 되는 것이기에 有와 空은 다르지 않다. 이러한 입장에서 보면 生과 無生을 분리하여 생각하는 것은 소승이나 범부들이 생각하는 것이고, 대승에서는 生과 無生을 분리하지 않는 것이다.

아미타불은 無生法忍뿐만 아니라 모든 진리를 깨달은 부처님이다. 그리고 아미타불의 본원에 의해 이루어진 극락정토는 無生인 열반의 세계이기 때문에 담란은 왕생하는 것도 無生이라고 말하였을 것이다. 즉 우리 범부가 생각하는 것처럼 거짓되고 헛된 無常의 生과는 다르게 태어남이 없이 태어나는 '無生之生'이다. 담란은 생을 두 가지로 분류하였다. 첫째는 현실에서 일반 사람들이 생각하는 것처럼 실제로 태어나고 죽는 것을 인지하는 것인데, 이것은 꿈속에서 보는 현상과 같은 것이기 때문에 거북이 등에 없는 털과 같고, 허공이 텅 비어 없는 것과 같다고 예를 들어 설명하였다. 둘째는 이 세상 모든 것은 인연에 의해 생기는 因緣生인데 이것은 실로 영원히 존재하는 것이 아니기 때문에 본래 無生이다. 다시 말하면, 하나의 生이 진정한 생이라면 불변의 실체로 영원히 존재해야 할 것이다. 그러나 우리가 이 세상에 태어나는 것은 인연에 의해 태어나는 것으로 영원히 존재할 수 없어 언젠가는 없어지기 때문에 실체가 없는 허공과 같다고 하였다. 이 두 가지 중에 천친이 말하는 왕생이란 因緣生으로, 이것이 仮名으로 붙인 生이라는 것이다.

이 仮名의 生이 왜 중요한가에 대해서는 두 번째 문답에서 언급하고 있다. 여기서 이야기한 가명의 생이란 이 세상 사람들을 말하는 것으로, 이 세계 사람들은 천친이 주장한 5념문을 수행하여 왕생할 경우 현세에서 수행하는 것이 원인이 되어 목숨을 마치고 정토에 태어나는 결과를 얻는다. 즉 현세에서 수행하는 것이 前念으로 因이고, 정토에 왕생하는 것이 後念으로 果이다. 그런데 이 전념과 후념, 즉 예토의 仮名人의 5념문 수행(因)과 정토의 왕생(果)하는 仮名人의 관계는 결코 한 가지라고도 할 수 없고〔不一〕, 결코 다르다〔不異〕고도 할 수 없다. 왜냐하면 예토에서 수행한 공덕의 因으로 정토에 왕생하면 모든 업이 녹아 청정한 몸을 얻는 과보를 얻기 때문에 다르다. 즉 한 가지라고 한다면 예토에서 지은 많은 악업으로 많은 고통을 받고 괴로워하고 번민하는 몸과 마음이 그대로 정토에 이어져야 되는데 정토에서 즐거움만을 받는다는 것은 인과가 없게 되기 때문이다. 그렇다고 해서 만약 다르다고 한다면 예토의 신심과 정토의 신심이 別體가 되기 때문에 곧 상속하는 것이 아니게 된다. 그렇게 때문에 우리는 不一不異 空觀의 이치를 잘 이해해야 한다.

그리고 우리가 왕생하는 것은 지금 생각하고 있는 원소와 원소로 이루어진 이 육체와 6根과 6境 사이에서 일어나는 일시적인 정신작용이 실제로 왕생하는 것이 아니기 때문에 '無生之生'이니 '仮名生'이라고 하여 중관적인 無生과 정토적인 生을 표현하였다고 본다. 즉 왕생한 후 수행하여 무생법인을 증득하면 영원히 없어지지 않는 여래의 법신을 깨닫게 된다. 다시 말하면 본래 우리의 모습인 여래의 법신을 깨달으면 태어나는 것이 태어나는 것이 아니고, 윤회하는 것이 윤회하는 것이 아니며, 중생이 받고 있는 고통 속에 들어가 중생을 구제하지만 고통을 받지 않는다. 이러한 無生의 사상을 구체적으로 설명하기 위해 담란이 『왕생론주』 하권에서

묻기를, 앞에서 生이 無生인 줄 안다고 말한 것은 마땅히 이 상품으로 태어나는 사람이라야 할 것이다. 만약 하품하생의 사람이 십념을 의지해 왕생하는 것이 어찌 실제로 生을 취하지 않는 것이겠는가? 단 실제로 생이 있다고 국집한다면 곧 두 가지 국집이 일어날 것이다. 첫째는 아마도 왕생하지 못할 것이고, 둘째는 아마 왕생하더라도 다시 미혹을 일으키는 것에 떨어질 것이라는 것이다. 답하기를, 비유컨대 淨摩尼珠[45]를 흐린 물속에 두면 물이 곧 청정해지는 것과 같다. 만약 사람이 비록 한량없는 생사의 죄에 흐려져 있더라도 저 아미타여래는 다함이 없는 無生이며 청정하고 보배스러운 구슬과 같은데, 이 명호를 듣고 그것을 흐려진 마음속에 간직하면 생각생각 가운데 죄가 멸해지고 마음이 깨끗해져 곧 왕생할 수가 있다. 또한 이 마니주를 검거나 누런 비단에 싸서 물에 담그면 곧 물은 검어지거나 누렇게 되어 한결같이 물체의

---

[45] 이에 대한 것은 총설분의 묘색공덕성취와 해의분의 국토의 體相에서 언급하였기 때문에 여기서는 경과 논에 있는 이야기를 소개하는데 그치겠다. 『화엄경』에서는 "비유하면 구슬을 흐린 물속에 넣으면 곧 청정해지는 것과 같이 보리심의 구슬도 또한 이와 같이 일체 번뇌에 흐린 것을 제거한다."(대정장 9, p.777中)고 하였으며, 『대지도론』에서는 "세존이시여, 만약 물이 흐려 구슬을 물속에 넣으면 곧 청정해집니다. 이 구슬의 덕이 이와 같습니다"(대정장 25, p.477中)란 내용이다.

색46과 같다. 저 청정한 부처님 국토에는 아미타여래의 無上의 보배스런 구슬이 있어 이것을 무량한 장엄의 공덕성취라는 명주로 싸서 이것을 왕생할 사람의 마음에 던지는데 어찌 태어난다고 하는 견해를 바꾸어 태어남이 없다(無生)는 지혜로 되지 않겠는가!47

또한 얼음 위에 불을 피우는데 불이 맹렬하면 곧 얼음을 녹이고, 얼음이 녹으면 곧 불이 꺼지는 것과 같이 저 하품의 사람이 비록 법성이 無生인 줄 알지 못하더라도 단 부처님 명호를 부르는 힘으로 왕생의 뜻을 짓게 되며,48 저 국토에 태어나기를 원하면 저 국토는 無生의 세계이므로 生이라는 견해의 불이 자연히 없어진다.49

라고 하여 '氷上燃火'라는 비유를 들어 다시 한 번 '生卽無生'을 설명하고 있는 것은 그가 얼마나 중관사상에 입각하여 왕생의 문제를 해결하려고 했는지 알 수 있게 한다. 이러한 사상을 가지고 있는 담란이기

---

46 마니주를 싼 비단의 색이다.
47 극락정토에 계시는 아미타불을 위없는 보배 구슬이라고 한 것은 명호 자체가 정마니주 처럼 불가사의한 힘이 있다는 것이고, 또 정토의 장엄도 불가사의한 공덕을 성취시키는 힘이 있기 때문에 아미타불의 명호를 듣고 마음속에 간직하거나 장엄공덕을 관찰한다면 실제로 생사가 있다는 집착에서 벗어나 태어남이 없다는 無生의 지혜를 깨닫는다는 의미다.
48 아미타불의 명호를 부르는 힘에 의해 왕생할 수 있다는 것이다.
49 대정장 40, p.839上~中의 내용으로 이 의미는, 안락정토는 無生을 깨달은 세계이기 때문에 거기에 태어나기만 하면 마니주가 자연히 흐린 물을 깨끗하게 하는 것처럼 이 세계에서 실제로 태어나고 죽는다는 생각이 없어지고 무생의 진리를 깨닫게 된다는 것이다.

때문에 정토에 대해서도 '出有而有'⁵⁰라 하여 유와 무를 초월하여 존재한 것이 정토라 하였고, 正遍知에 대해서도 "아는 것이 없기 때문에 알지 못한 것이 없다."⁵¹라 하였으며, 중생에 대해서는 '無生無滅'⁵²이라고 하였으며, 法身에 대해서는 "법신은 色이 아니고 非色이 아님을 밝힌다."⁵³라 하였으며, 無碍에 대해서는 "생사가 곧 열반인 줄 알라."⁵⁴ 등으로 해석한 것은 중관적 입장에 의해서 본 것이라고 하지 않을 수 없다.

제4절 결론

이상으로 보면 담란은 반야의 空的인 입장에서 有의 입장을 택하여 정토신앙을 고취시켰다고 본다. 이러한 사상이 성립된 것은 용수보살의 영향이라고 할 수 있다. 그의 용수에 대한 마음 자세를 보면, 『往生論註』 서두에서 '謹案龍樹菩薩'⁵⁵이라고 한 것은 경건한 말로 용수를 지칭한 것으로 담란이 얼마나 용수를 존경하였는지를 엿볼 수 있다. 또 담란의 주된 사상인 정토사상을 피력하기 위해서 용수의 난행도와 이행도를 가지고 천친의 『왕생론』을 해석한 것은 용수의

---

50 대정장 40, p.830上.
51 以無知故不無知也(대정장 40, p.832上)
52 대정장 40, p.831中.
53 明法身非色非非色也(대정장 40, p.841中)
54 知生死卽涅槃(대정장 40, p.843下)
55 대정장 40, p.826上.

사상을 가지고 정토사상을 이해하려고 했다고 볼 수 있다.

또 그가 지은 『찬아미타불게』의 끝 부분에 '本師龍樹摩訶薩'이라고 찬양하면서 '南無慈悲龍樹尊 至心歸命頭面禮'라고 하여 귀의하면서 예배하는 것은 존경하는 마음을 최고로 표현한 것이라고 생각한다. 즉, 이것은 담란이 부처님 다음으로 존경하는 대상이 용수보살임을 알 수 있다.

그리고 이 영향을 받은 그는 용수보살의 空을 근본으로 하여 유가의 대두인 천친의 有를 잘 회통시켰다. 즉 담란은 용수의 中觀思想과 중국의 老莊思想 위에서 瑜伽의 大家가 지은 천친의 『왕생론』을 조화시켜 이해하려고 한 탁월한 견해를 보인 것이다. 다시 말하면 공과 유는 상반되는 아주 어려운 문제인데 이것을 잘 융화시켜 중국인들에게 정토신앙을 전파했다고 본다. 이러한 것은 담란만이 한 것이 아니라 중국정토의 창시자라 할 수 있는 여산혜원에게서도 엿볼 수 있다. 여산혜원이 반야대에서 행한 염불수행은 반야와 공사상 위에서 행해졌다고 볼 수가 있다. 초기 불교가 노자와 장자의 無爲自然思想과 대비하여 이해하려고 노력했던 格義佛敎처럼 정토신앙도 중국인들이 좋아하는 반야와 공사상 위에서 행해졌다고 보는 것이 타당할 것이다. 왜냐하면 승현[56]이나 도안[57]은 공사상을 연찬하다가 정토를 믿고 정토업을 닦은 사람이기 때문이다. 여기서 반야의 공과 정토의 유는 정반대적인 입장이다. 그런데 반야의 공을 연구한 사람

---

[56] 이태원 저, 『염불의 원류와 전개사』 pp.261~262 참조 바람.
[57] 앞의 책, pp.266~267 참조 바람.

이 인생의 마지막에는 有의 정토에 태어나기를 바란다는 것이 좀 이상하다고 볼 수 있다. 空은 이상적이며 법신의 자리에서 보는 세계이고, 有는 현실적이며 깨닫지 못한 범부의 입장에서 보는 세계이다. 젊고 패기 넘칠 때는 이상적인 공의 진리를 깨닫기 위하여 정진할 수가 있다. 그러나 공의 진리에 대한 見處가 보이지 않을 뿐만 아니라, 이에 대한 확신이 서지 않고 인생의 황혼기에 접어들어 죽음이 가까이 오는 것을 인식할 때는 무언가 다음 세계를 생각하지 않을 수 없다. 그래서 승현이나 도안, 그리고 혜원 등은 정토업을 닦지 않으면 안 되겠다고 생각했다. 이러한 맥락에서 보면 담란이 주장한 空의 中觀的인 사상에 기초하여 유인 정토사상을 주장한 것은 도안과 혜원의 영향을 받은 것이라고도 볼 수 있지만 도가사상에 물들어 있는 중국인들을 교화하기 위한 하나의 방편의 노력이라 할 수 있다. 즉 중국인들이 공통적으로 생각하는 사고방식이기 때문에 이들을 교화하기 위한 탁월한 발상에서 나온 것이 중관적인 입장에서 피력한 정토사상이라 할 수 있다.[58]

(『승가』 제20호, 중앙승가대학교 학생회, 2004년 8월 30일)

---

[58] 앞의 책, pp.255~286에서는 중국 초기 정토신앙을 자세히 분석하여 논하였고, 이보다 더 자세한 것을 알기를 원하는 사람은 이태원 저, 『왕생론주강설』을 참고하기 바란다.

제8장 천태종 지례의 정토수행관

제1절 서론

중국의 정토교는 후한시대 영제광화(靈帝光和)2년 179년에 지루가참이 『반주삼매경』을 번역한 것을 시초로 하여, 후에 초기 정토경전인 『평등각경』을 147~186년에 지루가참이 번역하였고, 『대아미타경』은 오나라 223~228년에 지겸이 번역해 내었으며, 후기 정토경전인 『무량수경』은 252년에 강승개가 번역하였고, 『무량수여래회』는 706~713년에 보리유지가 번역하고, 『대승무량수장엄경』은 991년에 법현이 번역하였으며,[1] 『관무량수경』은 유송시대에 강량야사가 번역하였고,[2] 『아미타경』은 요진시대에 구마라집이 번역하고, 『칭찬정토경』은 당나라 현장이 번역[3]하였다. 이렇게 번역된 경을

---

[1] 쯔보이 순애이 著, 이태원 역, 『정토삼부경개설』 p.33
[2] 위의 책, p.331 참고 바람.

보고 중국의 출가자와 재가자들 사이에 정토신앙이 뿌리를 내리게 되었다고 본다. 정토교를 신봉한 사람을 살펴보면, 서진의 무제시대 (265~274)에 죽었다고 한 궐공즉과 그의 제자들이 역사적으로 나타난 처음의 인물이라고 본다.4 그 후 가장 유명한 사람은 동진시대의 慧遠이다. 그는 남방 廬山에서 白蓮結社를 하여 대중과 함께 念佛三昧를 얻기 위해 정진하였는데 주로 『반주삼매경』에 의해 부처님을 친견하고 왕생하는 것을 기약하였다. 이것이 중국정토교의 주류라고 할 수 있다.5 이후 유송시대부터 정토신앙은 점차로 중국 각지에 전파되어 『무량수경』을 독송하는 수행이 행해졌고, 또한 아미타불상을 조성하고 탱화를 그려 사찰에 안치하여 본격적인 정토신앙을 하게 되었다. 이에 수반하여 北魏의 宣武帝時代에 보리유지는 천친의 『무량수경우바데사』6를 번역하였고, 담란은 이에 대해 註釋함과 동시에 용수의 『십주비바사론』의 難易二道說에 의해 他力本願을 주장하여 정토교의 본의를 비로소 천명하였다. 이로 인해서 북방 병주 지방을 중심으로 하여 정토에 태어나기를 원하는 사람이 다수 나왔는가 하면 周나라와 隋나라 시대에는 정토경전 본문에 대한 연구가 행해져 혜원·영유·길장·법상 등은 『무량수경』 및 『관무량

---

3 위의 책, p.489 참고 바람.
4 『용서증광정토문』 대정장 p.47, p.266上. 『염불삼매보왕론』 대정장 47, p.140 中. 『법원주림』 대정장 pp.53, 616中. 중국초기에 염불을 신앙한 사람에 대해서는 이태원 著, 『염불의 원류와 전개사』 pp.255~270에 열거되어 있음.
5 여산혜원에 대한 것은 앞 장 "중국 초기 정토신앙"에서 자세히 다루었다.
6 일명 『왕생론』이라고 한다.

수경』에 대한 소를 지었고, 또 지의·도작·지엄·가재 등은 각각 정토 사상에 대한 자기의 소신을 책으로 발표하여 佛身과 佛土에 대해 논하여 정토교 사상을 드날렸다. 당시 地論宗 및 다른 학파에 속하는 사람들 가운데서도 많은 사람들이 정토신앙으로 기울어졌다.

한편 정토를 신앙하는 사람이 많아짐으로 인해 당나라 시대 禪宗에서는 정토에 대해 비방하게 되는가 하면 반대로 이를 옹호하려는 淨土家가 나오게 되었다. 한 예로 開元 초기 혜일은 인도로부터 돌아와서 당시 선가의 무리가 정토신앙은 오직 어리석은 사람들이 하는 方便虛妄說로 보는 견해를 통렬하게 반박하여 염불왕생의 긴요함을 주장하였을 뿐만 아니라 스스로 한 파를 만들었다. 이것을 승원·법조·비석 등이 계승하여 염불삼매가 위없이 깊고 묘한 禪門이 된다고 하면서 참선하는 무리들은 我慢心만 높다고 배척하였다. 이때 참선하는 사람들 가운데는 이 말에 공조하는 사람들이 생겨나 5祖門下의 宣什과 같은 이들은 南山念佛禪宗이라는 파를 창시하였고, 6조문하의 南陽慧忠은 行解兼修를 주장하였으며, 법안종의 적손인 영명연수 시대에 이르러서는 空有相成의 이치를 천명하여 크게 선정쌍수의 중요함을 고취하였을 뿐만 아니라 스스로 일종의 선풍을 일으켰다.

그리고 송나라 시대에는 天衣義懷·慧林宗本·姑蘇守訥·長蘆宗賾·黃龍死心·眞歇清了 등이 모두 정토 業을 닦았으며, 또 在家者로서는 陽傑·王古·江公望·王闐·王日休 등이 참선과 정토수행을 兼修한 것은 그의 유풍을 계승한 것이라 할 수 있다. 그리고 천태종에서도 정토에 대한 많은 신앙자가 나와 정토의 뜻을 해석하였다. 그 가운데 송나라 시대에 유명한 사람은 行靖·澄彧·義通·源淸·文備·遵式·知禮·智圓·仁岳·從義·擇瑛·宗曉 등으로, 이들은 『관무량수경소』와 『아미타경소』 등 다른 정토관계 경전에 대한 주석서를 지어 교지를 천명하였다. 이 가운데 사명지례의 『觀無量壽經疏妙宗鈔』는 가장 유명한 것으로 그가 주장한 約心觀佛說은 일종의 천태사상과 정토사상을 융합한 설로써 옛날부터 천태종에서 중시되어 왔기 때문에 본 논문에서는 이 지례의 정토 수행관이 어떤 것인가를 다루고자 한다.

제2절 지례의 생애

지례는 중국의 四明 사람으로 성은 金氏이고 字는 約言이며, 아버지는 經이고 어머니는 李씨로 宋나라 태조 建隆元年(960)에 태어나 일곱 살 때 어머니를 잃고 슬픔에 의해 울음이 끊어지지 않았다고 한다. 그리하여 지례는 어린 나이에 출가하여 열다섯 살 때 구족계를 받고 오로지 계율에 대한 것만 배웠고, 대평 홍국4년(979) 나이 20살에는 義通을 따라 天台의 敎觀을 배워 의통을 대신하여 경을 강의할 정도였다고 하니 지례의 총명함을 엿볼 수 있다. 988년에 의통이 입적하자 인해 순화2년(991)에 청에 의해 乾符寺에 4년간 주석하다가 至道元年(995) 保恩院으로 옮겨 살면서 천태사상의 부흥을 기도하였다. 咸平3년에는 자기가 사는 지방에 큰 가뭄이 들어

慈雲과 더불어 光明懺을 닦으면서 비가 오기를 3일간 기도하였지만 비가 오지 않자 한쪽 손을 태워 부처님께 공양하면서 참회하는 행사가 끝나기 전에 큰비가 내렸다고 한다. 이러한 것에서 지례의 깊은 신심과 修行力을 엿볼 수 있다. 咸平6년(1003)에는 일본이라는 나라에서 源信7의 問目二十七條를 寂照가 가져온 것을 보고 그에 대한 答釋을 지은 것은 천태사상에 대한 중국과 일본 사이에 교류가 빈번하였음을 알 수 있다. 大中 祥符2년(1009) 4월에는 보은원을 낙성하였고, 다음해 10월에는 延慶寺란 절의 현판을 하사 받았으며, 4년 7월에는 十方傳敎住持의 道場이 되었고, 6년(1013) 2월 연경사에서 처음으로 念佛施戒會를 만들어 매년 이를 수행하였다. 이 회는 이른바 萬人會로서 먼저 발기자 210인을 정하여 한 사람 당 48인을 모집하게 하였고, 각 사람이 매일 부처님의 명호 천 번을 불러 그 수를 기록하여 매년 2월 15일에는 기록한 것을 손에 들고 절에 모였다.

---

7 天台宗의 승려로 『往生要集』의 저자로 유명하다. 大和國葛下郡當麻鄕의 卜部 正親의 아들로 天慶5년(942)에 태어났다. 어머니가 高尾寺의 관음보살님께 기도하여 태어났다고 한다. 7살 때에 아버지와 死別하고 延曆寺 浪源座主의 문하에 들어가 13살에 削髮하고 수계하면서 源信이란 이름으로 고쳤다. 15살 때에는 村上天皇의 칙명으로 강사가 된 것을 기뻐하여 어머니는 名利를 바라지 않는 승려가 될 것을 원했다고 한다. 그 후 그는 대장경을 다섯 번이나 읽고, 天台의 因明, 俱舍學을 배웠다. 空也에게 極樂往生의 道를 묻고 42세에 어머니가 돌아가심을 보고 300회 염불하여 왕생케 하였다고 한다. 永觀2년(984) 11월에 『往生要集』을 쓰고, 많은 佛像을 조성하여 38個所에 안치하였고, 『彌陀經略記』・『一乘要訣』・『法要門』・『對俱舍抄』・『因明相違釋』 등 70부 150권이라는 많은 저술을 남겼다. 그는 寬仁元年(1017) 병들어 누워 있으면서도 사람들의 질문에 대답하고 6월 10일 76세로 입적하였다.

또한 淨財 四十八文을 갹출하게 하였고, 사망자가 있으면 그 성명을 가지고 절에 와 그를 위해 회에 모인 사람들 모두가 염불 천 번을 하여 그 사람 죄가 소멸되어 왕생하기를 기원하였다. 大中 祥符7년(1014) 9월에는 『觀經融心解』를 지어 一心三觀을 해석하고 네 가지 정토의 뜻을 밝혔다. 그리고 天禧 元年(1019) 그는 異聞 등 10인과 함께 3년을 기약하여 法華懺을 수행하고 기한이 차면 몸을 불살라 『법화경』에 공양하여 정토에 왕생하려고 원을 세웠다. 이 소식을 들은 翰林學士 楊億은 그의 道風을 우러러 紫袈裟를 하사하면서 수차례에 걸쳐 서찰을 보내어 몸을 불살라 공양하는 것을 그만 두기를 간청하였고, 또 군수 李夷庚과 遵式 등이 간절히 그만 둘 것을 청하여 마침내 그 뜻을 바꾸었다. 그는 法智大師라는 휘호를 하사 받은 후 天聖5년(1027) 12월에 『光明文句記』를 짓고 다음해(1028) 정월 첫날에 光明懺을 시작하여 5일 동안 結跏趺坐하고 아미타불 명호를 부르기를 수백 번 한 후 세수 69세, 法臘 54세로 입적하였다. 세상에서는 그를 四明尊者 또는 사명대사라고 부르며 존경하였고, 중국 천태종의 제17조로서 천태종을 중흥한 조사라고 한다.

지례는 평생 강의와 禮懺을 많이 하였는데 강의는 『法華玄義』 7번·『法華文句』 8번·『摩訶止觀』 8번·『大般涅槃經疏』 1번·『淨明經疏』 2번·『金光明經玄疏』 10번·『觀音別行玄疏』 7번·『觀無量壽佛經疏』 7번 등과 이밖에 金剛錍·止觀義例·十不二門·始終心要 등 헤아릴 수 없이 많이 했으며, 禮懺은 法華懺을 30일 기약하여 수행하기를 5번·金剛明懺法을 10일 기약하여 20번·17일을 기약한 彌陀懺

法을 50번·49일 기약한 請觀音懺을 8번·21일을 기약한 大悲懺을 10번·10명의 승려와 結社하여 法華懺을 3년·10명의 승려를 청하여 大悲懺을 3년간 하였다. 또한 그는 세 손가락을 태워 부처님께 공양하였고, 아미타불상·관음보살상·대세지보살상과 그리고 天台祖師像을 20여 구 조성하였으며, 天台敎乘을 인쇄하고 서사하여 유포한 것이 만여 권에 달하며, 이밖에 사찰과 건물을 건축하였다. 그의 저술은 아주 많다. 그 가운데 주요한 것만을 열거하면 『金光明經文句記』 6권·『觀音玄疏記』 4권·『十不二門指要鈔』 2권 등 무려 20여 부에 달하며, 이 가운데 정토와 관련이 있는 것으로는 『觀無量壽經疏妙宗鈔』 6권과 『觀無量壽經融心解』 1권이 있다. 그 중 『묘종초』는 천태의 『관경소』를 상세히 해석한 것으로 천희5년(1021)에 찬술한 것이며 그의 말년의 역작이다.[8] 대개 천태의 『관경소』는 智顗가 직접 지은 것이 아니고 당나라 시기에 그를 좋아한 사람이 擬托한 것이라고 하는 것이 오늘날 정설로 되어 있다. 그러나 의통을 비롯하여 행정·원청 등은 다 이를 믿고 그에 대한 解釋書를 지었고, 지금 지례도 이에 대해 자세히 해석하여 그 글의 뜻에 기초하여 約心觀佛의 새로운 설을 주장하였다. 天台智顗 『관경소』가 眞撰이든 僞撰이든 불문하고 이것은 天台宗에서 나온 책임은 분명하기 때문에 그것은 천태종에서 본 淨土觀이고, 또 지례가 이 책에 근거하

---

[8] 지례의 생애와 업적에 대해서는 『佛祖統紀』 권제8(대정장 49, pp.191下~194中), 『불교대사전』(望月信亨 著) pp.3739~3940, 이태원 譯, 『중국정토교리사』(望月信亨 著) pp.347~348.

여 정토사상을 피력한 것은 지례의 평소 사상이라고 생각되기 때문에 이 책의 정토 수행관은 그의 본의라고 할 수 있으므로 본 논문에서는 『묘종초』를 근거하여 그의 정토 수행관을 다루고자 한다.

제3절 淨土修行觀

앞에서 이야기하였지만 지례의 정토사상을 엿볼 수 있는 것은 『觀無量壽經疏妙宗鈔』6권이다. 이 책은 그가 입적하기 7년 전인 천희5년 (1021)9, 즉 그의 인생 말년에 찬술한 것이기 때문에 그의 평생의 사상이 담겨져 있을 뿐만 아니라 인생의 廻向思想을 엿볼 수 있다고 본다. 그는 『법화경』을 위주로 한 천태종의 中興祖이지만 입적하기 전 아미타불의 名號를 수백 번 불러 회향한 것은 天台敎學을 연구한 敎學者로서 신앙은 정토에 왕생하기를 원하는 염불 수행자라고 보지 않을 수 없다. 지례는 이 책 1권 서두에서 天台智者大師가 『관무량수경소』를 지으신 것은 진실로 사람들을 연민히 여기신 정이 깊을 뿐만 아니라 이 정토사상이 시기에 적절하기 때문에 중생들로 하여금 妙觀으로 修心하여 네 가지 정토10를 感得하기 위해서라고 하면서, 자기는 천태의 이 깊은 원을 따라갈 수는 없지만 마음으로 부처님을 생각하는 卽心念佛, 혹은 約心觀佛을 주장하기 위해 天台의 疏를 해석한다고 한 것은 그의 정토사상을 한마디로 표현한 것이라고

---

9 天禧五年 歲在辛酉 重陰陽日下筆故序(대정장 37, p.195上)
10 凡聖同居土・方便有餘土・實報無障礙土・常寂光土 등이다.

본다.11

다시 말하면 그는 『관경』에서 설한 16관법은 "圓敎의 不可思議한 妙觀을 밝힌 것으로 이것은 즉 극락세계의 依報와 正報의 경계에 의지해 心性을 觀하면 心性을 나타내기 쉽다."12고 하였다. 이것은 觀法에 의지하여 중생이 본래 구족한 心性을 깨닫는 것으로 約心觀佛說이다.

다음으로 지례의 心性觀에 대해 알아보도록 하겠다. 지례는 『묘종초』에서

> 중생의 性德인 부처는 자기도 아니고 남도 아니며, 因도 아니고 果도 아니며, 즉 圓常大覺의 體다.13

고 하여 중생들이 가지고 있는 性德 그 자체를 부처로 보고, 이 부처는 能所와 因果가 끊어진 원만하고 항상 존재하는 大覺의 體라고 하면서 『기신론』14의 "覺의 뜻이란 즉 마음의 근본으로 마음을 여읜 염[離念]이다. 이 離念의 相은 虛空界와 같아 두루하지 못할 곳이 없으며, 법계는 하나의 모습이면서 그것이 곧 여래의 常住法身이니, 이 法身에 의해 本覺이라고 부른다."15는 설을 인용하여 보충 설명하

---

11 대정장 37, p.195上.
12 觀彼依正 依正可彰託彼依正觀於心性 心性易發(앞의 책, p.195中)
13 所謂衆生性德之佛 非自非他 非因非果 卽時圓常大覺之體(위의 책, p.195上)
14 대정장 32, p.576中.
15 常住法身이 대정장 본문에 平等法身으로 되어 있다.(대정장 37, p.195上)

고 있다. 이것은 우리가 본래 소유하고 있는 眞如를 말하는 것으로 『기신론』에서 "心性이란 생기지도 않고 멸하지도 않는데 일체 모든 법은 오직 妄念에 의해 차별이 있다. 만약 妄念을 여의기만 하면 일체 경계의 모습도 없다. 그렇기 때문에 一切法은 본래부터 言說의 모습을 여의었으며 名字의 모습을 여의었고, 마음으로 반연하는 모습을 여의어 필경에는 평등하여 변하고 달라짐이 없어 파괴할 수도 없다. 이것은 오직 이 一心이기 때문에 眞如라고 한다."16는 사상을 그대로 이어 받아 心性觀을 확립하였다고 볼 수 있다. 그래서 지례는 心性에 대해

> 말한 바 心性이 일체 법을 갖추고 일체 법을 짓는다고 한 것은 실로 능히 갖추어야 할 주체도 없고 갖추어야 할 대상도 없으며, 능히 지어야 할 주체도 없고 지어야 할 대상도 없는 것으로, 곧 이 마음이 法이며, 법이 이 마음이다. 능히 지어야 할 인연 및 지어야 할 법이 다 이 心性이다.17

라고 하여 心性에는 모든 것이 갖추어져 있어 짓는 주체도 없을 뿐만 아니라 어떤 대상을 지어야 할 것도 없는 能所가 끊어진 상태로서 본래 우리고 가지고 있는 마음이라고 하였다. 이러한 것은 신라시대 원효의 저서 『兩卷無量壽經宗要』에서도 엿볼 수 있다.

---

16 대정장 32, p.576上.
17 대정장 37, p.195中.

중생의 心性은 融通하여 걸림이 없어 크기는 허공과 같고 맑기는 큰 바다와 같다. 虛空과 같기 때문에 그 體는 평등하여 차별의 모습을 가히 얻을 수 없으니 어찌 깨끗하고 더러운 곳이 있겠는가. 큰 바다와 같기 때문에 그 성품은 물처럼 부드럽고 적시어 반연을 따르는데 거슬리지 않으니 어찌 움직이고 고요한 때가 있으리요. 혹은 塵風에 의해 五濁[18]에 빠지어 윤회하면서 깊은 고통의 바다에 오랫동안 흐르고, 혹은 善根을 입어 四流[19]를 끊고 돌아오지 않고 피안에 이르러 영원히 고요하다. 이와 같이 움직이고 고요한 것은 큰 꿈에 불과하다. 깨달음에서 말하면 彼此가 없어 淨土와 穢土가 본래 一心이다. 云云[20]

라고 한 것은 『기신론』의 영향을 받은 것으로 지례와 같은 입장이라고 본다. 원효는 이 一心이 動寂이 끊어진 상태인 줄 알려고 한다면 善根을 부지런히 수행하여야만 얻을 수 있다고 하면서, 석가모니 부처님은 이 세계에서 五惡[21]을 훈계하시고 아미타불은 안양의 세계에 계시면서 三輩[22]에 태어나기를 인도한다고 강조한 것 역시 지례와 같은 사상으로, 순수한 淨土家가 아니더라도 정토수행을 한 사람이 중국과 한국에 많이 있었음을 엿볼 수 있다.

---

18 劫濁·見濁·煩惱濁·衆生濁·命濁 등이다.
19 欲爆流·見爆流·有爆流·無明爆流 등이다.
20 대정장 37, p.125下.
21 殺生·偸盜·淫行·妄語·飮酒 등 다섯 가지를 하지 않는 것.
22 上輩·中輩·下輩 등이다.

다음은 지례의 관법은 어떤 것인가를 규명해 보자. 이렇게 『기신론』의 영향을 받은 지례는 眞如인 一心의 상태를 알기 위해서는 끊임없는 정진을 하여야만 하는데 『관경』에서 설한 열여섯 가지 觀法에 의해서만 가능하다고 전제하고 있다. 즉 觀法은 圓敎의 不可思議한 妙觀을 밝힌 것이라고 단적으로 표현한 것은 『관무량수경』의 위치를 높이 본 것으로 觀法이 성불하는 지름길이고, 이 관법에 의해 중생이 본래 具足한 心性인 眞如를 통달할 수 있다고 단언한 것이다.

천태(538~597)[23]의 『觀無量壽經疏』에서는 "이 관경은 마음으로 관하는 것을 宗으로 삼고 實相을 體로 삼는다. 말씀하신 佛說觀無量壽의 佛은 이 所觀의 殊勝한 경계다."[24]고 한 것을 지례는 能觀과 所觀으로 나누어 설명하고 있다. 즉 能觀을 一心三觀[25]이라 하고

---

23 중국 수나라 시대의 승려로 천태종을 開祖한 사람이다. 18세에 상주 과원사 法緖에게 출가하였고, 惠曠에게 律學과 大乘敎를 배웠으며, 560년 대소산에 들어가 慧思에게 心觀을 받고, 38세에 천태산에 들어가 수선사를 창건하고 법화경을 중심으로 불교를 통일하여 천태종을 완성하였다. 그리고 천태산 석성사에서 나이 60세로 입적하였다. 그는 『法華玄義』・『法華文句』・『摩訶止觀』・『觀音玄義』・『金光明玄義』・『金光明文句』・『觀無量壽經疏』 등 30여 부의 많은 책을 저술한 대학자이다.

24 此經心觀爲宗 實相爲體 所言佛說無量壽佛者 佛是所觀勝境 擧正報以收依果云云(대정장 37, p.186下)

25 空觀・假觀・中觀을 말하는 것으로 자기의 一心妄心 위에 三諦를 따로따로 하지 않고 동시에 관하는 방법이다. 즉 空諦・假諦・中諦는 서로 다른 것에 관계없는 但空・但假・但中이라 하지 않고, 이 셋이 서로 圓融無礙한 것이라 하여, 이것은 卽空・卽假・卽中이라 관하는 것이다. 이것을 천태종의 정의로

所觀은 三諦26―境이라 하였다. 이 一心三觀이란 일심으로 空27 ·
假28 · 中29 세 가지를 관하는 수행법인데 이것을 圓融三觀이라고도
하며, 不可思議三觀 혹은 不次第三觀이라도 한다. 이것은 본래 천태
가 지은 『마하지관』에서 주장하는 중요한 하나의 修行方法이다.
『마하지관』에서

> 만약 法性이 無明과 합하여 一切法과 陰界 등이 있다면 곧 이것은
> 俗諦이며, 一切 界와 入이 이것이 하나의 法界라면 바로 이것은
> 眞諦다. 하나도 아니고 일체도 아닌 이것은 中道第一義諦가 된다.
> 이와 같이 널리 一切法에 두루한 것에는 不思議한 三諦가 아닌
> 것이 없다. 云云 만약 一法이 一切法이라 하면 이것은 인연으로
> 생긴 법으로 假名이 되며 假觀이다. 만약 一切法이 곧 一法이라면

삼는다.
26 모든 존재는 집착하는 중생의 마음에서 일어나는 것처럼 실체가 없는 空無한
존재인 것을 空諦라 하고, 모든 존재는 실체가 없기 때문에 인연에 의해
얼마동안 존재하는 것을 假諦라 하며, 모든 존재는 일면적으로 생각하는
것과 같은 空과 假를 넘어선 절대의 것으로 그 본체는 言說思慮의 대상이
아닌 것을 中諦라 한다. 여기서 말하는 三諦란 觀해야 할 객관의 대상으로
본 것이다.
27 空觀으로 모든 존재는 집착하는 중생의 마음에서 일어나는 것처럼 실체가
없는 空無한 법인 空諦를 관하는 것.
28 假觀으로 모든 존재는 실체가 없기 때문에 인연에 의해 일어나 얼마 동안
거짓으로 존재한다고 하는 법인 假諦를 관하는 것.
29 中觀으로 모든 존재는 일면적으로 생각하는 것과 같은 空과 假를 넘어선
절대의 것으로 그 본체는 言說思慮의 대상이 아닌 법인 中諦를 관하는 것.

'나는 바로 곧 이것이 空이라고 설한다'는 空觀이다. 만약 하나도 아니고 일체도 아니라고 하면 바로 이것은 中道觀이다. 하나의 空이 一切의 空이라면 假이면서도 中으로 空 아닌 것이 없으면 모두 空觀이고, 하나의 假가 一切의 假라면 空이면서도 中으로 假 아닌 것이 없으면 모두 假觀이며, 하나의 中이 一切의 中이라면 空이면서도 假로 中 아닌 것이 없으면 모두 中觀이다. 즉 中論에서 설한 不可思議 一心三觀이다.30

고 하였고, 『유마경현소』에서는

一心三觀을 밝히면 바로 이 圓敎의 利根 보살들이 修習할 곳이다. 왜냐하면 不思議한 마음의 이치는 甚深하고 微妙하여 그 觀慧의 문은 알기 어렵고 들어가기 어렵다. 이제 이 一心三觀을 세 가지 뜻으로 밝힌다. 첫째는 觀하는 대상의 不思議한 경계를 밝히고, 둘째는 能觀인 三觀을 밝히며, 셋째 證得하여 성취하는 것을 밝힌다. 첫째, 不思議한 觀하는 경계를 밝힌다는 것은 一念 無明의 마음이 인연으로 생기는 十法界로 경계를 삼는다. ······中略······ 둘째, 能觀을 설명하면 만약 이 一念 無明의 마음이 空도 아니고 假도 아니라고 관하여 일체 모든 법 또한 空과 假가 아니며, 더욱이 능히 마음의 空과 假를 알면 즉 일체 법이 空과 假임을 비추는 것이다. 이것이 一心三觀이 원만히 비추는 三諦의 이치로 癡愛를

---

30 대정장 46, p.55中.

끊지 않고 모든 明脫[31]을 일으킨다. 만일 물이 깨끗하면 구슬의 모습이 나타나듯이 이것이 觀行에 卽한 것이다. 셋째, 증득하여 성취한다는 것은 一心三觀을 證得하면 곧 이 一心이 三智[32], 五眼[33]이다.[34]

고 한 이것을 그대로 이어 받은 사상이라 하지 않을 수 없다. 여기서 말한 一心이란 일상적으로 일어나는 미약한 妄心으로 이것은 時時刻刻 우리들 마음속에서 일어난다. 이 妄心 그대로가 空이고 假이고 中이라고 관하는 법이다.[35] 다시 말하면 이 미약한 妄心 그대로가 절대적인 법이 아니라고 觀想하는 一心三觀의 수행법에 의해 속히 성불할 수 있다고 한 것은 천태의 영향을 받아 지례가 주장하였다고 본다. 또 天台가 "三諦의 이치를 믿는 이것은 과거·현재·미래의 모든 부처님들의 어머니고, 능히 모든 十力과 無畏解脫三昧가 생기게 한다."[36]고 하고, 또 "一心三觀을 一切種智"[37]라고 하였으며, 三諦

---

31 愚癡를 여의는 것을 明이라 하고, 貪愛를 여의는 것을 脫이라 한다.
32 첫째 보살이 중생들을 교화할 때 世間·出世間·有漏·無漏의 도를 말하는 지혜를 道種智라 하고, 둘째 모든 법의 총체적 모양을 아는 지혜를 一切智라 하며, 셋째 모든 존재에 대하여 평등의 처지에서 다시 차별의 相을 세밀히 아는 지혜를 一切種智라 한다.
33 肉眼·天眼·慧眼·法眼·佛眼 등이다.
34 대정장 38, pp.528下~529上.
35 대정장 46, p.84下.
36 信三諦理是三世佛母。能生一切十力無畏解脫三昧(대정장 46, p.89中)
37 위의 책, p.84中.

에 대해서는 "卽空卽假卽中不思議三諦"[38]라 한 것은 얼마나 三觀을 중요시하였는지 알 수 있다. 이렇게 천태에게 一心三觀의 영향을 준 것은 그가 말한 대로 용수보살이 지은 『中論』[39]이라 생각된다. 천태의 영향을 받은 지례가 이 空·假·中이 주관적인 마음에서 일어나는 것을 一心三觀이라 하고, 주관적인 마음이 觀해야 할 대상을 三諦一境이라 분류한 것은 천태의 학설을 그대로 이은 것이라 할 수 있다.

지례의 학설을 한마디로 말하면 心觀이다. 이 心觀의 중요성이란 우리들의 일심은 본래 모든 부처님의 德性이 갖추어져 있기 때문에 마음으로 관하면 부처님의 모습이 나타난다는 것이다. 이제 일심으로 아미타불과 극락정토를 관하는 攀緣에 의해 우리들의 심성에 薰習되면 우리들의 심성에 갖추어진 아미타불과 극락정토가 발현되는 것이다. 이러한 사상이 발전하여 후대에 自性彌陀니 自性淨土의 사상이 등장하게 되었다고 본다.

그러면 여기서 觀해야 할 대상으로 正報인 아미타불과 依報인 극락정토에 대해 지례의 생각을 살펴보자. 먼저 아미타불의 성불에 대해

一心三觀에 의해 三身을 이루신 것으로 化主[40]도 그렇게 하였고,

---

38 위 註와 동일.
39 즉 '中論에서 설한 不可思議 一心三觀이다'고 하였다.(대정장 46, p.55中)
40 아미타불을 교화하는 주인으로 봄.

聖衆[41]들도 그렇게 하였다. 正報가 妙한데 어찌 依報가 거칠겠는가![42]

라고 하였다. 이것은 아미타불도 一心三觀에 의해 성불하였다는 것이며, 극락세계에 있는 대중들도 아미타불과 마찬가지로 일심삼관에 의해 정토에 태어났다는 것이다. 여기서 法藏比丘가 아미타불이 된 것은 『무량수경』에서 48원을 세워 수행하여 성불하였다고 설한 것과 달리 一心三觀으로 보는 견해는 문제가 있는 것으로 볼 수 있지만 정토경전에서는 본원적인 입장에서 말한 것이고, 지례는 천태사상을 가지고 수행적인 측면에서 해결하려고 하였다고 본다. 그리고 지례는 아미타불을 別敎로 보면 報身이고 圓敎로 보면 法身이라 하여 중국의 정토가인 도작[43]이 아미타불을 단순히 報身으로 보는 것과는 달리하였는데, 도작은 48원에 의한 수행의 결과 보기 때문에 보신으로 본 것이며 지례는 아미타불의 본 자리를 법신으로 보고 이타적인 입장에서 법신으로 나누었다고 볼 수 있다. 그리고 지례가 『관경』에서 말한 팔만사천 상호를 가진 부처님은 『화엄경』에

---

41 극락세계에 있는 대중들을 말함.
42 대정장 37, p.206中.
43 도작은 담란이 입적한지 20년 후인 562년 담란과 같은 幷州汶水 지방에 태어나 14살에 출가하여 『대반열반경』을 연구하여 24번이나 강설하고, 605~617년 사이에는 石壁谷 현충사에 가서 담란의 碑文을 보고 감동하여 涅槃宗을 버리고 淨土門에 들어가 날마다 7만 번씩 부처님 명호를 불렀다. 그는 645년 84세로 현충사에서 입적하였으며, 저서로는 『안락집』 2권이 있다.

서 말한 華藏世界44에서 여러 가지 상호를 갖춘 것보다 殊勝하며 오직 圓頓性45을 갖추었다46고 한 것은 아미타불을 한층 더 높이 평가한 것이다. 다시 말하면 지례가 아미타불을 別敎와 圓敎에서 보면 입장이 다르다고 本性과 利他의 자리에서 밝힌 것이며, 아미타불을 여러 가지 상호를 갖춘 華藏蓮華藏世界의 부처님보다 殊勝하다고 한 것은 아미타 부처님에 대대 한층 높게 평가한 것이다. 이것은 아마도 정토 수행자로 하여금 깊은 신심을 한 부처님께 두기 위한 방편이 아닌가 생각한다.

다음 아미타불과 모든 부처님과의 관계에 대해서는 서로 융합한다고 전제하고, 아미타불의 몸이 나타나면 곧 모든 부처님의 몸이고, 모든 부처님의 모습이 밝은 것은 곧 아미타불의 體라고 하였다. 그렇기 때문에 모든 부처의 몸이 밝게 되는 것은 미타를 관찰하는 觀體47라고 하고,

마음으로 아미타불을 관하는 줄 알아야 한다. 마음으로 항상 모든 부처님을 지으면 어찌 彌陀를 感得하지 못하며, 마음으로 항상

---

44 연화장세계의 略稱.
45 여기서 말한 圓頓이란 圓滿頓足의 뜻이기 때문에 아마도 이 뜻은 모든 것을 결함 없이 원만하게 갖추어 대번에 깨달음에 이를 수 있는 성품을 말한다고 본다.
46 앞의 책, p.223中, p.226下.
47 又復彌陀與一切佛 一身一智應用亦然 彌陀身顯卽諸佛身 諸佛相明卽彌陀體 是故汎明生諸佛身以爲觀察 彌陀觀體云云(앞의 책, p.220a)

諸佛에 相卽하면 어찌 彌陀에 相卽하지 못하겠는가! 마땅히 알라. 彌陀와 諸佛은 多도 아니고 少도 아니며, 諸佛은 하나에 相卽한 多이며 미타는 多에 相卽한 하나다. 일심으로 저 부처님을 繫念하고 諦觀하는 것은 곧 一心三觀이다.[48]

이라고 하였다. 이것은 아미타불을 관하는 것이 모든 부처님을 관하는 것이고, 아미타불을 친견하는 것이 모든 부처님을 친견할 수 있다는 것으로 이 문장은 一心三觀할 것을 강조한 것이다.

依報인 정토에 대해서는 凡聖同居土・方便有餘土・實報無障礙土・常寂光土가 있다고 하면서 이 가운데 凡聖同居土는 上品의 土라고 하였다. 그러나 네 가지 국토에 다 橫豎가 있고, 同居土 한 곳을 實報土로 보고, 寂光土로 보며, 方便土로 볼 수가 있으니 一心三觀으로 妙觀을 수행하면 이 네 가지 정토를 感得할 수가 있다고 하여 여기서도 一心三觀의 妙觀을 강조하고 있다.[49]

중국에서 淨土를 분류하는 작업을 처음 한 사람은 淨影寺 慧遠(523~592)[50]이 아닌가 생각한다. 그는 『대승의장』에서 정토를 事淨・相

---

48 知可卽心而觀彌陀 心尙能作諸佛 豈不感於彌陀 心尙卽是諸佛 豈不卽是彌陀 應知彌陀與一切佛不多不少 諸佛乃卽一之多 彌陀乃卽多之一 一心繫念諦觀 彼佛者 卽一心三觀也(앞의 책, p.220下)
49 앞의 책 pp.210下~211下.
50 중국 수나라 시대의 승려로 13세에 출가하여 僧思에게 敎를 배우고, 16세에 湛・大隱・光統 등 여러 율사에게 율을 배우는 등 三藏을 통달하였다. 577년 北周 武帝가 불교를 폐지하라는 명을 내리는 것이 옳지 않다고 간청하였으나 이것이 받아들여지지 않자 산에 들어가 경을 읽고 참선을 하였다. 文帝는

淨·眞淨 등 세 종류로 나누었고, 이 가운데 범부가 거주하는 국토를 事淨, 聲聞과 緣覺 및 보살들이 거주하는 국토를 相淨, 초지 보살부터 모든 부처님이 거주하는 국토를 眞淨으로 보았다. 이것을 다시 구체적으로 논하면, 事淨은 天人들이 거주하는 모든 하늘과 아미타불의 극락세계와 같이 범부들이 태어나는 정토로 나누었고, 相淨은 성문과 연각이 自利의 善根으로 얻은 국토와 모든 보살들이 남을 교화하기 위한 善根으로 얻은 국토로 나누었다. 前者는 용수보살이 말한 三界를 벗어난 妙土와 같은 것이고, 後者는 維摩居士가 말한 丈室51과 같은 것을 말한다고 하였으며, 眞淨 가운데 地上菩薩이 거주하는 곳은 妄을 여읜 眞이고, 모든 부처님이 거주하는 국토는 純淨의 眞으로 나누었다. 다시 純淨의 眞을 眞土와 應土 등 두 가지, 혹은 法性·實報·圓應 등 세 가지 국토로 나누어 상세하게 설하였다.52

  이러한 설을 天台智者가 계승하여 事淨은 凡聖同居土, 相淨은 方便有餘土, 眞淨 가운데 妄을 여읜 眞을 實報無障礙土, 純淨을 常寂光土에 비교한 것이라 생각된다. 이것을 천태의 저술 가운데 찾아보면, 그가 지은 『觀無量壽佛經疏』에서

    중국을 통일하고 불교를 다시 부흥시키려 하였고, 또 慧遠을 위하여 淨影寺를 짓고 法席을 만들어 강설하게 하였다. 그는 정영사에서 역경사업을 주관하다가 70세로 입적하였다. 그의 저서로는 『地持疏』 5권, 『十地疏』 10권, 『華嚴疏』 7권, 『大乘義章』 14권, 『無量壽經疏』 2권, 『觀無量壽經疏』 2권 등 많은 저술을 남겼다.
51 열자 四方의 방이라는 뜻으로 維摩의 禪室이 사방 1丈이었다고 하는 설에서 유래되었다.
52 대정장 44, pp.834上~845中.

네 가지 정토란 凡聖同居土53·方便有餘土54·實報無障礙土55·常寂光土56로 각각 淨穢가 있다57

고 하였고, 『유마경약소』에서

부처님 국토를 밝히면 모든 부처님은 중생들을 이롭게 하기 위해 차별의 모습을 보이신 것이 無量無邊하지만 이제 간략히 하면 네 가지가 된다. 첫째 染淨國에는 범부와 성인이 함께 거주하고, 둘째 有餘는 方便의 사람들이 머물며, 셋째 果報는 오로지 法身만이 거주하는 因多羅網의 장애가 없는 국토이고, 넷째 常寂光은 妙覺이 거주한다. 앞의 두 가지는 應佛이 거주하는 곳이고, 세 번째는 應身이고 報身으로 報佛이 거주하는 곳이며, 뒤의 한 가지만이 眞淨으로 應身도 아니고 報身도 아닌 法身만이 거주한다.58

---

53 범부와 성자가 함께 섞여 사는 국토로 同居土, 혹은 染淨國이라고도 한다. 이 가운데 극락세계와 같은 곳을 同居淨土라 하고, 사바세계와 같은 곳을 同居雜土라 한다.
54 方便道인 空觀과 假觀을 수행하여 見惑과 思惑을 끊은 사람들이 태어나는 곳으로 方便土라고 하고, 또는 有餘土라 한다. 이곳은 아직 無明煩惱가 남아 있는 곳이다.
55 眞實法인 中道觀으로 無明을 끊고서 얻는 국토로 實報土, 또는 果報土라 한다. 別敎에서는 10地 이상이고, 圓敎에서는 十住와 十行·十廻向·十地·等覺·妙覺 등 보살의 국토로 他受用報身을 敎主로 한다.
56 法身如來와 더불어 自受用報身의 국토로 法身佛만이 거주하는 국토다.
57 앞의 책, p.188中.
58 대정장 38, p.564中.

고 하고, 이 네 가지 국토에 대해 자세히 설명하고 있다. 우리나라 원효는 그의 저서 『무량수경종요』[59]에서 정토의 果德을 淨不淨門・色無色門・共不共門・漏無漏門 등 네 가지로 나누었고, 淨不淨門을 다시 네 가지로 나누어 설명하는 가운데 첫째 因果相對門의 정토는 『인왕경』에서 말한 "三賢과 十聖은 果報土에 머물고 오직 부처님 한 분만이 정토에 거주한다. 일체 중생은 잠시 果報土에 거주하다가 金剛原[60]에 올라 정토에 거주한다."[61]는 것을 인용하여 法身佛만이 거주하는 곳을 정토라 하였고, 둘째 一向不一向相對門에서는 천친보살의 『섭대승론석』[62]을 인용하여 8地 보살부터 부처님까지 거주하는 곳을 정토라 하였으며, 셋째 純雜相對門에서는 『유가사지론』[63] 설을 인용하여 凡夫와 聲聞, 그리고 緣覺이 거주하는 곳은 정토라 하지 않고 오직 大地, 즉 歡喜地의 지위에 오른 보살들이 거주하는 곳을 정토라고 하였고, 넷째 正定非正定相對門에서는 『무량수경』[64]에서

---

59 대정장 37, p.126上~中.
60 十地 가운데 마지막 十地菩薩을 말한 것 같다.
61 대정장 8, p.828上.
62 出出世善法功能所生 釋曰二乘善名出世 從八地已上乃至佛地 名出出世 出世法爲世法對治 出出世法爲出世法對治 功能以四緣爲相 從出出世善法功能 生起此淨土故 不以集諦爲因(대정장 31, p.263中)
63 當言有差別 彼復有二種 一者淸淨 二者不淸淨 於淸淨世界中 無那落迦傍生餓鬼可得 亦無欲界色無色界 亦無苦受可得 純菩薩僧於中止住 是故說名淸淨世界 已入第三地菩薩 由願自在力故 於彼受生 無有異生及非異生聲聞獨覺 若異生菩薩得生於彼(대정장 30, p.736下)
64 其有衆生生彼國者 皆悉住於正定之聚 所以者何 彼佛國中無諸邪聚及不定之聚云云(대정장 12, p.272中)

말한 三聚衆生들에게 고통이 생기는 곳을 穢土라고 하고, 오직 正定聚만이 거주하는 곳을 정토라 하였다. 이것을 천태의 설과 비교한다면 인과상대문의 정토는 常寂光土, 一向不一向相對門의 정토는 實報無障礙土, 純雜相對門의 정토는 方便有餘土, 마지막 正定非正定相對門의 정토는 凡聖同居土 가운데 同居淨土를 말한 것이 아닌가 생각한다. 아무튼 지례는 천태의 설을 그대로 인용하여 一心三觀에 의해 이 네 가지 국토를 感得할 수 있다고 하였다.

이것을 결론적으로 말하면 心觀의 결과로 나타난 부처의 圓明한 체는 곧 우리들 범부가 본래 具足한 性德이라고 할 수 있다. 그리고 또 일체 부처님이 설하신 진리의 여러 가지 修行法은 모두 이것을 깨닫게 하기 위한 것이다. 다시 말하면 부처님이 설하신 팔만사천 가지 법문은 우리가 본래 원만히 가지고 있는 本佛을 깨닫게 하기 위한 것이다. 여기서 말한 心觀도 이 부처를 깨닫기 위해 依報와 正報를 관하는 것이다. 천태가 『마하지관』에서 말한 常坐三昧[65]·常行三昧[66]·半行半坐三昧[67]·非行非坐三昧[68] 등 네 가지 삼매[69]가 觀

---

[65] 『문수반야경』과 『문수문반야경』의 설에 의해 90일간 앉은 채로 마음을 가라앉히고 오직 한 분의 부처님 이름만 부르면서 實相만을 觀하고, 일체 다른 행위를 하지 않는 것으로 이것을 一行三昧라고도 한다.(대정장 46, pp.11上~12上)

[66] 『반주삼매경』의 설에 따라 90일간 도량 내의 불상 주위를 돌면서 오직 아미타불의 이름만 부르는 수행법으로 이 수행에 의해 시방의 모든 부처님이 수행자 앞에 나타난다고 하여 이를 佛立三昧, 또는 般舟三昧라고도 한다.(대정장 46, pp.12上~13上)

[67] 『대방등다라니경』과 『법화경』에 의한 삼매로 『대방등다라니경』에 의한

法은 다르게 되어 있지만 모두 부처님을 염하는 것으로 그 覺體를 나타내려고 하는 것에 있다. 그러기에 지례는 서문에서 이제 이 『관경』에서 말한 觀法과 般舟三昧는 저 安養世界의 正報와 依報를 의지한 경계를 사용하는 것이기에 미묘한 관이고, 오로지 아미타불 名號만을 부르는 것은 眞佛의 體를 나타내기 위한 것이라[70]고 하였다고 본다. 지례가 네 가지 삼매 가운데 般舟三昧만을 거론하는 것은 오로지 아미타불 한 부처님만의 名號를 부르는 수행법이기 때문이다. 아무튼 관경에서 말한 관법과 반주삼매 등 모든 수행법이 방법은 다르게 되어 있지만 중생이 본래 具足한 覺體를 나타내려고 하는 점에서는 같은 것이다. 왜냐하면 우리들의 心性은 법계에 두루하여 법으로서 짓지 못할 것이 없고, 법으로서 구족하지 못한 것이 없기

삼매를 方等三昧, 『법화경』에 의한 삼매를 法華三昧라 한다. 方等三昧는 7일간, 法華三昧는 21일간을 기한으로 하는데 이 기간 동안 佛像 주위를 돌면서 염불 수행과 동시에 坐禪도 하는데 사이사이에 禮佛과 懺悔, 그리고 경전을 독송하는 修行法을 하기 때문에 半坐半行三昧라 한다.(대정장 46, pp.13上~14中)

68 위에서 이야기한 세 가지 삼매 이외의 삼매를 말한다. 결국 신체가 행동하는 行住坐臥 어디에도 구애되지 않는 것으로 『대품반야경』에 의한 것을 覺意三昧라 한다. 이 삼매에는 모든 경전에 의해 관하는 約諸經觀과 善・惡・無記 등 세 가지 성질을 잡아 관하는 約三性觀 등 두 가지가 있다. 約諸經觀은 『請觀音經』에 의한 대표적인 것으로 善・惡・無記의 三性을 觀하는 것이다. (대정장 46, pp.14中~16中)

69 智顗의 염불에 대한 것은 졸저 『염불의 원류와 전개사』 pp.367~382에 논하였으니 참고 바람.

70 若此觀門及般舟三昧 託彼安養依正之境 用微妙觀 專就彌陀 顯眞佛體(대정장 37, p.195中)

때문이다.

　이렇게 본다면 극락세계의 依報인 국토·寶樹·寶地와 아미타불의 정보인 32상 등도 모두 나의 마음속에 본래 具足되어 있는 것이고, 내 마음으로 지은 것으로 모두 마음밖에 있는 것은 아니다. 따라서 지금 저 依報와 正報 등 두 가지 報를 관하는 것은 곧 저 경계에 의지하여 나의 心性을 관하려는 것이고, 또 따라서 그 依報와 正報를 관하는 것에 의해 그 경계가 나타나는 것은 곧 나의 心性이 저 觀에 熏發된 것으로 본래 구족한 本體와 本土가 나타난 것임에 틀림없다.

　『관무량수경』의 제8觀 가운데

> 모든 부처님은 이 法界身이시고, 일체 중생의 마음 가운데 들어가 계시기 때문에 그대들이 마음으로 부처님을 생각할 때 그 마음이 32상과 80隨形好이며, 이 마음으로 부처를 이루고, 이 마음이 곧 부처이다. 모든 부처님의 正遍知海는 마음으로부터 생기는 것이니 마땅히 일심으로 생각을 집중시켜 자세히 저 부처님의 多陀阿伽度阿羅訶三藐三佛陀를 생각하여 관할지니라.[71]

는 것에 대해 천태는 第8觀 자체를 두루 아미타불을 觀하는 觀行이라 전재하고 나서 法界身을 報佛法性身이라고 해석하면서 중생들의 마음이 깨끗하면 法身이 自在하기 때문에 "중생의 마음 가운데 들어가 계신다."고 하였다. 이것은 마치 하늘에 있는 태양이 百千 강에

---

71 쯔보이 순애이 著, 이태원 역, 『정토삼부경개설』 p.448.

나타나는 것과 같이 32상과 80종호가 마음에 나타나는 것은 부처의 몸이 自在하기 때문이라 하고, 이것이 곧 觀佛三昧로 解入相應이라고 하였다. 그리고 "이 마음으로 부처를 이룬다."는 것은 부처는 본래 無心으로 깨끗하기 때문에 있는 것이며, 이 삼매로 인해 마음이 마침내 부처를 이룬다고 하였다. 이러한 천태의 사상을 한마디로 표현하면 '마음이 깨끗하면 모든 부처가 나타나기 때문에 이 마음을 깨끗이 하기 위해서 아미타 부처님을 관해야 한다'는 것이다. 다시 말하면 이 관행에 의해 法性身이 나타나는 것을 解入相應이라는 것이 천태의 설이다.72

이러한 天台의 설을 이어받은 지례는 感應道交와 解入相應 등 두 가지로 나누어 해석하였다. 첫째, 感應道交란 報佛法性身이 중생의 마음이 깨끗함에 응하여 나타난 것이다. 여기서 말한 報佛은 始覺이 두루 具足된 것이고, 法性身은 마침내 本覺이 나타난 것이라고 하여 報佛과 法性身을 따로 해석하면서 부처님을 能應, 중생을 能感이라 하여 感과 應을 분류하여 부처와 중생을 別體로 해석하였다. 다음 道交를 入義라 하여 부처가 마음에 나타나는 것으로 보았다. 둘째, 解入相應이란 부처님의 體가 觀解하는 사람의 마음에 들어가 상응한다는 뜻으로 始覺으로 인해 本覺을 알기 때문에 本覺이 始覺에 들어간다는 것이다. 이것을 다시 말하면 부처님은 法界身이므로 어떤 곳이든지 두루 미치지 않는 곳이 없기 때문에 지금 부처님을

---

72 대정장 37, p.192中.

생각하여 觀解를 얻을 때 중생은 저 부처님 몸과 契合하기 때문에 경에서 "생각하는 마음속에 들어간다."고 하였다. 이것을 지례는 중생의 體가 곧 부처의 體인 것을 나타낸 것이라고 하여 始覺과 本覺으로 해결하려고 하였다. 즉 아미타를 관하는 것에 의해 나의 생각하는 마음 가운데 應佛이 나타난 것을 感應道交의 뜻이라고 하였고, 이 應佛이 나타난 것에 의해서 나의 心性이 밝혀지는 것을 깨닫게 되며, 저 부처님 몸은 전부 나의 심성에 具足한 본래 부처인 것을 비추어 아는 것을 解入相應이라 하였다.[73] 그리고 감응의 뜻에 의해 他佛에 의지하는 뜻이 성립되고, 解入의 뜻에 의해 唯心의 관이 성립된다고 논하고 있다. 이것이 그가 말한 約心觀佛이다.[74]

다음은 염불에 대해서 알아보자. 지례는 염불에 대해서는 純粹淨土家인 도작이나 선도처럼 구체적이고 본원적인 입장에서 논하지 않고 『天台疏』에서처럼 간단히 언급하고 있을 뿐이다. 먼저 지례는 염불의 정의에 대해

> 마음이 모든 부처란 뜻이기 때문에 알아야 한다. 마음으로 아미타를 관하고, 마음으로 오히려 모든 부처를 짓는다면 어찌 미타를 感得하지 못하며, 마음이 오히려 곧 이 부처라면 어찌 이 彌陀가 아니겠는가! 마땅히 알라. 미타와 모든 부처는 多도 아니고 少도 아니며, 諸佛이 곧 一이고 多이며, 미타가 多이고 一이니라. 일심으

---

73 대정장 3, p.220上~中.
74 이태원 역, 『중국정토교리사』 p.350.

로 저 부처에 대해 생각을 얽어매고 자세히 관하는 것이 이 一心三觀
이다.75

라 하였다. 이것은 염불을 一心三觀적인 입장에서 본 것이기 때문에 觀念的인 염불이고, 염불 자체를 부처를 짓는 것으로 보았다고 할 수 있다. 그리고 아미타불 한 부처를 염하는 것이 모든 부처를 염하는 것이라 하여 華嚴法界의 一卽多的인 입장에서 念을 폭넓게 생각한 것이다. 그리고 아미타불 한 부처님만을 염하라는 것은 많은 부처님을 염하게 되면 마음이 산란하기 쉽고 일심이 되기 어렵기 때문에 아미타 한 경계만을 염하게 한 것이라76고 본다. 그리고 『관경』의 염불을 『반주삼매경』에서 말한 염불로 보았으며,77 四種三昧 가운데 두 번째는 常行三昧로 생각하고 있다. 이것은 『天台疏』에서 "念佛衆生攝取不捨"를 해석하기를 아미타 부처님이 중생을 생각하는 것은 『대지도론』78에서 어미 물고기가 겨울 내내 알을 품고 있는 것과 같이 부처님의 자비하신 보호를 받는 것과, 반주삼매경을 인용하여 염불삼매에 의해 마땅히 극락정토에 태어난다79고 하는 사상을 받았

---

75 대정장 37, p.220下.
76 대정장 37, p.202中.
77 答般舟經云 菩薩用是念佛 故當得生阿彌陀佛國 云云(대정장 37, p.226中)
78 空·無相·無願에 경지에 들어가신 부처님이 항상 중생을 생각하시기 때문에 타락하지 않는다. 비유하면 물고기 어미가 알을 항상 염려하기 때문에 살아난다. 만약 염려하지 않는다면 죽을 것이라고 하였다. 즉 물고기가 알을 물이 마르는 겨울이 지날 때까지 품어 죽지 않게 한다는 뜻이다.(대정장 25, p.333上)
79 대정장 37, p.192下.

다고 본다.

다음 十念念佛에 대해 살펴보자. 이 十念念佛은 『관무량수경』 下品下生에 나오는 것으로 이 내용을 간단히 요약하면

> 어떤 중생이 착하지 못한 五逆罪와 十惡을 지어 마땅히 악도에 떨어져 한없는 고통을 받을 것이지만 善知識의 가르침을 만나 지극한 마음으로 소리가 끊어지지 않게 하여 十念을 具足하여 나무아미타불의 名號를 부르면 80억겁의 생사의 죄가 제거되어 왕생한다.[80]

는 것이다. 이 가운데 나오는 十念을 『天台疏』에서는

> 善心이 상속하여 十念에 이르는 것이다. 혹 一念을 성취하면 곧 왕생할 수 있다는 것은 염불로 인해 罪障을 멸해 제거되기 때문에 곧 염불이 勝緣이 된다. 만약 이와 같지 않는다면 어찌 왕생할 수 있겠는가.[81]

라고 하였다. 즉 천태는 善心의 상속이 十念이고, 一念의 염불이 多劫동안 지어 온 죄업을 소멸하는 힘이 있을 뿐만 아니라 왕생할 수 있는 원동력이 되기에 이것을 勝緣이라 한다고 하여 높이 평가하였

---

80 이태원 역, 『정토삼부경개설』 pp.480~481.
81 대정장 37, p.194中.

다. 이러한 영향을 받은 지례는 五逆罪를 지은 사람이 비록 定心을 성취할 수는 없지만 능히 十念佛을 하면서 산란하지 않으면 定心을 섭취한다[82]고 하여 十念念佛로 인해 定心이 성취되고, 임종시에 용맹한 힘을 겸할 수 있다[83]고 강조하였다. 그러나 十念에 대해서는 "단 十念 사이에 부처님 명호를 부르는 것이다."[84]라고 막연히 말하였다. 아마도 이것은 한 생각 한 생각에 아미타불 명호를 열 번 부르는 稱名을 말하지 않나 생각된다. 이것은 그가 의지한 『天台疏』의 善心과는 견해를 달리한 것이다.

다음 지례는 죄악이 무거운 것은 五逆罪를 지날 것이 없지만 염불하는 힘이 五逆罪의 극히 무거운 三障[85]을 멸해 왕생하게 한다고 하였으며, 五逆罪의 鈍根은 下品下生에 태어나지만 利根은 위 8품에 태어난다고 하여 五逆罪人을 鈍根과 利根으로 나누어 설명하였고, 이 三障은 性이 三德[86]이고, 五逆의 體는 이 寂光이라고[87] 하여 煩惱가 곧 菩提라는 사상에서 논하였다. 그리고 지례는 三聚에 대해 이 세계의 博地凡夫는 邪定聚에 속하고, 發心하여 수행하였지만 아직 不退轉에 이르지 못하면 不定聚에 속하며, 不退轉을 얻은 사람은 正定聚에 속한다고 하여 오역죄인은 임종시에 十念念佛로 인해 왕생하여 不退

---

82 使臨終善友勸稱十念 定心卽成(대정장 37, p.210下)
83 대정장 37, p.218中.
84 但十念頃稱彼佛名(대정장 37, p.218上)
85 煩惱障·業障·保障 등이다.
86 智德·斷德·恩德 등이다.
87 대정장 37, p.212中.

轉을 얻기 때문에 正定聚라고 한다[88]고 하였다. 이와 같이 그는 十念念佛은 定心을 얻을 뿐만 아니라 不退轉을 얻는 修行法으로 보았다.

제4절 결론

지례의 정토 수행관을 단적으로 말하면 염불보다 觀法을 중요시한 것이라 볼 수 있고, 이 觀法은 『관무량수경』에서 말한 것으로 圓教의 不可思議한 妙觀이라 할 수 있다. 이것이 왜 妙觀이냐 하면, 극락세계의 依報와 正報를 觀함으로써 우리가 본래 具足하게 가지고 있는 心性을 깨닫기 때문이다. 이는 馬鳴菩薩이 지었다고 하는 『기신론』과 天台智顗大師가 지은 『마하지관』과 『유마경현소』 등의 영향을 받은 것으로 지례는 이 妙觀을 約心觀佛과 一心三觀으로 논하였다. 이 수행법은 정토에 往生하기보다는 아미타 부처님을 感得함으로써 모든 부처님을 感得하며, 더 나아가 자신의 부처를 깨닫기 위한 것이다.

이러한 주장에 대해 지례의 문하생인 淨覺仁岳과 廣知尚賢 등 두 사람은 일찍이 서로 다른 논쟁을 일으켰다. 인악은 約心觀佛을 攝佛歸心의 뜻으로 해석하여 부처님을 아주 나의 마음속에 포섭하여 돌아오게 하는 것을 관하는 觀佛이라고 하였으며, 상현은 이는 攝心

---

[88] 대정장 37, p.210下.

歸佛로 마음을 아주 부처님이 계신 方所에 귀의하여 관하는 觀佛이라 하여 서로 상반되는 논쟁을 일으켰다. 이 논쟁에 대하여 지례는 두 사람 설이 그릇된 것이라고 하고, 부처님을 포섭하여 마음에 귀의하는 것도 아니고 마음을 포섭하여 부처님에게 귀의하는 것도 아니며, 마음에 의해 부처님을 관하는 것이라고 말하였지만 인악은 이에 불복하여 지례를 등지고 문을 나와 지례의 설을 반박하였는데, 이를 주고받는 논쟁은 계속되었다. 이후 懷則은 『정토경관요문』을 지어 인악과 상현의 설을 비판하여 같은 천태종의 승려들 사이에서도 觀法에 대한 논쟁이 연이어 일어났다. 이러한 논쟁은 지례가 約心觀佛이라는 정토 수행관을 주장함으로써 비롯된 것이기 때문에 지례의 설이 그 시대에 얼마나 관심의 초점이 되었는지 짐작할 수 있다.

그러나 지례가 임종하기 전 아미타불의 名號를 수백 번 부르면서 入寂하였다고 한 것은 『관무량수경』 下品下生에서 말한 五逆罪를 지은 사람이라도 十念念佛하면 왕생할 수 있다는 아미타불의 本願을 간절히 믿어 왕생을 원한 것이 아닌가 생각된다. 다시 말하면 건강이 좋을 때는 천태종 敎學의 입장에서 본래 구족하게 가지고 있는 心性을 깨닫기 위한 것으로 정토 수행법을 논하였지만, 마지막 이 肉身을 버리고 다음 생을 기약해야 할 때는 극락정토에 왕생하려는 의도가 다분히 있지 않나 생각한다. 그러기에 그는 五逆罪人을 鈍根과 利根으로 나누어 鈍根이 十念念佛하면 下品下生에 태어나고, 利根이 十念念佛하면 上品上生에서부터 下品中生까지 태어난다고 하였고, 연경사에서 念佛施戒會를 만들어 염불을 수행하게 하였으며,

죽은 사람이 있으면 그 이름을 절에 가지고 와 그를 위해 會에 모인 사람들 모두가 염불 천 번을 하여 그 사람 죄가 소멸되어 왕생하기를 기원한 것이라고 보여진다. 이러한 것으로 보아 지례의 정토 수행관은 이 생에서는 約心觀佛에 의해 본래 구족한 心性을 깨닫기 위한 것이고, 來生에는 아미타불의 본원을 입어 정토에 왕생하는 등 두 가지 목적을 겸한 것이라고 볼 수 있다.

(2001년도에 출판된 중앙승가대학교 『논문집』 제9집의 내용을 수정 보안하였다.)

제9장 元曉の 一心觀と 淨土觀について

(A Study on the Perspective of One-mind and Pure Land of Wonhyo)

一. 問題の所在

韓國の歷史の中に淨土思想が近代にいたるまで最も學問的に發達した時期は新羅時代であると考られる。この新羅時代に活動した學僧の中で元曉の著述を除いては語ることができない。なぜならば三國時代、のちの高麗時代の典籍を見れば、禪學と敎學に對する資料はおおく殘ているが、淨土學に對しては少ないのである。そして朝鮮時代は儒敎を崇尙して仏敎を抑制する政策によって活發な仏敎活動を行なうことができないので著述が多くなく、そのために殘存している著述の中で淨土關係の本は著者未詳を知らないものがほとんどである。その內容も基礎的なものにすぎないため學問的な價値がない。そこで朝鮮時代には淨土信仰は一般の民間と寺刹で仏敎信仰の一部分として續いている。以上によって見れば、淨土思想を學問的に深く硏究したのは新羅の時代だけだと見ても

過言でもない。この新羅時代の淨土學に對しては、韓國と日本など數數の國の學者たちによって廣く研究されてきた。そして本稿では今まで研究した學者たちとは異なった元曉の一心思想と淨土思想は誰の影響を受けたのかを明らかにしたいのである。

　元曉は新羅時代の第二十六代の眞平王三十九年(六一七)に生まれ、神文王六年(六八六)に亡くなった人物である。彼が殘した多くの著書は義天の『新編諸宗教藏總錄』三[1]、永超の『東域傳燈目錄』[2]、一然の『三國遺事』五卷[3]、覺訓の『海東高僧伝』[4]、石田茂作の『奈良朝現在經疏目錄』[5]の外樣樣な目錄で一百七種があると記されているが、これに對しては滑谷快著の『朝鮮禪敎史』には八十一部[6]、趙明基著の『新羅仏敎の理念と歷史』には九十八部[7]、八百谷孝保著の『新羅僧元曉傳攷』には八十二部[8]、金煐泰著の『韓國仏敎史概說』[9]では八十六部等いろいろ說がある。しかし最近に撰述した『韓國仏敎撰述文獻總錄』に明らかにしたものは八十六部百八十余卷[10]である。ことが最も信憑性が高いと思われる[11]。このことは超人間的なものである。このような多くの著書の中に現存するものは『大慧度經宗要』を初め二十三種類がある。その中元曉大師の淨土經典の註釋書としては『無量壽經疏』一卷、『無量壽經料間』、『無量壽經私記』、『兩卷無量壽經宗要』一卷、『阿彌陀經疏』一卷、『般舟三昧經疏』、『遊心安樂道』一卷[12]等七種類の題目が記されている。この中で現存しているものは『兩卷無量壽經宗要』、『阿彌陀經疏』、『遊心安樂道』の三部と「彌陀證性偈」一句である[13]。この中

に『遊心安樂道』が元曉の著述の正否に對して論難がある、韓國の仏教史の中に名高い學者である金煐泰博士は『韓國仏教史概說』において元曉が作ったものであることを認めていろが、日本の數人の學者は元曉の著述ではないとしおり、また韓國の東國大學校で博士論文を提出した藤能成[14]もこのことを認めていない。しかし本人は『遊心安樂道』の中では『兩卷無量壽經宗要』の內容がほとんど引用されていることを認めており、これによって元曉が著述しなかったとは認められない。また日本の何者がによって作られた僞作だと言われることに對しても認めるこのができないのである。もし、この本が日本の人によって作られたものだとすれば、元曉が『兩卷無量壽經宗要』に十念を說明しながら曇鸞の說を什公の說だと誤って記述したことを『遊心安樂道』にそのまま引用するはずがないのである。なぜならば、日本では淨土學を研究する人の間では曇鸞の著作が廣く用いられており、また、深く研究されているめに、これが曇鸞の說であるという正否に對して知らないわけがないのである。またある人がいろいろの本を著述する際には先に作った本の內容に對して補充して說明することができると思われる。そして日本には早くからこの『遊心安樂道』を『安養集』に元曉の說して引用されている。日本の淨土宗の開祖である法然(一一三三〜一二一二)の『選擇本願念佛集』[15]にも元曉の說として引用されている。そして韓國の仏教學者の中で誰も僞作だと見る人が今までないのである。この『遊心

安樂道』は僞作であるかの正否に對しては具体的な硏究が更に必要なため、次の機會に殘して今後本稿で人は元曉の著述と見なすことにする。

二. 一心二門の會通

元曉の淨土關係三種類の著書[16]の中に初めに述べた敎の大意を見れば衆生心とは融通無礙することであり、これが「一心」だというのは彼がもっともこの一心に力点を持っていたと見られる。また逆說的に言えば全ての經論は一心を明らかにする役割だと見るのが元曉の考えてあると思われる。この淨土關係の三種類の「敎の大意」の文章を分析してみれば、少し異なっても內容は同じである。

　まず元曉は衆生心に對して『兩卷無量壽經宗要』[17]には「融通無礙」だと述べており、『阿彌陀經疏』[18]には簡單に「心」だと表現しているが、その後の文章をみれば心が融通無礙だといって『兩卷無量壽經宗要』の文章と異ならないことを知る。また『遊心安樂道』[19]は『兩卷無量壽經宗要』とは同じ文章のために、この三つの本の序文は一心を融通無礙であると表現したということができる。それならば元曉は、この融通無礙な一心をどのように表現しているか、また誰の思想を受けて述べたかを調べてみよう。

　この一心が融通して無礙だといったのは衆生たちが本來持っ

ている如來藏を根據にして論じていることだということができる。この如來藏を論じた經典は『楞伽經』だと思われる。この『楞伽經』には「寂滅者名爲一心一心者名爲如來藏」[20]だといって心が寂滅な狀態のが一心であり、これが如來藏であることを知ることができる。元曉はこの說を引用しながら彼が作った『起信論疏』[21]では

此言心眞如門者 卽釋彼經寂滅者名爲一心也 心生滅門者 是釋經中一心者名如來藏也 所以然者 以一切法無滅 本來寂靜 唯是一心 如是名爲心眞如門 故言寂滅者名爲一心 又此一心體有本覺 而隨無明動作生滅 故於此門如來之性隱而不顯 名如來藏

このように述べている。ここで元曉は一心を眞如門と生滅門との二つに分けて眞如門を『楞伽經』に言われている「寂滅者名爲一心」だとしているし、生滅門を「一心者名爲如來藏」だとしてみたのである。すなわち一心の本体はその自体が本覺であり、これが寂滅なのが眞如門であると言うことができる。それでも無明によって生滅流轉し、生滅流轉するために如來の性品が隱して現わさないのが生滅門だ述べることが可能である。この生滅門を逆に修行すれば無明は亡くなって生滅流轉しないのであり、如來の性品が顯顯するのが如來藏である[22]。ここで引用した『楞伽經』とは後期の大乘仏教を代表する經典の一つであり、初期の大乘經典である

『般若經』、『華嚴經』、『法華經』等と中期の大乘經典である『涅槃經』、『勝鬘經』、『解深密經』等の様々な思想を如來藏の思想の立場として融和して獨自的な境地を成している經典である。この經典は護法の唯識說にも影響を與えており、『大乘起信論』の所依經典として如來藏思想の形成に重要な役割をしている[23]。元曉も『楞伽經料簡』[24]という本を著述したことによって見れば、この經の影響を受けたと見られる。なぜならば往生因の中に成弁因には『瑜伽師地論』[25]と『攝大乘論釋』[26]を引用し、唯識的に淨土の往生を述べようとしたことを窺うことができる[27]。『楞伽經』を所依經典とした『起信論』とは、一心をたびたび心眞如門と心生滅門などの二つに分けて論じている本である。この本の中に心眞如門には如實空と如實不空などを論じているのは心の清淨な面を述べることであるし、また、心生滅門には阿梨耶識の覺と不覺などの二つの意味と四つの薰習などを述べているのは染淨緣起を明らかにしている。すなわち元曉は『起信論』に對する關心が高いために『起信論疏』を著述した。この本は現存しており、多くの學者たちによって研究されている。

このように元曉は『楞伽經』と『起信論』の双方の影響を受けて『無量壽經宗要』には一心に對して「泰若虛空」と「湛猶巨海」二つに分けて見做し、『阿彌陀經疏』には一心を「離相離性」であると前提したのちに「如海」と「如空」二つに述べたことは『兩卷無量壽經宗要』と同じである。すなわち、泰さが虛空と同じだといいな

がら「故其體平等無別相而可得 何有淨穢之處」だと述べており、『阿彌陀經疏』には「如空之故無相不融 何有東西之處」だと述べているのは心体の立場によって眞如門に論じている。また、湛さは巨海と同じだといいながら「故其性潤滑能隨緣而不逆 豈無動靜之時」だと述べているし、『阿彌陀經疏』には「如海之故無性是守 豈無動靜之時」だと述べているのは心相の立場によって生滅門としてみなしている。すなわち、一心を体と相などに分けて説明したことを知ることができる。

そして一心を「豈無動靜之時」だと述べながら、動時と靜時などに分けて説明したことも知ることができる。すなわち、動時は「塵風によって五濁に淪む而し隨轉して苦浪に沈む而して永く流す」だというのは、生滅門としてみなしている。この生滅門を逆に修行する方法を「善根を受けて四流を截って還らず彼岸に至る」だと述べられている。また、彼岸に至るの境地が靜時で寂滅な一心にした眞如門である。ここで重要なのは「泰若虛空」の心体と「湛猶巨海」との心相が融通無礙な心であり、靜時の心と動時の心、眞如門と生滅門が融通無礙な心であるとのことで、このようなものを如來藏の心によって見れば一つの大夢であり、覺者の位置によって見れば彼此が無し、淨土と穢土は本來の一心であり、生死と涅槃の二際がないというのが元曉の立場である[28]。このような思想は如來藏の思想に根本を置いている一心二門の會通的な思想だということができる。このような思想を彼が著

述した『金剛三昧經論』の中に調べて見れば『起信論』と『楞伽經』との 二つの 說を 引用しながら

> 空寂之心體無色相 言有左右意致還同 言無色者無顯形等色故 無相者無生滅等相故 此文卽顯心眞如門 上言衆生之心且擧心生滅門 擧生滅心顯眞如門 以之言故 性本空寂 然此二門其體無二 所以皆是一心法耳[29]

と述べている。ここでも心体は空寂して色相がないといいながら、眞如門と生滅門を論じているがその性品は本來空寂なために、その体が分けて二つではなく全てのものが一心法だと述べているのは、淨土撰述の內容と等しい立場を取っている。そして元曉は『金剛三昧經論』の教の大意を

> 夫一心之源離有無而獨淨 三空之海融眞俗而湛然 湛然融二而不一 獨淨離邊而非中 非中而離邊 故不有之法不卽住無 不無之相不卽住有 不一而融二 故非眞之事未始爲俗 非俗之理未始爲眞也 融二而不一 故眞俗之性無所不立 染淨之相莫不非焉 離邊而非中 故有無之法無所不作 是非之義莫不周焉 爾乃無破而無不破 無立而無不立[30]

と述べながらここでも元曉は『金剛三昧經』の大意を「一心之源」に

제9장 元曉の一心觀と淨土觀について

置いていることを知ることができる。ここには一心を「獨淨」と「湛然」などに分けて説明するのは淨土經典の大意と異なっているように見えるが融通無礙するものは同じである。ここに言っている「獨淨」とは有と無などを脱するのを象徴的に現したものであり、「湛然」とは一心が眞と俗などを融攝していることを現したものである。すなわち、「獨淨」は一心の超越性を現したものであり、「湛然」は一心の包括性と內在性を表現したものであるということができる。また「獨淨」を「離邊而非中」にして、「湛然」を「融二而不一」にして説明するのである。それば「離邊而非中」と「融二而不一」が示そうとするのはわれわれの悟性的な認識によって見れば有と無などは矛盾的な概念だから兩立することができない。有は無を否定し、無は有を拒否する。したがって「離邊」とは有と無などの兩極を脱したことを意味する。それならば有と無などを脱したものは何のような存在なのか。有でもなく、無でもない第三の中間的な存在でもないために「非中」だといわれている。また「融二而不一」とは對立を止揚したのを「融二」だと言うことができるし、「不一」とは對立を量的に統合した「一」でもないということである。すなわち言い換えれば、一心は分別されている全ての概念の源泉であるので、全ての對立概念と矛盾概念などはここに包攝される。そのために「融二」だというのである。しかし同時に分別された何ものも「一」ができないために「不一」だというのである[31]。

このような思想を持っている元曉であるから、眞の一心は相

對的な 概念を 建立できないこともないが、ここに 捕えられる 必要もないために 終りの 文章に「無破而無不破 無立而無不立」と 述べているのは、彼が 一心を 融通無礙に 見なしたことであり、眞如門と 生滅門など 二つがないという 思想に 始めた 會通の 精神だということができる。

このように 心に 眞如心と 生滅心など 二種心があるというのは 彼が 著述した『梵網經菩薩戒本私記』[32]にもある。この本に 眞如心とは 本來から 恒河沙數の 性功德を 具足しているので、これを 不空藏如來だと 名付けており、生滅心とは 煩惱によって 汚染され 覆藏して、その 性が 現われないのでこれに 隱の 意味があることを 名付けて、空如來藏だといっている。元曉はこれを 譬えていえば、水が 波浪になると 水の 性の 義を 失われないように、如來藏の 意味もこのようであると 述べて、ここに 隱覆如來藏の 意味があると 説明している。そして 衆生達誰も 今までいっている 二種心があるというのが 元曉の 見解である。ここで 述べている 空如來藏と 不空如來藏との 內容を、更に 論じたのは 先に 一度 引用した『金剛三昧經論』である。この 論には 空とは もろもろの 煩惱法が 虛妄して その 境界が 眞實せず 体性が 散亂して 必ず 如來を 覆藏するのが 如來藏だと 名付けている。また、空虛するのが 眞實を 隱覆した 意味で 空だといっており、不空とは 一切の 功德が 体性と 互いに 相應して その 体と 境界などが 虛妄しなくて 眞實することを 意味する。そして 如來の 性が 隱覆したと 雖も 離脱しなくて 常住

することを不空だ、³³と述べているのは、如來藏に根本をおいて一心二門を述べているのを知ることができる。

このような思想は彼が著述した淨土撰述にも窺うことができる。すなわち『兩卷無量壽經宗要』³⁴と『遊心安樂道』³⁵には、淨土に往生する正因を發菩提心として見たというのは、われわれがよく知っていることである。この内容を見れば

所言正因 爲菩提心 言發無上菩提心者 不顧世間富樂 及與二乘涅槃 一向志願三身菩提 是名無上菩提之心 總標雖然 於中有二 一者隨事發心 二者順理發心³⁶

とのべている。この中で「隨事發心」とは現象的な世上事に従って菩提の心を起こすので、これは生滅門の立場からいう發心として如來藏が隱覆されている心であり、「順理發心」とは根本の眞理である眞如の世界に従って菩提の心を起こすので、これは眞如門の立場によって見ている發心として如來藏が常住する心だと言わなければならない。更にいえば元曉は發心にも如來藏である一心を根本として眞如門と生滅門との二つに分けて述べたということができる。そして元曉はこの菩提心を説明しながら結論的に述べて「如經言 發心畢竟二無別 如是二心前心難 自未得度先度他 是故我禮初發心」³⁷だといっている。ここで引用した經は『大般涅槃經』³⁸である。元曉はここにも發心と畢竟などの二つが異ならずだと

述べながら、發心に多く比重を置いて述べているが、ここでも彼の會通精神を窺うことができる。すなわち、ここで述べた發心とは淨土に往生するための原因であり、畢竟とは淨土に往生した後に得た結果である涅槃の境地をいうもので、原因と結果の二つが結局には二つがないという會通の思想を持っているのは、一心を染と淨、そして諸法は二つではなく眞と妄との二門は異ならないので、これを名付けて「一」だという39のと「染淨通相 通相之外 無別染淨」40だという思想によって見ることである。以上によって見れば元曉が一心を融通無礙として見做しているのが明らかである。

三. 天親の影響を受けた淨土觀

元曉は一心を融通無礙にし、これを根本にして「彼此が無し、淨土と穢土は本來は一心であり、生死と涅槃の二際がない」との立場によって見たが生滅門にある衆生たちが眞如門に入るためには「攻を積んで悟るし、生死の大夢の中では不可能である」だとのべているし、「釋尊は五惡を誡しめて善を勸めるし、阿彌陀仏は安養を御めて三輩を引いて衆生を導く」41だとのべているのは、まことに修行しなければ一心の根源を悟ることができないのを強調したということができる。この面で見れば淨土に往生する修行は一心の根源に入ることである。すなわち淨土に往生するのは「還源」の方

便として考えて論じたと思われる。そしてこの本稿では元曉の淨土觀の全てのものを述べるのは頁數に限界があるため、天親の影響を受けた淨土觀だけを述べようとする。

　天親は兄である無着の影響を受け續けて唯識學を成立したのはいうまでもない。元曉は如來藏に根本を置いて一心二門を述べたのである。ところがなぜ唯識の大家である天親の說を持って淨土を述べたのかに對して疑問を齋す。これは彼が依支した『楞伽經』には「大慧 阿梨耶識者 名如來藏 而與無明七識共具云云」[42]だと言って如來藏を阿梨耶識だと名付けているのと『起信論』には「心生滅とは如來藏による故に生滅心がある。いわゆる不生不滅の生滅が和合して一でもないし、異でもないのを阿梨耶識だと名づける」[43]だというのは如來藏と阿梨耶識との關係を明らかにしている。これによって見れば元曉は唯識の大家である天親の影響を受け續けて淨土觀をのべたと見られる。

　元曉の唯識思想的な背景は彼の傳記にも窺うことができる。彼がはいち早く義湘といっしょに入唐する途中に大悟して入唐しなかった[44]と記している。その悟道頌とは「心生故種種法生 心滅故龕墳不二 又三界唯心萬法唯識 心外無法胡用別求」である。この中で「心生故種種法生」と「三界唯心 萬法唯識 心外無法」という語句に唯識思想の關心度を知ることができる。これをほかの面で見れば元曉がこのような唯識的な悟道頌をのべたのは入唐しようとする前から唯識に對する識見を多分持っていたと見做さ

れるのである。この唯識に對する關心がどれ程多かったかに對して彼の著書の中でいくつ種類を列擧すれば『攝大乘論疏』、『攝大乘論世親釋論略記』、『楞伽經疏』、『楞伽經料間』、『楞伽經宗要』、『解深密經疏』、『廣百論宗要』、『廣百論撮要』、『廣百論旨歸』、『瑜伽抄』、『瑜伽論中實』、『成唯識論宗要』、『中邊分別論疏』、『因明入正理論記』などである。このような著書によって見れば元曉が唯識に對して多くの關心を持っていたと見做すことができる。そのために彼の淨土著述の三つの中で引用した經論が三十四種類以上に成る內に天親が作った『攝大乘論釋』が六回[45]、『大乘唯識論』が一回、『往生論』が三十回になる。そして天親の影響を受けたことに對して具体的に調べてみようとする。

第一は天親の影響を受けた淨土に對する觀念である。『兩卷無量壽經宗要』の「一向不一向相對門」には淨土の位置を說明しながら八地の以上の菩薩が居住するところが淨土であり、その以下は淨土ではないと說明している。そしてこ後に一向の淨土を無著の『攝大乘論』に受用土をのべた一向淨、一向樂、一向無失、一向自在などの四句[46]を引用して八地以上の淨土はこのようであると說明した後に天親が作った『攝大乘論釋』を引用して次のように補充して說明している。

論曰 出出世善法功能所生 釋曰 二乘善名出世 從八地已上乃至佛地 名出出世 出世法爲世法對治 出出世法爲出世法對治 功能以四

緣爲相 從出出世善法功能 生起此淨土故 不以集諦爲因[47]

　これは一向の淨土とは八地菩薩の以上から仏のまでは積もった善法の功能によって建立されるとして天親菩薩と見解を同じくしていることを知ることができる[48]。

　またこの一向の思想は「共門と不共門」にも論じている。ここにはこの「共門と不共門」の結論を『攝大乘論釋』[49]に述べている「恒無雜穢故言一向淨 但受妙樂無苦無捨故言一向樂 唯是實善無惡及無記故言一向無失 一切事悉不觀外緣 皆由自心成故言一向自在」を他受用身として見ているし、「依大淨說一向淨 依大樂說一向樂 依大常說一向無失 依大我說一向自在」を自受用身として見てこの義は異なるが別土がないし、別體がない[50]だというのは淨土も一心に根本を置いて論じていることを知ることができる。これが元曉の會通思想である。そして淨土を「有漏門と無漏門」の立場によって明らかにする中で分際門にも『攝大乘論釋』[51]に唯識の智が淨土の體になることを引用して唯識によって淨土をのべようとする面を知ることができる。[52]

　次は淨土が建立した因に對しては成弁因の中で天親が『攝大乘論釋』に述べた「從出出世善法功能 生起此淨土 何者爲出出善法 無分別智 無分別後智得所生善根 名出出世善法」[53]の說を引用して出出世善法として淨土が生起することだと見ている。これに對するのは『楞伽經料間』の中に詳しく說明している[54]というのは

天親の 影響である。

　第二は 淨土に 往生する 因を 正因と 助因などに 分けて 説明する 中で 正因には 發心に 對する 總体的な 正意を「所言正因 謂菩提心 言發無上菩提心者 不顧世間富樂 及與二乘涅槃 一向志願三身菩提 是名無上菩提之心」55と 述べている。卽ち 世間の 富樂と 聲聞と 緣覺などの 涅槃を 願わなく、もっぱら 三身菩提を 願うのが 菩提心だと 言いながら、隨事發心と 順理發心などに 分けて 説明している。この 隨事發心には「煩惱無數願悉斷之」を 如來の 斷德にしてみているし、「善法無量願悉修之」を 如來の 智德にして 見ているし、「衆生無邊願悉度之」を 如來の 恩德にして 見ながら この 三德が 正因になると『兩卷無量壽經宗要』と『遊心安樂道』などに 同じく 述べている56。この 三德が 無上菩提の 因になる という 思想は 元曉が 直接に 天親の 説を 引用したと 言わなかったけれども『攝大乘論釋』には「三身卽是三德 法身是斷德 應身是智德 化身是恩德 由三身故 至具三德相果 由得無上覺故最勝」57の 説があるのを 見ればこれを 引用したと 思われる。すなわち 元曉は 三身菩提として 解釋し、これを 隨事發心の 三德を 無上菩提の 果にするのは 法身を 斷德、應身を 智德、化身を 恩德にして 述べたと 思われる。とにかく 元曉が 往生する 正因を 菩提心として 見るのは 彼が 著述した『阿彌陀經疏』にも 往生因を 正因と 助因など 二つに 分けて 正因を「顯示大菩提心攝多善根以爲因緣乃得生故」58だと 述べた 後にこの 菩提心が 多善根であり、これが 往生因になると 強調して『無量壽經』の 三輩

の中ではみんな菩提心だといった[59]のを引用しているのは元曉が發菩提心を重要示したことである。この菩提心を往生の正因にして見る人は曇鸞大師である。曇鸞大師は『往生論註』[60]に安樂淨土に往生することを願う人はかならず無上菩提心を發するべきだと強調している。このような思想を受け續く人は道綽禪師である。彼は『安樂集』に「大經云 凡欲往生淨土 要須發菩提心爲源 云何菩提者 乃是無上佛道之名也」[61]と述べた後に「然菩提有三種 一者法身菩提 二者報身菩提 三者化身菩提」[62]だといって三身菩提を詳しく說明している。このようなものは元曉が述べた三身と關係があると見て藤能成[63]は鎌田茂雄の說[64]と梯信曉の說[65]などを引用して、新羅時代の慈藏律師が道綽禪師に淨土敎を學って新羅に歸て元曉に傳えたと述べている。この論理は可能性があるけれども、三身菩提は天親の說を引用して論じたと見るのがもっと妥當性があると考えられるし、菩提心を正因として見るのは曇鸞の菩提心の思想を受け續けたと見るほうがもっと正しいのである。なぜならば元曉は十念相續を說明する時に「什公說言」[66]だと述べている。この內容を檢討すれば曇鸞の『略論安樂淨土義』[67]にある說であり、これをそのまま引用したので元曉は『往生論註』も見たということができるし、これによって菩提心を往生の正因にしたと考えられる。また外の面で見れば唐の國と新羅の國との文物が一年の內にお互いに往ったり來たりする時代ので道綽禪師と淨影寺慧遠、吉藏の著書を直接にみる可能性もある

がこれは一つの推測にすぎないのである。本稿には天親との關係に對するものであるから これは次の機會に讓る。とにかく中國の曇鸞大師、道綽禪師、淨影寺慧遠[68]、吉藏[69]などが菩提心を往生の正因にして見るのは元曉と同じ見解であることを知ることができる。そして元曉が順理發心を「信解諸法皆如幻夢 非有非無 離言絶慮 依此信解 發廣大心」だとのべている。これは諸行が無常であることを信解することによって廣大心を發することができるとのべているのは發菩提心を言うのである。この發菩提心を持って修行することによって もろもろのものが一心の根本の體である如來の世界に入ることができる。また言えば元曉が淨土の修行を發菩提心から始める理由は如來の世界に入るために一つの方便として見て正因にしたと考えられる。そのために『起信論』に述べている 如來藏思想と 無關しないと見える。そして元曉が直接に言及しなかったけれども淨土を眞如法性の世界に見てここに往生すれば眞如法性の世界に入ることだと見たと考えられる。なぜならば天親の影響を多く受けて淨土を述べたからである。天親は『往生論』に「一法句者 謂淸淨句 淸淨句者 謂眞實智慧無爲法身故」[70]だと述べて 淨土の本質とは淸淨であり、この淨土とは無爲法身の世界である意味があるために淨土の自體は淸淨を根本にした無爲法身の世界だと言うことができる。これを曇鸞は法性法身と方便法身などに分けている。そして法性法身に基づいて方便法身を生じ、方便法身から法性法身が現

す。これら 二つの法身は、名稱は異なっているけれども分離する ことはできないし、また体は一つであるけれども意義は同じで はない[71]とのべて中觀的な立場によって論じている。元曉は天親 と曇鸞との影響を受けて淨土に往生するのが眞如法性の世界に 入る考えを持っていたと本人は思われる。

　第三 元曉の莊嚴觀とは『阿彌陀經疏』に主に言及している。ここ で 經論を引用した回數がおよそ三十一回であるがこの中で天親 『往生論』を引用したのが二十五回になるのは元曉が天親の影響 を多く受け續け、淨土の莊嚴思想を論じたと思われる。先ず元曉 は『阿彌陀經』の大意とは三界を超越した二つに清淨するのが 宗になると言って『往生論』[72]の清淨句である器世間清淨と衆生 世間清淨などを擧げているのは、清淨法身の世界を思って莊嚴を 論じたと見える。

　次は元曉が『阿彌陀經疏』に依報莊嚴と正報莊嚴など二つに區 分して說明している。ここでは依報莊嚴を依果清淨としている し、正報莊嚴を正報清淨にして名つけている。それば『阿彌陀經』 の內容と天親の『往生論』との思想を比較して莊嚴を分類したこ とに對して調べて見れば、天親の二十九種の莊嚴のなかで元曉が 引用した莊嚴の數は依報莊嚴の無諸難功德、地功德、水功德、種種 事功德、妙色功德、妓樂功德、寶池功德、雨華功德、自在功德、受用 功德、變化功德、大義功德、虛空功德、性功德など十四種の莊嚴で あるし、また正報莊嚴は光明無量と壽命無量、伴功德、大衆功德、

上首功德など四種の莊嚴である。この中で妓樂功德、自在功德、變化功德などは天親が分類した莊嚴の種類の中ではないものとして、元曉が挿入したことである。また異なる點は天親の國土莊嚴にある莊嚴眷屬功德を元曉が正報莊嚴に擧げているのである。これは國土莊嚴にあるのを有情莊嚴になすために正報莊嚴に擧げたのではないかと考えられる。この中で重要なことは「受用功德」に「供養十方佛 報得通作翼 受樂佛法味 禪三昧爲食」だと述べているが下の二句は『往生論』と一致し、上の二句は一致しないのである。その外には水功德の「諸池帶七寶 淥水含八德 下積黃金沙 上耀青蓮色」、雨華功德の「金地作天樂 雨華散其間 歡樂無疲極 晝夜未甞眠」、變化功德の「種種雜色鳥 各各出雅音 聞者念三寶 妄想入一心」の偈頌は『往生論』に見えないものである。この內容を外の經と論にあるかを調べて見たが、まだ發見しなかった。この偈頌を元曉が「論頌曰」だと述べでいるが、本人の見解として元曉が直接に五言句を作って天親の論頌にしたと見られる。このことは、元曉がいか程天親を尊敬して、彼の影響を受け續けたのかを知ることができる。

次は正報莊嚴の中で、元曉は主功德を阿彌陀仏の特徵である光明無量と壽命無量にしてみて『往生論』を引用しなかった。『往生論』には國土莊嚴の主功德に阿彌陀仏が安樂淨土に住持するのと佛莊嚴の主功德にもろもろ大衆が阿彌陀仏を恭敬しているなど二つがある。この『往生論』の內容が『阿彌陀經』の內容と一致し

ないから元曉が引用しなくて單純に光明無量と壽命無量を主功德にしたと思われる。以下の伴功德、大衆功德、上首功德等の偈頌は『往生論』と一致している。しかし伴功德を『往生論』には莊嚴眷屬功德成就にして正覺の花から化生する安樂國土の聖衆たちをいっているが『阿彌陀經』には無數な聲聞と阿羅漢、菩薩だけ擧げて化生がいる言葉はない。この化生という言葉は『無量壽經』73にたびたび出るので、これを引用して元曉は化生を述べたと考えられる。元曉は『阿彌陀經』に化生という言葉はないが無數な聲聞、阿羅漢、菩薩などは誠に花のなかで化生した聖衆として信じて、「淨華衆」に對して『瑜伽師地論』74に述べている七種淨華衆を擧げいる。すなわちこの戒淨、心淨、見淨、度疑淨、道非道知見淨、行智見淨、行斷智見淨などの淨華の大乘は、仏の正覺から化生するという天親の思想を元曉が受け續けたと見られる。

大衆功德とは、元曉が『阿彌陀經』に說かれている阿鞞跋致の地位を極樂世界に往生した人に見て、この人たちは「乃至十念」の功德によって極樂世界に往生して正定聚に入て永く退轉しない人だと註釋した。これを『往生論』の「人天不動衆 淸淨智慧生」と對比した後に自分の見解を述べて大海のような如來の智慧に依支するから正定聚に入て動轉しないだとしている。

上首功德とは『阿彌陀經』に說かれている極樂世界の一生補處を元曉は一生補處の菩薩に見ている。この菩薩を元曉が十地の中に最も殊勝して妙高山王のようだと述べて『往生論』の「如須山

王 勝妙無過者」と對比した。しかし『往生論』に天親がのべた須彌山王は阿彌陀仏として極樂世界の聖衆の中で上首になるから一生補處の菩薩ではない。なぜ、元曉が一生補處を上首に見て天親が述べた仏莊嚴の上首功德と對比したかに對して疑われる。これはおそらく元曉が誤って 述べたと考えられる。

　その外に天親の影響を受け續けたのは『攝大乘論釋』の別時意說を引用して『遊心安樂道』[75]に論じているし、そして元曉は天親の『大乘唯識論』の唯識思想[76]などの影響を受け、淨土思想を展開したと見られる。

四. むすび

以上に考察して見た元曉の一心觀と淨土觀を纏めて言えば次のようである。

　一番目に、元曉の根本思想は融通無礙な一心である。この一心を眞如門である体と生滅門である相などの二門に分けているし、「獨淨」と「湛然」等に分けているが、この二つは融通するし無礙すると述べているのは彼が和諍思想を根本にして會通したと言うことができる。

　二番目に、元曉に一心二門の思想を成立させたのは『楞伽經』を所依經典にした『起信論』と『金剛三昧經』等の影響である。すなわち、この論と經は如來藏と阿梨耶識等として根本になっている

ので、元曉はこれによって仏教のすべての修行は「一心之源」に戻ることを目的にすると見ているし、淨土修行も「一心之源」に戻る一つの方便にして考えたのである。

三番目に、元曉は如來藏と阿梨耶識に關心を多く持っているから、彼は唯識の大家である天親の影響を受け續けて淨土觀を成立したと見える。すなわち天親が『攝大乘論釋』に述べた他受用身と自受用身等を引用しながらこれに對して義は異なるが別土がないし、別体がない[77]と言うのは、天親の影響を受け續けて淨土も一心に根本を置いて論じたと思われる。またこれが彼の會通思想だと言うことができる。

四番目に、淨土が成立した因を出出世善法だと述べているのは天親の影響であり、またここで往生する因を發菩提心だと言っているし、この發菩提心を「一向志願三身菩提」だと述べるのは第一は天親の影響であり、第二は曇鸞の影響だと見られる。

五番目に、淨土の莊嚴觀も天親の『往生論』の影響として器世間清淨と衆生世間清淨等を清淨法身の世界と見て述べたのである。また天親の『往生論』の思想を引用しながら『阿彌陀經』の內容を分類して、自ら莊嚴の名稱を名付けるのが特徵を示している。そして元曉の『阿彌陀經疏』に「論頌曰」という偈頌には『往生論』と一致する部分もあるし、一致しない部分もある。この一致しない部分は元曉が直接に作って天親の說のようにしたと見える。

(高橋弘次先生古稀記念論集『淨土學佛教學論叢』, 山喜房, 2004)

註

1 大正藏 五五卷 一一六五頁中~一一七八頁下.

2 大正藏 五五卷 一一四五頁下~一一七八頁中.

3 大正藏 四九卷 一0一0頁中~一0一八頁下.

4 大正藏 五十卷 一0一五頁上~一0二二頁下.

5 石田茂作 編 東京東洋文庫 昭和五年刊

6 滑谷快 著『朝鮮禪教史』四七頁.

7 趙明基 著『新羅仏教の理念と歴史』九六頁

8 梁銀容 編『新羅元曉研究』一三七頁.

9 金煐泰 著『韓國仏教史概說』七四~七七頁.

10 『韓國仏教撰述文獻總錄』一六頁(東國大學教編)

11 吳亨根 著『唯識思想研究』四五七頁にも言及している。

12 安啓賢 著『新羅淨土思想研究』一二頁で言及している.

13 拙著「禪林寺の古鈔本無量壽經宗要と諸本との對照研究」『仏教大學大學院 研究紀要』第一八號(一九九0年三月)二三頁~二四頁に記されている.

14 藤能成 著『元曉의 淨土思想 研究』四七頁、四九頁(東國大學校 博士學位論文)

15 元曉遊心安樂道云 淨土宗意本爲凡夫兼爲聖人(大正藏 八三、一頁 下)

16 『兩卷無量壽經宗要』・『阿彌陀經疏』・『遊心安樂道』等である。

17 大正藏 三七卷一二五頁下.

18 大正藏 三七卷 三四八頁上.

19 大正藏 四七卷 一一0頁中.

20 大正藏 十六卷 五一九頁上.

21 大正藏 四四卷 二0六頁下.

22 李平來 著『新羅佛教如來藏思想研究』二二三頁.

23 『伽山佛教大辭林』第三卷 六三五頁.

24 『無量壽經宗要』に往生因を成弁因と往生因等の二つに分けている。この中で成弁因を說明しながらこれに對する詳しい說明を 『楞伽經料間』にあると言われているがこの本は現存しないのである。(大正藏 三七卷 一二八頁中)

25 生那洛迦中作靜息王 從此無間有那洛迦卒 猶如化生 及種種苦具謂銅鐵等 那洛迦火起然後隨業有情於此受生 及生餘趣(大正藏 三0卷 二八八頁上)

26 從出出世法功能 生起此淨土故 不以集諦爲因 此句明因圓淨 何者爲出出世善法 無分別智 無分別後智所生善根 名出出世善法(大正藏 三一卷 二六三中頁)

27 上同

28 若斯動寂皆是大夢 以覺言之無此無彼 穢土淨國本來一心 生死涅槃終無二際 (大正藏 三七卷 一二五頁下)

29 大正藏 三四卷 九六六頁上.

30 大正藏 三四卷 九六一頁上.

31 金恒培 著「元曉の一心思想の本質とその 論理的な構造」、金知見 編『元曉の 哲學世界』五六三～五六四頁にも論じている。

32 凡有心者 有二種心 謂一者眞如心 此心從本以來 具足恒河沙性功德 故名不空如來藏 二者心生滅心 謂此心者由煩惱 以染覆故 性不現故 約隱義故 名空 然離染時 流出厚義 故亦名如來藏 譬如水雖成波浪 而終不失水性義 故名如來藏 此卽隱覆如來藏 現爲法身 衆生皆有如是二種心(『韓國仏教全書』第一册 五九0頁中)

33 大正藏 三四卷 九六八頁 下～九六九 上の內容.

34 大正藏 三七卷 一二八頁下.

35 大正藏 四七卷 一一四頁中.

36 大正藏 三七卷 一二八頁下.

37 上同

38 發心畢竟二不別 如是二心先心難 自未得度先度他 是故我禮初發心(大正藏 一二卷 五九0頁上)

39 何爲一心 謂染淨諸法其性無二 眞妄二門不得有異 故名爲一(大正藏 四四卷 二0六頁下)

40 大正藏 四四卷 二0七頁上.

41 『兩卷無量壽經宗要』(大正藏 三七卷 一二五頁下)、『阿彌陀經疏』(大正藏 三七卷 三四八頁上)、『遊心安樂道』(大正藏 四七卷 一一一頁中)

42 大正藏 一六卷 五五六頁中～下.

43 心生滅者 依如來藏故有生滅心 所謂不生不滅與生滅和合非一非異 名爲阿梨耶

識(大正藏 三二卷 五六七頁中)

44 『宋高僧傳』義湘條(大正藏 五0卷 七二九頁上)

45 元曉が「攝大乘論云」というのを安啓賢博士とそのほか何人の學者たちは無着のものだと見て言及しているが、原文を調べて見れば元曉が引用した文章は天親の『攝大乘論釋』である。そのために、天親の影響を受けて淨土を述べたと見るべきである。これはおそらく,元曉が引用する時に『攝大乘論釋』の中で「釋」の字を拔かしたと思われる。もしそうでないならば、後に筆寫する人が誤って書いたと考えることも可能である。

46 復次受用如此淨土清淨 一向淨一向樂 一向無失一向自在云云(大正藏 三一卷 一三一頁下)

47 『攝大乘論釋』大正藏 三一卷 二六三頁中,『兩卷無量壽經宗要』大正藏 三七卷 一二六頁上、『遊心安樂道』大正藏 四七卷 一一一頁中.

48 このようなものは元曉が著述した『阿彌陀經疏』(大正藏 三七卷 三四八頁中)にもある。

49 大正藏 三一卷 二六四頁上~中.

50 大正藏 三七卷 一二七頁中.

51 大正藏 三一卷 二六三頁中.

52 『兩卷無量壽經宗要』大正藏 三七卷 一二七頁下.

53 大正藏 三一卷 二六三頁中の內容を要約したものである.

54 大正藏 三七卷 一二八頁上~中.

55 大正藏 三七卷 一二八頁下.

56 『兩卷無量壽經宗要』(大正藏 三七卷 一二八頁下)、『遊心安樂道』(大正藏 四七卷 一一四頁中)

57 大正藏 三一卷 二五七頁下.

58 大正藏 三七卷 三五0頁上.

59 此爲因者 兩卷經中攝九品因以爲三輩 三中皆有發菩提心(上同)

60 大正藏 四0卷 八四二頁上、拙著『往生論註講說』四三二頁~四三七頁.

61 大正藏 四七卷 七頁中.

62 上同

63 藤能成 前揭書 二０三頁

64 鎌田茂雄 『新羅仏教史序說』(東京大學 東洋文化硏究所、一九八八) 一三四頁.

65 梯信曉「元曉の淨土敎思想について」(『日本中國仏敎思想とその展開』、山喜房佛書林、一九九二) 二０二頁～二０三頁.

66 『兩卷無量壽經宗要』大正藏 三七卷 一二九頁上～中、『遊心安樂道』大正藏 四七卷 一一五頁上.

67 大正藏 四七卷 三頁下.

68 然此三輩 人位雖殊 至欲往生 齊須發心求大菩提 專念彼佛 迴向發願 方得往生 (大正藏 三七卷 一０七頁 下)

69 結三輩人皆菩提心爲正因餘行爲緣因(大正藏 三七卷 一二二頁 中)

70 大正藏 二六卷 二三二頁中.

71 諸佛菩薩有二種法身 一者法性法身 二者方便法身 由法性法身生方便法身 由方便法身出法性法身 此二法身異而不可分 一而不可同(大正藏 四０卷 八四一頁中)

72 大正藏 二六卷 二三二頁中.

73 往生其國 便於七寶華中 自然化生(大正藏 一二卷 二七二頁中) 命終得生無量壽國 於七寶華中 自然化生(大正藏 一二卷 二七八頁中)

74 大正藏 三０卷 八三八頁上、云何名爲七種一戒淸淨二心淸淨…中略…七行斷知見淸淨

75 大正藏 四七卷 一一八頁下～一一九頁上.

76 大正藏 三七卷 一二七頁上.

77 『兩卷無量壽經宗要』大正藏 三七卷 一二七頁中.

원효의 일심관과 정토관(번역)

1. 문제의 소재

한국 역사상 근대에 이르기까지 정토사상이 학문적으로 가장 발달했던 시기는 신라시대라 생각된다. 그리고 이 정토사상에 대해서는 신라시대에 활동했던 學僧 가운데 원효의 저술을 빼놓고는 말할 수가 없다. 왜냐하면 삼국시대 이후 고려시대의 典籍을 보면 禪學과 教學에 대한 것이 많이 남아 있고, 정토학에 대한 것은 적다. 그리고 조선시대는 유교를 숭상하고 불교를 억제하는 정책에 의해 활발한 불교활동을 행할 수가 없어 불교에 대한 저술이 그리 많지 않으며, 남아 있는 저술 가운데 정토관계의 책은 著者未詳이라고 하여 누가 저술했는지 알지 못하고, 그 내용도 기초적인 것에 지나지 않기 때문에 학문적인 가치가 없다. 그래서 조선시대의 정토신앙은 일반 민간과 사찰에서 불교신앙의 한 부분으로 행해졌다고 볼 수 있다.

이상으로 보면 정토사상을 학문적으로 깊이 연구한 시대는 신라시대 뿐이라고 보아도 과언은 아니다. 이 신라시대 정토학에 대해서는 한국과 일본 등 여러 나라의 학자들에 의해 넓고 깊이 연구되어 왔다. 그래서 본 논문에서 지금 연구한 학자들과 달리 원효의 一心思想과 淨土思想은 어떤 것이며, 어느 누구의 영향을 받았는지를 밝히고 싶다.

원효는 신라시대 제26대 眞平王 39년(617)에 태어나, 神文王 6년(686)에 입적하였다. 그가 남긴 많은 저서에 대해 의천의 『신편제종교장총록』[1]·영초의 『동역전등목록』[2]·일연의 『삼국유사』 5권[3]·각훈의 『해동고승전』[4]·石田茂作의 『奈良朝現在經疏目錄』[5] 등 이외 많은 목록에서 170여 가지를 기록하고 있다. 이에 대해 滑谷快는 『조선선교사』에서 81부,[6] 조명기박사는 『신라불교의 이념과 역사』에서 98부,[7] 八百谷孝保는 『新羅僧元曉傳攷』에서 82부,[8] 김영태는 『한국불교사개설』[9]에서 86부를 열거하고 있는 등 여러 가지 설이 있다. 그러나 최근에 찬술한 『한국불교찬술문헌총록』에서 밝힌 86부 180여

---

1 대정장 55, pp 1165中~1178下.
2 대정장 55, pp.1145下~1178中.
3 대정장 49, pp.1010中~1018下.
4 대정장 50, pp.1015上~1022下.
5 石田茂作 編, 東京東洋文庫 昭和5年刊.
6 滑谷快 著,『조선선교사』, p.47.
7 조명기 저,『신라불교의 이념과 역사』, p.96.
8 양은용 편,『신라원효연구』, p.137.
9 김영태 저,『한국불교사개설』, pp.74~77頁.

권10이 가장 믿을 만하다고 생각된다.11 원효가 이렇게 많은 저술을 한 것은 초인간적이라고 할 수밖에 없다.

　이 많은 저서 가운데 현존한 것은 『대혜도경종요』를 비롯해 32종류가 있다. 이 가운데 원효대사의 정토경전 註釋書로는 『무량수경소』 1권·『무량수경료간』·『무량수경사기』·『양권무량수경종요』 1권·『아미타경소』 1권·『반주삼매경소』·『유심안락도』 1권12 등 7종류의 제목이 기록되고 있지만, 현존하고 있는 것은 『양권무량수경종요』·『아미타경소』·『유심안락도』 등 3부와 「彌陀證性偈」 一句다.13

　이 가운데 『유심안락도』는 원효의 저술인가 아닌가에 대해 논란이 있다. 즉 한국의 불교학자는 원효의 저술로 보고, 일본의 몇몇 불교학자는 원효의 저술이 아닌 것으로 보고 있다. 한국불교사를 깊이 연구한 김영태는 『한국불교사개설』에서 원효의 저술로 인정하고 있지만, 일본의 몇몇 학자는 원효의 저술이 아니라고 말하고 있고, 또 동국대학교에서 박사논문으로 제출한 일본인 藤能成14도 원효의 저술로 인정하지 않고 있다. 그러나 본인은 『유심안락도』 가운데 『양권무량수경종요』의 내용이 거의 인용되어 있다고 하는 것에 대해 인정하고 있지만, 이것에 의해 원효의 저술이 아니라고 인정할 수

---

10 『한국불교찬술문헌총록』, p.16(동국대학교 편)
11 오형근 저, 『유식사상연구』, p.457에도 언급하고 있다.
12 안계현 저, 『신라정토사상연구』, p.12에도 언급하고 있다.
13 拙著 「禪林寺の古鈔本無量壽經宗要と諸本との對照硏究」, 『仏教大學大學院硏究紀要』 第18號(1990年3月) pp.23~24에 기록되어 있다.
14 藤能成 저, 『元曉의 淨土思想 硏究』, p.47, 49(동국대학교 박사학위논문)

없고, 일본의 누군가에 의해 지어진 僞作이라는 것에 대해서 동의할 수 없다. 만약 이 책이 일본 사람에 의해서 지어진 것이라면 원효가 『양권무량수경종요』에서 十念을 설명하면서 담란의 설을 '什公의 說'이라고 잘못 쓴 것을 『유심안락도』에서 그대로 인용할 이유가 없다. 왜냐하면 일본에서는 정토학을 연구하는 사람들에게 담란의 책이 많이 읽혀지고 있었을 뿐만 아니라 깊이 연구하고 있기 때문에 이것이 담란의 설인지 아닌지에 대해 모를 리가 없다. 또 어떤 한 사람이 여러 가지 책을 저술할 때 먼저 지은 책의 내용을 인용할 수도 있고, 이에 대해 보충하여 설명할 수도 있다고 본다. 그래서 『유심안락도』가 원효의 저술이 아니라고 단정하는 것은 무리고, 원효가 『양권무량수경종요』의 내용을 『유심안락도』에서 인용하여 보충 설명하였다고 보는 것이 타당하다고 본다.

일본에서는 일찍이 이 『유심안락도』를 『안양집』에서 원효의 것으로 보고 인용하였고, 일본 정토종의 개조인 法然(1133-1212)은 『選擇本願念佛集』[15]에서 원효의 설로 인용하고 있다. 그리고 한국 불교학자 가운데 어느 누구도 僞作이라고 보는 사람은 지금까지 없다. 이 『유심안락도』가 僞作인지 아닌지에 대해서는 구체적인 연구가 더 필요하기 때문에 다음 기회로 미루고, 본인은 원효의 저술로 보고 논할까 한다.

---

15 元曉遊心安樂道云 淨土宗의 本爲凡夫兼爲聖人(대정장 83, p.1下)

2. 一心二門의 會通

원효의 정토관계 저서 세 가지[16] 가운데 서두에서 말한 '敎의 大意'를 보면, 衆生心이란 融通無礙하며 이것이 '一心'이라고 주장한 것은 그가 이 一心에 대해 가장 역점을 두고 있다고 보여진다. 이것을 逆說的으로 말하면 모든 경과 논은 一心을 밝히는 역할로 보는 것이 元曉의 생각이라고 본다. 이 淨土關係 세 종류의 책에서 '敎의 大意'의 문장을 분석해 보면 조금 다른 점도 있지만 내용은 같다.

먼저 원효는 衆生心에 대해 『양권무량수경종요』[17]에서는 '融通無礙'하다고 말하고, 『아미타경소』[18]에서는 간단하게 '心'이라고 표현하고 있지만 이후의 문장에서는 이 心이 融通無礙하다고 말하여 『양권무량수경종요』의 문장과 다르지 않음을 알 수 있다. 또 『유심안락도』[19]는 『양권무량수경종요』와 같은 文章이기 때문에 정토관계 세 가지 책의 序文 모두 一心 자체를 融通無礙하다고 表現했음을 알 수 있다. 그렇다면 원효는 이 融通無礙한 一心을 어떻게 표현하고 있으며, 이는 누구의 영향을 받았는가를 논해 볼까 한다.

이 一心이 融通하고 無礙하다고 하는 것은 중생들이 본래 가지고 있는 如來藏을 근거로 하여 논하고 있음을 알 수가 있다. 이 여래장을

---

16 『양권무량수경종요』・『아미타경소』・『유심안락도』 등이다.
17 대정장 37, p.125下.
18 대정장 37, p.348上.
19 대정장 47, p.110中.

논한 경전은 『능가경』이다. 이 『능가경』에서는 "寂滅者名爲一心 一心者名爲如來藏"[20]이라고 하여 마음이 寂滅한 상태가 一心이고, 이것이 如來藏이라고 하였음을 알 수가 있다. 원효는 이 설을 인용하면서 그가 지은 『기신론소』[21]에서

> 此言心眞如門者 卽釋彼經寂滅名爲一心也 心生滅門者 是釋經中 一心者如來藏也 所以然者 以一切法無滅 本來寂靜 唯是一心 如是 名爲心眞如門 故言寂滅者名爲一心 又此一心體有本覺 而隨無明 動作生滅 故於此門如來之性隱而不顯 名如來藏

라고 말하고 있다. 여기에서 원효는 一心을 眞如門과 生滅門 등 두 가지로 나누어 眞如門을 『능가경』에서 말하고 있는 "寂滅者名爲一 心"이라 하였고, 生滅門을 "一心者名爲如來藏"으로 보았다. 즉 一心 의 본체는 그 自體가 本覺이고, 이것이 寂滅한 것이 眞如門이라는 것이다. 그렇지만 이것은 無明에 의해 生滅流轉하기도 하고, 生滅流 轉하기 때문에 여래의 성품이 감추어져 나타나지 않는 이것이 生滅門 이라는 것이다. 이 生滅門을 逆으로 수행하면 無明은 사라져 生滅流 轉하지 않고, 여래의 성품이 확연히 나타나는 것이 여래장이다.[22] 여기에서 인용한 『능가경』이란 후기 대승불교를 대표하는 경전 가운

---

20 대정장 16, p.519上.
21 대정장 44, p.206下.
22 이평래 저, 『신라불교여래장사상연구』, p.223.

데 하나이고, 초기 대승경전인『반야경』·『화엄경』·『법화경』등과 중기 대승경전인『열반경』·『승만경』·『해심밀경』등 여러 가지 사상을 여래장의 입장에서 융화시켜 독자적인 경지를 이룬 경전이다. 이 경전은 護法의 唯識說에도 영향을 주었고,『대승기신론』의 소의 경전으로서 여래장사상의 형성에 중요한 역할을 하였다.[23] 원효가『능가경료간』[24]이란 책을 저술한 것을 보면 이 경의 영향을 받았다고 보여진다. 왜냐하면 往生因 가운데 成辨因에서는『유가사지론』[25]과『섭대승론석』[26]을 인용하여 唯識的인 입장에서 정토왕생을 논하려고 하였음을 엿볼 수가 있기 때문이다.[27]

『능가경』을 所依經典으로 한『기신론』은 一心을 자주 心眞如門과 心生滅門 등 두 가지로 나누어 논하고 있는 책이다. 이 책 心眞如門에서 '如實空'과 '如實不空' 등을 논하고 있는데, 이것은 마음의 청정한 면을 논하는 것이다. 心生滅門에서 阿梨耶識의 覺과 不覺 등 두 가지 의미와 네 가지 薰習 등을 설하고 있는 것은 染淨緣起를 밝힌 것이라 할 수 있다. 즉 원효는『기신론』에 대한 관심이 높았기 때문에

---

23 『伽山佛敎大辭林』, 제3권 p.635.
24 『무량수경종요』에서 往生因을 成辨因과 往生因 등 두 가지로 나누었다. 이 가운데 成辨因을 설명하면서 이에 대한 자세한 설명은『능가경료간』에 있다고 하였지만 이 책은 현존하지 않는다.(대정장 37, p.128中)
25 生那洛迦中作靜息王 從此無間有那洛迦卒 猶如化生 及種種苦具謂銅鐵等 那洛迦火起然後隨業有情於此受生 及生餘趣(대정장 30, p.288上)
26 從出出世法功能 生起此淨土故 不以集諦爲因 此句明因圓淨 何者爲出出世善法 無分別智 無分別智後智所生善根 明出出世善法(대정장 31, p.263中)
27 위 주와 같음.

『기신론소』를 저술한 것이다. 이 책은 지금 현존하여 많은 학자들에 의해 연구되고 있다.

이와 같이 원효는 『능가경』과 『기신론』의 영향을 받아 『무량수경종요』에서 一心에 대해 '泰若虛空'과 '湛猶巨海' 등 두 가지로 나누어 보았고, 『아미타경소』에서 一心을 '離相離性'라고 전제한 후 '如海'와 '如空' 등 두 가지로 나눈 것은 『양권무량수경종요』와 같다고 본다. 즉 크기가 허공과 같다고 말하면서 "故其體平等無別相而可得 何有淨穢之處"라고 하였고, 『아미타경소』에서는 "如空之故無相不融 何有東西之處"라는 것은 心體의 입장에서 眞如門을 언급한 것이다. 또 湛然하기가 큰 바다와 같다고 말하면서 "故其性潤滑能隨緣而不逆 豈無動靜之時"라고 하였고, 『아미타경소』에서 "如海之故無性是守 豈無動靜之時"라 한 것은 心相의 입장에서 生滅門을 언급한 것이다. 즉 一心을 體와 相 등으로 나누어 설명하였음을 알 수가 있다.

그래서 一心을 '豈無動靜之時'이라 하면서 動時와 靜時 등으로 나누어 설명하였음을 알 수 있다. 즉 動時는 "塵風에 의해 五濁의 세상에 빠져 윤회하고, 고통의 바다에 빠져 기약 없이 흘러간다"고 한 것은 生滅門으로 간주한 것이다. 이 生滅門을 역으로 수행하는 방법을 "善根을 받아 四流를 끊고 돌아오지 않고 피안에 이른다"고 하였다. 또 피안에 이르는 경지가 靜時로 寂滅한 一心인 眞如門이다. 여기서 중요한 것은 '泰若虛空'의 心體와 '湛猶巨海'의 心相이 融通無礙한 마음이고, 靜時의 마음과 動時의 마음, 眞如門과 生滅門이 融通無礙한 마음이다. 이와 같은 것을 如來藏의 마음에 의해 보면 하나의 큰 꿈이고, 깨달은 사람의 위치에서 보면 彼此가 없으며, 淨土와 穢土는 본래 一心이고, 生死와 涅槃 등 두 경계가 없다고 하는 것이 원효의 입장이다.[28] 이와 같은 사상은 여래장사상을 근본으로 둔 一心二門의 會通的인 견해에서 나온 것이라 할 수가 있다. 이러한 사상을 그가 저술한 『금강삼매경론』 가운데서 검토해 보면 『기신론』과 『능가경』 등 두 가지 설을 인용하면서,

空寂之心體無色相 言有左右意致還同 言無色者無顯形等色故 無相者無生滅等相故 此文卽顯心眞如門 上言衆生之心且擧心生滅門 擧生滅心顯眞如門 以之言故 性本空寂 然此二門其體無二 所以皆是一心法耳[29]

라고 하였다. 여기서도 마음의 體는 空寂하여 色相이 없다고 하면서 眞如門과 生滅門을 나누어 논하고 있지만 그 性品은 본래 空寂하기 때문에 그 體는 두 가지로 나누어지는 것이 아니고 모든 것은 一心法이라고 말하여 淨土撰述의 內容과 같은 입장을 취하고 있다. 그래서 원효는 『금강삼매경론』의 敎의 大意를

夫一心之源離有無而獨淨 三空之海融眞俗而湛然 湛然融二而不

---

[28] 若斯動寂皆是大夢 以覺言之無此無彼 穢土淨國本來一心 生死涅槃終無二際 (대정장 37, p.125下)
[29] 대정장 34, p.966上.

一 獨淨離邊而非中 非中而離邊 故不有之法不卽住無 不無之相不卽住有 不一而融二 故非眞之事未始爲俗 非俗之理未始爲眞也 融二而不一 故眞俗之性無所不立 染淨之相莫不非焉 離邊而非中 故有無之法無所不作 是非之義莫不周焉 爾乃無破而無不破 無立而無不立[30]

라고 하였는지 모른다. 여기서도 원효는 『금강삼매경』의 大意를 '一心之源'에 두고 있음을 알 수가 있다. 즉 여기서 원효가 一心을 '獨淨'과 '湛然' 등으로 나누어 설명한 것은 정토경전의 大意와 다른 것처럼 보이지만 融通無礙하다고 한 것은 같다. 여기서 말하고 있는 '獨淨'이란 有와 無 등을 벗어난 경지를 象徵的으로 표현한 것이고, '湛然'이란 一心이 眞과 俗 등을 융합하게 포용하고 있는 것을 밝힌 것이다. 즉 '獨淨'은 一心의 超越性을 표현한 것이고, '湛然'은 一心의 包括性과 內在性을 표현하였다고 할 수 있다. 또 '獨淨'을 '離邊而非中'이라 하고, '湛然'을 '融二而不一'이라고 설명한 것이다. 그러면 '離邊而非中'과 '融二而不一'의 참 뜻을 우리들의 悟性的인 認識에 의해 보면 有와 無 등은 모순적인 개념이기 때문에 兩立할 수가 없어 有는 無를 부정하고 無는 有를 거부한다. 그래서 '離邊'이란 有와 無 등 두 가지 극단을 벗어난 의미다. 그렇다면 有와 無 등을 벗어난 것은 어떤 존재인가? 有도 아니고, 無도 아니며, 제3의 中間的인 存在도 아니기 때문에 '非中'이라고 한 것이다. 또 '融二而不一' 가운데

---

30 대정장 34, p.961上.

'融二'란 對立을 止揚한 것이라고 할 수 있고, '不一'이란 대립을 量的으로 통합한 '一'도 아닌 것이다. 다른 면에서 보면 一心은 분별되고 있는 모든 개념의 원천이기 때문에 모든 對立槪念과 矛盾槪念 등이 여기에 포함된다. 그러기 때문에 '融二'이라 하는 것이다. 그러나 동시에 분별된 어떤 것도 '一'이 될 수 없기 때문에 '不一'이라고 말한 것이다.[31] 이와 같은 사상을 가지고 있는 원효이기 때문에 참된 一心은 상대적인 개념을 건립할 수 없는 것은 아니지만 여기에 사로잡힐 필요도 없기 때문에 마지막 문장에서 '無破而無不破 無立而無不立'이라고 하였다. 이것은 그가 一心을 融通無礙로 간주한 것이고, 眞如門과 生滅門 등 두 가지로 나눌 수 없다고 하는 사상에서 비롯한 會通的인 精神이라고 할 수 있다.

이와 같이 마음이지만 여기에 眞如心과 生滅心 등 두 가지 마음이 있다고 한 것은 그가 저술한 『범망경보살계본사기』[32]에도 말하고 있다. 이 책에서 眞如心이란 본래부터 恒河沙數의 性功德을 구족하고 있기 때문에 이것을 不空藏如來라 이름하고, 生滅心이란 번뇌에 의해 오염되고 감추어져 그 본성이 나타나지 않기 때문에 여기에 隱의 의미가 있어 空如來藏이라 이름한다고 했다. 원효는 이것을

---

31 김항배 저, 「元曉의 一心思想의 本質과 그 論理的 構造」, 金知見 編, 『元曉の哲學世界』, pp.563~564에 논하고 있다.
32 凡有心者 有二種心 謂一者眞如心 此心從本以來 具足恒河沙性功德 故名不空如來藏 二者心生滅心 謂此心者由煩惱 以染覆故 性不現故 約隱義故 名空 然離染時 流出厚義 故亦名如來藏 譬如水雖成波浪 而終不失水性義 故名如來藏 此卽隱覆如來藏 現爲法身 衆生皆有如是二種心(『韓國仏教全書』第一冊, p.590中)

비유를 들어 "물이 파도가 되고 거품이 되어도 물의 성질을 잃지 않는 것처럼 如來藏의 의미도 이와 같다"고 하여 여기에 隱覆如來藏의 의미가 있다고 하였다. 그래서 중생들 어느 누구도 지금까지 이 두 가지 마음을 가지고 있다고 하는 것이 원효의 견해다. 여기에서 말하고 있는 空如來藏과 不空如來藏의 내용을 좀 더 자세히 논한 것은 앞에서 한번 인용한 『금강삼매경론』이다. 이 논에서 空을 말하기를, 여러 가지 煩惱法이 虛妄하여 그 경계가 진실하지 않는 것이고, 이로 말미암아 體性이 산란하여 거짓되고 진실이 없는 것이라 하였다. 그렇지만 이 空 가운데 반드시 如來를 覆藏하고 있어 如來藏이라 한다는 것이다. 不空이란 일체 공덕이 體性과 서로 相應하여 그 體와 境界 등이 허망하지 않고 진실한 것을 의미한다. 그래서 如來의 性이 감추어져 있어 離脫하지 않고 常住한 것을 不空[33]이라고 말한 것은 如來藏에 근본을 두고 一心二門을 논하였음을 알 수 있다.

이와 같은 사상은 그가 저술한 淨土撰述에서도 엿볼 수가 있다. 즉 『양권무량수경종요』[34]와 『유심안락도』[35]에서 정토에 왕생하는 正因을 發菩提心으로 했다는 것은 우리가 잘 알고 있다. 이 내용을 보면,

所言正因 爲菩提心 言發無上菩提心者 不顧世間富樂 及與二乘涅

---

33 대정장 34, pp.968下~969上의 내용.
34 大正藏 37卷, 128頁下.
35 대정장 47, p.114中.

槃 一向志願三身 是名無上菩提之心 總標雖然 於中有二 一者隨事
發心 二者順理發心36

라고 하였다. 이 가운데 '隨事發心'이란 현상적인 세상의 일에 따라 菩提心을 일으키기 때문에 이것은 生滅門의 입장에서 發心한 것으로 如來藏이 감추어진 마음이고, '順理發心'이란 근본 진리인 眞如의 세계에서 菩提心을 일으키기 때문에 이것은 眞如門의 입장에서 본 발심으로 如來藏이 常住한 마음이라고 말할 수가 있다. 다시 말하면 원효는 發心에서도 如來藏인 一心을 근본으로 하여 眞如門과 生滅門 등 두 가지로 나누어 논하였다고 할 수 있다. 그리고 원효는 菩提心을 설명하면서 결론적으로 "如經言 發心畢竟二無別 如是二心前心難 自未得度先度他 是故我禮發心"37이라 하였다. 여기서 인용된 경은 『대반열반경』38이다. 원효는 여기에서도 發心과 畢竟 등 두 가지가 다르지 않다고 하면서 發心 쪽에 많은 비중을 둔 것을 알 수 있으며, 여기서도 그의 會通精神을 엿볼 수가 있다. 즉 여기서 논한 발심은 정토에 왕생하기 위한 원인이고, 畢竟은 정토에 왕생한 후에 얻은 결과인 열반의 경지를 말한다. 그러기 때문에 여기서도 원인과 결과 등 두 가지가 결국 둘이 아니라고 하는 會通思想을 가지고 있음을

---

36 위 주와 같음.
37 대정장 37, p.128下.
38 發心畢竟二不別 如是二心先心難 自未得度先度他 是故我禮初發心(대정장 12, p.590上)

알 수 있다. 즉 원효는 이러한 사상을 가지고 있기에 一心을 染과 淨, 그리고 모든 법은 둘이 아니며 眞과 妄 등 두 가지 문이 다르지 않다고 하여 이것을 '一'[39]이라고 하였다. 그리고 "染淨通相 通相之外 無別染淨"[40]라고 한 사상 등을 보면 원효가 얼마나 一心을 融通無礙한 것으로 말하였는지를 알 수 있다.

3. 天親의 영향을 받은 정토관

앞에서 한번 언급하였듯이 원효는 一心을 融通無礙라 하였고, 이것을 근본으로 보면 "彼此가 없고, 정토와 예토는 본래 一心이며, 생사와 열반 등 두 경계가 없다"는 입장이지만, 生滅門에 있는 중생들이 眞如門에 들어가기 위해서 "공덕을 쌓아야 깨달을 수 있고, 생사의 큰 꿈 가운데서는 不可能하다."고 하였고, "석존은 다섯 가지 악을 훈계하면서 선을 권하시었고, 아미타불은 安養에 계시면서 三輩로 중생을 인도하신다."[41]고 말한 것은 진실한 수행을 하지 않으면 一心의 근원을 깨달을 수 없다는 것을 강조하였다고 할 수 있다. 이러한 면에서 보면 정토에 왕생하기 위한 수행은 一心의 근원에 들어가기 위한 것이다. 즉 정토에 왕생하는 것은 '還源'의 방편으로 생각하고

---

39 何爲一心 謂染淨諸法其性無二 眞妄二門 不得有異 故名爲一(대정장 44, p.206下)
40 대정장 44, p.207上.
41 『양권무량수경종요』(대정장 37, p.125下), 『아미타경소』(대정장 37, p.348上), 『유심안락도』(대정장 47, p.111中)

논하였다고 생각된다. 그래서 원효의 정토관을 여러 면에서 논할 수 있지만 이 모든 것을 여기서 언급하는 것은 무리라고 생각되어 천친의 영향을 받은 정토관만을 논할까 한다.

천친이 형인 無着의 영향을 받아 唯識學을 성립했다는 것은 말할 것도 없다. 원효는 여래장에 근본을 두고 一心二門을 논하였다. 그런데 왜 唯識의 大家인 천친의 설을 가지고 정토를 논하였는가에 대해서는 의문이 있을 수 있다. 이것은 그가 소중하게 의지한 『능가경』과 『기신론』에서 비롯되었다고 할 수 있다. 왜냐하면 『능가경』에서 "大慧 阿梨耶識者 名如來藏 而與無明七識共具云云"42라고 하여 如來藏을 阿梨耶識이라고 동일시한 것과 『기신론』에서 "心生滅이란 如來藏에 의지하기에 生滅의 마음이 있는 것이다. 다시 말하면 不生不滅의 生滅이 화합하기에 一도 아니고, 다른 것도 아닌 것을 阿梨耶識이라고 이름한다."43고 한 것은 이 경에서 如來藏과 阿梨耶識의 관계를 분명히 하였기 때문이다. 즉 如來藏과 唯識은 불가분의 관계가 있기 때문에 원효는 唯識의 大家인 천친의 영향을 받아 淨土觀을 논하였다고 보여진다.

원효의 유식사상적인 배경은 그의 전기에서도 엿볼 수가 있다. 그는 일찍이 의상과 함께 당나라에 유학하려고 가는 도중에 크게 깨닫고 유학을 하지 않았다44고 기록되고 있다. 그가 크게 깨달은

---

42 대정장 16, p.556中～下.
43 心生滅者 依如來藏故有生滅心 所謂不生不滅與生滅和合非一非異 名爲阿梨耶識(대정장 32, p.567中)

悟道頌을 보면 "心生故種種法生 心滅故龕墳不二 三界唯心 萬法唯識 心外無法胡用別求"이다. 이 가운데 '心生故種種法生'과 '三界唯心 萬法唯識 心外無法'이라는 語句에서 유식사상의 면을 엿볼 수가 있다. 이것을 다른 면에서 보면, 원효가 이와 같은 유식적인 悟道頌을 말했다는 것은 당나라에 유학하려고 하기 이전에 이미 유식에 대한 식견을 가지고 있었다고 보여진다. 이 유식에 대한 관심이 어느 정도 많았는가를 그가 저술한 책에서 보면 유식을 말한 책인 『섭대승론소』·『섭대승론세친석론약기』·『능가경소』·『능가경료간』·『능가경종요』·『해심밀경소』·『광백론종요』·『광백론촬요』·『광백론지귀』·『유가초』·『유가론중실』·『성유식론종요』·『중변분별론소』·『인명입정리론기』 등을 인용하였다. 이러한 것을 보면 원효는 평소 유식에 대해 많은 관심을 가지고 있었으며, 많은 식견이 있었다고 간주된다. 그러기 때문에 원효는 천친의 영향을 받아 그의 정토에 대한 저서 세 가지 책 가운데 천친이 지은 『섭대승론석』을 6회[45], 『대승유식론』을 1회, 『왕생론』을 30회나 인용한 것이다. 그럼 천친의 영향을 받은 것에 대해 구체적으로 논해 보기로 하자.

첫 번째로, 천친의 영향을 받은 정토에 대한 관념이다. 『양권무량수경종요』의 '一向不一向相對門'에서 정토의 위치를 설명하는 가운

---

44 『宋高僧傳』義湘條(대정장 50, p.729上)
45 원효가 '攝大乘論云'이라는 것을 안계현 박사와 이외 몇 학자는 無着의 것으로 보았지만 원문을 보면 원효가 인용한 문장은 천친의 『섭대승론석』이다. 이것은 아마도 원효가 인용할 때 『攝大乘論釋』 가운데 '釋'의 글자를 뺀 것이 아닌가 생각된다. 그렇지 않으면 필사한 사람이 잘못했다고 본다.

데 8지 이상 보살이 거주한 곳이 정토이고, 그 이하는 정토가 아니라고 하였다. 그리고 이후 一向의 淨土를 無着의 『섭대승론』에서 受用土를 말한 一向淨·一向樂·一向無失·一向自在 등 四句[46]을 인용하여 8지 이상의 정토는 이와 같다고 설명한 후, 천친이 지은 『섭대승론석』을 인용하여 다음과 같이 보충 설명하였다.

論曰 出出世善法功能所生 釋曰 二乘善名出世 從八地已上乃至佛地 名出出世 出世法爲世法對治 出出世法爲出世法對治 功能以四緣爲上 從出出世善法功能 生起此淨土故 不以集諦爲因[47]

여기서 一向의 淨土란 8지보살 이상 부처님까지는 쌓은 善法의 功能에 의해 건립되었다는 것으로 천친보살과 견해를 같이 하고 있음을 알 수가 있다.[48] 또 이 一向의 사상은 「共門과 不共門」에서도 논하고 있다. 그리고 「共門과 不共門」의 결론을 『섭대승론석』[49]에서 말하고 있는 "恒無雜穢故言一向淨 但受妙樂無苦無捨故言一向樂 唯是實善無惡無記故言一向無失 一切事悉不觀餘緣 皆由自心成故言一向自在"를 他受用身으로 보았고, "依大淨說一向淨 依大樂說一向樂 依大常說一向無失 依大我說一向自在"를 自受用身으로 보고, 이

---

46 復次受用如此淨土淸淨 一向淨一向樂 一向無失一向自在云云(대정장 31, p.131下)
47 『섭대승론석』, 대정장 31, p.263中, 『양권무량수경종요』, 대정장 37, p.126上, 『유심안락도』, 대정장 47, p.111中.
48 이와 같은 것은 원효가 저술한 『아미타경소』(대정장 37, p.348中)에도 있다.
49 대정장 31, p.264上~中.

뜻은 다르지만 別土가 아니고, 別體가 아니다50고 한 것은 정토도 一心에 근본을 두고 논한 것은 천친의 영향을 받았음을 알 수가 있고, 이것을 會通思想으로 발전시킨 것은 원효의 탁월한 견해라 할 수 있다. 그리고 정토를「有漏門과 無漏門」의 입장에서 밝힌 가운데 分際門에서도 『섭대승론석』51에서 唯識의 智가 정토의 體가 된다는 것을 인용하여 唯識에 의해 정토를 논하려고 하는 면을 엿볼 수 있다.52

다음은 정토가 건립된 원인에 대해 살펴보면 成辨因 가운데 天親이 『섭대승론석』에서 논한 "從出出世善法功能 生起淨土 何者爲出出善法 無分別智無分別後得所生善根 爲出出世善法"53의 설을 인용하여 出出世善法으로 정토가 이룩되었다고 보았다. 이에 대한 자세한 것은 『능가경료간』 가운데 설명하였다54고 한 것은 천친의 영향이다.

두 번째, 정토에 왕생하는 원인이다. 이 원인을 正因과 助因 등으로 나누어 설명하였는데 正因에서 發心에 대한 총체적인 정의를 "所言正因 謂菩提心 言發無上菩提心者 不顧世間富樂 及與二乘涅槃 一向志願三身菩提 是名無上菩提之心"55이라고 하였다. 즉 세간의 부귀영화와 성문과 연각 등의 涅槃을 원하지 않고 오로지 三身菩提를 원하는

---

50 대정장 37, p.127中.
51 대정장 31, p.263中.
52 『양권무량수경종요』, 대정장 37, p.127下.
53 대정장 31, p.263中의 내용을 요약한 것이다.
54 대정장 37, p.128上~中.
55 대정장 37, p.128下.

것이 菩提心이라 하면서 隨事發心과 順理發心으로 나누어 설명하였다. 이 隨事發心에서는 '煩惱無數願悉斷之'를 如來의 斷德으로 보았고, '善法無量願悉修之'를 如來의 智德으로 보았으며, '衆生無邊願悉度之'를 如來의 恩德으로 보면서 이 세 가지 덕이 正因이 된다고 『양권무량수경종요』와 『유심안락도』에서 똑 같이 주장하고 있다.56 이 三德이 無上菩提의 원인이 된다는 사상은 원효가 직접 천친의 설을 인용하지는 않았지만 『섭대승론석』에서 "三身卽是三德 法身是斷德 應身是智德 化身是恩德 由三身故 至具三德相果 由得無上覺故最勝"57이라고 하는 것을 원효는 이어 받았다고 생각된다. 즉 원효는 三德을 三身菩提로 해석하고, 이 隨事發心의 三德을 無上菩提의 결과로 한 것이며, 法身을 斷德, 應身을 智德, 化身을 恩德으로 한 것이다. 아무튼 원효가 왕생하는 正因을 菩提心으로 보는 것은 그가 지은 『아미타경소』에서도 나타난다. 여기에서 往生因을 正因과 助因으로 나누면서 正因을 "顯示大菩提心攝多善根以爲因緣乃得生故"58라고 한 후에 이 보리심이 多善根이고, 이것이 往生因이 된다고 강조하면서 『무량수경』의 三輩 가운데 모두 이 보리심을 말하였다59고 인용한 것은 원효가 發菩提心을 얼마나 중요시하였는지 알 수 있다.

---

56 『양권무량수경종요』(대정장 37, p.128下), 『유심안락도』(대정장 47, p.114中)
57 대정장 31, p.257下.
58 대정장 37, p.350上.
59 此爲因者 兩卷經中攝九品因以爲三輩 三中皆有發菩提心 (앞 주와 같음)

이 보리심을 왕생의 正因으로 본 사람은 담란대사다. 담란대사는 『왕생론주』60에서 안락정토에 왕생하려고 원하는 사람은 반드시 無上菩提心을 내지 않으면 안 된다고 강조하고 있다. 이 담란대사의 사상을 이어 받은 도작선사. 그는 『안락집』에서 "大經云 凡欲往生 淨土 要須發菩提心爲源 云何菩提者 乃是無上佛道之名也"61라고 한 후 "然菩提有三種 一者法身菩提 二者報身菩提 三者化身菩提"62라고 하여 三身菩提를 자세히 설명하였다. 이와 같은 것은 원효가 말한 三身과 관계가 있다고 보고 藤能成63은 鎌田茂雄의 설64과 梯信曉의 설65 등을 인용해서 신라시대의 자장율사가 도작선사에게 정토교를 배워 신라에 돌아와 원효에게 전했다고 하였다. 이러한 논리는 가능성이 있는 듯이 보이지만 그렇지 않고, 三身菩提는 천친의 설을 인용하여 논했다고 보는 것이 더 타당성이 있다고 생각한다. 그리고 보리심을 正因으로 본 것은 담란의 보리심사상을 이어 받았다고 보는 쪽이 바르지 않나 생각된다. 왜냐하면 원효는 十念相續을 설명할 때 '什公說言'66이라고 하였다. 이 내용의 출처를 검토해 보면

---

60 대정장 40, p.842上, 拙著 『왕생론주강설』, pp.432~437.
61 대정장 37, p.7中.
62 앞 주와 같음.
63 藤能成, 앞의 책, p.203.
64 鎌田茂雄 『新羅仏教史序說』(東京大學 東洋文化研究所, 1988) p.134.
65 梯信曉「元曉の淨土教思想について」(『日本中國仏教思想とその展開』, 山喜房佛書林, 1992) pp.202~203.
66 『양권무량수경종요』, 대정장 37, pp.129上~中, 『유심안락도』, 대정장 47, p.115上.

담란의 『약론안락정토의』67에 있는 설이고, 이것을 그대로 인용했기 때문에 원효는 『왕생론주』도 보았다고 말할 수 있다. 이에 의해 보리심을 왕생의 正因으로 생각한 것이다. 또 이것을 다른 면에서 보면 당나라와 신라 사이에는 문물이 1년 내에 서로 오기도 하고 가기도 하는 시대이기 때문에 도작선사와 정영사혜원, 길장 등의 저서를 직접 볼 수 있는 가능성이 있다고 본다. 그렇지만 이것은 하나의 추측에 불과하다. 본 논문에서는 천친과의 관계에 대한 것이기 때문에 이 문제는 다음 기회로 미룬다.

아무튼 중국의 담란대사, 도작선사, 정영사혜원68, 길장69 등이 보리심을 왕생의 正因으로 본 것은 원효와 같은 견해임을 알 수가 있다. 그래서 順理發心을 "信解諸法皆如幻夢 非有非無 離言絶慮 依此信解 發廣大心"이라고 말하였을 것이다. 즉 諸行이 無常인 것을 알고 믿는 것에 의해 廣大心을 낼 수가 있다는 것은 發菩提心을 말한 것이다. 이 發菩提心을 가지고 수행한 것에 의해 一心 근본의 體인 여래의 세계에 들어갈 수가 있다. 다시 말하면 원효가 정토수행을 發菩提心에서 시작된다고 하는 이유는 여래의 세계에 들어가기 위한 하나의 방편으로 보고 正因으로 한 것이다. 그러기 때문에 『기신론』에서 말한 여래장사상과 무관하지 않다고 본다. 그리고

---

67 대정장 47, p.3下.
68 然此三輩 人位雖殊 至欲往生 齊須發心求大菩提 專念彼佛 廻向發願 方得往生 (대정장 37, p.107下)
69 結三輩人皆菩提心爲正因餘行爲緣因(대정장 37, p.122中)

원효가 직접 언급하지 않았지만 정토를 眞如法性의 세계로 보고, 여기에 왕생하기만 하면 眞如法性의 세계에 들어간 것으로 보았다고 생각된다. 왜냐하면 천친의 영향을 많이 받아 정토를 말했기 때문이다. 천친은 『왕생론』에서 "一法句者 謂淸淨句 淸淨句者 謂眞實智慧無爲法身故"[70]이라고 하였다. 이는 정토의 본질이 淸淨이고, 이 정토가 無爲法身의 세계라는 의미가 있기 때문에 정토 자체는 청정을 근본으로 한 無爲法身의 세계라고 말할 수 있다. 이것을 담란은 法性法身과 方便法身 등으로 나누었다. 그리고 法性法身에 의해 方便法身이 생기고, 方便法身에서 法性法身이 나타난다. 이 두 가지 法身은 명칭은 다르지만 분리할 수가 없고, 또 體는 하나지만 의의는 같지 않다[71]고 하여 中觀的인 입장에서 논하고 있다. 원효는 천친과 담란의 영향을 받아 정토에 왕생하는 것이 眞如法性의 세계에 들어간다는 견해를 가졌다고 생각한다.

세 번째, 원효의 장엄관이다. 이것은 『아미타경소』에서 주로 언급하고 있다. 여기에서 인용한 경과 논의 횟수가 31회인데 이 가운데 천친의 『왕생론』을 인용한 것이 무려 25회나 된다. 이러한 것은 원효가 천친의 영향을 많이 받아 정토의 장엄사상을 논한 것이라고 보여진다. 먼저 원효가 『아미타경』의 大意를 삼계를 초월한 두 가지 청정이 宗이 된다고 하여 『왕생론』[72]의 淸淨句인 器世間淸淨과 衆生

---

70 대정장 26, p.232中.
71 諸佛菩薩有二種法身 一者法性法身 二者方便法身 由法性法身生方便法身 由方便法身出法性法身 此二法身異而不可分 一而不可同(대정장 40, p.841中)

世間淸淨 등을 열거하고 있는 것은 淸淨法身의 세계를 생각하고 장엄을 논했다고 본다.

다음은 원효가 『아미타경소』에서 依報莊嚴과 正報莊嚴 등 두 가지로 나누어 설명하고 있는데 여기에서는 依報莊嚴을 依果淸淨으로 하였고, 正報莊嚴을 正報淸淨이라고 하였다. 그러면 원효가 『아미타경』의 내용과 천친의 『왕생론』 사상을 비교하여 장엄을 분류한 것을 조사해 보면, 천친의 29종 장엄 가운데 원효가 인용한 장엄의 수는 依報莊嚴으로는 無諸難功德·地功德·水功德·種種事功德·妙色功德·妓樂功德·寶池功德·雨華功德·自在功德·受用功德·變化功德·大義功德·虛空功德·性功德 등 14종 장엄이고, 또 正報莊嚴으로는 光明無量과 壽命無量·伴功德·大衆功德·上首功德 등 4種 장엄이다. 이 가운데 妓樂功德, 自在功德, 變化功德 등은 천친이 분류한 장엄 종류 가운데 없는 것으로 원효가 삽입한 것이다. 또 다른 점은 천친의 국토장엄에 있는 莊嚴眷屬功德을 원효는 正報莊嚴에다 두고 말하고 있다. 이것은 國土莊嚴에 있는 것이 有情莊嚴이기 때문에 正報莊嚴에다 둔 것이 아닌가 생각된다. 이 가운데 중요한 것은 '受用功德'에서 "供養十方佛 報得通作翼 受樂佛法味 禪三昧爲食"이라고 하였는데 밑에 있는 두 구절은 『왕생론』과 일치하고, 위에 있는 두 구절은 일치하지 않는다. 이밖에 水功德의 "諸池帶七寶 淥水含八德 下積黃金沙 上耀靑蓮色", 雨華功德의 "金地作天樂 雨華

---

72 대정장 26, p.232中.

散其間 歡樂無疲極 晝夜未嘗眠", 變化功德의 "種種雜色鳥 各各出雅音 皆悉念三寶 妄想入一心"이란 게송은 『왕생론』에서 볼 수 없는 게송이다. 이 게송이 다른 경과 논에 있는지 조사해 보았지만 아직 발견하지 못했다. 이 偈頌을 元曉는 '論頌曰'이라고 하였지만 필자의 견해로서는 아마도 원효가 직접 五言句를 지어 천친의 論頌으로 했다고 보여진다. 이러한 것은 원효가 얼마나 천친을 존경하였고, 그의 영향을 이어 받았는지 알 수 있다.

다음 正報莊嚴 가운데서 원효는 主功德을 아미타불의 특징인 光明無量과 壽命無量으로 보고 『왕생론』을 인용하지 않았다. 다시 말하면 이 主功德이 『왕생론』에서는 國土莊嚴에서 아미타불이 안락정토에 住持하는 것과 佛莊嚴의 主功德에서 여러 대중이 아미타불을 공경하는 두 가지가 있지만 원효는 인용하지 않았다는 것이다. 이것은 아마도 『왕생론』의 내용이 『아미타경』의 내용과 일치하지 않기 때문에 인용하지 않고, 단순히 光明無量과 壽命無量을 主功德으로 했다고 생각된다. 이하 伴功德·大衆功德·上首功德 등의 게송은 『왕생론』과 일치한다. 그러나 伴功德을 『왕생론』에서는 莊嚴眷屬功德成就라 하여 正覺의 꽃으로부터 化生한 安樂國土의 聖衆들을 말하고 있으나 『아미타경』에서는 무수한 성문과 아라한, 보살만을 열거하고 化生이라는 말이 없다. 이 化生이라는 말은 『무량수경』[73]에서 자주 나오는 말인데 이것을 인용하여 원효는 化生이라고 하지 않았나

---

73 往生其國 便於七寶華中 自然化生(대정장 12. p.272中), 命終得生無量壽國 於七寶華中 自然化生(대정장 12. p.278中)

생각된다. 다시 말하면 원효는 『아미타경』에 化生이라는 말은 없지만, 무수한 성문, 아라한, 보살 등은 꽃 가운데서 化生한 聖衆으로 보고, 이 '淨華衆'에 대해서는 『유가사지론』[74]에서 말하고 있는 일곱 가지 淨華衆을 들어 설명하고 있다. 즉 戒淨·心淨·見淨·度疑淨·道非道知見淨·行智見淨·行斷智見淨 등 淨華의 대승들은 부처님의 正覺으로부터 化生한다는 천친의 사상을 원효가 이어 받았다고 보여진다.

大衆功德에 대해서 보면, 원효는 『아미타경』에서 설하고 있는 아비발치 지위를 극락세계에 왕생한 사람으로 보고, 이 사람들은 '乃至十念'의 공덕에 의해 극락세계에 왕생하여 正定聚에 들어가 영원히 퇴전하지 않는 사람들이라고 註釋하였다. 이것을 『왕생론』의 '人天不動衆 淸淨智慧生'과 대비한 후 자신의 견해를 피력하기를, 큰 바다와 같은 여래의 지혜에 의지하기 때문에 正定聚에 들어가 動靜이 없다고 하였다. 이것은 그의 無彼此, 無動靜, 無淨穢 등의 일심적인 견해에서 나왔다고 보여진다.

上首功德에 대해서 보면, 『아미타경』에서 설하고 있는 극락세계의 일생보처를 원효는 일생보처 보살로 보고 있다. 이 보살을 원효는 十地 가운데 가장 수승한 妙高山王과 같다고 하여 『왕생론』의 '如須山王 勝妙無過者'와 대비하였다. 그러나 『왕생론』에서 천친이 말한 須彌山王은 아미타불로서, 극락세계의 聖衆 가운데 上首를 말한

---

[74] 云何名爲七種一戒淸淨二心淸淨……中略……七行斷知見淸淨(대정장 30, p.838上)

것이지 일생보처의 보살을 말한 것은 아니다. 왜 원효가 일생보처를 上首로 보고 천친이 말한 佛莊嚴의 上首功德과 대비하였는지에 대해 의심이 간다. 이것은 아마도 원효가 잘못 알고 말한 것이 아닌지 생각된다.

이밖에 천친의 영향을 이어 받은 것은 『섭대승론석』의 別時意說을 인용하여 『유심안락도』[75]에서 논한 것이다. 이상 이 모든 것으로 미루어 보아 원효는 천친의 『대승유식론』의 唯識思想[76] 등의 영향을 받아 정토사상을 전개하였다고 보여진다.

4. 결 론

원효의 一心觀과 淨土觀을 정리하여 말하면 다음과 같다.

첫째, 원효의 근본사상은 融通無礙한 一心이다. 이 一心을 眞如門인 體와 生滅門인 相 등 두 가지 문으로 나누었고, '獨淨'과 '湛然' 등으로 나누었지만, 이 두 가지가 融通하고 無礙하다고 한 것은 그가 和諍思想을 근본으로 하여 會通했다고 말할 수가 있다.

둘째, 원효에게 一心二門의 사상을 가지게 한 것은 『능가경』을 소의경전으로 한 『기신론』과 『금강삼매경』의 영향이다. 즉 이 논과 경은 如來藏과 阿梨耶識 등을 설하였기 때문에 원효는 이를 의지해 불교의 모든 修行은 '一心之源'에 돌아가는 것으로 보았고, 정토수행

---

[75] 대정장 47, pp.118下~119上.
[76] 대정장 37, p.127上.

도 '一心之源'에 돌아가기 위한 하나의 방편으로 생각했다.

셋째, 원효는 如來藏과 阿梨耶識에 많은 관심을 가지고 있었기 때문에 그는 唯識의 大家인 천친의 영향을 받아 정토관을 성립하였다고 보인다. 즉 천친이 『섭대승론석』에서 말한 他受用身과 自受用身 등을 인용하면서 이것에 대해 뜻은 다르지만 다른 국토가 아니며, 別體가 아니다77고 한 것은 천친의 영향을 받아 정토도 一心에다 근본을 두고 논했다고 보여지며, 이것이 그의 會通思想이라고 말할 수 있다.

넷째, 정토가 성립된 원인을 出出世善法이라고 말한 것은 천친의 영향이다. 또 정토에 왕생하기 위한 因을 發菩提心이라고 하고, 이 發菩提心을 '一向志願三身菩提'이라고 한 것은 첫째는 천친의 영향이고, 둘째는 담란의 영향이다.

다섯째, 원효는 정토의 장엄관도 천친의 『왕생론』의 영향을 받아 器世間淸淨과 衆生世間淸淨 등으로 하였고, 이것을 淸淨法身의 세계로 보았다. 또 천친의 『왕생론』 사상을 인용하면서 『아미타경』의 내용을 분류하고 여기에다 자신이 장엄의 명칭을 붙인 것이 특징이다. 그리고 『아미타경소』에서 '論頌曰'이라고 하는 게송은 『왕생론』과 일치한 부분도 있고, 일치하지 않는 부분도 있는데 이 일치하지 않는 부분은 원효가 직접 지어 천친의 설처럼 했다고 생각된다.

(2004년에 출판된 高橋弘次先生古稀記念論集, 『淨土學佛敎學論叢』)

---

77 『양권무량수경종요』, 대정장 37, p.127中.

찾아보기

108번뇌 336
10주 53
10重大戒 345
10지 53
10행 53
10회향 53
12광불 265
12光佛 265, 278
12大願 139
12禮讚偈 265
12緣起 30
13관 176
16관 176, 264
16관법 109
16羅漢殿 194
18不共法 98
18賢 439

20石 222
25보살 278

32상 168
3乘敎 31

40불공법 197

42賢聖位 53
48輕垢戒 345
49재 310
4聖諦 30

50石 222
52位 327
52位說 53
5戒 229
5時8敎 29
5惡 329
5蘊 335
5存7缺 404

6境 453
6根 453
6時 220
6時念佛 220
6時禮懺 269
6識 453
6親眷屬 355

80石 221
80종호 168
8敎 26

90石 222

adhimukti 371
alamkara 69
a-mala 70
Amita-ābha 148
Amita-āyus 148
anuśaya 334
anuttara-samyak-saṁb
  odhi-citta 359
Asamka 118
atarkika 160
Āmitābha 172
Āmitāyus 172
āsrava 334
ātman 448, 451

bandhana 335
bhaga 257
Bhagavat 257
bhajana-loka 112
bhakti 370
bhava 317
Bimbisāra 350

bodhi 258
bodhi-citta 359
brahman 448
buddha 160
buddhāsmṛti 165

catvāra-bhavāḥ 317
cetanā 160
cetaso parivitakka 160
citta 160

gaṇa 369

jhāpita 312

karman 451
kausika 118
kṣama 160

mahānāma 166
mala-viśuddhi 70
manas 160
manasi-kāra 160
māyā 449
mokṣa 452

Nāgārjuna 25, 33, 34, 36, 38, 40, 54, 60, 73, 195, 228, 373
namas 162, 259
nirvāna 258

paryavasthāna 335
Pasenadi 162
pavāraṇā 352
prajāpati 448
prāṇa 448
prasāda 225, 370, 395
prasannacitta 225
prātimokṣa 350, 351
pratyutpanna-samādhi 285
pravāraṇā 352
pṛthag-jana 325
pūrva-pranidhāna 72, 137

samannāhāro 160
saṃgha 369
saṃsāra 450
saṃyojana 335
sati 160
sattva-loka 112
smṛti 160, 178
Smsraṇa 160
so evam pajānāti 160
Śaraṇam 162, 259
Śila 342
Śītavana 304
śraddhā 370, 395

upavasatha 349
uposatha 349

varṣa 352
vārṣka 352
vāsanā 256
veda 349
Vinaya 341
vipaśyana的 178
vyūha 69

假觀 478
假名人 457
嘉祥寺 吉藏 407
假我 449
嘉言錄 296
歌詠 306
仮諦 29
覺意 359
覺行圓滿 161
覺賢 404
각훈 527
看病室 303
慳惜加毀戒 345
感應道交 491
江公望 468
畺良耶舍 176, 407, 442
康僧鎧 403, 433
皆得端正願 142
皆得無患願 142
皆得五通願 142
皆得化生願 142
『開元釋教錄』 407

開元入藏錄 23
客戒 344
乾符寺 469
乾陀山 189
格義佛教 420, 436, 444, 464
見道 337
見道所斷 337
見佛三昧 431
見淨 550
見惑 56
結社念佛 426, 439, 445
結印 291
決定根性聲聞 127
決定心 239, 241, 319, 379
敬虔 342
『경세』 281
璟興 41, 55, 407, 410
戒禁取見結 335
係念定生願 173, 211
『戒壇禮敬』 276
戒法 346
戒福 176
戒相 346
稽首 260
戒莊嚴 86, 87
戒淨 550
戒體 346
戒行 346
『孤獨地獄懺悔』 276

高尾寺 470
高仙寺 308
高聲念佛 287, 322
姑蘇守訥 468
『고승전』 407
酤酒戒 345
空觀 478
空觀念佛 200
空觀思想 457
空觀三昧 200
供具如意願 139
功能 127
功德莊嚴 100
空思想 437
空如來藏 536, 537
空諦 29
空慧 52
『觀經疏』 51, 331, 382, 409
『觀經融心解』 471
觀念 160
觀念念佛 177
『觀念護門』 53, 238, 357, 382
『관무량수경』 42, 48, 176
『觀無量壽經疏妙宗鈔』 469, 472, 473
『觀無量壽經疏』 477
『觀無量壽經融心解』 472

『觀無量壽佛經疏』 355, 471
『관미륵보살상생도솔천경』 183
『관보현보살행법경』 183
觀佛三昧 52, 491
『관불삼매경』 182
觀像念 206, 213
觀想念 207, 213
觀像念佛 291
觀想念佛 291
관세음보살 192, 249
觀世音菩薩莊嚴 267
慣習 342
『관약왕약상이보살경』 183
『觀音別行玄疏』 471
『觀音玄疏記』 472
『觀一異門論』 457
『관정경』 71
『灌頂隨願往生十方淨土經』 306
觀察 391
觀體 483
『관허공장보살경』 183
廣大心 546
광덕 238
「광덕엄장조」 238
光明臺莊嚴 109
光明無量願 142

『光明文句記』471
光明莊嚴 84, 100, 101
光明懺 470
『광백론종요』541
『광백론지귀』541
『광백론찰요』541
光焰王 248
廣知尙賢 496
『光讚經』420
教誡 329
教戒莊嚴 101
教相 25
教相判釋 24
教判 24
教判說 24
舊戒 343, 344
求那跋陀羅 409
九流 425
鳩摩羅什 24, 25, 409, 442
口業 234, 358
口業功德 266
口業成就 235
口律儀 341
具足 119
具足光明願 139
具足善本願 142
具足十念 211
具足飲食願 140
具足衣食願 142
具足衣華香樂妓願 140

具足諸根願 140
具足持戒願 140, 147
具足智慧願 140
具足淸淨願 140
九品 387
局教 47, 49
國土皆平願 142
國土嚴飾願 139
國土莊嚴 85, 86, 549
『勸發菩提心文』276
眷屬功德 266
眷屬莊嚴 89
勸請 245, 320
闕公則 411, 412, 437, 442
歸敬 162
歸敬三寶偈 51
歸禮 162
歸命 162, 260
窺基 410
極難信 376
極微粒子 458
極歡喜 130
極歡喜地 130
根機觀 63
根本煩惱 335
『根本說一切有部毘奈耶雜事』314
根本惑 335
近事男律儀 344
近事女律儀 344

根律儀 341
近住律儀 345
『金剛經』373
금강경탑다라니 310
金剛明懺法 471
『금강삼매경』535
『금강삼매경론』534
金剛念佛 287, 322
金剛原 487
金剛錍 471
『金光明經文句記』472
『金光明經玄疏』471
기독교 331
妓樂功德 131, 132, 548
器世間 112
器世間莊嚴 266
器世間淸淨 124, 129, 547, 552
起屍鬼 190
『起信論』31, 383, 474
綺語 234
期日念佛 216, 436
길장 546
김영태 527
金現 307
「金現感虎」307

那摩 162
那模 162
나무다보불탑 183
나무불(南無佛) 161,

188
나무석가모니불 183, 189
南無阿彌陀三耶三佛檀 232, 234
南無如來至眞等正覺 164
南無諸佛 182
那畔尊者 194, 212
『나선비구경』 169
羅漢尊者 194, 212
洛陽 397, 442
難思光 249
難易二道說 467
難易 25
難易二道 33, 39, 40
難易二行 43
難行道 33, 34, 62
難行門 214
難行精進 36
南北朝時代 24
南山念佛禪宗 468
南陽慧忠 468
納幕 162
『奈良朝現在經疏目錄』 527
乃至十念 221
乃至一念 221
네 가지 根本 269
『老子』 422
老莊思想 464

鹿苑時 26
『楞伽經』 31, 531
『능가경료간』 532, 541
『능가경소』 541
『능가경종요』 541
能觀 477, 479

多羅尼 247, 310
『다라니집경』 77, 80
多聞莊嚴 88
茶毘 312
多善根 180, 211, 243, 544
檀溪寺 419
但空 29
斷德 258, 544
但住法王願 142
담란 248, 255, 265
疊無識 32
疊訣 439
「答廬循書」 424
「答王謐書」 423
「答秦主姚興書」 423
當信 376
『大經直談要註記』 407
大灌頂光眞言 310
『對俱舍抄』 470
大同念佛會 283
『대명도무극경』 444
『大般涅槃經疏』 471
『대반열반경』 81

『대방광불화엄경소』 203
『대방광불화엄경수소 연의초』 203
『대보적경』 207
大悲莊嚴 92
大誓莊嚴 96, 105
대세지보살 249
大勢地菩薩莊嚴 268
대승계 345
『대승기신론』 532
『大乘大義章』 423
『대승무량수장엄경』 466
大乘善根 134
大乘聖敎 58
大乘始敎 30, 32
『大乘莊嚴寶王經』 276
大乘終敎 30
『대아미타경』 172, 402, 466
大祐 410
大願莊嚴 92
『大威德陀羅尼經』 325
大義功德 134, 548
大義門功德 134, 266
大慈恩寺 409
大慈莊嚴 92
大衆功德 136, 548, 549, 550
「大智論抄序」 423

『대지도론』 76, 208, 228, 259, 295, 373, 461
大地平坦願 140
『대집경』 75, 76, 88
『大集大虛空藏所聞經』 361
『대집월장경』 59
大總持莊嚴 88
『대품반야경』 52
大海衆 254
大華嚴寺 203
德美 285
德韶國師 281
道家思想 437
道敬 439
盜戒 345
도교 450
道念 359
道德 342
道非道知見淨 550
道生 24, 26
道心 359
道安 414, 422
道意 359
度疑淨 550
도작 56, 59, 220, 546
道場寺 45
道場莊嚴 87
度脫三乘願 142
『道行般若經』 138, 139, 401
獨聖閣 194
讀誦 247, 391
頓敎 26, 28, 31, 46, 47, 49
頓敎一乘海 51
頓斷 337
돈점교판설 45
頓漸說 44
頓漸二敎 46
東龕 430
『동략소』 205
『동역전등목록』 527
杜順 26, 30
鈍根人 242
得空三昧 196
得不退轉願 54
得三法忍願 54
得三十二相願 142
得是三昧 196
等覺 326
等正覺 326, 367

羅網 252
懶菴眞一 312
卵生 338
來迎引接願 43, 173, 211, 365, 366
盧舍那 326
『廬山記』 424
「廬山略記」 424
廬山白蓮社 426
「廬山白蓮社誓文」 425
「廬山出修行方便禪經統序」 423
廬山慧遠 283, 421, 445
力莊嚴 90
力持莊嚴 91
蓮花臺藏世界海 326
了譽 151
了世 440
了慧 407
漏 334
劉虯 46
劉曜 413
劉遺民 425
流布語 447, 448
離戒 344
理觀念佛 430, 445
理事兼修念佛 430, 438, 445
離惡戒 344
利他觀 64
利他眞實 384

『摩訶止觀』 471
摩揭陀國 304
摩尼寶輪莊嚴 105
『摩尼禮誦』 276
摩騰 397, 399, 402, 442
마하남 166
『마하반야바라밀경』 80

『만선동귀집』 151, 242, 281
萬日念佛 219
末那識 301
末法時代 25, 61, 215, 226
妄語 234, 329
妄語戒 345
埋葬 315
『明報應論』 423
明脫 480
穆王 59
妙覺 326
묘각지 53
『묘법연화경』 188
妙色功德 266
妙色功德 548
妙聲功德 266
妙音莊嚴 99
妙意莊嚴 91
無間心 241, 320
無間地獄 317
無見邪見願 142
無垢 70
무구지 53
無禽獸道願 139
無記 123
無記心 296
無亂志者願 142
無斷見者願 142
無對光 248

無盜賊願 139
無羅叉 444
無量光 148, 248
無量比丘願 142
無量壽 148
『無量壽經』 42, 48, 172, 401
『無量壽經記』 407
『무량수경사기』 126
『無量壽經釋』 407
『무량수경소』 126
『無量壽經隨聞講錄』 407
『무량수경술의기』 55
『無量壽經連義述文贊』 407
『無量壽經優波提舍願生揭』 111
『無量壽經義記』 407
『無量壽經義疏』 407
『무량수경의술문찬』 55
『무량수경종요』 41, 361
『無量壽經鈔』 407
『무량수여래회』 466
無戀著處願 142
無漏門 543
無漏智 327
無放逸莊嚴 88
無邊光 248
無邊身菩薩 278
無佛時代 215, 226

無三垢四病願 142
無三惡道願 140, 142
無相 458
『無常經』 311
無相無念 430
無上菩提心 545
無常院 303
無相莊嚴 70, 76, 81
無上莊嚴 90, 91
無上正等正覺意 359
無上正眞道意 359
無上正偏知 359
無上智慧 246
無生無滅 463
無生法忍 23, 53, 251, 339, 459
無生忍 252
無生之生 460
無善凡夫 274, 286, 358
無所畏 87, 98
無信 275, 358, 388
無我法 98
無我說 449, 453, 454
無惡穢疾疫願 139
無礙光 248
無礙智慧 246
無餘功德 266
無畏道 96
無畏莊嚴 90, 100
無優劣上下願 142
無爲法身 547

無爲自然思想 420, 436
無爲處 164, 165
無有牢獄 146
無有牢獄願 140
無有邪道願 140
無有三苦 146
無有三病願 140
無淫欲事願 140
無二乘道願 142
無諸難功德 266
無諸難功德 548
無諸不善願 139
無主孤魂 294
「무진의보살품」 75
無着 540
無稱光 249
無形莊嚴 95, 157, 158
無後心 241, 320
默念念佛 287, 322
聞名 174
『문수반야경』 184, 206, 208
문수보살 184
『文殊菩薩禮讚』 276
『文殊聖行錄』 276
물시계 262, 268
彌勒菩薩 419
『미린다왕문경』 454
『彌陀經略記』 470
彌陀國土 極樂莊嚴 150
彌陀名號 壽光莊嚴 150

彌陀身色莊嚴 267
彌陀身心莊嚴 267
「彌陀證性偈」 528
彌陀懺法 471

바사익 162
박세민 312
博地凡夫 495
半功德 135
伴功德 548, 549
半滿 25
半滿論 32
『반야경』 532
般若空 200
般若時 26, 27
般若精舍 426
般舟 285
般舟三昧 285, 431, 437, 489
『般舟三昧經』 54, 180, 196, 217, 401, 430, 442, 466
『반주삼매경소』 126
半行半坐三昧 488
發露懺悔 271, 394
發菩提心 174, 237
發心 237
發心莊嚴 83
『방광대광명경』 142
『방광대장엄경』 74, 78
『放光般若經』 420

方等時 26, 27
傍明往生淨土敎 103
謗三寶戒 345
方術士 399
方便法身 547
方便有餘土 484, 485, 488
『백론』 320
白馬寺 397, 412
百阿僧祇劫 326
白蓮結社 440
白蓮結社念佛 421
白日 351
百日念佛 219
白毫觀 207
『梵網經』 308, 326
凡聖同居土 328, 484, 485, 486, 488
梵王 85
凡庸 325
『法鏡經』 401
法蘭 399
法輪說 24
法無去來宗 31
『法事讚』 273, 382
法上 59
법상종 62
法性法身 547
法身 544
法身光 無量 248
法身念佛 195, 197, 198,

212
法身念 208
法眼宗 281
法然 56, 529
『法要門』 470
法雲 46, 137
『法苑珠林』 411
法有我無宗 31
法藏 30
法藏比丘 482
法藏誓願 修因莊嚴 150
法莊嚴 83, 84, 91, 100
法照 439
法智大師 471
法賢 404
『法華經』 185, 192, 325, 532
『法華文句』 471
法華三昧 270
『법화삼매참의』 283
法華涅槃時 26, 27
法華懺 472
『法華玄義』 26, 471
베다 451
變化功德 131, 133, 548
變化莊嚴 91
別敎 27, 29, 486
別敎一乘 30, 31
別時意說 551
『別譯雜阿含經』 374
別願 137, 224

別有方便 60
別體 460
普光三昧 207
寶國寶林寶樹莊嚴 267
宝雲 442
보리심 358
보리유지 37
寶林寺 203
「보문품」 192
菩薩戒 344
菩薩生時 360
『보살선계경』 71
菩薩心 360
菩薩意 360
菩薩藏 47, 49
『菩薩玄鑑』 276
寶王如來性起品 93
寶雲 404, 433
保恩院 469
普音莊嚴 91
寶莊嚴具品 78
寶殿如意, 樓閣莊嚴 151
菩提心 359
菩提流支 32
普照光明願 142
寶池功德 548
寶池莊嚴 267
寶唱錄 408
寶河淸淨 德水莊嚴 151
『普賢行願品』 276
寶華莊嚴 109

本覺 491
本願 72, 137
本願力 324, 357
本願念佛 329
本願因緣 73
本有 317
本惑 335
奉送儀式 315
不可思議 智慧 246
不可思議三觀 478
不空如來藏 537
不空藏如來 536
不老長壽 450
不妄語戒 345
不聞頑很願 142
不犯十惡願 142
不邪淫戒 345
不思議解脫 52
不殺生戒 344
不相應 379
不飮酒戒 345
不一 536
不一不異 460
不定根性聲聞 127
不定聚 130
不次第三觀 478
不退轉 327, 339
不偸盜戒 345
不虛作住持功德 266
北周武帝 58
분황사 238

佛教莊嚴 89
佛國土莊嚴 104
不斷光 249
佛圖澄 418, 443
『佛本行經』 398
『佛說小無量壽經』 409
『불설아미타경』 409
『佛性論』 258, 326
佛身 468
불심종 62
不定教 26, 28, 46, 46
『佛頂尊勝多羅尼經』 276
『불조통기』 205
『불지경론』 119, 121
佛利莊嚴 89, 91
佛陀跋陀羅 433
佛土 468
불퇴전 36
브라흐만 448
毘那耶 341
比尼 341
毘尼 341
秘密教 26, 28
비사문천왕 168
非有情莊嚴 70, 73, 86, 95, 104, 157
費長房 398
悲莊嚴 100, 116
非行非坐三昧 488
『비화경』 80, 101

邪見語 447
四果聲聞 130
事觀念佛 430, 445
思念 160
蛇童 308
謝靈運 433, 434
『四料揀』 66
四明 469
沙門果 165
『沙門袒服論』 423
『沙門不敬王者論』 423
蛇福 308
「蛇福不信」 308
士夫 325
『사분비구계본』 276
『사분비구니계본』 276
『四分律刪繁補闕行事鈔』 303
『四分律』 347
四修法 265
四十九日念佛 219
『四十二章經』 398
四十八願 願力莊嚴 150
四十八願 387, 434
四緣 127
四有 317
邪淫 329
四疑凡夫 130
『思益經』 27
捨莊嚴 100
事莊嚴 83, 84, 84, 86

事淨 484
邪定聚 130
事淨土 83
四種三昧 493
四種莊嚴 85
四重禁戒 343
邪瞋 358
四天王 194, 212
四諦 138
邪痴顛倒惡見 358
邪貪惡貪 358
四弘誓願 137, 224
散善 3觀 109
散善 387
散心念佛 242, 243
山王大神 194, 212
三經一論 209
『삼국유사』 238, 308, 311, 527
三歸依戒 229
三念 165
三多羅尼 284
三大士觀 寶像莊嚴 150
三德 495, 544
삼독 236
三毒煩惱 336
삼론종 62
三輩 476
三輩段 174, 211, 234
三輩往生 146, 365
「三法度序」 423

三法忍 55
『三報論』 423
三福 366, 387
三時 220
『三時繫念佛事』 276, 277, 282
三時論 32
三身菩提 543
三心 265, 382
三十五種莊嚴 99
三十二相莊嚴 88, 99
三十種益 功德莊嚴 153
三十種益 151
三日念佛 219
三障 495
三藏教 28
三種教判 47
三種莊嚴 83
三智 480
三諦一境 478
三聚衆生 488
三品懺悔 271
三賢 487
上根機 212
上妙寶輪 78
上輩 365
上輩修行 268
像法 40
相想俱絶宗 32
上勢力 198
相續心 239, 240, 319, 379
上首功德 136, 548, 549, 550
相應心 334
相莊嚴 84
常寂光土 484
相淨 484
上精進者 221
相淨土 83
常坐三昧 488
上品懺悔 271
上行 269
常行三昧 488, 493
相好功德辯才莊嚴 106
相互尊重願 142
色身念佛 195, 198, 212
色身莊嚴 89
生滅門 531, 533, 534, 536, 551
生有 317
生卽無生 457, 462
生天思想 451
逝多林 304
西方願文 277
書寫 247
석가모니 188
釋曇戒 419
釋道安 418, 443
석두사 155
『釋門家禮抄』 312
『釋門儀範』 312

石山 201
『석선바라밀차제법문』 138
釋慧皎 397
「釋慧遠」 422
善戒 343
善能 75
善導 51, 263, 355, 439
善宿 351
善心莊嚴 99
「善律還生」 311
선재동자 184
禪淨兼修 220, 225
禪淨雙修 414
禪定莊嚴 100
善處天上 164
『選擇本願念佛集』 56, 529
禪解脫三昧 97
說戒犍度 350
說四衆過戒 345
說一切有部 31
攝境唯心念佛門 204, 205, 212
『섭대승론』 119, 129
『섭대승론석』 258
『섭대승론석론』 119
『섭대승론세친석론약기』 541
『섭대승론소』 541
섭론종 62

「攝摩騰」397
性戒 343, 344
性功德 116, 266, 548
『成具光明三昧經』401
聖道 296
聖道門 56, 62
聲聞戒 344
聲聞藏 47, 49
誠信 376
『성유식론종요』541
性重戒 343, 344
聖聰 407
省行堂 303
聖慧莊嚴 87
世福 176
세자재왕부처님 72
『소무량수경소』410
所生莊嚴 85, 86
少善根 180, 211, 243
小乘敎 29, 30
小兒凡夫 325
小行菩薩 265
俗妄眞實宗 31
『송고승전』205
송광사 155
水功德 266, 548
壽光無量 248
수구다라니 310
修道 337
修道所斷 337
數量念佛 221, 223

『首楞嚴經』401
須摩提 180
睡眠 333
隨眠 334, 335
壽命無量願 142
須彌山 201
隨煩惱 335
隨犯隨制 341
『수보살계법』281
隨事發心 258, 538, 544
『修習止觀坐禪法要』284
水神祈禱 194
受用功德 133, 266, 548
修因段 179
水葬 315
受持一切諸如來莊嚴 101
受持莊嚴 91
隨行一切善法莊嚴 101
修行莊嚴 83, 158
修惑 56
隨喜 245, 320
順理發心 538, 544
淳朴 239
淳心 239, 241, 319, 379
純雜相對門 487
純淨門 130
淳厚 239
濕生 338
『勝鬘經』27

僧柔 46
僧統淸涼國師 203
僧顯 413
尸(屍)茶(陀)林 215, 293, 304
始覺 491
時間觀 64
時間念佛 219, 318
時期觀 63
始終心要 471
息世譏嫌戒 343, 344
新戒 344
信機 226, 387, 388, 395
信徒 162
『新羅僧元曉傳攷』527
神力莊嚴 89
『신루안양부』281
信明 376
神文王 527
新發意菩薩 198
信方便 33, 41, 60
信方便易行 36
信法 387, 388, 395
信受 247
信受令解 376
信心 369, 376
信心歡喜 376
身業 230, 358
身業功德 266
身業修行 231
身律儀 341

身莊嚴 85, 86
晨朝 264
神足莊嚴 101
神通莊嚴 84
『신편제종교장총록』 527
信解 372, 376
信行 262, 268
悉皆得八味水願 139
實報無障礙土 484, 488
實報土 484
實相念 208, 213
實相念佛 195, 198, 198, 212, 430
實相身 212
悉除衆患 146
悉除衆患願 140
悉脫苦惱 146
悉脫苦惱願 140
心境俱泯門 204, 205, 212
心境無碍門 204
心境無礙門 205, 212
心念 160
『심부주』 281
心生滅門 532
心性觀 474, 475
心所 334
深信 226
深心 382, 385, 395
心業功德 266

心莊嚴 99
心淨 550
心眞如門 532
深行念佛 209
十戒 344
十念 165, 176, 221, 320
十念念佛 494
十念相續 545
十力 98
十寶山 201
十不二門 471
『十不二門指要鈔』 472
十聲 221, 386
十聖 327, 487
十信 326
『십왕생경』 54, 278
『十六大阿羅漢禮讚』 276
『십이문론』 457
十日念佛 217
十宗 31
十種莊嚴 89, 91, 149
十住 326
『십주비바사론』 33, 39, 44, 73, 244
十地 326
『십지경』 48
十八圓淨 113, 118, 121
十解位 383
十行 326
十號 168

十號念佛 195, 200, 212
十號妙相 201
十廻向 326

阿耆達王 303
阿耨多羅三藐三菩提心 359
阿耨菩提心 359
阿賴耶識 301
阿賴耶緣起說 455
阿梨耶識 532, 540, 551
『阿彌陀經古迹記』 410
『아미타경대의』 411
『아미타경소』 126, 410
『阿彌陀經略記』 410, 411
『아미타경약해』 410
『아미타경요기』 411
『아미타경의기』 410
아미타경탑다라니 310
『아미타경통찬소』 410
『아미타고음성왕다라니경』 181
阿彌陀佛 本心微妙眞言 283
阿彌陀佛 種子眞言 283
「阿彌陀佛像讚幷序」 415
阿彌陀佛種子眞言」 276
我法俱有宗 31
「阿毘曇心序」 423

阿若憍陳如 27
阿惟越致 33
『아촉불국경』 140
『아함경』 138
惡見 275, 286, 358, 388
惡戒 343
惡口 234
惡口罪 272, 358
惡煩惱 275, 286, 358, 388
惡邪 275, 358, 388
惡世界 275, 286, 358, 388
惡衆生 275, 286, 358, 388
安居 352
안국사 152
『안국초』 151
安樂世界 181
『안락집』 60
安世高 401
安養世界 390
安震湖 149
安玄 401
『약론안락정토의』 38
약사여래 염불 190
『약사여래본원공덕경』 139
『약사유리광칠불본원공덕경』 190
約時被機 332

約心觀佛 472, 473, 496
約心觀佛說 469
陽傑 468
『양고승전』 397, 398
量功德 266
『兩卷無量壽經宗要』 126, 407, 475
兩舌 234
兩舌罪 272, 358
襄陽 443
楊億 471
楊枝 284
語莊嚴 85, 86, 89
憶念 160
言柔軟莊嚴 88
彦琮法師 264
嚴佛調 401
嚴飾布列 69
엄장 238
業道 270
業相 269
如來 167
如來藏 32, 530, 540, 551
如來行 87
『여래회』 23
如實空 532
如實不空 532
如實修行 379
如實智慧 202
如意飮食具足願 139
如意足 101

女人往生願 365, 366
餘杭 281
如恒邊沙佛國願 142
「與桓太尉論料簡沙門書」 423
『역대삼보기』 398
緣境念佛門 203
延慶寺 470
緣境念佛門 204, 212
延曆寺 470
連聲念佛 315
延壽 220, 225
延壽堂 303
蓮華漏 268
열 가지 악 269
『열반경』 28, 88, 532, 532
涅槃堂 303
涅槃地莊嚴 90
劣應身 328
念戒 170
染戒 343
念法 170
念佛 170, 320
念佛結社 440
『염불경』 223
念佛三昧 52, 290, 427, 431
「念佛三昧詩」 425
「念佛三昧詩集序」 425, 432

『念佛三昧宝王論』 411
念佛施戒會 470, 497
念佛往生願 42, 173, 210, 297
念死 170
念僧 170
念施 170
念身 170
念我身 168
念安般 170
染汚心 78
念莊嚴 99
染淨緣起 532
念天 170
念休息 170
永觀 411
『영락경』 53, 138
瓔珞莊嚴 109
永明延壽 151, 281
『영명지각선사유심결』 281
嬰兒凡夫 325
令安住力念佛門 185
令安住法念佛門 185
靈裕 409
令一切衆生念佛門 185
영제광화 466
영초 527
『禮念彌陀道場懺法』 152, 285
禮拜 243, 247, 261, 320, 391
禮拜門 320
禮懺 231, 243
五戒 344
五根 179
五念門 265, 391
五力 179
五百萬劫 273
五部九卷 51
五分法身 342
五時八教說 26
五惡 476
五惡段 55, 56, 64
五眼 480
五逆罪 269, 273, 297, 317, 495
五蘊我 449
五欲 83, 325
五陰 97
五種正行 391
五體投地 231, 244, 261
五濁 40
五濁惡世 25, 59, 64, 74, 226, 286, 356
五濁惡時 275, 358, 388
王古 468
王喬之 425
王舍城 304
往相廻向 228, 389, 390, 395
往生偈 316
『왕생론』 38, 80, 116
『往生論註』 38, 463
『往生禮讚』 263, 382
『往生要集』 470
往生因 41
王日休 468
王闐 468
外道梵志 350
外形莊嚴 157
欲生心 227, 234, 319
『龍舒增廣淨土文』 411
용수보살 244, 255
龍淵寺 422
龍王大神 194, 212
龍冊寺 281
用欽 410
雨功德 132, 266
愚凡夫 325
우파니사트 450
雨華功德 548
源空 407
圓敎 27, 28, 29, 30, 31
圓頓性 483
圓滿 119
圓滿淸淨 130
圓明具德宗 32
圓妙國師 440
「遠法師答」 423
源信 470
원심 411
願心莊嚴 68, 74

圓融三觀 478
圓融相卽 31
願莊嚴 91
圓淨 119
元照 346
원측 410
元曉 41, 50, 126, 361, 407
衛士度 411, 437, 442
『유가론중실』 541
瑜伽思想 455
『유가사지론』 296, 532
『유가초』 541
有間心 241, 320
由乾陀山 201
劉虯 32
「遊廬山詩」 424
有漏門 543
維摩居士 485
『維摩經』 27, 48, 52, 52, 383
『유마힐소경』 93
「遊山記」 424
有相 458
有相莊嚴 70, 76, 78, 81
柔順忍 252
『유심안락도』 126, 310
有情莊嚴 70, 73, 86, 95, 104, 110, 146, 157
有七寶樹願 140
유학산 155

有形莊嚴 95, 157
有後心 241, 320
六經 422
六念 165
六念思想 170
六煩惱 336
六時 181, 220
육시예배 268
六時五悔 270
六時懺法 270
六時懺悔 270, 394
六齋日 283, 426
六種莊嚴 85, 88
六波羅密 342
六波羅蜜 367
律儀 329
融二 536
融通無礙 530, 539
恩德 258, 544, 544
隱覆如來藏 537
隱士劉遺民 426
婬戒 345
飮食自然願 139, 140
飮酒 329
音響忍 252
應信受 376
依果淸淨 129
義明 166
依報 339
依報段 179
依報莊嚴 268, 548

義山 407
意業 236, 358
意律儀 341
意莊嚴 100
義莊嚴 91
의적 55, 410
의천 527
義通 469
意行莊嚴 89
衣華香莊嚴 105
二戒 344
二敎五時說 24, 45
利根人 242
李能和 312
二菩薩 284
異生 325
利涉 151
이슬람교 331
異乘 92
二十九種 장엄 118
二十四樂 淨土莊嚴 151
二十四樂 151
二十一日念佛 219
二十種莊嚴 96
李夷庚 471
『이장의견문』 151
二藏二敎門 52
二種莊嚴 80
利他莊嚴 89
易行道 33, 62
易行門 214

印光大師 296
『因明相違釋』 470
『인명입정리론기』 541
忍方便 77
忍辱莊嚴 100
因圓淨 123
人莊嚴 83
因行時 73
一念 221, 320
一念遍至功德 267
日沒時 264, 268
一法 165
日想觀 234
一生補處 54
一聲 221, 386
『一乘要訣』 470
一心念佛 288
一心不亂 239
一心三觀 29, 471, 477, 479, 482, 496
一心二門 534, 537, 540, 551
일연 527
一音教 25, 32
一一金繩莊嚴 267
一切施莊嚴 89
一切諸佛最勝無上光明莊嚴 94
一切諸佛最勝無上口業莊嚴 94
一切諸佛最勝無上大慈大悲究竟功德寶藏清淨莊嚴 94
一切諸佛最勝無上無量妙色莊嚴 94
一切諸佛最勝無上法身莊嚴 94
一切諸佛最勝無上普照一切離癡示現莊嚴 94
一切諸佛最勝無上常光莊嚴 94
一切諸佛最勝無上色身莊嚴 94
一切諸佛最勝無上意業莊嚴 94
一切諸佛最勝無上清淨種姓莊嚴 94
一切罪障凡夫 358
日中分 245
一切皆空宗 31
『일체유부비내야잡사』 79
一切種智 480
一切智慧 246
日初分 245
一行三昧 208
一向樂 121, 123, 542
一向無失 121, 123, 542
一向自在 121, 123, 123, 542
一向淨 121, 123, 542
日後分 245

林葬 315
「입법계품」 184

自己莊嚴 158
自大語 447
自利眞實 384
『慈悲道場懺法』 276
『慈悲水懺』 276
自性彌陀 481
自性淨土 481
自受用身 552
慈心歡喜 376
自我 449
慈雲(律師) 275, 321, 470
자은사 410
自恣 352
自恣食 352
慈莊嚴 100, 116
自莊嚴 80, 84, 145
自在功德 131, 133, 548, 548
資財莊嚴 83
自讚毀他戒 345
作菩薩道 211
作意 160
雜寶莊嚴 105
『雜阿含經』 79, 138, 162, 169
藏教 27, 29
長跪合掌 231

葬禮時 215, 293, 310
長蘆宗賾 468
丈室 485
『장아함경』 372
長養 351
『장엄경』 108, 232
莊嚴光明功德 114
莊嚴口業功德 115
莊嚴眷屬功德 114
莊嚴大乘功德 115
莊嚴大義門 114
莊嚴道 94
莊嚴量功德 112
莊嚴妙色功德 113, 132
莊嚴妙聲功德 114
莊嚴無餘供養功德 116
莊嚴無諸難功德 114
莊嚴不動應化功德 116
莊嚴不虛作住持功德 115
莊嚴三種功德 113
莊嚴上首功德 115
莊嚴性功德 92, 112, 134
莊嚴水功德 113
莊嚴受用功德 114
莊嚴示法如佛功德 116
莊嚴身業功德 115
莊嚴心業功德 115
莊嚴雨功德 113, 114
莊嚴一念遍至功德 116
莊嚴一切所求滿足功德 114

莊嚴種種事功德 113
莊嚴座功德 115
莊嚴主功德 114, 115
莊嚴地功德 113, 131
莊嚴淸淨功德 112
莊嚴觸功德 113
莊嚴虛空功德 113
莊嚴形相功德 112
『莊子』 422
低音念佛 287, 322
寂光淨土 328
寂光土 484
적멸보궁 282
寂照 470
轉成男子願 140
傳送識 301
專心空門 426, 445
專心莊嚴 99
專持一姓願 142
漸敎 26, 28, 47, 49
漸斷 337
漸頓論 32
漸頓圓三敎論 32
霅禪師 203
『점찰경』 208
點慧者 89
淨覺仁岳 496
淨戒 343
貞觀 222
淨摩尼珠 461

『淨明經疏』 471
正明往生淨土敎 103
『淨飯王般涅槃經』 313
『正法念處經』 295
正報 339
正報莊嚴 268, 548, 549
正報淸淨 129
「淨不淨門」 50
定善 13觀 109
定善 387
淨信 370, 372, 373, 376
正信 376
定心念佛 242, 243
淨影寺 慧遠 47, 407, 484, 546
定意莊嚴 86
正因 383
淨印三昧 368
正定聚 39, 48
淨住 351
精進日 351
精進莊嚴 100
淨土門 56, 62
『淨土法要』 276, 277
『淨土三部經』 54, 276
『淨土心要』 276
「淨土永」 433
『淨土禮敬』 276, 277
『淨土旨歸集』 225
正遍知 256
正遍知海 490

『정혜상자가』 281
淨華衆 550
第6識 301
제7식 301
第8識 301
『諸經禮誦』 276
『諸經精華』 276
諸法但名宗 31
諸辯莊嚴 100
帝釋 85
帝釋天 194, 212
第一義 82
諸通莊嚴 100
諸行具足莊嚴 105
醍醐 28
「조념염불삼품」 198
助道 82
照明莊嚴 101
『朝鮮佛敎通史』 312
竈王大神 194, 212
助圓淨 120
鳥葬 315
調戲罪 272, 358
尊法莊嚴 101
『종경록』 281
종밀 205
種種事功德 266, 548
座功德 266
座臺莊嚴 267
坐夏 352
罪惡生死凡夫 358

主戒 343, 344
主功德 135, 266, 549
周書 59
晝夜六時 268
晝夜長遠 時分莊嚴 151
周夷王 59
遵式 471
中觀 458, 478
中觀思想 441, 464
中國南北時代 59
中道觀 479, 486
中道第一義諦 478
『중론』 457
中輩 366
中輩修行 268
『중변분별론소』 541
중생세간 112
衆生世間淸淨 124, 129, 547, 552
衆生心 530
中勢力 198
中夜 245, 264
仲元 281
中有 317
中陰神 294, 317
中精進者 222
重重無盡門 204
中諦 29
中品懺悔 271
『증일아함경』 167
池, 樓閣, 蓮華莊嚴 110

支謙 444
持戒念佛 229, 237, 307
持戒莊嚴 100, 158
持戒精神 237
地功德 266, 548
止觀義例 471
智光普照念佛門 185
智德 258, 544
支道林 416
支遁 414, 437
지례 469
地論宗 62, 468
支樓(婁)迦讖 401, 402, 412, 442, 444
枝末煩惱 335
地妙音樂華莊嚴 110
持法莊嚴 90
地府 270
地上菩薩 327
智賞禪師 281
地上莊嚴 118, 267
至誠心 226, 320, 382, 383, 395
至誠忠信 376
支曜 401
智者 26
智藏 46
지장보살 193
『지장보살본원경』 217
智莊嚴 100
智通 220

地下莊嚴 118, 267
智慧光 249
智慧莊嚴 86, 100
塵垢 333
眞金色 77
進大乘願 147
眞德不空宗 32
進步大乘願 140
眞佛 200
眞實功德 74
眞實法身 209, 213
眞實報土 329
眞實深信心 389
瞋心不受悔戒 345
眞我 449
진언종 62
眞如 32
眞如門 531, 534, 536, 551
眞如緣起 30
眞淨 484, 485
眞靜國師 440
眞淨土 83
진제 120
眞平王 527
眞歇淸了 468
집악천반차익자 80
執持名號 179, 180, 211
澄觀 205, 212
澄淨 370
遮戒 343, 344

『찬아미타불게』 38, 464
讚歎 391
懺悔 245, 247, 320
懺悔念佛 274
懺悔堂 285
천수탑다라니 310
天眼通 431
天衣義懷 468
千日念佛 219
天曹 270
天柱峯 281
天親 124, 539
天台德韶 281
『天台四教儀』 26
天台山 281
天台祖師像 472
천태종 62
천태지의 138, 283
天台智者 26, 410
淺行 209
天 ! 440
『徹悟禪師語錄』 276
鐵圍山 201
『請觀音經』 489
請觀音懺 472
淸遊 415
淸淨(pariśudda) 70
淸淨功德 74, 116
淸淨光 249
體空觀 29
諦觀 26

初夜 264
超日月光 249
『超玄記』 410
觸功德 266
總相唯心 204
總願 137, 224
總持莊嚴 86, 87
最淸淨 130
竺曇印 417
竺法曠 414, 417, 418, 437
「竺法蘭」條 398
竺僧顯 437
『출삼장기집』 422
出聲念佛 223
出世法 126
出世善根 112, 123
『出要經』 347
出有而有 463
出出世 126
出出世善法 123, 126, 552
翠巖參禪師 281
七寶爲床願 140
七寶莊嚴 105, 109
七寶精舍願 140
七菩提分 179
七佛 284
七佛通戒偈 347
칠원성군 212
七日念佛・ 219

七種淨華衆 135
七重羅網七重宮中莊嚴 267
稱南無阿彌陀佛 178
稱念 160
稱名 391
稱名念 206, 213
稱名念佛 164, 177, 287, 291
칭불 176
稱我名 178
『칭찬정토경』 41
『칭찬정토경고적기』 410
『칭찬정토경소』 410
『칭찬정토불섭수경』 42, 410

他受用身 552
他受用土 126
他心莊嚴 101
他化自在天 107
胎生 338
太賢 410
通教 27, 29
偸盜 329

婆羅必栗託仡那 325
八關齋戒 345
『八關懺文』 413
八味浴池願 140
八聖道分 179
八十隨形好 99
八齋戒 344, 345
遍律儀 341
廢佛 58
布薩羯磨 350
布薩犍度 350
布薩會 350
布施莊嚴 99
暴漏 333
風樹作聲願 140
必栗託仡那 325
必至補處願 54

夏經 352
下根機 212, 324
河南 422
夏臘 352
夏斷 352
下輩 366
下輩修行 268
夏書 352
下心 261
下精進者 222
夏寵 352
下品懺悔 271
夏行 352
『한국불교사개설』 527
『韓國佛教儀禮資料叢書』 312
寒林 304, 305

翰林學士 471
含藏識 301
『해동고승전』 527
『해심밀경』 532
『해심밀경소』 541
『해의보살소문정인법문경』 85, 88
해인사 275
解入相應 491
解脫魔網願 140
行斷智見淨 550
行福 176
行三十七品願 142
行信 376
行莊嚴 91
行智見淨 550
行解兼修 468
香華着衣願 140
虛空功德 266, 548
虛空門 204
虛空藏嚴 267
虛誑罪 272, 358
許昌 422
「현수보살품」 224
『현응음의』 312
玄一 407
현장 32, 119, 409
現通假實宗 31
玄學 415
形貌圓淨 113
形相功德 266

慧觀 24, 26
慧光 32
慧林宗本 468
慧遠 262, 268, 414
「慧遠法師傳」423, 428
『慧遠研究』421
慧次 46
慧誕 46
胡麻油 312
護法 532
護世天 85
虎願寺 307
虎葬 315
惑 333
홍제암 275
『華林佛殿經目錄』408
化法四教 26, 28
化生 338
華嚴家 215
『華嚴經』46, 75, 77, 80, 93, 184, 224, 373, 532
『華嚴經探玄記』30
『화엄경행원품소초』205
華嚴法界 203, 493
화엄성중 212
華嚴時 26
『華嚴五教止觀』30
『華嚴一乘教義分齋章』30
화엄종 62

化儀四教 26, 28
華藏世界 119, 483
華藏蓮華藏世界 483
化鳥, 風樹莊嚴 110
華座觀 176
火宅 356, 386
還相廻向 228, 389, 395
歡喜光 249
歡喜信樂 376
歡喜信受 376
歡喜地 253, 327, 487
活里山 309
黃金爲地願 142
黃老 399
黃龍死心 468
廻向 245, 320
廻向發願心 226, 382, 388, 395
後夜 245, 264
『後漢記』399
『後漢書』399
後漢時代 399
黑山 201
黑日 351
홍륜사 307
喜莊嚴 100

李太元

1966년 해인사에서 이지관 스님을 은사로 득도한 후 해인사 강원 대교과와 동국대학교 불교대학 승가학과를 졸업하였다. 그 후 일본 교토京都 불교佛敎대 대학원에서 석사학위를 취득하고, 동 대학원에서 문학박사학위를 취득하였다.
재단법인 대한불교 조계종 대각회 감사와 사단법인 국일법장 감사, 그리고 중앙승가대학교 총무처장과 교학처장, 기획실장, 도서관장 등을 역임하였다.
현재 중앙승가대학교 총장, 복지법인 승가원 이사장, 보국사 주지, 가야산 염불암 會主, 재단법인 대한불교 조계종 대각회 이사와 불교방송 이사를 맡고 있다.
저서로는 『念佛의 源流와 展開史』, 『초기불교 교단생활』, 『염불』, 『왕생론주 강설』이 있고, 역서로는 『정토삼부경개설』, 『중국정토교리사』가 있으며 이외 多數의 논문이 있다.

淨土의 本質과 敎學發展

초판 1쇄 발행 2006년 9월 25일 | 초판 3쇄 발행 2011년 8월 30일
저자 李太元 | 펴낸이 김시열
펴낸곳 운주사 (136-034) 서울 성북구 동소문동 4가 270번지 성심빌딩 3층
전화 (02) 926-8361 | 팩스 0505-115-8361

ISBN 89-5746-162-0 03220 값 25,000원

http://cafe.daum.net/unjubooks (다음카페: 도서출판 운주사)